新経営学ライブラリ〈別巻1〉

サプライチェーンの原理と経営

森田道也 著

新世社

Powersim, Powersim Studio 2003は，ノルウェー Powersim Software As の商標です。
その他，本書で記載している会社名，製品名は各社の登録商標または商標です。
本書では ® と ™ は明記しておりません。

まえがき

　本書はサプライチェーン・マネジメントに関する教科書を意図している。サプライチェーンは近年，企業がその経営におけるプロセスの重要性を認識し，多くの企業はその刷新や強化に努力している。本書はサプライチェーンの設計と運営において必要となる知識を体系化している。筆者は経営におけるつながりということが優れた経営の鍵になると考え，その方向で研究を続けてきたが，サプライチェーンはそのつながりの主要な局面である。そこでのつながりの質が明確に企業成果になって現れる。その意味でサプライチェーンを経営における基本的課題としてとりあげる意図がある。

　大学における経営教育やビジネスマン向けの研修などにおいてサプライチェーンは重要なテーマの一つであるが，教える側として最大の問題は教科書がなかなか揃っていないということである。サプライチェーンの重要性や，そこにおける問題についての文献は多いけれども，サプライチェーンそのものがもつプロセスおよび構造上の特性，理論などを体系的に議論した文献は日本語では特に少ない。講義していても学生，ビジネスマンを問わず，いい参考書がないかという質問をよく受ける。独学する良い本がないので講義を聴きに来たが，やはり講義だけでは十分な理解ができないので，じっくりと勉強する本が欲しいというわけである。この本はそのような希望を少しでも満たすことをまず目的にしている。

　しかしながら，サプライチェーンの理解には生産管理など多くの人達にはあまり関心をもたれていない分野での知識が必要である。経営の技術的側面として考えられてきたし，いわゆる事務系のビジネスマンは関わりないと考えてきた世界である。また生産に携わっている人達でも，現実には目先の製造プロセスの非常に細かな課題解決にほとんどの時間と関心を費やすことが多いので生産を含んだ広いサプライチェーンを考える余裕はないというのが実態である。現場の仕事はこなしてきたが，自分のしていることを論理的に整理し，体系化する余裕がなかったので，似たことをするからと言ってサプライチェーン担当者にいきなり就か

されても面食らうということも多い。また情報技術者がサプライチェーン構築に要請されることも多い。確かに情報技術はサプライチェーンでは重要な役割を担うので当然のことであるが，問題はサプライチェーンの論理がわからないために，満足なサプライチェーンのプロセスを実現するような情報システムの設計ができないということである。したがって，既存の手順やプロセスをそのまま情報技術やシステムで置きかえることになりがちである。それではサプライチェーンを経営の梃子にすることは難しい。その意味でサプライチェーン・マネジメントはその専門家がいない経営における盲点とも言える。

本書では現実のチェーンの仕組みや情報技術への橋渡しなどについてはとりあげる余裕と意図はなかった。それらへの翻訳は読者に委ねるしかない。最初から細かな現実の側面あるいは情報技術的内容に立ち入ることでより普遍的な理解が損なわれる可能性もある。知識とその水準を異にする読者を前提にすると，そのような細かさはサプライチェーンの理解をより難しくする。

知識体系とすれば，本書では供給（物事をする）時間，あるいはリードタイム，あるいは遅れの概念を根底に置いて展開している。それが経営にいかなるインパクトを与えるかを考えており，その短縮と制御が本書の中心的なテーマである。いろいろな経営における要素はそのリードタイムとの関わり合いで理解される。その理解を豊かにする意味で事例やPCによるシミュレーション・モデルを媒体にする試みも行っている。

本書を書くうえでさまざまな人達からの支援を受けている。まずはこの分野に最初に興味を抱かせていただいた一橋大学名誉教授，現在は麗澤大学教授の宮川公男先生に感謝をささげたい。本書でも第1章で引用したJ. F. Magee著の*Industrial Logistics*は筆者が大学院生の頃に先生から「これは面白いぞ」と手渡された記念すべき本である。また同時に先生から紹介された，MIT教授フォレスター（J. W. Forrester）著の*Industrial Dynamics*も筆者のこの分野への関心を刺激し，そのための方法論においても筆者にある種の開眼をもたらしてくれた。Forresterは本書でも使われているシミュレーションのシステム・ダイナミックス（System Dynamics）の開発者である。Forresterがその本で初めて指摘したサプライチェーンにおいて特徴的現象である注文情報の増幅効果は現在ではブルウィップ効果（発見者の名をとってForrester効果と呼ぶこともある）として知られている。これらの本を先生より示唆されなかったならばこの分野への関心は生まれなかったかも知れない。その頃から30年近く時が経つ。今ごろ本書を書

くというのは怠慢であることのそしりを免れ得ないが，宮川先生への少しの恩返しとして認めていただければ望外の喜びである。

　生産管理は現在では大きな分野であるが，その枠組みと知識，さらにはものづくりの力の低下に対応して建て直しのための教育に関して現在大きな転換期が来ている。経営との関わりをもっと強めた体系化が必要になっている。それは企業経営教育にとっても重要である。そのための研究会における真摯な討議は本書を書く動機をさらに強めた。その研究会のメンバーは青山学院大学工学部の天坂格郎教授，早稲田大学ビジネス・スクールの黒須誠治教授，そして生産管理のコンサルタントとして活躍してこられた㈱アルタメディアの田中一成氏であるが，原稿を御読みいただき，励ましと貴重なコメントをいただいた。本書が教育体系の新たな構築の一助になれば幸いである。

　生産管理学会の多くの方からも書籍や論文はもちろん，学会や研究会を通して，本書を書くうえで必要ないろいろな知識を学ぶことができた。また本書の事例もビジネスに携わる多くの人とのインタビューや討議によって書くことが可能になった。改めて感謝をささげたい。

　本書ではリードタイムやサプライチェーンなどの説明において，前述のシステム・ダイナミックスの考え方を基にしたシミュレーション・ツール，Powersim Studio を援用してシミュレーションを行い，例として紹介しているが，**このデジタルコンテンツは読者も利用可能になっている**。これは実際のシミュレーションの操作を通して一層の理解がなされるよう意図したもので，本書の一つの特徴である。現実にもサプライチェーンの設計と運営ではこのようなツールによる分析支援は不可欠になる（詳しくは巻末の407頁を参照されたい）。

　システム・ダイナミックスのアプリケーション・ソフトの最新版 Powersim Studio 2003を本書において使うことの便宜，さらに読者がそのツールを利用できる機会を与えていただいた㈲POSY社の松本憲洋氏とノルウェーの Powersim 社に感謝したい。松本氏は System Dynamics Society（本部はアメリカのニューヨーク大学オルバニー校にある）の日本支部の監事であり，またシステム・ダイナミックスを経営問題に用いることで情報化時代の経営における意思決定強化を推進する方であるが，本書に対する松本氏の理解がなければシミュレーションを用いてサプライチェーンの挙動を理解してもらうという構想は実現しなかった。その利用の便宜供与と利用上のご教示に感謝したい。情報技術に基づく経営のコンサルタントであり，最初にノート型PCを開発した㈱SSテクノロジー代表取

締役の砂川祐一氏は，サプライチェーンに関する現実の諸問題をご教示いただいた。同時に，システム・ダイナミックスを用いることによる実務的，教育的効果の有効性について励ましとその実践機会を与えていただいた。感謝を捧げたい。

　その他にも，学生も含め，ここで挙げられない多くの人達がまだいる。それら多くの人達のいろいろな形でのご支援がなければ本書はできなかった。ここで改めてそれらご支援に感謝を捧げたい。しかしながら，本書の内容に関する一切の責任は筆者にある。

　最後に，本書が成るにあたっては新世社の木下敏孝常務，編集部の御園生晴彦・本宮稔各氏にお世話になった。記して感謝を申し上げたい。

　2004年2月

筆　者

目　　次

1　企業の基本的活動としての供給活動　　1

1.1　事業と供給プロセス　　2
ビジネス・モデル概念とプロセス(3)　3つのプロセス(5)
3つのプロセスの相互関係(8)

1.2　企業活動を体現するサプライチェーン　　10
サプライチェーン概念(10)　サプライチェーンとプロセスの関わり(12)

1.3　サプライチェーン・マネジメントの役割　　18
1.4　サプライチェーンの構築の焦点：本書の狙い　　23
1.5　本書の範囲　　25
参考文献・資料　　28

2　供給リードタイムの経営的意味合い　　29

2.1　リードタイムとは　　30
所要時間としてのリードタイム(30)　供給活動を先行すべき時間としてのリードタイム(32)　結果としてのリードタイム(34)

2.2　供給リードタイムの経営資源の投入量への効果　　35
2.3　供給リードタイムの投入資源水準の変動への効果　　40
2.4　供給リードタイムがもたらす管理上の負荷　　46
2.5　キャッシュフローへの効果　　49
2.6　リードタイムの経営的意味合い総括　　52
参考文献・資料　　53

3 供給リードタイムはいかに決まるか　55

3.1 供給リードタイムを規定する要因 …………………… 56
3.2 生産活動の類型 ………………………………………… 59
3.3 個別活動の効率 ………………………………………… 64
3.4 個別活動の内容規定とそれら活動の運営の関わりづけ ……… 67

同期化またはシンクロナイゼーション(67)　まとめ作り(69)
複数製品の相互作用(74)　個別供給活動の編集：クリティカ
ル・パス概念(80)

参考文献・資料 ……………………………………………… 94

4 在 庫 管 理　95

4.1 在庫の役割と在庫の種類 ……………………………… 95

需要と供給を直結する機能(97)　需要と供給の分離機能(102)

4.2 在庫管理に関わる要因 ………………………………… 105

売上高(105)　費用(109)

4.3 在庫管理の状況 ………………………………………… 115
4.4 在庫管理の方式 ………………………………………… 117

静態的・確率的情報の状況(118)　動態的・確定需要情報の状
況(122)　動態的・確率需要情報の状況(126)　(s, q)方式：定
量発注方式(128)　(s, t)方式：定期発注方式(142)　(s, S)方
式：ツー・ビン発注方式(145)　3つの方式の特性比較(147)

4.5 在庫管理の現実的問題 ………………………………… 150

複数品目(150)　リードタイムのばらつき(154)　数量割引
(156)　事後発注(158)　在庫水準の把握(159)

参考文献・資料 ……………………………………………… 159

5 サプライチェーン・マネジメント　161

5.1 サプライチェーン・マネジメントの意義　162
サプライチェーン・マネジメントとは(162)　サプライチェーン・システム(165)　サプライチェーン・マネジメントの視野(167)　サプライチェーン・マネジメントの経営に対する貢献(173)

5.2 サプライチェーン・マネジメントの基本的問題　176

5.3 サプライチェーンの管理の基本原理　181
サプライチェーンの特性を評価する基準(181)　サプライチェーンの管理原理(184)　サプライチェーンにおける適正在庫水準(188)

5.4 事業盛衰とサプライチェーン・マネジメント　192

参考文献・資料　193

6 サプライチェーンの制御　195

6.1 サプライチェーンの制御　196
プッシュ方式(198)　プル方式(201)　独立方式(205)

6.2 3つの方式の比較　212
プッシュ方式の特性(212)　プル方式の特性(216)　3つの方式の相違：適正確保量への適応能力(216)

6.3 チェーンの制御を乱す要因1：供給リードタイムの変動　220

6.4 チェーンの制御を乱す要因2：ブルウィップ効果　226
適正な発注方式の忘却(227)　需要推定の頻繁な変更(231)　ロット発注(239)　ブルウィップ効果に対応する方法(240)

6.5 ジャスト・イン・タイム(JIT)・システム　242
作り過ぎと適正供給量(242)　サプライチェーンにおける制御の焦点(244)

6.6 制御の仕組み ·· 246
　　　制御間隔(246)　制御の実施方法(247)
　　　供給活動制御の手段としてのカンバン(250)
6.7 JITシステム運営の要件 ·· 255
参考文献・資料 ·· 256

7 サプライチェーンとボトルネック現象　259

7.1 ボトルネック現象とは ·· 260
7.2 ボトルネックと価値創造 ·· 265
7.3 ボトルネックへの対処 ·· 270
　　　リードタイムとボトルネック(270)　ボトルネックへの対応(273)
7.4 ボトルネックによるチェーンへの負荷を増長する需要変動 ··· 292
7.5 ボトルネックへの対応の考え方 ·································· 295
参考文献・資料 ·· 298

8 サプライチェーンの仕組みと能力の構築　299

8.1 供給計画の体系 ··· 300
8.2 製品またはサービスに付与する価値 ··························· 303
　　　価値創造と価値のトレイド・オフ(303)　価値創造とサプライチェーン(308)
8.3 供給能力の決定 ··· 317
　　　過剰供給能力と過少供給能力(318)　適正供給能力の確保(321)
8.4 供給能力適応戦略 ··· 324
参考文献・資料 ·· 327

9 生産計画：供給量の計画　329

9.1 生産計画の体系 ··· 330
9.2 集計計画 ··· 332

9.3 基準生産計画 ·· 334
　　基準生産計画の概要(334)　基準生産計画のチェック：ラフカット能力計画(335)　納期確定(337)

9.4 資材(資源)所要計画 ·· 338
　　必要資材・部品の明確化：部品表(338)　所要資材の確保時期(340)　加工リードタイム(342)　計画生産量の各工程負荷量と工程能力の比較(345)

9.5 小日程計画(スケジューリング) ·· 350
　　小日程計画とは(350)　小日程計画における要素(353)　ライン・フロー型生産システムのスケジューリング(355)　バッチ・フロー型生産システムのスケジューリング(358)

9.6 生産計画とサプライチェーン ·· 366

参考文献・資料 ·· 370

10　サプライチェーン・マネジメントの実践に向けて　371

10.1 人間の協働的つながり ·· 372
　　事業所経営における協働的つながり(372)　優れた協働的つながりの構築(378)

10.2 サプライチェーンの展開 ·· 381

10.3 優れた連携的つながり構築のドライバー ······························ 388
　　成果源泉の拡大に関する洞察力(388)　情報技術の利用(390)

調査についての補論 ·· 395

参考文献・資料 ·· 398

索　引 ·· 401
例題のシミュレーションについて ·· 407

1

企業の基本的活動としての供給活動

　企業活動の目的は，物やサービスを世の中に供給して人々の生活を支え，豊かにすることである。その供給活動はさまざまな活動をともなう。メーカーであれば製品を開発し，その生産に必要な原材料，人間，お金，設備などを調達し，生産活動や販売を行い，顧客のところまで送り届ける。この一連の供給に関係した活動が組み合わさって初めて事業（ビジネス）を営む準備ができる。このプロセスをうまく行うことが事業の基礎的な力である。うまく行うというのは顧客の事業の価値評価を高めるということである。

　このプロセスが，事業が創造する価値の源泉になっていることを表現する言い方として**価値連鎖**（Value chain）という概念が登場する。価値連鎖は，製品やサービスの開発，原材料の調達，製造，マーケティング，流通，アフター・サービスなどの供給活動のつながりが価値を生み出し，それらを適切に組み合わすことができれば競争優位を創り出すことができる。換言すると，競争優位の源泉になるプロセスである[1]。

　その一連の活動が結合し，使用者にとっての価値を組み込まれた製品やサービスの供給に向けて稼働する仕方を**供給プロセス**（Supply process）という。その事業がどれだけ続くかは顧客からの評価に依存する。競争上で評価が低ければ脱落していく。また競争者がいなくても，顧客の評価がなければその事業は継続できない。その評価は顧客が支払う対価から得られる満足によって決まる。本書はこの供給（サプライ，Supply）プロセスについて焦点を置く。

1.1 事業と供給プロセス

　通常,事業は顧客に提供する製品やサービスそのもの(以後はプロダクトと言うことにする)とそれらを提供する供給プロセス,あるいは単にプロセスに分けて考えることが多い。それらが合わさって事業ができあがると考える。これらの両者が生み出す顧客にとっての価値が事業の価値である。

　その価値の創造ではプロダクトとプロセスは実際には切り離して考えることはできない。例えば,病院は医療サービスを提供する事業を営んでいる。医療サービスは民間の病院と公共のそれという分類で事業形態を区別することがあるが,ここではその区分については深入りしない。医療サービスそのものをまず考える。本質的に医療サービスは医師が患者を診断し,病名と原因を明らかにし,必要であれば手術あるいは医薬の処方,生活行動上のアドバイスなどをするプロセスからできあがっているサービスである。そのプロセスそのものが質を問われるわけで,医療サービスを売買することが事業であると言っても良いが,それはいわゆる製品を売買するイメージではない。この場合にはプロセスそのものが価値創造である。美容院も同様で,サービス業はその特徴がある。

　物的な製品をプロダクトとするメーカーあるいは製造業では,プロダクトとプロセスを分けやすい。しかしながら,顧客が欲しいのは製品という物理的なものであるが,その中身はある種のサービスを施す機能が含まれていて,それらが顧客に使用を通じてもたらすサービスが顧客の価値を左右する。その価値をもたらす技術や技能を創り出し,製品に組み込む行動がなければ製品はできない。その組み込む行動はプロセスである。自動車,電気機器,機械,音楽や映像などCDやDVD製品,絵画,書籍・雑誌などもすべてそうである。

　言い方を換えると,製品などのプロダクトは目に見える形状を指しているだけでそれらは結果である。それがもつ価値を左右するものがプロセスである。その意味で,プロダクトとプロセスという区分は意味する対象をわかりやすいように表現する概念だけで,実際には事業の価値はプロセスで創造されると考えることができる。その方が事業を営む側から言えば間違いはない。プロセスをいかにうまく設計し,運用するかということが事業の価値を基本的に規定する。

1.1.1 ビジネス・モデル概念とプロセス

　事業におけるプロセスの重要性は近年登場してきたビジネス・モデル（Business model）という概念に現れている。ビジネス・モデル概念はインターネットをベースとしたいわゆる電子商取引あるいはe-コマースという新事業形態の登場と一緒に現れてきた。

　ビジネス・モデルの定義には種々あるが，その定義として以下のようなものがある。ビジネス・モデルとは「それによって収入を獲得し，自己を持続可能なように事業を行う方法であって，事業に関わる価値連鎖内で自分の地位を特定化して収益を得る方法を規定するもの」である[2]。ビジネス・モデル概念は，安易に概念ばかり新しく流布させる軽薄な風潮の反映で，その結果としては，事業の体をなさない未熟な事業ばかり創り出すだけで，もっと事業にとって重要な本質的な意味合いを含んだ価値連鎖という概念を置きかえるほどのものでないという批判もある[3]。他方で，情報技術がさまざまな事業活動を結合する仕方に対しての可能性を大きくし，それによって次々と新しい事業形態を生み出すようになったことは明らかで，それをビジネス・モデルというような新しい概念で特徴づけようとした意義も認めることはできる。

　しかしながら，ビジネス・モデルという概念に対する批判が，事業化に対する安易な姿勢を生み出したという指摘を裏づけるように，設立したe-コマース形態の事業の相当数が挫折する現実が出てきた。e-コマースの旗頭的存在であったエンロン（Enron）の破綻はこのような新規事業の仕組みの脆さを示唆している。アメリカのビジネススクールではe-コマースのコースを設ける機運が高まったが，e-コマースにはあまりに短命で終焉するものが多いために現在はその機運は凍結状態にある。どのような教育体系にすべきかということを再点検しなければ危険であるという判断が働いている。

　e-コマースの急速な台頭と早々とした退出は，事業というものを考える際に，寿命の短いショウジョウバエを使って経年変化や進化プロセスを理解しようとする自然科学における実験のような意味合いを与えてくれる。早々と退出するe-コマース事業の分析により，事業化におけるいくつかの重要なポイントがそこから逆に示唆される。それは原点回帰である。

　ビジネス・モデルでは2つの要素が重要である。まず何が付加価値の源泉であるかということ，第2にそれを収益として実現するプロセスの中身である。後者には製品やサービスおよび情報の流れに関する構造とプロセスの成り立ち，

関与する主体の関係とそれらの役割などが含まれる。特に注目したい点は，後者であって，そこに重要な意味合いが含まれている。事業の成り立ちを what あるいはプロダクト（企業が創り出す製品とサービス）と how あるいはプロセス（それらの提供方法）に分けるとき，実際に登場した e-コマースの事業特性を観察すると，後者に力点があることがビジネス・モデル概念の特徴であることがわかる。特に，e-コマースの登場と共に出現してきたビジネス・モデルはそうである。

典型例は本のインターネットを通じた販売で彗星のごとく登場してきたアマゾン・ドット・コム（Amazon.com）である。本の販売は昔からある。インターネットを通じて本の販売を行う方法が新しい。e-マーケットの楽天や eBay なども，物販の中身は従来の店と相違はない。

挫折する他の e-マーケットとそれらの差はウェブサイトの設計の違いや顧客から受注し，顧客に送り届ける背後のプロセスにある。陳列される商品の豊富さの違いは e-マーケットの差異を創り出すものであるが，それは事業開始時点からある差異ではなく，事業の存続と共に増加する。e-マーケットが存続し，成長すると人々が期待するにつれてそこで売りたいとする業者が増加し，それに引かれるように顧客が増えるという好循環が働くからである。

PC をインターネットで顧客にウェブを通じて直販するデル（Dell）も PC を製造，販売する事業という意味では既存のメーカーとそう違わない。同じ顧客を相手に競合している。ビジネス・モデルは製品やサービス自体の付加価値以上に，プロダクトとプロセスが一緒になって創造する付加価値に対する注目を集めさせたのである。これは一般の経営を考えるうえでも非常に重要な示唆を与えてくれる。

インターネットではないが，現在では当たり前になっている宅配便の元祖であるフェデラル・エキスプレス（Federal Express，または Fedex）も従来からあった手紙や小包を送る事業を独特のハブ・アンド・スポークという委託品を集荷，配送する輸送ネットワークによる物流プロセスで行い，現在の宅急便事業の先駆者として成功した[4]。現在では世界中の主要な航空会社が乗客輸送において一般的に採用している運行形式である。

ビジネス・モデル概念は確かに情報技術の可能性によって触発された新規事業を表現する概念として登場してきたけれども，よく考えるとそれはプロセスというものの意義を我々に再度認識させることになった。多くの e-コマース事業が

破綻した理由の最大のものが期待された価値を提供できないプロセスの不備にある。クリスマス時の注文の増加に商品供給が追いつかず，期日（12月24日）までにプレゼントが届かないなどの致命的なミスを冒した。代金回収や決済上のリスクなど他にもいろいろな理由があるが，要するに，提供される価値が期待以上にならなければいくら新しいビジネス・モデルでも評価の対象にはならない。それを支えるのは技術やキャッチ・コピーではなくて，サービスを提供する受注，支払い，配送などのプロセスが既存のもの以上と評価する価値を実際に提供できることである[5]。

そのような視点で考えると，既存の事業を見る場合にも事業の違いが見えてくる。例えば，スポーツ・カーで有名なフェラーリ（Ferrari）は一般的には超高級スポーツ・カーのメーカーである。しかしながら，そこでの作り方は，同じモデルを万単位で作るメーカーとは明らかに違い，手作りで，プロセス自体が違う。したがって，プロダクトだけの視点から見たときと違い，供給に関わる製品設計，資材・部材の調達，生産，販売などのプロセスを包括したビジネス・モデルが量産メーカーとは異なると考えたほうが良い。街を歩いていてよく「手作り豆腐」，「手作りパン」など自らの製品を差異化する言い方を見かけるが，その差異化はまさに作り方のプロセスの違いを強調するわけである。顧客から見ると確かにプロダクトに違いは現れる。その意味でそこでの差異化が重要であるわけであるが，事業を行う立場から言えば，問題はその差異を創り出すプロセスにある。差異を創り出せるプロセスをいかに強化するかが事業成功の重要な要因になる。

情報技術は事業におけるプロセスの意味合いをもういちど明確に訴えることとなった。しかしながら，プロセスそのものの事業における重要性は変わったわけではなく，むしろ新規のプロダクトがアイデアとしてなかなか出て来なくなった現代ではもっと見直すべきことを示唆している。

1.1.2　3つのプロセス

事業が独立に成り立つ条件は，事業として提供した製品やサービスを顧客が評価し，それら製品やサービスの供給に要した費用以上の額で対価として支払ってくれることである。この条件を持続させるにはさまざまな活動が必要になる。それらの活動を結合し，顧客が事業を持続可能なように評価してもらうプロセスを考えると，そこには高い事業価値を創造するために分業的に機能する3つの種類のプロセスを見出せる。それらは，価値を製品やサービスとして設計し，価値

■図1.1　3つのプロセスの関わり

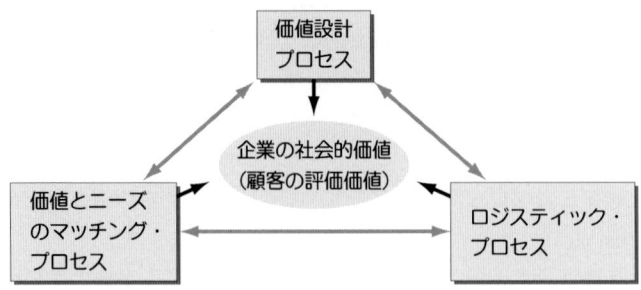

を享受できるようにし，市場の価値評価と相互作用して価値を高めるためのプロセスである。換言すると，市場に提供する価値を構想し，製品やサービスとして設計するプロセス，それらの価値を組み込まれた製品やサービスを作り，供給するプロセス，そしてそれら価値を評価する実際の使用者と提供した価値の調整をするプロセスである。それらのプロセスを各々，価値設計プロセス，ロジスティック・プロセス，そして価値とニーズのマッチング・プロセスと呼ぶことにする。

　この分類は既成の分類では開発，生産，販売（マーケティング）という伝統的な職能分類に対応しているように見えるが，技術開発する，作る，売るという分業知識として単純化され，分断される傾向があるので敢えてそれらの既成職能概念と区別している。職能的分類ではなく，最終的に企業の提供する価値を高めるという基本的なプロセスとなって収束するような，その下位プロセスとして理解することが重要である。例えば，職能的には開発者や生産する人々が市場の使用者（顧客）と関わるということは職能を超えた行動として仰々しくなるが，市場の価値評価との調整という視点で考えれば価値の具現化ということで長けた彼らがそのプロセスに関わるということは当然のことである。

　図1.1はそれら3つのプロセスが相互に関わりながら社会における企業の存立価値（社会的価値とも考えられる）を高めていく様子を表している。

　3つのプロセスの内容は以下の通りである。

(1)　価値設計プロセス

　市場に提供する製品やサービスの中身に関する概念とプロトタイプを創り出すプロセスで，価値の設計あるいは価値を開発するプロセスと言うことができる。

そのプロセスの役割は，下記の通りである。
- 価値の探求とアイデア生成： どんな価値を事業として掲げるかを検討し，定める。
- 価値創造の技術やノウハウの醸成： 価値を実際に具現化するときに，必要な技術やノウハウを創り出すこと。
- 価値のスペック化： 価値を顧客がわかるようにより明確にする。例えば，数字による仕様を規定する。
- 価値を実現する技術やノウハウの適切な結合： 製品やサービスに組み込む技術とノウハウとして何を用いるかを明確にする。
- 価値の組織化（企業が追求する価値へと昇華する）： 会社として追求する価値を組織全体に理解してもらい，浸透させる。
- 価値の具現化（プロトタイプ化）： 価値を具現化した製品やサービスを試験的に作り上げる。それによって実際に価値が具現化されているかを確認する。

(2) 価値とニーズのマッチング・プロセス

市場が提供された価値をどう評価するかを理解し，その価値評価を最大限にする顧客を確認し，彼らのニーズと価値を適合させ，結びつけるプロセス。評価を確認し，創造した価値が最大にする市場を明らかにする。そのプロセスの役割は，次のようになる。
- 市場における価値に対する潜在的評価の所在の把握： 価値に関する潜在的評価の大きさを推定する。
- 市場における価値評価の理解と確認： 提供する価値に関する市場の評価を明確にし，理解して価値の意義を確認する。評価のずれを確認し，差異を分析する。
- 評価してくれる人々に対する創造した価値の訴求： 提供する真の価値を理解してもらい，実際に使ってもらうようにする。

(3) ロジスティック・プロセス

これは創造した価値を顧客が実際に最大限評価できるようにするプロセスであり，対価を価値に見合って適正化すること，使用者による価値の享受を期待された通りに実現することである。
- 価値を供給するための技術やノウハウの醸成： 生産し，供給する技術やノウ

ハウを作りだすこと。
- 創造した価値と対価の適正化： 価値と対価のバランスを上げること。価格に対して価値がより高くなるようにする。あるいは価値に対して価格をより低くする。
- 創造した価値の市場（顧客）への供給： 価値を実際に製品やサービスとして具現化し（生産し），顧客に手渡すこと。
- 創造した価値が実際に期待通り市場によって享受されるようにする： 実際に使用してもらい，期待した評価以上に実際の評価を上げること。問題があれば解決し，期待通りの価値を使用者に享受してもらう。

　以上の3つのプロセスは当然どれかだけでは事業は遂行できない。3つに分けた理由は，それぞれのプロセスを実行するうえで担当者に求められる業務そのものの使命や専門性で異なるところがあるからである。しかしながら既存の部門や部署名を使うことによる前述のような既成概念との連想を避けるためにプロセスとして分け，その在るべき使命を強調するように上のようなプロセスの命名をしている。最終的にはそれらが相互に関わり合いながら価値の提供を行う。その相互関係が各プロセスをより良くし，企業全体としてチューニングされたプロセスとして機能し，企業の成果を高めるように働く。

1.1.3　3つのプロセスの相互関係

　上で述べた3種類のプロセスの相互関係を整理すると以下のようになる。

(1)　価値設計プロセスと価値とニーズのマッチング・プロセスの相互作用

　これら2つのプロセスの相互関係には以下のようなものがある。
- 製品やサービスに込められる価値についての新たなアイデア，あるいは既存の価値の改善についての情報は価値とニーズのマッチング・プロセスからの情報で補強される。
- 創造された価値が明確になれば市場ニーズとのマッチングがわかりやすくなり，さらにそれに適合したニーズの確認もしやすくなる。
- 新たに価値が創造されると，それを媒体として潜在的なニーズについての掘り起こしの機会が豊かになる。

(2) 価値設計プロセスとロジスティック・プロセスの相互作用

これらのプロセスの関わりとしては，以下のようなものが考えられる。
- ロジスティック・プロセスが価値設計と提供のタイミングを支援する。
- ロジスティック・プロセスがより多くの製品やサービス提供を可能にする。
- ロジスティック・プロセスが実際に市場化される価値の最終的な評価を規定し，その能力が価値設計の自由度を拡大する。
- 提供される価値が明確になるとロジスティック・システムの管理焦点もつけやすい。
- 価値の設計を適切にできればロジスティック・プロセスの効率性が上がる。

(3) ロジスティック・プロセスと価値とニーズのマッチング・プロセス

両者の関わりには以下のようなものがある。
- 優れたロジスティック・プロセスによって価値評価をさらに増幅し（納期の迅速性・遵守性，品質安定性，仕上げの出来映えなどによる価値増幅），取引関係を拡充，強化する。
- 顧客の価値評価が明確になればロジスティック・プロセスの管理焦点が明確になる。すなわち，その顧客に供給するにあたって重要なポイント，例えば納期の迅速性，遵守性，品質，などが決まり，ロジスティック・プロセスのデザインや運営のための焦点が明確になる。
- 顧客との関わりの安定性がロジスティック・プロセスの効率的操業を可能にする。

　3つのプロセスは上記のような相互関係をもち，各々のプロセスが単独に機能するだけでは顧客の価値評価を高め，企業の成果を高めるのは難しい。相互関係を見据えて3つのプロセスが最大限の効果を生み出すように相互補完的かつ整合的に各プロセスを設計し，機能させることが重要になる。

　多くのe-コマースが挫折した理由の一つはこのようなプロセスを相互補完的に働かせなかったことであった。他の企業に委ねたためほとんど機能させられない状況も多々ある。

　前出のアマゾン・ドット・コムが立ち上がりからそれなりに競争力を維持できた理由として世界一の本の倉庫が近くにあって，情報システムの開発者が集積しているシアトルに拠を構えたということが指摘されている。それはロジスティッ

ク・プロセスとの融合で迅速に注文された本を注文者に送り届けるという事業の価値を高めるという視点で見ると説得的である[6]。伝統的な企業でも特定のプロセスしか社内に置かず，他のプロセス，よくあるのがロジスティック・プロセスはアウトソーシングする方向で組織再編（リストラ）を行い，プロセスの相互補完性を内部的に利する可能性を放棄するものが出ている。その場合，外部組織下にあるプロセスと連携する必要性がさらに強まる。だがそれら企業の多くは，内部にプロセスをもっていても効果的に機能させられなかったのでアウトソーシングするわけであり，利害を一にしない外部の組織と機能の相互補完的連携をすることはそれ以上に困難である。

1.2　企業活動を体現するサプライチェーン

1.2.1　サプライチェーン概念

　第5章において再度とりあげるけれども，サプライチェーン（Supply chain）とは，企業が製品やサービスを顧客に供給するために必要なさまざまな活動，すなわち，製品開発，原材料の調達，生産，貯蔵や在庫，輸送，受発注業務など原材料の源泉から最終消費者にいたるプロセスにおける物やサービスの変換に関わるすべての活動がつながっている状態を指す言葉である。サプライチェーンを管理するサプライチェーン・マネジメント（Supply chain management，略してSCM）は，そのチェーン・システムを設計し，作り上げ，システムの稼働を計画し，稼働状況を管理することである。その管理目標は当然，事業価値を高め，その結果として収益を高め，企業の存続を可能にする状態を作りだすことであって，一般的には経営成果を高めることである。

　サプライチェーンあるいはサプライチェーン・マネジメントは比較的近年に登場した概念である。それよりも前にも類似した概念が存在する。サプライチェーン・マネジメントの直前にあった類似概念とすればインダストリアル・ロジスティックス（Industrial logistics）である。ロジスティックスという言葉は辞書を引くと兵站術となっているが，この概念は軍事作戦における兵隊，武器，弾薬，食料，医療品などを戦線に送って作戦遂行がうまく行えるようにする供給とその管理活動を意味する。企業経営にそれを適用するとインダストリアル（産業）という言葉がその前につくわけである。インダストリアル・ロジスティックスは

「原材料の源泉から最終消費者あるいは使用者まで原材料や製品の物の流れを管理する技法（アート）」のことで，インダストリアル・ロジスティックス・マネジメントの定義は，「欲しいときに，欲しい場所で，適正な費用で製品が入手できるようにすることによって製品や資材の経済的価値を最大にする」管理活動である[7]。

同じ著者によれば，関連するいくつかの概念に関して以下のような定義になる。

①流通（Distribution）：宣伝・広告，販売，製品やサービスの物的移動に関わる活動および活動主体（業者）の結合した状態

②物的流通（Physical distribution）：ロジスティック・システムの一部で，販売者から買い手までの製品の外向きの流れ

③物的供給（Physical supply）：物的流通と同じく，ロジスティック・システムの一部で，供給者から当該買い手への内向き（購買）の製品の流れ

④生産計画・生産統制（Production planning and control）：原材料の受領から製造過程を経て完成品在庫の出荷（供給）までの物の流れに関わる活動

インダストリアル・ロジスティックスは流通ほど広い範囲をカバーしていないが，物的流通や供給，生産計画・統制（計画と統制を合体して**生産管理**と言っても差し支えない）はその一部として含む広い物的流れの管理を視野に入れて物の価値を高めることを企図する。その構成要素としては，製品の在庫，原材料の調達とその管理，輸送および近隣での配送，製造，倉庫，情報の流れとその管理，人間が含まれる。インダストリアル・ロジスティックスにおいて決定すべき主な事柄は，工場の数と立地場所，倉庫の数と立地場所，輸送方法，通信（情報の流れ）の仕組み，データ処理方法，入手可能性と信頼性の水準（使用者が製品を入手できる可能性と信頼性），製品の在庫地点，製品設計（製造場所と製造方法の自由度を左右する）である[8]。

サプライチェーン・マネジメントはこのインダストリアル・ロジスティックス・マネジメントを主要な部分として含んでいる。またサプライチェーン・マネジメントでは流通における異なる供給業者との関わり合いまで視野に入れている。しかしながら，物的な製品や原材料の流れに関する管理が根底にある。サプライチェーン・マネジメントは，より高い価値を実現する供給プロセスを構築するために，異なる業者，異なる職能との関わり合いまで意識して物的な流れを設計し，管理することを目指す。製品やサービスの価値を高くするにはそこまで通して見る必要があるという認識がこのような視野の拡大の背後にある。

サプライチェーンはさまざまな供給に関わる活動のつながりで価値を形成する。それらさまざまな活動が価値創造に関わる仕方を認識し，より広い統合的視野で考え，管理することがより高い価値創造に結びつくと考える。サプライチェーンが競争力を強化するうえで高い梃子力をもっていると理解されている。これは70年代から90年代初頭にかけて世界市場に台頭してきた日本の製造企業を徹底的に分析した結果，それら競争力のある製造企業が製造プロセスを中心とした物的な供給の仕組みにおいて他国の製造企業よりも卓越していたという事実認識によって支えられている[9]。ジャスト・イン・タイム方式が世界に注目を浴びた時期でもある。この方式はさまざまな供給活動を全体として効果的につなげるための考え方を示唆した。他方で，理想的なサプライチェーンを構築するうえで強力な手段になる情報技術の進歩も見逃すことはできない。端的に言えば，このような考え方が強まった背景には競争の激化とそのような統合可能性を現実的にする情報技術の進歩がある。

要は，経営では概念やアイデアだけで価値を高めることはできない。製品やサービスの使用者が実際にそれらを利用し，その価値を評価する。そのような状態を用意するのがサプライチェーンの活動である。サプライチェーンにおけるさまざまな活動のつながりの質が最終的に使用者にとって好ましい状態を作り，その価値評価を左右することになる。企業の供給に関わるすべての活動が，そのチェーンの活動として結束して使用者の価値評価を高めるように，サプライチェーンを構築することが経営では基本である。

1.2.2 サプライチェーンとプロセスの関わり

前述のプロセスとの関わりで言えば，プロセスは行動であるのに対し，サプライチェーンは製品やサービスを顧客に供給するための原材料から最終顧客までの物と情報の流れの物理的，制度的な仕組み（システム）である。プロセスはサプライチェーンという仕組みを設計し，稼働させる。換言すると，その仕組みを通じてプロセスは実際の企業活動として機能する。またそれらプロセスの最終的な結果はサプライチェーンの成果となって現れる。

3つのプロセスとサプライチェーンの関わりは表1.1のように整理できる。

(1) 価値設計プロセスとの関わり

価値設計プロセスでは，事業として提供する製品やサービスを開発し，設計す

■表1.1 3つのプロセスとサプライチェーンの関わり

3つのプロセス＼サプライチェーンとの関わり	サプライチェーンの設計と運営に関する要件/条件	サプライチェーンを通じたプロセス成果
価値設計プロセス	・製品やサービスの価値特性 ・企業内部で開発/供給する製品やサービスの内容 ・製品やサービスの機能的構造 ・必要な資材/部材の仕様要件 ・設計/開発/生産を行う場合に必要な外部協力の要件 など	・設計/開発の所要時間/費用 ・製品やサービスの出来映え ・製品やサービスの売上，収益性 など
価値とニーズのマッチング・プロセス	・製品やサービスの使用者の地理的位置 ・製品やサービスの価値享受の条件（納期，品質，価格，入手可能性など） ・製品やサービスに対する注文/需要のパターン など	・価値享受条件（納期，品質，価格など）の充足程度 ・供給した数量/額 ・使用者の最終的評価の高さ など
ロジスティック・プロセス	・必要な資材/部材の調達先/場所 ・資材/部材の調達要件（期日，品質，価格など） ・受発注の要件 ・作るための要件 ・輸送するための要件 ・貯蔵するための要件 ・情報の流れに関する要件 など	・調達時間/費用 ・生産時間/費用 ・輸送時間/費用 ・在庫時間/費用 など

るが，それらに含まれた価値がいかなるものかを規定する。その価値はサプライチェーンに対して価値実現のためのいろいろな要件や条件を与える。まず製品やサービスがどんな特徴をもっているかによってそれを実現するための材料，作り方，提供の仕方などが規定される。価値は製品やサービスのデザイン，品質（耐久性，性能，審美性，信頼性などいろいろな属性がある），価格などに反映される。このような次元によって特徴づけられる価値は当然，製品であればそれに使

われる材料，生産の仕方などに影響する。例えば，高品質を実現するのに丁寧な手作りを必要とする場合にはオートメーションは使えない。

製品やサービスはすべて企業内部で作るかどうかもサプライチェーンを条件づける。この決定は内外製（Make-or-buy）の決定と言われるが，ほとんどの製品は1つの企業がそのすべてを作るわけではない。自動車で考えても，日本ではいわゆる大手の自動車メーカー（例えばトヨタ自動車とか日産自動車など）では自動車の65％程度は外の業者が作る。自社内で作るプロセスは自分のチェーンに組み込み，外で作る部分は外部業者の管理下に置かれる。外部業者の管理下に置かれる場合にはその活動の計画や管理は，自社内にある場合と異なる仕組みで対応しなければならなくなる。それはチェーンの設計および運営において違いをもたらす。

製品やサービスの機能的構造はどのような機能がどのような組合せで製品やサービスに組み込まれるかを意味する。身近な例として，PCではフロッピーディスク・ドライバー，あるいはCD書き込み装置は外付けにするか，内蔵にするかなどがある。軽い，小型PCではその手軽さという価値を優先して，それら装置は外付けにする。このように製品の価値はさまざまな機能の組み立てとして構造化する。それは当然作り方や外付け機能の供給に仕方の違いとなって現れる。いろいろな機能価値を組み合わせる仕方について事前に難しさがあればオプションとして選ばせる形で製品化することもある。いわゆるカスタマイズ製品である。これも特殊性をもたせるために生産や調達の仕方を変化させる。

内外製の割合，さらには価値の特徴は外から購入する原材料あるいは部材に関する数量，品質，価格などに関して要件を与える。何でもいいというわけにはいかない。その結果，購入先の企業についての要件が満たされるようにサプライチェーンを構築しなければならない。場合によっては外国の安い供給者，あるいは国内のある特定業者からしか購入できないなどの条件がつく。それによってチェーンにおける活動主体の組合せとそれら業者のプロセスの関わり合いが規定される。

製品やサービスのすべてについて自社内で開発できない場合もある。製品の特定部分の製品技術あるいは製造技術で外部の特定業者の力を仰ぐ必要がある場合，製品開発ではそれら業者との連携が不可欠になる。開発や生産においてそれら業者とのプロセスの調整を可能とするようなチェーンの仕組みが必要になる。それら業者との供給関係が不安定になると，あるいは必要なときに十分な供給が受け

1.2 企業活動を体現するサプライチェーン

られなくなると事業が成り立たなくなる。

　価値設計の評価は、まずは意図した価値を込めた製品が市場にタイミングよく、低費用で導入できたかどうかで決まる。その成果は他のプロセスの成果も合体して最終的には売上額や収益となって現れる。それを左右するものがサプライチェーンの稼働である。製品化に必要な資材や部材の調達が遅れた、製造が費用や品質、出来映えなどでうまくいかない、などが製品導入において問題になる。

(2) 価値とニーズのマッチング・プロセスとの関わり

　製品やサービスに対する評価をしてくれる潜在的使用者が決まると彼らの所在場所がサプライチェーンの設計や運営上の要件になる。国内に分散しているか、特定の場所か、海外かなどの条件が供給するための工場、倉庫など供給設備や施設の立地、輸送手段などの要件あるいは条件を規定する。

　潜在的使用者が価値を享受するうえで重要な要件、例えば品質、価格、手に入れやすさ、手渡す時間、アフター・サービスの質などが決まるとそれらを満たすようにサプライチェーンを設計し、運営しなければならない。例えば、注文に応じてすぐに注文者に手渡すべきなのか、潜在的使用者の眼前に置いておかなければ注文に結びつかないのかなどの条件はサプライチェーンに必要な能力や特性を左右する。

　潜在的使用者からの注文や需要が実際にどのような形あるいはパターンで現れるかということはチェーンには重要な条件になる。例えば、一度に多量な注文が来るのか、時間的に安定した量が発生するのかなどである。それらは潜在的使用者に対する広告などの訴求の仕方、さらには割引などの売り方でも影響される。そのパターンによってチェーンの設計や運営が左右される。またさらに、それらパターンの推定したものと実際のものとの乖離もチェーンの在り方に影響する。乖離が大きい条件ではそれに対応した柔軟なチェーンの動きができる必要がある。

　このプロセスの成果は使用者の価値を享受するうえでの条件をどれだけ満たせたか、どれだけの量と額を供給できたのか、そして実際に使用者がどれだけ価値を評価したのかという形で現れる。サプライチェーンの実際の働きがそれを規定する。

(3) ロジスティック・プロセスとの関わり

　先のインダストリアル・ロジスティックスというサプライチェーン概念以前に

あった類似概念の名前にも使われているように，このプロセスは実質的にサプライチェーンの設計や運営に関する業務に最も近いプロセスである。実態的にサプライチェーンにおける活動を担うのはこのプロセスである。しかしながら，ロジスティック・プロセスと言っても，前の定義のような使命を専門的に担う部署は奇妙なことに実際の企業でははほとんど見あたらない。サプライチェーンとなるともっとそのことが言える。

　製品開発は開発が，生産は生産部門が担い，物的流通は販売（営業）が担い，資材や部材の調達および物的供給は購買が担い，情報の流れは情報システム部門が担当する。それら実際の企業によくある職能あるいは部署はロジスティックスあるいはサプライチェーンの活動の中では一部である。実態は，それら部署や職能が相互作用をしながらサプライチェーンを作り上げているということである。サプライチェーンにおける活動を事業価値が高められるように統合的に考えることの重要性と可能性を認識するにつれてそれを行う組織的体制ができていないことが反面で浮かび上がってきた。そのことが企業課題としてサプライチェーン・マネジメントという概念に対する注目をより集めさせている。

　ロジスティック・プロセスはサプライチェーンにおける多くの活動と重なるけれども，まったく同じではないという意味でここではこのプロセスとサプライチェーンの設計と運営を区別している。

　まず生産活動に必要な資材や部材を供給してくれる供給者とそれらの所在地がサプライチェーンに対して要件を課す。開発でも同じであるが，これは製品の生産のためで開発の場合と同じ業者から調達するとは限らない。空間的，時間的な距離がこれによって決まる。チェーンの広がりを規定する。また調達する資材の品質，価格，調達に要する時間などの要件も供給者の選択に影響する。

　調達では発注する頻度や間隔，そして量の条件，生産では完成品の注文に応ずるのにどれだけの時間をかけるかがチェーンの設計と運営の仕組みを規定する。

　生産ではどこで，どれだけの生産ができるようにするか，どのような生産の仕方をするかがチェーンの設計と運営に対して要件を与える。輸送においてもどれだけの間隔で，どれだけの量を輸送し，どのような輸送手段（方法）を必要とするかがチェーンにおける輸送の仕組みについての要件を課す。在庫する場所と量もチェーンに要件となる。これらの活動では当然情報が必要になる。その情報の流れに関する要件がチェーンにおける情報処理と伝達の仕組みを規定する。

　ロジスティック・プロセスの成果は供給にどれだけの時間と費用がかかったか

■図1.2　プロセス，サプライチェーン・マネジメント，事業成果の関係

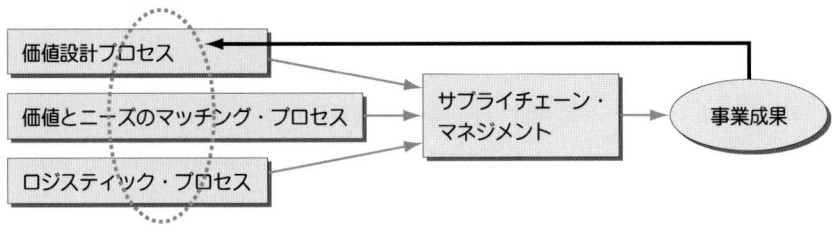

という形で現れる。

　表1.1の各プロセスからサプライチェーンへの要件および条件が事業価値を高める企業活動のサプライチェーンへの関わりである。そしてそれらのプロセスの成果が合体して企業の全体的な業績になる。その業績はサプライチェーンの設計と運営によって左右される。サプライチェーンの設計と運営がサプライチェーン・マネジメントである。この関係を図示すると図1.2のように描くことができる。

　3つのプロセスがそれぞれサプライチェーンへの関わりをもって動き，それらの関わりを考慮しながらサプライチェーン・マネジメントが行われる。その結果，各プロセスに関する成果が実現し，それらが合体して事業の価値評価を反映した事業成果になる。事業成果が再度各プロセスの見直しにつながる。各プロセスが企業全体のプロセスとして不適切なバランスであると事業成果は低くなる。例えば，製品技術指向過ぎる，販売訴求指向過ぎる，生産効率指向過ぎる，あるいはそれらがまったくばらばらで各プロセスの都合に合わせて展開される，などのアンバランスである。それをもっと高い価値実現のために，より適切なバランス，すなわち相互のシナジー（相乗効果）が生まれてより高い価値実現ができる統合的なプロセスにすることが点線で表された関わり合いの循環である。良い事業成果であればさらにそれを持続すること，あるいはもっと良くするような循環が働くようにすることが必要になる。サプライチェーンはすべてのプロセスが企業全体としてうまく機能しているかどうかを示す舞台である。

1.3 サプライチェーン・マネジメントの役割

　サプライチェーン・マネジメントは顧客が最終的に享受する事業価値を高めることで競争優位を確保することが目的である。そのための基本的活動は，価値創造と提供に関わる社内外のさまざまな活動の効果的なつながりを構築し，運営することである。
　サプライチェーン・マネジメントの意味合いを身近な例で考えてみる。

〈例1.1　マクドナルドの Made for You[10]〉

　世界のハンバーガー市場の圧倒的リーダー，マクドナルド（McDonald's）は日本でも3,800店舗弱の店舗を展開し，他社を寄せ付けない。その供給量は膨大で，それを支えるサプライチェーンは事業推進の要である。アメリカでは5年前より導入を開始し，すでに全店に導入し終わったが，日本では3年前から導入を開始し，全店の60％程度に導入し終わった店舗内のハンバーガー製造システムは Made for You と呼ばれている。日本では2005年末までに全店導入を終える予定である。このシステムは店舗内におけるミニ・サプライチェーンと称することができるほどその意義は大きい。
　競争者のウェンディーズ（Wendy's），モスバーガー（Mos Burger），バーガー・キング（Burger King）（日本撤退）などとマクドナルドの違いは確かに商品の違いにあるが，その作り方で決定的に異なる。マクドナルドは伝統的に，まずお客の来訪予測値に基づいて商品を作り，その商品が10分経っても売れない場合には廃棄するというプロセスを採用していた。この仕組みはダイレクト・オペレーション（Direct operation）と呼ばれている。この仕組みはお客が急いでいる場合にはすぐに手渡すことができるというメリットをもつ反面で，作り過ぎやその逆の場合には**廃棄ロス**あるいは**売上機会ロス**，さらには賞味期限10分ぎりぎりの商品をお客に渡す場合の味の劣化，あるいは品切れのときに待たせるというマクドナルドに対するお客の期待を裏切るという怖さをもっている。廃棄ロスに関しては事業の損得ということ以上に，廃棄物を減らそうという社会の環境問題に対する意識に抵触するので重大である。
　競争者はこれに対して注文を受けてから作るという仕組みで対抗する。この場

1.3 サプライチェーン・マネジメントの役割

■図1.3　Made for You 方式によるハンバーガーを作る仕組みと活動の流れ

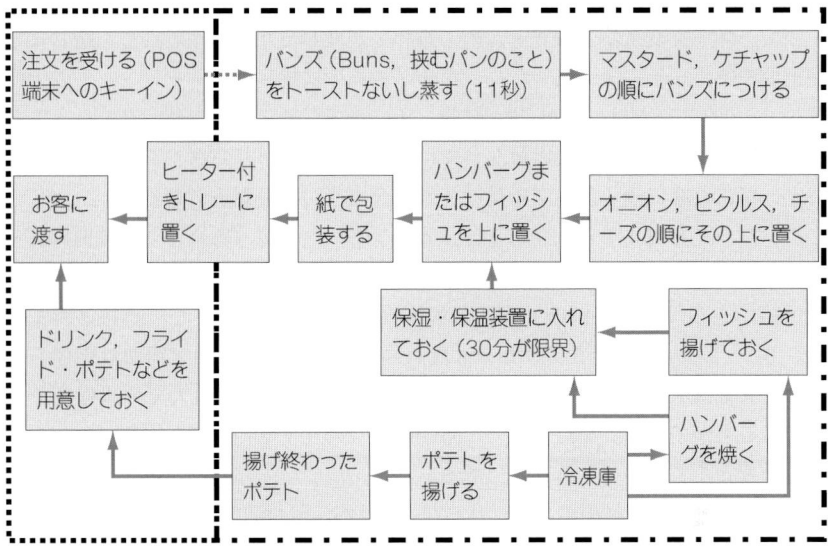

（注）点線矢印は情報の流れ，実線の矢印は物の流れを表す。また太い点線で囲まれた部分はお客カウンター，太い一点鎖線の部分はカウンター背後の厨房エリアを意味する。

合には原材料が品切れしない限り，品切れはないし，作り過ぎや品質劣化という問題は比較的少ない。またメニューや，ハンバーグの焼き加減，トッピングに関するお客の好みの違いに対応するオプションの広さに関する優位性がある。しかしながら当然，急いでいるお客に対しての魅力は低いし，供給できる量も限られている。

マクドナルドは従来の方式の欠点を改善すべく Made for You（以後 MFY と略称する）方式を導入した。MFY 方式によるハンバーガー作りのプロセスは図1.3のようになる。従来は作って用意しておく仕組みであった。MFY 方式ではカウンターでお客から注文を受けた時点で POS（販売時点，Point of sale）端末に接客担当者が注文内容をキーインすることからプロセスが始まる。キーインされた注文情報が厨房にある MFY システムの最初の段階にある画面に送られ，そこで挟むパン（バンズ，Buns という）を焼くか，蒸し始める。ハンバーガーの場合には焼き，揚げたフィッシュの場合には蒸す。そこで MFY システムの最初の段階に焼く装置と蒸す装置が2種類置かれる。

その段階以後に，マスタード，ケチャップの順で2つあるパンの下側に塗る。次にオニオン，ピクルス，チーズの順にその上に載せる。これらの順序は決まっていて，順序を変えると触覚を含めて味わいが変わるため順序を正しく踏むことが重要である。その後で焼いたハンバーグあるいは揚げたフィッシュをその上に載せ，上のパンを重ね，仕上げとなる。その後で，紙に包み，ヒーター付きのトレーに置いてカウンターの店員がすでに用意してあるドリンクやフライド・ポテトと一緒にお客に渡す。注文を受けてから渡すまで1分以内である。

ハンバーグを焼くこと，フィッシュおよびポテトを揚げるプロセスは別に行っており，注文に応じて食材を組み込んでいくプロセスにジャスト・イン・タイムに供給できるよう原材料により30分程度の需要分だけ在庫として維持されている。ハンバーガーを作るプロセスは流れ作業にして1分以内で需要に応ずるようにした。また注文量が多くなると，この作るプロセスに最大で5人程度を配置することができる。したがって，時間当たりの注文量に応じてこのプロセスの能力を変えることができるわけである。

このMFY方式は従来の方式に比べて品質およびお客に応ずる時間の均一性を高めることができ，廃棄量をほとんど0にした。年間，売上額の0.2-0.3%の廃棄ロスがなくなった。これはすべて利益である。それ以上に環境問題への寄与は大きい。結果的に1人当たりのお客の注文に応ずる時間は店舗レベルで導入済み店としていない店を比較して15.5%は短くなったという。それは店舗における生産性が同じ程度上がったことになる。これらのメリットは，一式数百万円かかるMFYシステムの導入費用や従業員の再訓練費用を考慮しても明らかに高いという。

MFY方式による供給プロセスはマクドナルドのサプライチェーンにおけるプロセスのほんの一部でしかない。肉や野菜の加工，あるいは包装材，その他の材料を調達し，輸送するなどの店舗までのプロセスとのリンクで考えることが本来的に必要になる。しかしながら図1.3のプロセスはサプライチェーンの縮図的プロセスにもなっている。要はお客の注文に応える仕組みが狙いとすることは異なる業者やもっと複雑かつ規模の大きい生産，輸送活動を含んだサプライチェーンでも同じである。

このMFY方式は見込みで作る方式から注文に応じて作る方式に変わるという大きな意味をもっている。さらに次のステップではこの方式をベースにトッピングのオプションにおけるバリエーションを加え，いわゆるカスタマイズされた商

品提供も検討することになる。それは簡単なことではないが，逆にそれだけ作り上げたときの期待成果も高くなる。そのようなプロセスをうまく作ることができれば，それによって時間，品質維持はもちろん，バリエーションにおいても既存の受注してから作るという仕組みより高度なプロセスになる。お客の評価価値をより高める可能性をもっている。注文に応じて作るから時間もかかってよいという姿勢ではこのプロセスに対しては不利になる。

このMFY方式による操業はマクドナルドの全体の操業プロセスでは限られたプロセスであるが，事業遂行におけるサプライチェーンの意義あるいは役割を示唆してくれる。それらは少なくとも4つある。

(1) 提供しようとする価値の具体化：実際の評価価値への転換の仕組みの構築
　MFYのハードを含めたシステムは，マクドナルドの提供しようとする価値を実際に評価してもらうための基本的な仕組みである。すなわち，提供するハンバーガーの味や注文から食べるまでの時間などの価値はこの仕組みによって規定される。したがって，期待価値を忠実に実現するようにMFYのシステム構成とプロセスの設計をしなければならない。その場合に，事業として成り立つようにその仕組みが機能することがなければ提供する価値は絵に描いた餅でしかない。事業としてやっていけなくなる，あるいは実際に提供している価値と提供したい価値が別物になる可能性がある。

　サプライチェーンの設計では提供する価値について，事業遂行につながるように明確な定義をしなければならないので提供する価値の意味の再確認が必要である。例えば，手早く満足できる食べ物の提供という価値を，注文から手渡すまでの時間，味覚，栄養，食べる環境などの具体的な尺度に翻訳しなければならない。それら尺度が実際に消費者が評価する尺度である。事業を実際に行う場合にはそのような翻訳は非常に重要である。提供する価値の具体化はサプライチェーンにおいて不可欠になる。それは提供価値についてのより深い洞察をもたらし，よりその実現性を高める契機になる。

(2) 提供した価値の評価の質を高める
　MFY方式によって提供する価値が均一になる，あるいはむらがないことによってハンバーガーを食する人の評価はより安定化する。その安定化した評価に基

づいて，提供価値が消費者あるいは使用者にとって適切かどうかを評価することができる．その結果として，顧客の観察によって得た，設計価値と顧客の評価価値のずれに関する情報を次の価値の改善や価値の創造に活かせるようになる．

(3) 提供価値についての新しいアイデアを事業として評価する能力を高める

顧客の評価に関する，より信頼性が増した情報を入手できる環境は，さらに新たな価値についての評価力を高める契機を与える．新しい価値を導入した場合の反応が把握しやすくなる．また提供する価値とそれを提供するサプライチェーンの関わりを考えることによって，新しい価値の事業としての実現可能性について適切な評価ができるようになる．思いつきで新たな価値（例えば新メニュー）をどんどん導入し，それを実際に提供するサプライチェーンがついて行けなかったためにその新しい価値がその本来の価値を評価されずに終わることを避けることができる．それは，ひるがえって，新たな価値を事業として検討する場合にはそれに対応したサプライチェーンの在り方を同時に検討する事業姿勢とその能力を醸成する．

(4) 事業価値の改善および新しい事業価値の創造

宅急便はドア・ツー・ドアの短時間での輸送という価値が評価される．コンビニエンス・ストアは日常品を終日開いて売るという価値で評価される．これらの価値の対価は少々高くても評価されて事業として立派に成立している．インターネットによる書籍販売もそうである．その価値はサプライチェーンにおける発想から生まれている．サプライチェーンからの発想は，一般的な価値を品質，入手の容易性，価格などに関する具体的な尺度に翻訳し，それを実現する努力の結果として可能になる．それら具体的な価値尺度が製品やサービスに付されて製品やサービスの全体的な価値になる．その意味で，サプライチェーンにおける発想や可能性が新しい事業概念を生み出すことがある．

1分で作るとか，すべての顧客にむらのない均質な商品やサービスを提供できるということが，新たな製品やサービス価値の発想を刺激する．例えば，納期を短縮すればそれは価値を追加したことであって，それなりの高い対価を要求できる別の製品になるという言い方も可能になる[11]．それは，ある種の価値実現に向けてサプライチェーンの質を徹底的に上げていく努力の結果として得られる情報（データ）と知識（ノウハウ）がなければ不可能である．

製品やサービスについての望ましい価値からサプライチェーンを構築するのがよくある順序であるが，より高度なサプライチェーンが製品やサービスの新たな価値を創り出すという順序も多い。前述のビジネス・モデル概念はそのような経路の産物と考えられるのである。また産業の成熟化と言われる近年において，既存事業をこのような視点から新たな価値を付加して刷新することの意義は大きい。

前出の3つのプロセスは上の各役割をサプライチェーンが十分に果たすことができるようにサプライチェーンに組み込まれる必要がある。上のような役割を他社以上に果たせるサプライチェーンをもつことは事業競争では決定的な優位になる。

1.4　サプライチェーンの構築の焦点：本書の狙い

　本書は上述の役割をもつサプライチェーンの設計や運営において必要な知識をとりあげる。その場合の焦点は特に(1)に当てる。すなわち，事業価値を実現するためのサプライチェーンを構築する場合に必要な論理を中心に考える。(2)から(4)までの役割は(1)に付随して果たすことが可能な役割である。(1)ができない場合にはまず(2)から(4)までの役割は果たすことはできない。本書は(1)を考えるうえで必要な最少限度の知識をその内容としている。そのような知識の意味を，サプライチェーンで好対照をなすように見える2つの会社を例にして考える。
　サプライチェーンの構築では，まずは提供する事業価値を最大限高めることができるような特性をもつサプライチェーンを目指すことが出発点である。それが，同じ事業でも企業間の格差を生み出す[12]。
　例えば，PCのデルは後発メーカーであるが，現在ではシェア（市場占有率）が最大のメーカーである。それを可能にしたものが，低価格と高サービスと言われている。そのデルの成長の背後にサプライチェーンが大きな役割を果たしていることは良く知られている。インターネットを最大限利用して顧客から直接受注し，配送する仕組みを作り上げた。さらに在庫も減らし，流通にかかる費用を最小限にし，アフター・サービスもウェブを通した原因究明を使用者ができるようにして迅速かつ低費用の仕組みが組み込まれている。
　他方で，家具のイケア（Ikea）は品揃え，在庫，サービスという3本のサプラ

イチェーンの価値を実現して業績を伸ばしてきた[13]。デルとは違い，品切れを出さない十分な在庫をもつサプライチェーンを展開し，顧客の要求に応える。従来の家具メーカーが家具という製品につきまとう在庫費用（第4章で在庫およびその費用は解説する）が高くなる特性を嫌って注文生産型のチェーンを展開する。これは逆に，顧客の，実物を見て気にいったらそれがすぐに欲しいという価値を無視していることになる。消費者から見たときの価値提供の速さを強調したサプライチェーンをイケアは展開し，成功してきた。

両者に共通するのが「在庫」政策が重要なポイントになっているということである。商品が消費者を裏切るほどお粗末というのではないことは当然である。それだけでは競争しない。これらの会社が提供するものは他社も類似品は出しており，他にはない製品ではない。顧客が感ずる価値とサプライチェーンの構築を連動して考え，事業価値を高めようとすることが両者の共通点である。それが在庫政策になって現れている。しかしながら，デルはほとんどもたないことを特徴とし，イケアは十分にもつことを特徴とする。

この対照的な違いは表面的で，これをもって両方の考え方はまったく正反対と断定するのは早計である。問題は在庫水準の「適正さ」である。デルはそれが「最少限度」で，イケアは「十分」という言い方をする。その言い方の違いが，受ける量的意味合いとして好対照となっているだけである。両者とも，顧客と自社の事業遂行にとって「適正である」と判断している点では同じである。事実，そうでなければ事業の成功はなかったであろう。

在庫の適正さを規定する要因には2つある。第1は，顧客が評価する適正さである。第2は，事業という視点から見た適正さである。

消費者から見た適正さは買ううえで不便がないということである。それは端的に，在庫は在庫だらけで目当ての物を見つけるだけで大変な労力がかかるというほどの多さでない限り，在ればあるほど良いということになる。欲しいときに欲しい量だけある，というのが最良である。

事業をする側から言えば，顧客が満足であっても，それに応えていたら事業として成り立たないことがある。在庫もそうで在庫を多くもつほど事業採算としては悪化する。これはイケアであっても同じである。したがって，その視点からすれば，在庫は少なければ少ないほど良い。

より優れたサプライチェーンを構築する能力が，これら背反する論理を事業価値が競争的になるように両立させる力である。顧客が満足する多い在庫と事業採

算からは望ましい少ない在庫の間で適正な在庫水準を見極め，それをサプライチェーンとして実現する力である．デルもイケアもそのような努力の結果，現在の在庫水準に行き着いていると考えるべきであろう．デルもイケアも同じ業種では在庫の割りにより高い顧客の満足を達成できるサプライチェーンを構築する努力をしてきた．両者の在庫水準の差（実際にどちらが多いかはわからない）があるとすれば，それは事業に必要なプロセスの差である．一方はPC，他方は（いろいろな種類があるが）家具である．それらを作る原材料，作り方，輸送方法はすべて異なる．そのようなプロセスにおける差異が在庫の差異になる．ただ，両者共，他社よりも優れたプロセスを構築し，それによって他社よりも，在庫水準に比して事業価値は高いのである．しかしながら，両者共に，もし他社が事業価値をさらに高めるサプライチェーンを構築してくれば現在の地位は保証されない．

まずは事業価値を期待通り，かつ競争的な水準として実現し，さらに事業の視点から常に成果を持続させるのがサプライチェーンの基本的役割である．本書が焦点づける内容は，このような競争的なサプライチェーンを構築する場合に必要とされる知識や論理である．

1.5 本書の範囲

本書の狙いは前節で明らかにしたが，最後に本書が対象とする範囲について明らかにしておく．それらは基本的にはサプライチェーンの構造と知識に関するものである．

第1は，本書では近年のリサイクル（Recycle）やリユース（Reuse）のプロセスは対象としていない．これらのプロセスを含めるとサプライチェーンは循環サプライチェーンになる．原材料購入のプロセスと製品の廃棄および回収プロセスがつながってくる．環状のプロセスになる．環状プロセスにおいてはプロセス在庫などの概念はより大きな問題になる．廃棄，回収，再生などのプロセスにおける在庫と供給活動が対象になると同時に環状プロセスのダイナミックスを扱うことになる．この問題はすでに不可避なところまで来ている．しかしながら，この課題を扱うにはもう一冊の本が用意されなければならないので別の機会に譲りたい．

第2の問題はサプライチェーンに含まれる活動に関する範囲である．サプラ

イチェーンに関する活動は膨大である．製品開発，調達，生産，販売などの伝統的な職能だけでも多い．本書ではサプライチェーンを設計し，運営するにあたって最少限度の知識に内容を限定している．それらの知識は多くは従来，生産管理，物流などの物的変換プロセスにおいて培われてきたものである．それら知識は前節で紹介したマクドナルドの Made for You，デルやイケアの例にもあるように事業価値を支え，高めるためのサプライチェーンを作り上げるうえで不可欠のものである．サプライチェーンあるいはサプライチェーン・マネジメントは経営という全体的視点と結びついて近年登場した概念であるが，その背後の必要な知識体系は生産管理あるいはオペレーションズ・マネジメント（Operations management）の分野で開発されてきた．サプライチェーン・マネジメントという概念の登場に影響を与えたと言われているトヨタ自動車のジャスト・イン・タイム方式に象徴される知識体系はまさにそのような知識体系の典型である[13]．

生産管理は工場における知識体系としてそれ自身が独立した分野となっている．しかしながら，その分野も変貌を遂げ，コンピュータなどの情報技術や通信技術の発展と共に，購買，開発，販売などの別の領域との関わり合いで考えられるようになっている．またいわゆる工場をもたないサービス産業に対してその知識体系の適用も進み始めている．しかしながら病院，官庁，銀行，店舗などは広い意味で生産活動の場である．そこには工場と共通した多くの活動がある．したがって，工場の活動を前提に開発されてきた知識体系の転用は十分に可能である．

本書はサプライチェーンというものを対象に，生産管理における知識を整理してとりあげている．生産はサプライチェーンの一部であるが，そこにおける知識体系は工場を越えたサプライチェーンにおいてもその設計や運営において適用できるものである．しかしながら，生産管理の分野でもすべての知識を網羅的に本書では触れることはできない．例えば，**品質管理**は本書ではその関連性については触れるけれども，品質管理そのものには立ち入っていない．また工場の設備の**レイアウト**，調達，作業やその環境設計（インダストリアル・エンジニアリング），原価管理といった知識体系も本書の直接対象ではない．それらが不要であると言っているわけではなく，実際にはそれらの知識も当然実際のサプライチェーンの設計や運営において必要であるし，構成要素になる．本書ではまずはサプライチェーンを全体として考えるための基礎知識に限定しているのでそこまで触れる余裕はない．また考察対象が生産管理ではなく，サプライチェーンである．サプライチェーンの一部として生産管理を捉え，チェーンへの部分としての関わ

1.5 本書の範囲

りという形で生産プロセスあるいは生産管理の基本的な事柄について考えている。しかしながら、知識体系は生産管理におけるそれをサプライチェーン・マネジメントに関わるような形で整理している。

サプライチェーンそのものについても、先のその役割にも示したように、広い内容が含まれている。例えば、製品開発や消費者の評価の問題とサプライチェーンの関わりなどは重要な局面である。しかしながらそれらについても関連する限りは触れるにしても、その局面に深く立ち入ることはできなかった。論理的、方法論的にまた異なる知識体系が必要になる。それらは次にとりあげるテーマとして取り組みたい。しかし、本書で議論する内容はサプライチェーンを考えるうえでまずは、先に述べた役割を果たすことが出発点になるという意味が重要である。それらを無視してサプライチェーンを考えることはできないし、危険である。

提供する製品やサービスの価値を実現しながら、適切な供給を行うという機能においてまず基本的に問題になることは、供給における質的および量的な適正さということである。質的という意味は提供しようとする価値と実際に使用者に提供される価値の一致度である。量的な適正さは、使用者が欲しい量を満たしつつ、事業として満足な成果（収益）を上げ得る量という意味である。それらは需要の時間当たりの量と、サプライチェーンの設計と運営によって決まる。

本書ではまずは量的な適正さと、それを規定するサプライチェーンの設計や運営の関わりについて中心的に考える。質的な適正さに関しては、サプライチェーンの設計や運営といかに関わるかを（例えば、不良率さらには製品改善などの関わりで）議論するけれども、品質管理そのものは本書の直接の対象範囲から除いている。これはこれで別の大きな議論が必要である。これを含めると膨大な範囲になる。しかしながら、品質管理は少くとも、時間当たりの需要さらには量的な適正さに影響するという意味でサプライチェーンを考える場合には重要な要素であることは間違いない。本書では質的側面は、量的な適切さを考えてサプライチェーンを設計し、運営するための与件としてまず考え、ひるがえって、量的な適切さを実現できるサプライチェーンは質的な適切さの維持、向上につながるという考え方をする。

量的な適切さを実現するサプライチェーンを考えるうえで、その鍵となる概念は供給に要する時間あるいはリードタイム（Lead time）である。これは言い換えれば供給活動をするために費やされる時間のことで、ある意味では供給をする遅れである。これが量的適正さを確保する場合に大きな影響を与える。サプライ

チェーンの設計および運営と供給時間の関わりが本書の大きなテーマである。これはスピードに基づく競争（Time-based competition）や，俊敏なる（Agile）経営などの概念と非常に関わっている。スピードがある経営が競争優位に立つということであるが，近年の企業経営では鍵となる概念の一つである。実際の経営においては，それら概念は供給時間あるいはリードタイムなどと切り離して考えることはできない。次章からまずこの供給時間というものの経営における意味合いを考えていく。

参考文献・資料

[1] Porter, M. E., *Competitive Advantage*, The Free Press, 1985.（土岐坤・中辻萬治・小野寺武夫訳『競争優位の戦略』ダイヤモンド社，1996年）
[2] Rappa, M., "Managing the Digital Enterprise" North Carolina State University, *Graduate School Course Materials*, 2001. (http://www.ecommerce.ncsu.edu)
[3] Poter, M. E., "Strategy and the Internet", *Harvard Business Review*, March 2000, pp. 63-78.
[4] Henderson, C., *Winners: The Successful Strategies Entrepreneurs Use to Build New Businesses*, Holt, Rinehart and Whinston, 1985.（望月和彦訳『ウィナーズ』TBSブリタニカ，1986年）
[5] Fram, E. H., "E-Commerce Survivors: Finding Value amid Broken Dreams", Business Horizonz, July-August, 2002, pp. 15-20.
[6] Kotha, S., "Competing on the Internet: The Case of Amazon.com", *European Management Journal*, Vol. 16, No. 2, 1998, pp. 212-222.
[7] Magee, J. F., *Industrial Logistics: Analysis and Management of Physical Supply and Distribution Systems*, McGraw-Hill, 1968, pp. 1-2.
[8] Magee, J. F., 前掲書, pp. 3-6.
[9] Womack, J. P., Jones, D. T. and Roos, D., *That Machine That Changed the World*, McMillan, 1990.（沢田博訳『リーン生産方式が，世界の自動車産業をこう変える』経済界，1990年）
[10] この事例は日本マクドナルド㈱の人事本部，トレーニング本部部長の下山博志氏とのインタビューによる。
[11] Goldratt, E. M., *The Goal*, North River Press, 1992, Second edition.（三本木亨訳『ザ・ゴール』ダイヤモンド社，2001年）
[12] Kopczak, L. R. and Johnson, M. E., "The Supply-Chain Management Effect", *Sloan Management Review*, Spring, 2003, pp. 27-34.
[13] http://www.ikea.com
[14] 大野耐一『トヨタ生産方式』ダイヤモンド社，1992年。

2

供給リードタイムの経営的意味合い

　企業の供給活動が適切かどうかによって同じ製品やサービスを社会に供給していても企業の業績に違いがでる。本章では，供給活動の重要な特性の一つであるリードタイムについてとりあげ，その経営に対する意味合いを考える。

2.1 リードタイムとは

2.1.1 所要時間としてのリードタイム

　供給時間あるいは**リードタイム**とは，「活動をしなければいけない」と考えた時点からその活動を実際に終了するまでの時間のことである。顧客の立場で考えると，それは「欲しい」と意思表示をした時点から入手するまでの時間である。注文する顧客の立場では，そのリードタイムは**注文リードタイム**という。

　他方で，それに応ずる供給者の立場で考えると，「供給しなければならない」と考えて動き始めた時点（顧客の注文を受け取った時点，あるいはある顧客を想定してその人に所定の時間に手渡すことを考えて行動を開始する時点）から実際に供給をし終えるまでの時間になる。この場合には**供給リードタイム**といい，供給に要する時間のことになる。

　リードタイムには供給する製品を物理的に完成させるまでのいわゆる**生産時間**という定義もできるが，それは経営的には狭義のリードタイムである。顧客から注文を受ける，あるいは需要の推定を行って生産することの必要性を自覚し，生産する順序と方法を決め，生産に必要な原材料の手配を行い，それらを持ってきてもらい，実際に製品を生産し，製品の需要者に手渡すという一連の活動が供給活動になる。物理的な生産時間としてのリードタイムは経営から考えるリードタイムの一部である。

　図2.1はメーカーを中心として見たときのサプライチェーンである。さまざまな活動がそのチェーンには含まれていて，それら活動を遂行するのに要する時間がリードタイムを構成する。

　メーカーがすべて自社内で生産していることはない。自動車会社では例えば鉄板や窓ガラス，タイヤ，オーディオ機器などは生産せずに外の業者（供給者）から購入する。それら供給者に対してそれら部材を注文し，届くまでの時間が注文リードタイムである。その注文リードタイムは，供給者がメーカーからの注文に応じて生産する時間，その生産のために必要な部材を供給者の供給者に注文して取り寄せる時間，メーカーの工場まで注文品を梱包し，輸送する時間，メーカーの工場で送られてきた購入品をチェックする時間，それら購入品を必要な場所まで運ぶ時間などを含む。ただし，メーカーから受注する供給者が在庫を抱えてい

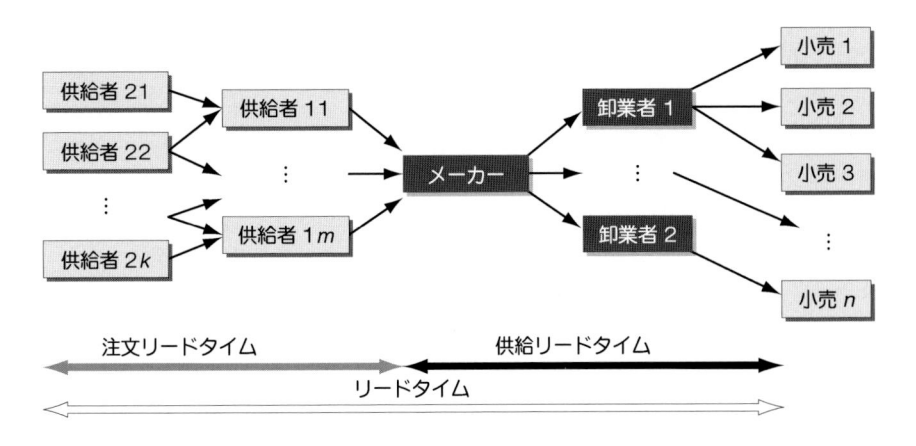

■図2.1　メーカーから見たサプライチェーンの例

図2.1　メーカーから見たサプライチェーンの例

てそこからすぐに注文に応じてメーカーに送る場合には，梱包以降の活動時間の和が注文リードタイムになる。

　図2.1でメーカーの立場に立っているとすると，供給リードタイムは卸売業者からの受注量を予測する，あるいは実際の受注を処理する時間，それらに基づいて生産計画を立てる時間，メーカーにおける加工や組み付けに要する時間，加工されるものが工場内で移動し，待機する時間，品質をチェックする時間，完成品を梱包し，卸売業者あるいはその流通倉庫，あるいは直接小売店まで輸送する時間などから構成されている。

　企業における供給活動を考えると，供給にどれだけ時間を要するのかを意味する供給リードタイムは経営上で重要な意味合いをもっている。その供給リードタイムはほとんどの場合にその企業が顧客となったときの注文リードタイムを含んでいる。

　企業の供給活動を設計し，運営する場合に，供給リードタイムに自社にとっての注文リードタイムが含まれているということは忘れ勝ちである。多くの場合に供給リードタイムは企業の生産活動および顧客までの配送に要する時間の和として考える。そのような場合が当てはまるのは，企業が自社ですべての原材料から生産するときだけである。大部分の企業は生産のための原材料の一部を別の外部の企業（供給者）から入手するわけで，それを入手する注文リードタイムが供給リードタイムに含まれているのである。

ある企業が必要な原材料を入手するのに，注文して供給者がすぐに持ってきてくれるときには，供給リードタイムに含まれる注文リードタイムはその輸送時間だけである。この場合には生産や配送に要する時間とその輸送時間だけの和がこの企業の供給リードタイムになる。しかしながら，このような状況を期待することは実際には非常に難しい。もしこれができる場合には，供給者が注文される原材料についてあらかじめ予期して保有して注文を待っているような状態である。注文が実際に来るかどうかわからないうちに用意して待っているという危険を供給者が冒しているのである。供給者の付加的サービスと考えることができる。

　このような危険を冒している状況を考慮すると，メーカーがその供給者から必要な資材を入手する注文リードタイムを考えないということは，すでに経営的には重要な部分を無視していることになる。例えば，需要が増加していくと供給者が供給できなくなって品切れという事態を招く可能性がある。また逆に需要が減少すると供給者があらかじめ保有して備えていることが無駄になる。自社の供給リードタイムを考えるときに注文リードタイムを無視するということは，供給者の経営的不安を抱えたまま事業を続けるということである。それは当該企業にとっても供給に不安を抱えた状態であり，経営的に望ましい姿とは言えない。

2.1.2　供給活動を先行すべき時間としてのリードタイム

　企業はその供給活動に時間を要する。それが供給リードタイムである。そのリードタイムは総括すると，その企業が生産する時間，顧客に届ける時間，そしてその企業が生産するのに要する原材料を入手する注文リードタイムの和である。他方，ある企業から供給することを考えると，その企業の顧客の注文リードタイムが問題になる。そのリードタイムは顧客の満足度を左右する。その企業が顧客に待ってもらう時間，すなわち，顧客にとっての注文リードタイムが2日間であったとする。しかしながら，もしその顧客が2日も待てない，翌日には絶対欲しいという場合には，この顧客の満足度は低下して，場合によってはもう要らないという拒絶に遭う可能性がある。

　顧客の注文リードタイムはその顧客にとっては企業の供給活動を評価する重要な要素である。顧客には固有の「我慢できる待ち時間」というものがある。その企業が顧客に対して入手まで我慢させる時間，すなわちその顧客の注文リードタイムがその「我慢できる待ち時間」よりも長ければその企業の供給活動の質は低いと評価されることになる。

企業がそのような評価を受けたくなければ，顧客が我慢する待ち時間以内に顧客にとっての注文リードタイムを短縮していかなければならない。そのためには，顧客が欲しいという前から供給する準備をしておかねばならないことを意味する。どのくらい前から準備するかは企業の供給リードタイムと顧客が許容する注文リードタイム（待ち時間）の差に依存する。企業の供給リードタイムが10日で，顧客の許容する注文リードタイムが1日であったとすれば，9日前より供給準備をしていかないと間に合わない。**顧客の許容する注文リードタイムよりも供給リードタイムが長くなるほど経営的には難しい状況に陥ることになる。**

そこで，企業の供給リードタイムと顧客の許容注文リードタイムの差が問題になる。そこで企業にとっての**実質的供給リードタイム**を以下のように定義する。

実質供給リードタイム ＝ 供給リードタイム － 顧客の許容注文リードタイム

実質供給リードタイムは，経営的には重要な概念で，それは企業が注文の発生よりもどれだけ前から供給活動を開始しなければならないかを規定するものである。実質供給リードタイムが0未満であれば（顧客の待ってくれる時間の方が供給に要する時間よりも長い），企業は注文があってから供給活動を開始すればよいことになる。もし顧客の許容注文リードタイムが0，すなわちまったく待つ気はないという場合には企業の供給リードタイムそのものが実質供給リードタイムになる。

例えばティッシュペーパーなどはその典型である。そのような商品は類似性が高いので店に行ってその製品がなければ他の会社のものを買ってしまう可能性が高い。店で考えても，需要者は品切れしている店で買う必要もないと感じているので他の店で買ってしまう。**コンビニエンス・ストア**などで売っている商品はそのとき必要と考えて需要者が店に来るので，店にとって顧客の許容注文リードタイムは0である。そのような商品は品切れしているとそれは即，**売上機会の消失**につながる。それは潜在的需要を見誤る原因になる。売上数字に反映されたその店の顧客の価値評価は過少となる。

実質供給リードタイムが0以上であれば注文があるかないかわからないうちに供給活動を開始する危険（**リスク**）を負って供給活動をしなければならなくなる。売れ残った商品を抱えて倒産する企業の悲劇はこの実質供給リードタイムが0以上であるということから起こることが多い。すなわち，商品を抱える必要性を感じ，その結果商品を過剰に抱えることで発生する。

2.1.3 結果としてのリードタイム

上で述べたリードタイムは活動そのものに要すると想定された時間であった。しかしながら，現実にはそれは同じ活動が含まれていても結果としての実際のリードタイムは変わることが多い。すなわち，機械などで加工する時間も機械の故障などがあれば所要時間は変わってくる。個人的に考えても，ある事をするためにかかるであろう時間と実際の所要時間は予期せぬことが起こって多くは異なる。実際の所要時間の方が長くなるのが一般的である。そこで本来の（推定上の）リードタイムと結果としてのリードタイムが区別できる。結果としてのリードタイムが経営的に重要な実際のリードタイムである[1]。

実際のリードタイムは，本来のリードタイムと，サプライチェーンの供給能力（生産能力とか輸送能力など），需要量，そしてサプライチェーンの管理の仕方で規定される。実際の供給活動における問題が発生する場合には，現在受注したものについてのリードタイムは，すでに受注された量が供給されるリードタイムよりも余計にかかることになる。そこですでに受注された量がすべて供給されるまでのリードタイムは以下のように定義できる。しかしながらそれも事前には把握が困難な推定値でしかない。

$$\frac{\text{すでに受注された量（受注残）を}}{\text{供給し終わるまでのリードタイム}} = \frac{\text{受注残}}{\text{現時点の単位時間当たり供給量}}$$

このリードタイムを規定するもので特に重要なものは，分母の現時点の単位時間当たり供給量である。現時点の単位時間当たり供給量とは，現在時点で単位時間当たりどれだけの量を供給できているかを示す量である。例えば，受注残が1,000個，現時点の1日当たりの供給量が100個であれば，すでに受注された量を供給し終わるまでのリードタイムは10日となる。したがって，この受注残を抱えている現段階で新たに受注した量あるいは生産計画量100個に関して手渡せるまでのリードタイムは11日かかると推定できる。結局，需要者にとっての最終的なリードタイムは本来のリードタイム，供給能力，そして需要量の関わりによって決まる。

サプライチェーンを設計し，運営する場合にどれだけの量を供給するのかを考えることが出発点になるが，その場合に実質供給リードタイムがまずベースになる。その実質リードタイムよりも実際に長くかかる，あるいは需要者の予定の注文リードタイムを満たせない場合には需要者にとっては期待を裏切られたことに

なる。その原因は期待していた供給リードタイムをもっと長くする問題が発生したことである。それらの問題に対する対応については第4章およびそれ以降で考える。本章では予定の供給リードタイム，あるいは実質リードタイムの長さが経営に与える意味合いを考える。

2.2 供給リードタイムの経営資源の投入量への効果

実質的供給リードタイムが0よりも長ければ必ず売れるようにするためには注文あるいは需要の発生よりも前に供給準備に取りかかる必要性があることは前節で述べた。供給準備に取りかかるということは別の言い方をすると供給活動を注文発生前から開始することである。それは人や物を需要者に売れるかどうかわからない状況で投入していくことである。人や物は経営資源であり，それらを使うということは経営資源を投入することであり，それに要する資金を使うことである。

需要発生前に活動を開始するということは将来発生するかも知れない需要に対して投入した資源にかかるお金を需要者の代わりに立て替えておくことである。もし需要がなかったらそれら経営資源がすべて無駄になってしまい，いわゆる倒産に至る。そのような極端な状況でなくても，同じ需要を満たすのに他社よりもより多く資源を投入するとそれは経営効率を悪くさせる。言い換えれば同じ額を売っている他社よりも利益率が減少する。店の経営の例で考える。

〈例2.1　店舗モデル1〉

ある小売店では靴下を売っている（ここではサイズや色の種類は無視してみな同じものと仮定する）。毎日一定の20足の需要が発生するものとする。顧客は買いに来たときに商品がなければこの店で買わずに別の店で買ってしまうとする。すなわち，顧客の許容注文リードタイムは0であると仮定する。この店では卸業者に注文して注文したものは7日後（7日目の夕刻）に入荷し，8日目には売れる状態にできる。店の注文リードタイムあるいは供給リードタイムは7日ということになる。店では毎日，営業時間終了後に店員がその日売れた足数分だけを卸業者に電話で注文する。この店では品切れがないようにするには一体どれだけの靴下を自店で売ることができるように確保しておかねばならないだろうか。

■図2.2　店が今日時点で確保しておくべき量

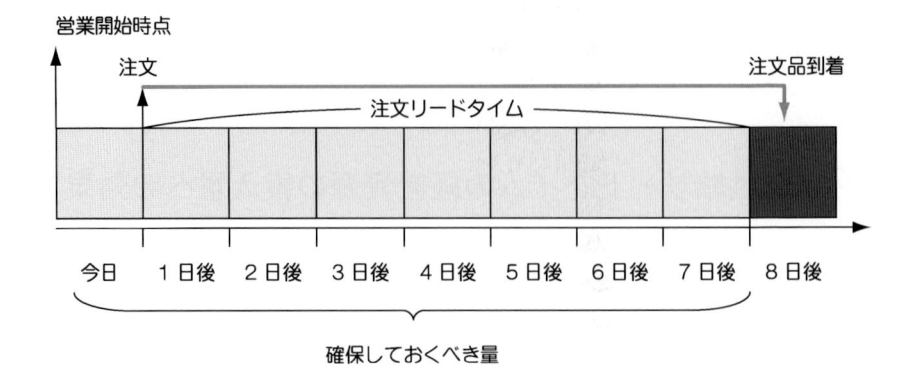

営業開始時点

注文　────── 注文リードタイム ──────　注文品到着

今日　1日後　2日後　3日後　4日後　5日後　6日後　7日後　8日後

確保しておくべき量

確保という意味は注文をすでに行っておくという意味である。

　結論的には160足である。**図2.2**は今日の営業開始時点でこの店が確保すべき足数を示している。各日の上の四角形はその日の需要に備える足数を表し，各々20足である。今日の終日時点で発注したものは，7日目の夕刻配達される。それゆえ，その足数は8日目の需要にあてがわれることになる。そうすると，今日時点でどれだけの足数を確保しておかねばならないかは，今日から7日目までの四角の数，すなわち，20（足）× 8（日）＝ 160（足）となる。

　すなわち，今日の営業時間終了後に売れた足数を調べると20足が売れているので当然20足だけ注文する。しかしながらこの注文に対して卸業者が店に持ってくるのは7日後である。そうすると明日と今後の7日間の需要に相当する足数はあらかじめ確保していなければならない。結果として，今日の需要20足，そして明日から7日間の需要の和が品切れを出さないためにこの店が確保しておかねばならない足数になる。少なくとも，開店時点ではその日の需要20足分は店に置いておく必要がある。残りの140足は明後日以降の需要に間に合うような状態でなければならない。それらは店に置くか，あるいはどこか別のところ，例えば卸業者の倉庫あるいは輸送中などの状態であっても良いが，明後日からの商売に間に合うようなところになければならない。

　この式における8は，店にとっての注文リードタイム7日に，注文する間隔1日を加えたものである。すなわち，理論的には，このような店が確保しておくべき量は，以下のように計算できる。

確保すべき量 ＝ (注文間隔 ＋ 注文リードタイム) × (1日当たりの需要)

　もし毎日ではなく1日おきに注文すると，上式の注文間隔が2日となって，確保すべき量は $9 \times 20 = 180$ (足) である．すなわち，注文する間隔は確保すべき量をさらに増やす．店にとっての供給リードタイムは，注文する間隔 (ある注文から次の注文までの時間) ＋ 注文リードタイム (注文してから配送されるまでの時間) である．毎日注文するのが面倒なので1日おきに注文するとそれは結局，店の供給リードタイムをさらに長くすることになるのである．

　この店にとっては毎日20足売るのに160足確保しておくことが必要になる．同じく毎日注文する店で注文リードタイムが3日の店ではどうであろうか．そのときには確保すべき足数は80足になる．店の経営者になったとすると，どちらの店が経営的に楽かを考えると当然注文リードタイムが3日の店である．現在は毎日20足売れていると仮定しているが，現実には突然売れなくなることもある．その場合に，どちらが経営的に危険にさらされやすいかは明らかである．

　この店の毎日の運営を数字で追ってみる．店では毎日一定の20足が売れるので，店の経営者は毎日朝開店前に20足の靴下があれば良いと考える．そこで小売店が店に持っている量は20足，注文しているがまだ届かないものが140足である．注文しているがまだ届かない商品のことを発注残，発注済み未入荷量あるいはオン・オーダー (On order) 量という．店舗にある量が例えばオープン時点では160足であっても，その日の営業後に売れた20足を注文しないと品切れが起こる．すなわち，160足は次の7日間は小売店に入荷してくる商品が0であるために最終的には20足まで減少する．したがって，毎日20足を注文しないと8日目には20足ないことになる．

　図2.3は店の営業を日々追ったシミュレーション結果である．なお，図の横軸は時間を意味し，この計算では60日間について行っている．横軸の1, 2は1月と2月のことである．また縦軸は数量 (足数) を表す．

　一番上の太い実線が確保すべき量160足を示す．一番下の2番目に太い実線が小売店において本日の需要のために店の売り場に置かれている量である．一番細い実線がオン・オーダー量である．本日の需要にはあてがわれないけれど，店舗が翌日以降の営業に備えて確保している量である．物流業者，あるいは卸売業者が抱えているか，卸売業者がメーカーに注文中であるかである (メーカーが在庫で抱えている場合もあるし，生産中の場合もある)．品切れは発生していない．

■図2.3　毎日一定の20足の需要があるときの確保すべき足数

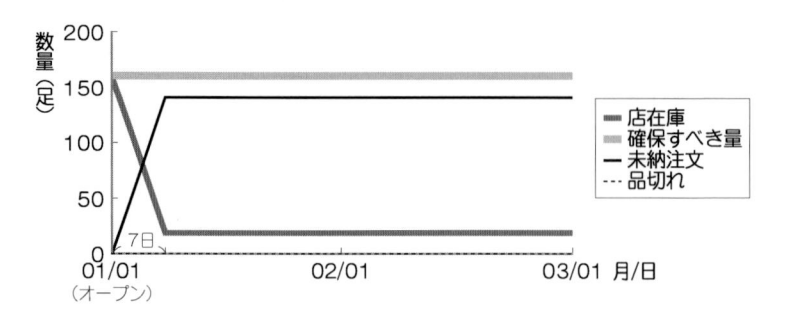

図2.3の状況は最初から8日分の需要に相当する数を保有せずに，開店する7日前に明日から7日後までの需要を見込んで注文をしておくことと等しい。開店時点では1日分の20足だけを店に置いておけばよいことがわかる。次の日の需要は7日前に注文していたものがその日の営業開始前に届くのでそれで対応すればよいからである。その場合には店に置いておく量は20足となって160足ではない。しかしながらそれでも160足分は注文してしまっているので店が責任をもって引き取って売らねばならない。それらに対する資源投入は約束してしまっているのである。その数が確保すべき量のことである。店にはない140足（＝160足 − 20足）は卸売業者が保有しているか，メーカーが生産中であるかを問わず，店がそれ自身の資源投入によってまかなうこと（買い取ること）の責任を関係業者に明言していることになる。

　小売店でよく慣習的に行われているものに返品制度というものがある。それは売れなかったら卸業者に返品して売れなかった責任を負わないという小売店にとって非常に都合のよい制度である。この制度は上のような例を考えると小売経営者は助かる。しかしながら返品された卸業者あるいはメーカーはたまらないので結局は店の仕入れ価格にそのコストは反映されることになろう。この制度は供給リードタイムにともなう危険回避のメリットがある。他方では店が顧客に供給するのにどれだけ時間がかかっているかという供給リードタイムの経営的意味合いに対する無関心さを助長するし，経営資源の無駄を社会的に生み出すという負の側面を生み出す。注文リードタイムは小売店にとってはリスクになるので短い卸業者と取引するという小売店が増えれば，それに応じて卸業者やメーカーは努力

するようになる。

　小売ではなく，メーカーになると返品制度はない。メーカーが生産するのに10日間，それに用いる資材や部品のあるものをそれらの供給メーカーに注文して取り寄せるまでに30日間，さらに小売店までに持っていくのに5日間かかるとすれば，真の需要が判明する45日前に作り始めなければならない。その製品を需要者が待ってくれる時間が5日あれば40日前から生産準備をする必要がある。言い換えれば，1日1,000個売れているとすると，45日前から生産しなければならない場合には，このメーカーは製品相当45,000個分の資材や部品を常時抱えていなければならない。ある日突然もっと優れた製品が他社から発売されるとそれらはすべて無駄になる可能性がある。

　そのリスクを避けようとしてその量よりも少なく手配していたとすると，今度は品切れが発生し，他社がその分を供給してしまう可能性が出てくる。顧客が待ってくれる時間が長くなるとその分はリスクが少なくなるけれども，その供給の遅れは他社が同等以上の製品を供給する時間的余裕を与える意味でもある。品切れは市場における地位を危うくするという意味で脅威になる。どちらにせよ，経営的にはリスクである。そのリスクを大きくする要因がリードタイムの長さである。

　物の供給以外にサービス体制も同様に供給リードタイムが**サービス体制**のために投入する資源を左右する。例えば，顧客が買った製品に故障が発生するとその修繕を行う必要がある。修繕のためにかかるリードタイム（供給リードタイム）が長くかかるほど，すぐに対応するにはより多くの補修人員と交換部品の備えを多く用意しておく必要がある。その供給リードタイムを構成する時間としては交換部品を取り寄せる時間，修理に要する時間，顧客のところへ行く時間などがある。それらが長いほど確保しておくべき補修人員，部品は多くなる。

　供給リードタイムが長くなると同じ需要水準であっても経営資源の投入量が多くなるという現象は経営でまず理解しておくべきことである。

2.3 供給リードタイムの投入資源水準の変動への効果

　供給リードタイムの経営に対するインパクトとして，需要の変化があると投入資源の水準の振れ幅は供給リードタイムが長くなるほど大きくなるということが挙げられる。投入資源とは先の例では確保しておくべき量という意味合いであったが，投入資源としてはそれ以外に施設の大きさなども含まれる。商品の量が多くなるとそれを保管しておくべき施設も必要になる。また1日に生産できる量（生産能力，機械の台数や従業員の数など）を増やす必要性も出てくる。

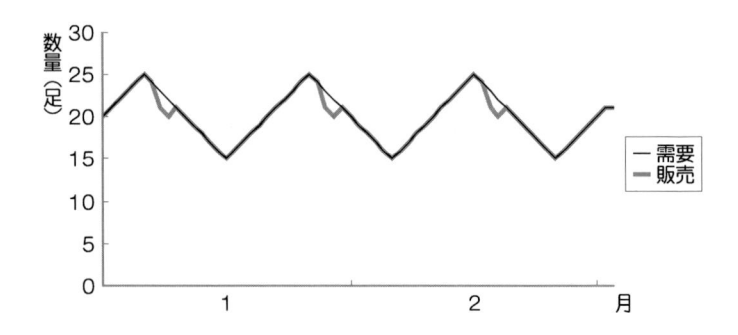

　先の小売店の例では，注文リードタイムが7日で，毎日（24時間ごとに）注文する（供給リードタイムはしたがって8日）の場合には160足を確保しておかねばならなかった。注文リードタイムが3日になるとそれは80足になった。供給リードタイムはスペースのような投入資源に影響するが，需要が変化するときにはこの投入資源に対してさらなる影響を及ぼすのである。先の店の例で考える。

〈例2.2　店舗モデル2〉

　需要が毎日20足という状況から，20足を平均にピークはプラス，マイナス5足で振れる状況になったとする。図2.4はその需要の時間経過にともなう周期的な動きと販売数を示している。需要パターンは20個を中心に，20, 21, 22, 23, 24, 25, 24, 23, 22, 21, 20, 19, 18, 17, 16, 15, 16, 17, 18, 19, 20, 21, 22, 23, 24, 25……と

■図2.4　需要と販売数の動き

■図2.5　注文リードタイムが7日の場合の確保すべき量，小売保有量と注文中の量

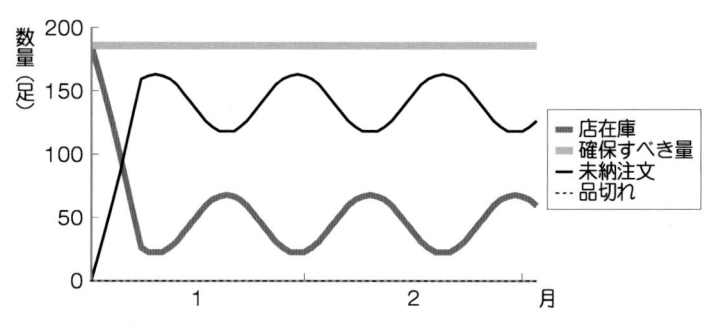

（注）需要変動に備えて確保すべき量が160個から185に増やされている。

いう増加，減少の繰り返しである。現在の20足を想定したチェーンで営業すると品切れが多少発生している。

　この新たな需要パターンに対応して同じように売れた足数だけ毎日営業終了後に卸売業者に注文する。その注文が届くのは同じく7日後である。需要にこのような動きがでると，確保すべき量は図2.5のようになる。ただし，この場合には，最初に小売がもっているべき量は160足ではなく，185足である。なぜなら，需要が20足から25足まで上昇して，また20足まで減少してくる過程では25（= 1 + 2 + 3 + 4 + 5 + 4 + 3 + 2 + 1）足だけ需要が増加することになり，それに備えて余計に小売がもっていなければ品切れが発生するからである。そこで確保すべき量を以下のように変える。

$$確保すべき量 = (注文間隔 + 注文リードタイム) \times (1日当たりの平均需要) + 需要変動対応量$$
$$= (7 + 1) \times (20) + 25 = 185$$

　上式で，変動変動対応量は**安全在庫**と呼ばれているもので，第4章で解説する。

　図2.5では，確保すべき量は，需要の平均値は同じ20足であるが，160足から185足に増える。また，小売店にあるべき量が20足であったものから22から68足まで動くようになり，注文中（卸売業者以降の業者が保有）が140足であったのが，117から163足まで変化する。先ほど例2.1の図2.3と異なり，例えばそれぞれの主体が用意しておくべき保有スペースが増えることになる。上限に備えてス

■図2.6　小売の保有量の変動をもたらす納品と販売のギャップ

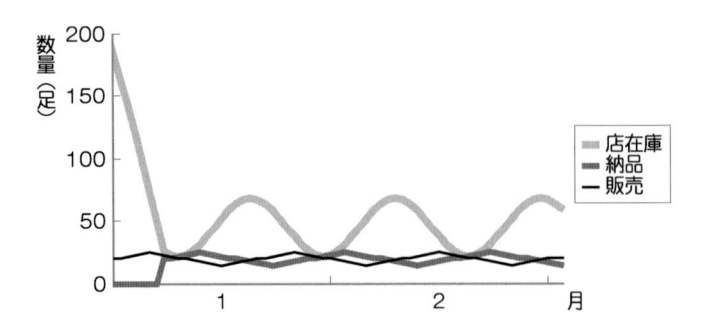

ペースを用意しなければならないからである。それは投入資源増加である。

　保有量の振れがなぜ起こるかを考える。図2.6はそれを表している。一番太い実線は小売の保有量の変化である。また2番目に太い実線は小売に納品されてくる量である。一番細い実線は販売量である。販売量が納品量よりも多い場合には小売の保有量は減少状態になり，逆に少ない場合には増加状態になる。需要が変化するとそれと同時に納品量も供給リードタイムだけ遅れて同じ変化をする。販売と納品の量的パターンは同じであるが，その遅れ分ずれて販売と納品の上のようなギャップが発生する。そのギャップが小売保有量の増加と減少をもたらし，変動の原因となるのである。

　小売保有量が22から68足まで変化するのは販売と納品の時点にギャップがあるためである。開店から20日目までの小売保有量，販売量，納品量の動きを表2.1に示している。なお，表2.1の小売保有量は開店直前の数字である。例えば，9日目の小売保有量23の計算は次式のようになる。

　　23 = 8日目の小売保有量 − 8日目の販売量 + 8日目の納品量
　　　 = 26 − 23 + 20

　開店1日目に注文する量20足（1日目には20足売れているから）は，開店後7日目の夕刻に納品され，8日目の販売には間に合う。小売保有量は10日目に最低水準22足になり，その後は販売量より納品量が多いので増えていく。それは20日目まで増え続けるが，21日目からは減少に転じ，67足になる。したがって，小売保有量は22足から68足まで振れることになる。

■表2.1　開店後20日間の小売保有量の計算

日	小売保有量	販売量	納品量	日	小売保有量	販売量	納品量
1	185	20	0	11	23	20	23
2	165	21	0	12	26	19	24
3	144	22	0	13	31	18	25
4	122	23	0	14	38	17	24
5	99	24	0	15	45	16	23
6	75	25	0	16	52	15	22
7	50	24	0	17	59	16	21
8	26	23	20	18	64	17	20
9	23	22	21	19	67	18	19
10	22	21	22	20	68	19	18

　さて，今度は注文リードタイムを3日に短縮してみる。毎日注文することは変わらないとする。図2.5に対応した，このときの各状態の動きは図2.7のようになる。

　当然，注文リードタイム7日に比べて確保すべき量は少なくなる（一番太い実線）。さらに注意すべきは，小売が保有する量および注文中（卸売業者以降が保有）の振れが小さくなるということである。小売の保有量は32足から58足までの振れになって，リードタイム7日の場合よりも保有量のピークで言えば15％も振れが小さくなる（この計算は表2.1のような手順で行う。各自計算してみ

■図2.7　注文リードタイムが3日の場合の確保すべき量，小売保有量と注文中の量

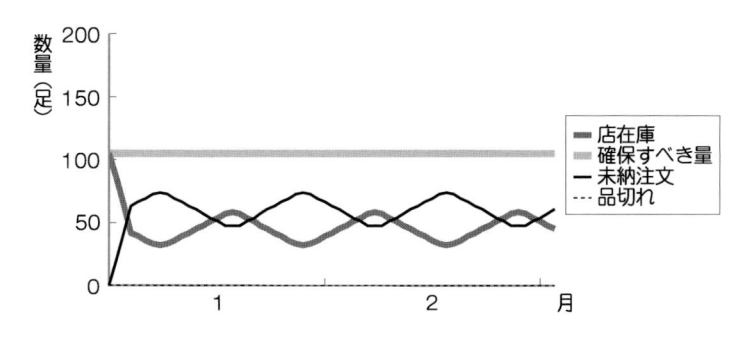

■図2.8　小売の保有量の変動をもたらす納品と販売のギャップ（注文リードタイムが3日の場合）

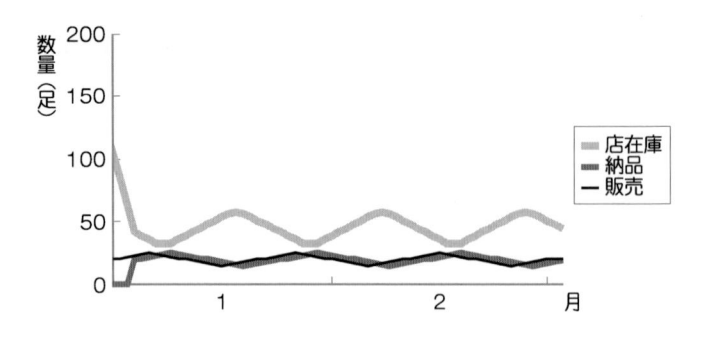

（グラフ：縦軸 数量(足) 0〜200、横軸 月 0〜2、凡例：店在庫／納品／販売）

よ）。言い換えれば，保有スペースが15％小さくて済む。在庫の変動が少なくなる理由は図2.8に示されている。リードタイムが7日の場合の図2.6に対応している。この図からもわかるように，小売の保有量の振幅は，販売量と納品量の時間的ずれが小さくなって，それらの間のギャップが減少したために小さくなる（図2.6における販売量と納品量のずれの大きさと比較してみよ）。

　注文リードタイム，あるいは供給リードタイムが長くなると，需要の変化に対して投入資源量の振れが大きくなり，経営的にも無駄な資源投入をすることになる。無駄という意味は，例えば，卸売や小売では**保有スペース**などは15％も大きくなると同時に，スペースが利用されない状態の頻度が多くなる，換言すれば保有スペースの稼働率が悪化するということである。

　注文リードタイムが長くなると資源投入量（例えば店舗にある商品量）が振れるということは例えば店舗経営では別のデメリットをもたらす。店では通常，各商品を並べるために棚のあるスペースを商品ごとに用意する。その各商品に用意された棚が崩れ始めると店内の商品が乱雑になってきてどこに商品があるか需要者にわからなくなる。それは注文する人にとっても問題である。商品がどれだけあるかわからなくなるからで，適切な注文ができなくなる。棚割がきちんとしていて商品がそこに整理されて商品を探しやすくすることが買い物客にとって価値をもつならば，リードタイムの長さがそれを阻害する可能性がある。この問題は商品価値実現にとって障害である。

　このような乱雑さはさらに店の商品売上量が日々大きく変化すると起こりやすい。値引きなどを頻繁にするとそれが起こる。あるときは非常に多くのスペース

を占拠し，逆に商品がなくなっていくとスペースががら空きになる。そのため他の商品で多いものがそのスペースを占拠し始める。各商品に割り当てられた棚の境界が乱れ始める。注文リードタイムが長くなっていくと，小売にある商品量がより大きく振幅するという現象は，**需要の変動（振れ）**とあいまってより大きな乱雑さを店に作り出す要因である。それは店員の店を整理する労力をより必要とする。それは店員の怠慢ではなく，サプライチェーンの仕組みと需要への働きかけのまずさによって自然に混乱の契機が生まれるのである。供給リードタイムを短く，安定した需要を獲得するというサプライチェーンの設計と運営が無理なく経営を行う条件をもたらしてくれる。

　棚に商品をきちんと並べておくという店の政策があっても，このような注文リードタイムの長さを放置しておくことがあればその政策を実践することは困難になるのである。棚ではなくて店の裏の倉庫に置いておけばよいと考えることもできるが，今度はその倉庫が乱雑になってどこにどんな商品がどれだけあるのかわからなくなる可能性が増す。裏の倉庫ということで整理整頓の管理もずさんになるからである。このような店の管理では店員にその整理整頓の義務をおしつけるのではなく，サプライチェーンの設計と運営の問題をまず片付けておくべきである。

　供給リードタイム（注文リードタイムと注文間隔の和）を限りなく0に近づけていくと最終的には販売量と納品量が一致するようになる。それは需要が変化しても，小売保有量あるいは注文中の量が一定を維持すること，言い換えれば変動しないということを意味する。瞬時に販売と納品を等しくさせるというのは現実的には非常に難しいが（例えば，需要が推定できて，その量を需要発生と同時に店に配送する），目標としての理想のシステムとしてイメージしておくことも意味がある。システムの改善や変革のために，究極的目標を描くことは意義があるからである。

　コンビニエンス・ストアが小売業界では大きく伸びてきた。常に商品を入れ替え，新鮮さを維持し，しかも狭い店舗に非常に多くの品目（アイテム）を置ける仕組みを創り出した。そのポイントは注文リードタイムの短縮にあった。その短縮にはそれにともなういくつかの問題を克服しなければならないが（第4章で述べる），それらを戦略的課題と位置づけ，その克服とシステム作りに取り組んできた努力がコンビニエンス・ストア業態の繁栄を支えている。

リードタイムの長さはその状況下で働く人々にそれらの人々の能力や努力だけでは解決できない問題を発生させる可能性がある。経営においてそのような状況をできるだけなくし、人々が通常の努力で成果が上がる環境を用意することが経営者の重要な役割である。リスクが発生しやすい状況を放置して現場の人々の努力に問題解決をゆだねるような経営は避けねばならない。そのためにはシステムの特性がもたらす帰結を洞察する能力が経営者あるいは管理者には必要になる[2]。

2.4 供給リードタイムがもたらす管理上の負荷

供給のリードタイムから顧客の許容待ち時間を差し引いた実質供給リードタイムはあらかじめ供給活動を需要が判明する前に開始しなければならない先行度を意味することはすでに述べた。実質供給リードタイムが3カ月といった商品では、品切れ状態を発生させないためには3カ月前から供給活動を開始する必要がある。

よく品切れが発生して顧客を相当時間待たせるような製品があるが、それは需要発生前から供給活動（生産活動）を開始するということから発生する過剰生産の危険（リスク）を回避するため少なめに生産することのゆえであることが多い。待たせる間に他社が同様の製品を多く供給してそれに需要をさらわれるという事態を招くこともあるし、顧客が不愉快に感じて品切れを出している企業に愛想をつかすということもありえるので好ましいこととは言えない。だからと言って供給を増やすと逆に売れ残るという状況も問題である。このようなジレンマはつまるところ供給リードタイムが長くなるほど大きくなるのである。

供給リードタイムは商品がもっと供給したい、あるいは逆に売れ残るので供給を減らしたいと考えてから、実際に供給を増やしたり減らしたりするまでの時間を意味する。それが長いほど、実際に増やしたり減らしたりするまでの時間がかかる。言い換えると、車や船の操舵の効き方になぞらえることができる。

船は舵を切っても、船の進路変更にそれが効き始めるまでの時間は長い。リードタイムが長い状態である。その結果として、行く手500メートル先に浮遊物が見つかってそれを避けようと舵を切っても回避しきれないことが起こる。

企業で考えると、需要が市場で大いに高まっていることを営業から報告される

とする．それに呼応するために供給量を増す努力をしても供給リードタイムが3カ月もかかっている場合には市場に供給できるのは3カ月先である．その頃には市場の需要は下がり始めている可能性がある．その場合にはせっかく増産したにもかかわらず，売れない商品となって倉庫に山積みされることになる．それは経営破綻である．

要するに，供給リードタイムが長いと，市場の変化についていけない事態が起こる．それは経営管理上では絶対的なハンディキャップである．需要を予測できる能力があればよいけれども，需要予測はそう簡単には当たらない．市場が活性化しているほど予測が当たりにくくなる．当たっている場合には逆にそれは市場がマンネリ化しているという危険信号でもありうる．競争の停滞の裏返しでもある．市場の欲求変化が潜在的に蓄積している可能性がある．革新商品による市場変化が起こる兆しということもできる[3]．リードタイムを短くすることは基本的な経営課題としておく必要がある．

〈例2.3　目標追求モデル〉

今，実質供給リードタイムが30日の企業がある．市場の需要動向がある推移をしている（周期が60日，平均が100個で振幅が±30個のサイン曲線．図2.9の需要パターン）．この企業がそれを捉えようと供給量を調整してその動く標的（市場の需要）に追従しようとするといかなる動きとなるかを考える．

図2.9は市場動向（太い実線）と企業の市場への供給量（細い実線）の動きを示している（図では，最初の30日間は需要の平均100だけ供給することを仮定している）．

需要水準に調整適応したはずの実際供給は需要とまったく逆の動きをしている．すなわち，需要がピークになるときに実際供給量は底になり，需要が底のときに

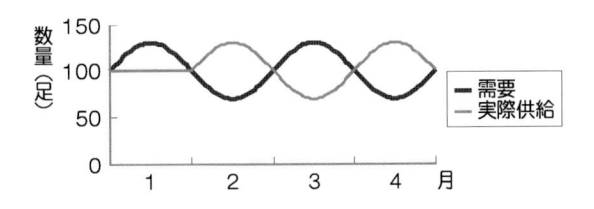

■図2.9　リードタイム30日のときの需要と実際供給量の推移

■図2.10　リードタイムが6日のときの需要と実際供給量の推移

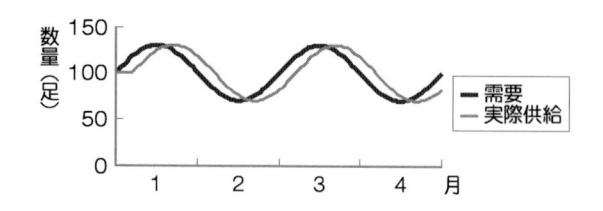

実際供給量はピークになる。30日の遅れによってその需要との乖離が発生するわけである。このような適応力では，経営的には非常に困難な状況に追い込まれやすいことは明らかである。

他方，**図2.10**は同じ需要に対して同じ企業がリードタイムを30日の1/5，すなわち6日まで短縮改善した場合の需要と実際供給量の推移である。需要への追従度ははるかに改善されている。現実には難しくても理想的にリードタイムを0とすると需要と実際供給は一致するはずである。それは市場への完全適応ができている状態である。

供給リードタイムが長ければ，舵の効き方により大きな遅れがある船を操舵しているのと同じことである。それはより遠い将来まで見渡すことのできる予測あるいは予知能力を必要とする。供給リードタイムが長いほど，その企業は経営管理上の舵取りの難しさという負担を背負うことになるのである。

既存製品の生産だけでなく，新製品開発活動においても同じことが言える。新製品を開発するための期間も供給リードタイムと同じ意味合いである。それが長い企業は，新製品を市場に導入する時点は遠い将来時点になる。その時点における市場の動向（トレンド）を予測しなければならない。それは難しい。動く標的としての市場動向を追求するわけであるが，それが遠いほど予測は困難である。さらに技術進歩が新製品に組み込まれる必要があるときには遠い先における技術動向を見極めるという難しさに直面する。開発のリードタイムが長ければ新製品が開発されたという時点で，あるいはその直後にそれ以上の技術を組み込んだ他社の新製品が市場化されて新製品でありながら市場では旧製品という評価がされる憂き目に会う可能性が高くなる。既存製品の供給だけでなく，**新製品開発でもリードタイムが長いことは経営的にハンディキャップになる**[4]。

リードタイムが長くなると，新製品導入を遅らせるという現象も起こる。例え

ば，リードタイムが90日というような場合，そこにある既存品の在庫は相当ある。そうでないと日々の需要に対しても品切れを頻繁に起こしている状態になっているはずである。新製品を開発して市場に導入しようとしてもサプライチェーンにある既存製品の在庫がなくなる，あるいは収益的にもたいした影響ない程度の数まで減らないと新製品は市場導入し難くなる。なぜならそれら既存製品が新製品導入と共に一気に価値が低下する。大きな値引きで処理しようとすると今度はせっかく導入した新製品がそちらに需要をとられることになる。90日も新製品導入が遅くなるとあらゆる意味で市場機会が減ることになる。これも大きな管理上のハンディキャップである。

2.5 キャッシュフローへの効果

　経営が成り立つには財務的な利益を上げる必要がある。しかしながら，経営では利益を上げさえすればいいのかというとそれだけでは十分ではない。年間あるいは何年間か平均すれば利益を上げるという場合でも，ある期間の利益がマイナスであればそこで経営が行き詰るということが出てくる。製品に用いる原材料や資材などの物を購入した取引相手に対して期限までに支払うお金がなくて不渡り手形を出してしまうなどが1年のある期間において起こりうるのである。またそれを避けるために，銀行から融資を受けてもそれはただではない。少なくとも金利は銀行に支払わなくてはならない。

　このような資金不足（キャッシュショート）は製品の販売収入と原材料や資材の購入支払いの間にギャップが発生するために起こる。原材料の供給者への支払いと販売収入までの時間的経過をキャッシュ・サイクルというが，これをできるだけ短くすることは同じ売上を達成していても経営的には差異を生み出すもので重要である[5]。供給リードタイムはこのギャップの発生の重要な一つの理由になる。例で考える。

〈例2.4　キャッシュフロー・モデル〉
　ある小売店（卸売業者でも良い）は，注文してから納品まで30日かかっている。需要が平均100個を中心に，プラス，マイナス30個周期的に変動する。品切れを出さないように店舗在庫を維持するということを仮定する。

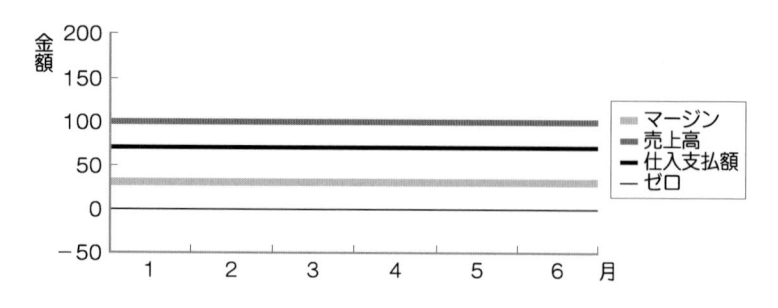

■図2.11　需要変動なしの場合の売上高，仕入支払額，マージン

この店舗の操業中のマージン（売上高から商品仕入れ額を引いたいわゆる粗利益。店舗でかかる光熱費とか広告，減価償却などの経費や人件費はさらにこの粗利益から差し引かれて利益が計上される）がいかなる動きをするか考える。仕入れ支払いは店に注文した商品が届いた段階で行うものとする。また売上高は店舗で売り上げた段階で収入となって発生するものとする。なお，単純化のために価格は1，仕入れ価格は0.7とする。

図2.11は需要変動がなくて常に100個売れている状態のときの，売上高，仕入支払額，マージンを示している。最も太い実線はマージン，二番目に太い一番上の線は売上高（品切れを出さないという仮定からこれは需要に等しくなる），その下にあるその次に太い実線は仕入支払額である。一番下の最も細い実線はマージンが0となる線を表している。需要が変動しないときにはマージンは一定で売上高の高さの70％を維持して推移する。これを見る限り問題はない。

次に，需要が変動すると様相が様変わりする。例えば，需要がプラス，マイナス30％をピークに周期的に変動するような場合（サイン関数を想定。売上高の動きと同じ）には様相が一変する。それが図2.12における動きである。

マージンは0を下回る事態が出てくる。これが先述した資金不足である。図では周期的に変動する需要を想定しているのでマージンが大きいうちにそれを貯金し，マージンが0未満になればそれから補塡するということもできる。しかしながら，実際の状況では周期的変動とは限らない動きをする。需要の底の状態がしばらく続いてその間に貯金がなくなる事態も起こる。またいろいろな製品を事業としている場合にはそれらの，上のような動きが集計されるとどうなるかわからない。経営的にはこのようなマイナスの状態を起こすのはリスクが高まる。

2.5 キャッシュフローへの効果

■図2.12 需要変動が100個を中心にプラス，マイナス30％をピークに周期的変動する場合の売上高，仕入支払額，マージン

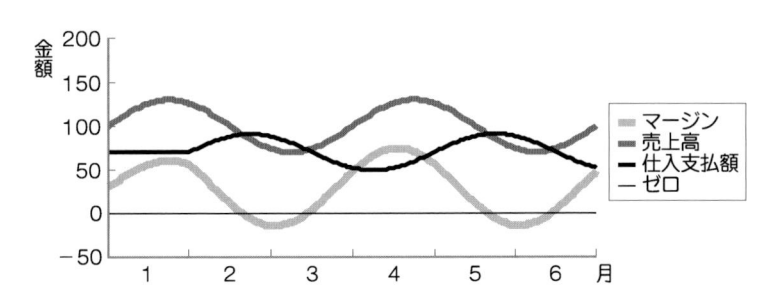

次にリードタイムを30日から10日まで短縮する経営改善を検討する。10日に短縮したときの状態は**図2.13**のようになる。マージンはマイナスになることはない。明らかにリードタイムが30日の店よりは資金的に安心できる状態へと改善されている。

売上高と仕入支払額の差がマージンなので，それら売上高と仕入支払額の動きのズレがマージンの変動をもたらす。ズレの大きさがリードタイムの長さになる。リードタイムが長くなるほど，ズレも大きくなり，その結果としてマージンがマイナスという状況も生まれるのである。

同じ需要で，しかも販売価格も仕入れ価格も同じでありながら，リードタイムが違うだけで資金の動きも大きく異なる。現実には需要の変動が規則的な周期性で特徴づけられるわけではないということ以外に，現実の状況では，非常に多くの品目を売っている。それら1つ1つの品目のマージンが図で示したような動

■図2.13 リードタイムが10日の場合の売上高，仕入支払額，マージン

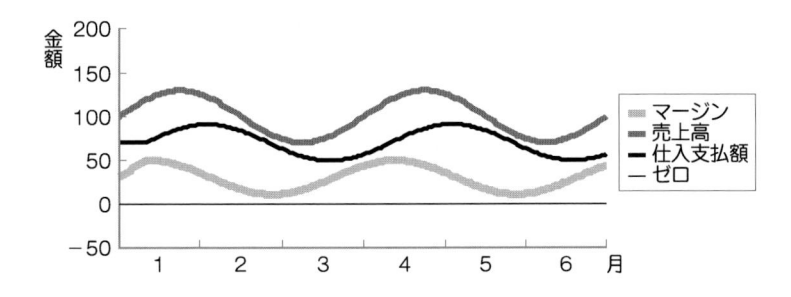

きをすると全体としてある期間中にどのようなマージン総額になるか把握するのが難しくなる。その結果，支払い不履行という状態が知らないうちに生まれる危険性がある。

売上回収はできるだけ早く，支払いはできるだけ遅くするという行為は上の例ではリードタイムを短くするということと同じ意味合いをもつ。しかしながら，支払い条件を自分に有利に動かすことは需要者および供給業者にとっては承服しかねることで取引の健全性を損なうことになりかねない。リードタイムを短くするという方向での経営努力が健全である。リードタイムが資金の流れに重大な影響を与えることは重要な経営的意味合いである。

2.6 リードタイムの経営的意味合い総括

企業経営の主たる役割は，供給活動である。人々が欲しがるものやサービスを供給できて初めて存続できる。供給活動を他社よりもうまく行うことができれば企業の業績も高まる。うまく供給を行うことができるか否かということを左右する基礎的条件の一つがリードタイムである。その長さと供給を行うときのハンディキャップは正比例する。

リードタイムが長いことから発生する経営のハンディキャップとしては，市場の要求に応えるためには資源をより多く投入せざるを得ないこと，その資源投入量は需要変動があるとより大きく振幅し，設備の稼働率を悪化させる原因になること，より先行して動く必要があるので市場への対応をより不確かな推測に基づいて行わざるを得ないこと，資金的やりくりを難しくさせることなどが主要なものとして挙げられる。能力にかかわらず誰が経営してもこのようなハンディキャップはリードタイムが長い限り等しく負わなければならないのである。

近年の経営においてはスピードとか俊敏性（Agile），QR（Quick Response）などの特徴が重視されている[6]。それらは今まで述べてきたリードタイムが短いという意味合いである。言い換えればスピードが速いとか，俊敏な経営では供給リードタイムが長いことから発生する経営のハンディキャップを回避できるのである。

しかしながら，注意すべきことは，供給リードタイムを短縮することと，顧客にとっての注文リードタイム（顧客に対する反応時間）を短くするということは

必ずしも一致しないことである。供給リードタイムを短くしなくても反応時間を短くするには多くの資源を投入すれば良い。人も多く雇い，機械も速いものを数多く使うなどの方法で反応時間を短縮することはできる。リードタイムが長いと資源が余計にかかるという意味がそのことである。顧客に対する反応時間が一定であっても，供給リードタイムを短縮することが経営にとってメリットになる。それがハンディキャップの解消である。

供給リードタイムを短縮することによるメリット（ハンディキャップの解消）の実現が経営の大きな課題である。しかしながら，供給リードタイム（顧客にとっての注文リードタイムではない）を短縮するにも資源（費用）が必要ということもある。例えば情報技術の導入などが典型である。それらコストを差し引いても上記のメリットがプラスである限り供給リードタイムの短縮は経営努力の対象になる。その意味で費用をあまりかけないで，あるいはメリットを費用以上に多く出す供給リードタイムの短縮を行える企業は経営的に向上し続けられるのである。

供給リードタイムを短くするということはすでに多くの人々が知っていることであるが，本当にリードタイムが短い経営体制を構築できているかと言えばそれはまだ十分でない。未だに多くの企業が努力していることである。またリードタイムを短くすることが戦略的課題であって長い時間かけて取り組むべきことが本当に理解されているかどうかが問題である。リードタイムを短くし，経営における戦略的優位性につなげるのは口で言うのは容易であるが実践するのはそんなに簡単なことではない。指示することよりも，トップ自らがそれを達成していくリーダーシップが必要な課題である[7]。

参考文献・資料

[1] Hopp, W. J. and Spearman, M. L., *Factory Phisics: Foundation of Manufacturing Management*, Irwin/McGraw Hill, 1996.
[2] Senge, P., *The Fifth Discipline: The Art and Practice of The Learning Organization*, Doubleday/Currency, 1990.（守部信之訳『最強組織の法則』徳間書店，1995年）
[3] 中條高徳『小が大に勝つ兵法の実践』かんき出版，1994年。
[4] Meyer, C., *Fast Cycle Time*, The Free Press, 1993.

［5］ Kaplan, R. and Norton, D., *The Balanced Scorecard: Translating Strategy into Action*, Harvard Business School Press, 1996.（吉川武男訳『バランス・スコアカード』生産性出版，2000年）

［6］ Goldman, S. L., Nagel, R.N. and Preiss, K., *Agile Competitors and Virtual Organizations: Strategies for Enriching The Customer*, Van Nostrand Reinhold, 1995.（野中郁次郎監訳・紺野登訳『アジル・コンペティション』日本経済新聞社，1996年）

［7］ 大野耐一『トヨタ生産方式』ダイヤモンド社，1992年。

3

供給リードタイムはいかに決まるか

　前章において，供給リードタイムが経営上で重要な意味合いをもつことを述べた。本章では，その供給リードタイムがいかなる要因で決まるかを考える。

3.1 供給リードタイムを規定する要因

供給リードタイムは「こうしたい」と考えてから「実際になし終える」までの時間と前章では定義した。その定義は以下のようになる。

$$\frac{供給リードタイム}{(日数表示とする)} = \frac{供給しなければいけない量}{1日当たり供給可能量}$$

100メートル競争を例にとると，秒表示の供給リードタイムは供給しなければいけない量が100メートルで，分母が1秒当たりの走行距離（メートル単位）となる。それが10メートルとすると，供給リードタイムは10秒になる。

供給リードタイムは，結局は単位時間当たりの供給能力と供給しなければならない量によって規定されることになる。前者，すなわち単位時間当たりの供給能力は注意を要する。例えば，A工場では1日当たり120個生産できるがZ地点まで持って来る時間が3日かかるとする。他方，B工場では1日当たり同じ120個生産できるが，Z地点に2日で持って来ることができるとする。上の公式ではZ地点から見るとB工場の生産能力はA工場よりも大きい。すなわち，60（＝120/2）＞40（＝120/3）である。

単位時間当たりの供給可能量は上のA, B工場の例では単純に想定しているが実際にはそれ自体がいろいろな要因によって規定される。それらの多くは経営の仕方によって左右されるものが多い。その意味で，供給リードタイムは企業経営の仕方に依存する。言い換えれば経営努力の対象になるのである。

供給活動はさまざまな異なる種類の活動がつながってできあがっている。図3.1はそれを単純化して表現している。

この図で矢印は，活動間の順序関係を表している。例えば，活動Bは活動Aが終了して始めることができる。また活動Cは活動Bと活動G（例えば外部の会社の活動ということもある）が終了後に開始できる。この供給活動は活動Eおよび活動Iが終わって初めて完了する。供給活動はさまざまな活動がつながったネットワークになっているのが普通である。供給リードタイムはこれらすべての活動に要する時間をベースに決まるが，それら活動時間の総和とは限らない。

このようなネットワークで供給される製品やサービスの供給リードタイムは，

■図3.1　供給活動のつながり

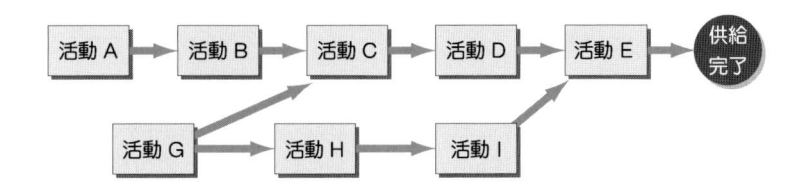

それぞれの活動の時間と，各活動のつながりのつけ方によって決まる。例えば，まず第1に，活動A（鉄板を切断する業務とする）にかかる時間はその活動そのものを行うスピードによって決まる。次の活動B（それを輸送する業務とする）もそうである。それでは活動AとBが終了する時間はそれぞれの活動時間の和となるのかというとそうとは限らない。

　100個供給することを考えると，活動Aが100個切断し終わり，それらを輸送する活動Bはその100個を活動Cのポイントまで運ぶことである。活動Aがある機械を用いて100個切断するのに4日かかり，輸送活動Bはトラック1台で一度に25個を限界積載量として活動Cまで積載した量を輸送時間2日かけて運ぶ（輸送時間は積載量には関係ない。輸送に2日かかる）こととする。トラック便は1日1便利用できるとする。そこで100個切断するのに4日かかり，次に輸送が8日（＝(100/25)×2）かかり，結果として活動Cまでに12日かかるのかといえばそうでない場合がある。すなわち，活動Aは1日あたり25個加工していることになるが，加工し終わった25個をすぐに運んでいくとすると，活動Cまでは3日で25個，4日で50個，5日では75個，6日で100個運べる。

　100個を活動Aで切断し終わるまで待たなくても1日でできあがった25個をすぐに運べば良いのである。したがって，12日間も活動Cまではかからない。単純な活動時間の総和ではない。このケースでは，「個々の活動の時間」とそれら「活動間のつなげ方」の2つが供給リードタイムの決まり方に関わっていることがわかる。

　第1に，切断する速さと輸送する速さが個々の活動時間である。それは100個切断するのに4日かかるとか，輸送するのに2日かかるということである。ここでは切断する機械性能や技能の水準，あるいはトラックの速さなどの効率性と機械やトラックの使用可能台数が関わっている。

　第2の活動間のつなげ方というのは，1日で切断した分をすぐに運ぶというと

か，100個切断してから運ぶということである。これは管理の仕方が関わっている。管理の仕方は今の例以外にも重要な影響を与える。それは，例えば活動Aと活動Cを空間的に乖離させることを止め，それらを一緒の場所でするというように活動体系を設計し直すことも含んでいる。AとCを一緒の場所で行うときには，別々の場所で行うときと異なる活動内容になる可能性がある。例えば単純な変化としてはそれらが合体した新しい活動にはAであった荷積み，Cであった荷卸しとか，入荷してきた製品が注文通りになっているか，あるいは輸送によるダメージの有無などについての検品の作業はなくなることが考えられる。それによって輸送活動Bそのものをなくせる。このように活動の区分けや内容を設計し直す，あるいは組み直すことも管理の対象になる。それは経営においては個別活動の時間に劣らず，場合によっては個別活動時間以上に注意して管理すべき供給リードタイムの大きな規定要因である。

供給リードタイムは基本的には4つの要因で規定される。それらは，

①所要活動量（仕事量）： こなす仕事量（例えば生産する量とか，運ぶ量）のことで当然，それが増えるほど時間がかかる。

②物理的な能力： 機械の利用可能台数とか仕事に従事する人数などで，それらがいわゆる物理的な生産能力あるいは供給能力と言われている資源投入である。それら資源投入が多くなるほど供給を行う時間は短くなる。

③個別作業の効率： 供給活動を構成する最も小さな単位としての個別活動を行う効率のことで，機械の加工スピードあるいはトラックのスピードなど。

④個別作業のつなげ方（編集の仕方）： 個別活動の内容の規定およびそれら活動の運営の関係づけである。

第1の所要活動量というのは，いくつ供給しなければいけないかということでこれは最も基本的な要因である。しかしながら，それは供給する立場から言えば与えられたもの，すなわち義務である。企業がそれを政策的に決めるのか，顧客が欲しい量がそのまま所要量になるのかは別にして供給する立場では与件として決まる。

第2の物理的な生産能力あるいは供給能力はやはり政策的に決まる。この能力水準を決定することは非常にやっかいで需要水準との兼ね合いで決めるべきことである。それを大きくするといくら供給時間が短くなっても投入資源にかかる費用が大きくなり，経営的に難しくなることも出てくる。この決定は供給リードタイムの決定に大きな影響を与えるけれども，重要なことは，その決定では，与

えられた生産能力や供給能力で最短の供給リードタイムがどれくらいかを知っておく必要があるということである。そこで以下では供給活動を直接行う人や加工機械などの投入資源量が与件という想定で供給リードタイムの規定要因を検討していく。ここでは，それらの機械とか人については人数を増やせば供給リードタイムはある程度短くなるということだけを述べるに留める。以下ではそれらの数はすでに決まっているものとして考える。

リードタイムには活動を計画する時間が実際には入ってくる。「こうしたい」と考え，すぐに実行できるとは限らない。実際にはどういうように実行するかを練り上げる時間がかかるのが普通である。その計画活動そのものにかかる時間は上の4つの要因によって左右されると考えることもできる。したがって，ここでは計画時間もリードタイムとみなすが，それは上の4つの要因によって規定されると考える。

以後では供給リードタイムの短縮努力で最も焦点になる第3と第4の要因について考えていくが，その前に供給（生産）の仕方の類型について解説しておく。

3.2 生産活動の類型

供給リードタイムに関わる要因を検討する前に，生産の仕方について考えておく[1]。要因の関わりを理解する場合には生産活動のパターンを知っておいた方がその関わりについてよく理解できるからである。例えば，自動車はどういう作り方をするのかを考える。

まずタイヤやガラス窓，ダッシュボードなどのプラスティック製品，ボディに使われる鉄板がある。次に，歯車とかプラグ（燃焼点火装置），エンジン，サスペンション（懸架装置），ブレーキ，変速機，軸受け（ベアリング），排気管，ヘッドライト，フェンダーミラー，ワイパー，燃料タンク，などがあり，内装としてはハンドル，ブレーキやアクセルを効かせ，ギアを切りかえるためのペダル，シートやオーディオ装置，スピードメーターなどの各種計器，各種のスイッチやつまみ類，バックミラーなどさまざまな部品から自動車は組み立てられている。

それらの各種の部品を作り，それらを組み立てるという流れになっている。それは大きく加工（Fabrication）と組み立て（Assembly）という2つのプロセスに分けることができる。前者は素材にある種の加工を加えて変形させるもので，

組み立ては素材に変形（加工）を加えるのではなく，すでに変形（加工）されたものを組み合わせて組み立てることである．

変形（加工）には鉄，プラスティックのように素材に（場合によっては加熱をして）化学的に混合ないし化合させ，最終的に成形して作るような場合（ビールとか，即席ラーメンなどの食品加工もこれに類する）と，金属などを対象に切断，切削，穿孔，研磨，圧延，曲げる，接ぐなどの加工を施すような場合がある．

生産が大量になり，いろいろな作り方が工夫されてきて現在では一般的に製品やサービスに応じて生産の仕方には3つの類型がある．これらは製品の特性や需要のパターンに応じて工夫されてきたものである．実際にはさまざまな技術進歩に応じてこれらの基本類型の混合型もある．加工製品を作るときにはこれらの型が結合した流れになる．

(1) ライン・フロー（Line flow）型または流れ作業型生産

この場合には製品化に向けて一連の活動がある一定の順序で連続的に行われる．すべて同じ活動順序で作られる場合である．自動車とか電気製品などの部品組み立て型の流れはこの典型例である．また鉄，石油製品，フィルム，紙，ビールやジュースなどの飲料製品の作り方も組み立てとは異なるがライン・フロー型に含まれる．これらは組み立て型と区別してプロセス型と呼ばれることがある．したがって，このライン・フロー型は加工にも組み立てにも採用される作り方である．

ライン・フロー型は図3.2のような異なる個別の加工ないし組み立て作業（あるいはプロセス型では人間が行わない場合に処理と言う．石油製品などでは途中で人間が素材に手を加えることはまずない．手作り麺類のように人間がそば粉などをこねる場合には作業と呼べる）のつながりとなる．ある作業（処理）が終了した製品は1つ終了するたびに次の作業（処理）にすぐに送られていく．

各作業が1個を同じ時間でできれば製品はつかえることなく完成に向かう．これは上で述べた自動車をいろいろな部品を組み立てて作る組み立て型ライン・フロー型の典型的な流れである．ベルトコンベアーの上を組み立てられるものが流れていく．その過程で，異なるが同じ時間でできる（組み立て）作業をする作業場所が逐次的に配置されている．この作業場所のことをステーション（Station）という．同じ時間でそれぞれのステーションの作業が行われるので，組み立てられるものの流れは一定間隔で移動し，その間隔で完成品がラインの末端から出ていく．その一定の間隔時間のことをタクト・タイム（Takt time；Tact

■図3.2　ライン・フロー型生産

```
作業 A → 作業 B → 作業 C → 作業 D → 完成
```

time という場合もある），ピッチ・タイム（Pitch time），場合にはサイクル・タイム（Cycle time）と呼んでいる．

　ライン・フロー型の生産の仕組みは同じ加工と加工順序の製品を大量に作る場合に適している．作る順序が同じ製品でないと，ある作業を飛ばす必要がある場合や，あるいは順序が逆の製品を作る場合もありうるので，その場合には流れを乱すことになって生産の効率は低下するからである．

(2) バッチ・フロー（**Batch flow**）型またはジョブ・ショップ（**Job shop**）型生産

　これは金属などを対象に切断，切削，穿孔，研磨，圧延，曲げる，接ぐなどの加工を施すような場合に採用される生産の仕方である．事務作業では書く，計算する，押印するなどのオフィスにおける活動が該当する．流れ作業と異なる点は，それら作業が加工対象によって内容や時間が，さらに加工の順序でも変わるということである．レストランで注文に応じて調理する状況がわかりやすい．例えば，メニューに出ているハンバーグ定食は調理方法や順序は同じと言えるが，豚カツ定食となると調理内容（加工内容），順序が異なる．個々のお客さんが注文してくるメニューの順序は一定しない．それに応えて作るとなればこの型の生産方式の方が流れ作業型よりも好ましい．流れ作業方式ではハンバーグ定食ばかりを作るには良いが，それでは豚カツ定食を注文したお客の不満は大きくなるし，さらに作っておいたハンバーグ定食を後でそれを注文したお客に出すと，味は落ちてしまい，お客の評価は低下する．

　それぞれの加工を行う機械が固定的に配置されていて加工されるべき金属などの素材がそれらの機械に送られ加工される．図3.3はそれらの機械が配置された様子を例示している．ある一つの素材（例えば金属板）のある加工（切断）が終わると，別の必要加工（例えば穿孔）のためにそれを施す機械へと移動する．すべて必要な加工を終わると完成する．別の素材が送られてきたら同じタイプの加工を施すが，前の素材と同じ加工あるいは加工順序とは限らない．異なる製品で

■図3.3　バッチ・フロー型生産

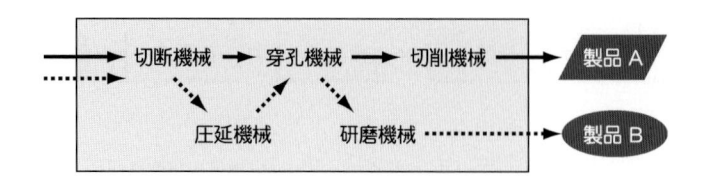

あればそうである。

　レストランではお客の注文に応じていろいろな食材を切ったり，焼いたり，炒めたり，揚げたりする。その場合に，お客の注文はすべて同じではなく，食材も異なる。このような1個1個の注文に応じて作ることを**個別生産**（Make-to-order）という。注文にかかわらず同じものをたくさん連続して作ることは連続あるいは**見込み生産**（Make-to-stock）と呼んでいる。

　それら各種の料理作業の位置（例えばコンロの位置，まな板の位置，シンクなど）は固定化されている。食材と調理する人間が移動する。銀行などのお客に対する対応（生産活動）も類似した配置になっている。お金の出納，外国為替の処理，融資など異なる業務はそれらを専門に扱う担当者が固定化された場所に配置されている。それぞれ異なる業務処理に応じてお客がその場所に行って用を済ませる仕組みになっている。

　バッチ・フロー型の生産の仕組みは1つ1つの注文が異なる作業を必要とするような場合に採用される。このような生産では，製品が機械間を流れていくときに移動距離が短いこと，各機械の稼働率が一様に高いことなどが望ましい。

　異なる加工が必要ではあるが，それぞれの製品種がある程度量がまとまり，その種類ごとに加工の内容と順序が同じであるときには，その内容と順序に応じて機械を配置することでライン・フローのような生産を実現できる。このときには同じ機械が複数配置される。図3.4は図3.3の製品AとBに応じて機械を配した工程を示している。製品Aに対応した工程Xと製品Bに対応した工程Yがある。それらXとYは各々が全所要工程を内包しているのでセル（Cell）と呼ぶ。このような生産方式を**セル生産方式**（Cellular manufacturing system）あるいは**グループ・テクノロジー**（Group technology）生産方式と呼んでいる。これによって製品が移動する距離が短くなり，製品がスムーズに流れて効率性が高まることを期待した方式である。このような方式になると，それぞれのセルはライン・

3.2 生産活動の類型　　　　　　　　　　　　　63

■図3.4　セルあるいはグループ・テクノロジー型生産

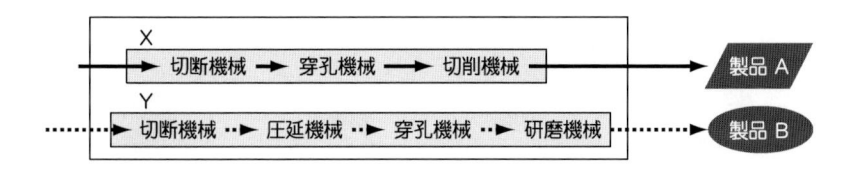

フロー型になるので，原理的にはライン・フロー生産方式と言うことができる[2]。

　自動車を作る場合には，自動車を構成する複数の部品がある。エンジン，ボディ，タイヤ，座席などさまざまな部品からなる。1万個以上の部品を組み立てたものが自動車である。自動車会社というと，車が組み立てられていくラインの流れがお馴染みであるが，それら部品の1個1個を作るときにはバッチ・フロー型あるいはプロセス型のフロー・ライン型が使われるのが普通である。したがって，例えば自動車全体を作る場合には，図3.1における活動がバッチ・フロー型やプロセス型のフロー・ライン型，そして組み立てフロー・ライン型のような異なる生産の仕方で行われる。特定の1つの工場を見ると，それのどれかの類型であることもあれば，それらのいくつかの類型が混在していることもある。

(3) プロジェクト（Project）型生産

　プロジェクトとは1回限りの生産のことを指す。新製品の開発，映画製作，イベント，大きな橋や建物の建設などで二度と同じものを作らないような生産が該当する。単品生産である。作るものそれぞれが固有の仕様をもち，設計思想が異なる。作り方もプロジェクトごとに異なる。そのプロジェクトに最も適した作り方を用意しなければならない。作る製品に必要な作業あるいは活動を設計し，適切な順序でそれらを遂行することがこの生産の焦点になる。

　芸術作品などはこれにあたるが，経営ではその場合に，ある期日までにある仕様や品質を満たすものを最小費用で作ること，あるいはそれを最短時間で作ることなどが管理の対象になる。その1回の生産なので恒常的な生産工程を構築するのは意味がなく，したがって一般的な生産のパターンは存在しない。その生産に必要な活動種類の体系を構築し，それを実施することが管理の目的である。同じものを連続して作らない大きな船舶なども形態としてはプロジェクト方式であ

■図3.5　プロジェクト型生産

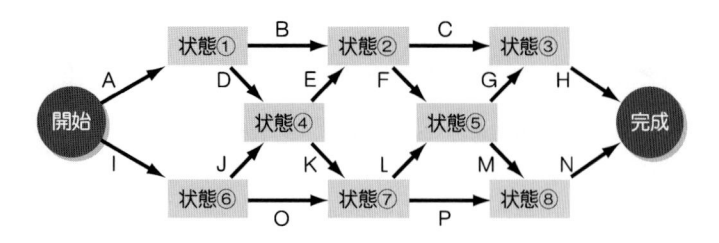

る。もちろん，その中にはジョブ・ショップ型生産方式で述べた種々の加工が含まれる。作業を切り分け，それらの順序と実施を管理する方式としてプロジェクト型がある。

　図3.5はプロジェクト型生産の場合における活動体系の例示である。このような体系を描き，そのうえで全体の活動体系を計画して活動をコントロールすることがプロジェクト型生産の焦点になる。図で矢印は活動を意味する。また状態というのはプロジェクトの進展に応じて部分的な仕事の完成などを示す仕事の進み具合を表している。例えば，状態④は活動DとJの両方が終了して実現する状態を指している。さらに，このように描かれると，活動間の順序関係も規定される。例えば，活動FはBとEが終了して開始できる。HとNが終わってプロジェクトは完成する。

3.3　個別活動の効率

　供給活動はさまざまな活動から成り立っている。工場における鉄板の切断，穿孔，切削などの加工や伝票作成，加工するものを機械間で運搬すること（Material handling，マテリアル・ハンドリング，あるいはマテハンなどと言う），部品を組み立てる個々の作業（はんだづけ，ネジ止め，エンジンやタイヤの据えつけなど），できあがった製品の品質検査，あるいは市場に輸送する，電話やファックスで連絡する，機械がきちんと正確に稼働するようにするための保守あるいは保全（Maintenance，メンテナンス）活動など非常に多くの，物理的かつ直接的な供給活動が存在する。それらをすべて期待された通りに遂行して初めて満足できる供給活動ができるので供給活動では非常に重要である。

3.3 個別活動の効率

それら個々の活動を行う時間は供給リードタイムの基礎的な構成要素になる。それらの個別活動の遂行時間を規定する要素としては以下のようなものがある。

(1) 機械などの性能

切削（削る），切断，穿孔（穴あけ）などの加工が高速でできる機械で置きかえることで場合には加工時間は短くなって供給（生産）能力は高まる。事務処理作業で言えばコンピュータとか，（暗算が得意な人以外にとって）電卓（そろばん）などの利用も同様である。

輸送では高速輸送手段（例えば飛行機）を利用することも類似の効果である。資源投入増加にはなるが，直接的な加工をする，あるいは事務処理に従事する機械や人の数を増やすわけではない。

(2) 技能水準

作る直接要員の技能水準が高いと，あるいは事務処理における事務員のレベルが高いと同じ量でもより速く作ることや事務処理ができる。さらに技能水準が高くなると自分が操作している機械などが故障したときに自分ですぐ直せるような能力も高まると期待できるので機械が故障しても休止する時間が少なくなる。結果として加工時間には無駄が出ない。

技能が高く不良品やミスが少なくなるときにも作り直しが不要になって所要供給量をこなす時間も短くなる。

(3) 作業支援

加工などを行う直接要員が例えば重い部品を取り付ける作業を行うような場合にそれを支援するクレーンなどの間接的な仕組みを導入すると作業時間が速まる。

また機械が故障したときに作業者自身が機械を直すことができるように訓練されていれば良いが，難しくて簡単には直せないときには技術者がすぐに修繕に行ける体制があれば機械の休止時間は減る。

(4) 移動距離

輸送のような作業であれば輸送する距離が長いほど輸送時間はかかる。また作業をするときの移動距離も作業時間を長くする要因である。いくつかの異なる機械加工を経由しながら作られる製品を考えると，工場内のそれら使われる機械の

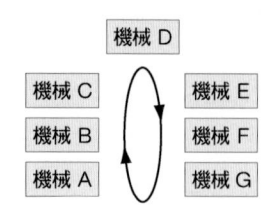

■図3.6　加工機械のU字型配置（矢印の方向で作業者が機械AからGへと加工しながら動く）

```
        機械 D
機械 C        機械 E
機械 B        機械 F
機械 A        機械 G
```

配置を工夫してそれらができるだけ相互に近接するようにできれば機械から機械へ製品が移動する時間が少なくなる。

有名な機械配置としてU字型配置がある（図3.6）[3]。機械が加工する順序にU字型に配列されているので中で働く人は直線に機械が並べられているよりも動く距離は少なくなる。

(5) 工具などの整理整頓

工場内が乱雑になると工具などを探す時間がかかるようになる。事務作業でも必要なファイルを探す時間を無くすことで大幅な作業時間短縮が可能になる。共用する道具などについても使った後に元の場所に戻しておけば他の作業者が探し回ることがいらないので時間節約になる。探す時間を節約するだけで大幅な生産性向上を実現し，企業の窮地を切りぬけた事例もある[4]。

(6) 作る製品の所要加工度

同じく顧客から見れば外形は同じように見えても，製品の**構成部品点数**が多い製品は加工すべき作業時間およびそれら部品を組み立てるための作業時間が長くなる可能性がある。加工する人が同じ技能でも，これが多ければ1個当たりの加工時間や組み立て時間は長くなってしまう。製品設計で作りやすさを最初から考慮することは重要な努力である[5]。

構成部品の1つ1つについても，例えば精度を高くする（穴あけの口径で許される誤差を小さくするとか，部品の表面をより滑らかにするなど）ような場合にはその精度を要求するのと同じ種類の作業でもより慎重さが必要になるし，単位時間に行える加工量も低下する。さらにミスが出やすい仕事の手順になってい

る場合にも同じことが言える。例えば事務処理における伝票作成でも記入ミスが発生しやすい伝票設計になっていると正確に記入しようとすると時間がかかってしまうことがある。速く作成したらミスが多くなるとやり直しが多くなり，単位時間当たりの処理速度が結果として低下する。これら部品点数や精度，あるいは事務処理内容はそれら仕事を設計する際に決まってしまう。

3.4 個別活動の内容規定とそれら活動の運営の関わりづけ

　3つの基本的な生産方式では，2つのことが供給リードタイムに関わる。第1は，個別の活動に関する内容の規定である。例えばライン・フロー型で組み立てラインの場合で考えると（図3.2参照），各作業の内容をどのようなものにするかである。それによって1つの製品に関しての作業時間が規定される。基本的には各作業がそれぞれ完結してやれる（次の作業者が同じ作業を引き継がない）もので，しかも同じ作業時間でないと流れが平滑にならない。作業時間が長いところで流れがつかえる。その作業の前で仕掛品（中途まで作った製品）が滞留してしまう。これは各作業の内容の設計あるいは規定の問題である。

　第2に，各作業の実施の仕方，特にどの製品をいつ作るか（加工するか）など，活動運営をどのように関係づけるかということがある。組み立てラインでは各作業は来たものをすぐにその担当者が組みつけ作業をし，終われば次の作業へと流すような運営方式になっている。しかしながら，バッチ・フロー型ではそのようにはいかない。加工が必要な製品が1個1個異なることもあるし，それぞれが異なる機械での加工が必要になる可能性がある。どれをどのように作っていくかを適切に考えないと生産時間がよりかかる（供給リードタイムが長くなる）。また機械の稼働率も低い状態になる恐れもある。

　このような2つの問題は管理の対象である。管理次第で効率性が大きく左右されてしまう。そのような管理において供給リードタイムを左右する要因を以下で考える。

3.4.1　同期化またはシンクロナイゼーション（Synchronization）

　複数の作業が組み立てラインのようにつながっている場合に，その完成品の単位時間当たりの量はその複数の作業で最も作業時間がかかるものの単位時間当た

りの作業量と等しくなる。

〈例3.1 同期化〉

図3.7のような組み立てラインを例として考える。4つの活動がつながって完成品ができあがる。各活動の下に書いている数字は1時間当たりの作業可能個数である。例えば，50/時は1時間当たり50個の組み立て作業ができることを表す。

今，1,000個の生産要請があったとする。この1,000個がすべて完成するまでにどれだけの時間がかかるだろうか。活動Aは1個作るのに1.2分（＝60/50）かかる。活動Bも同じである。活動Cは1分，活動Dは1.5分要する。そこで最初の1個は4.9分後に完成する。それ以後は，活動Dのペースで完成していく。なぜなら，活動Dは1個を1.5分かけて作業をする。その前の活動Cは1分で済ます。0.5分早く活動Dへと送るわけであるが，それは0.5分だけ活動Dにかけられる前に待つことになる。活動Dの前で滞留する。その待つ時間は活動Dの所要時間1.5分に合わせていることを意味する。それゆえ全体は1.5分のペースで進行する。そこで，1,000個の完成は最初の1個を作り始めてから1,503.4（＝999×1.5＋4.9）分後になる。毎分0.665個の生産能力のラインである。

次に，一番能力の低い活動Dを毎時50個というAとBの活動能力まで引き上げると，最初の1個は4.6（＝1.2×3＋1）分後に完成するので，1,000個作る時間は，1,203.4（＝999×1.2＋4.6）分になる。これによって，生産時間は20％短縮する。最も速い作り方は，活動Cの能力まですべての活動能力を上げることであり，それによって生産時間は1003（＝999×1＋4）分まで減少する。結果的には，図3.7における能力のバランスから活動Cの能力に合わせたバランスにすることによって，33％強の生産時間短縮が可能になったことになる。毎分0.997個の能力増強になった。

同期化は供給を行う場合にそれに関わる個別活動の能力が均一になることが重要であることを示唆している。図3.7では活動A，B，Cの活動Dを上回る能力は全体の能力には寄与していないことになる。能力の向上（生産時間短縮あるいは供給リードタイムの短縮）は関わる活動の中で最も能力の低い活動を他の活動に合わせるように高めることによって実現できるのである。最も能力の低い活動を隘路あるいはボトルネック（Bottleneck）という。ボトルネックは供給リードタイムを規定する重要な概念の一つである。

■図3.7　流れ作業型（組み立てライン）例

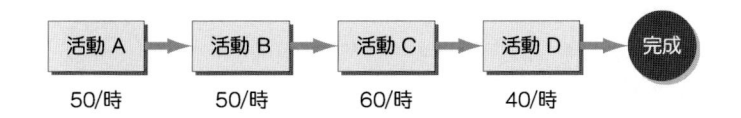

```
活動A → 活動B → 活動C → 活動D → 完成
50/時    50/時    60/時    40/時
```

　同期化を考える場合に，各作業をうまく独立してやれる（別の人がやれる）ようにし，しかも作業時間という観点からは均等にできるようにすることはラインを作る前の作業設計の問題である。これは作る製品の設計によって影響を受けることが多い。上のような各作業間のバランスをとれるような設計になっていないと同期化を確保することは難しくなる。

3.4.2　まとめ作り

　活動や作業を行って，次の活動や作業に回す場合に1個できたものをすぐに回すのは通常の組み立てラインのやり方である。しかしながら，例えば，最後に上司の印鑑が必要な伝票作成のような業務を考えると，処理しなければならない伝票がたくさんあったならば，作成した1枚をすぐに上司のところに持っていくようなことはまずしない。上司が常にいるとは限らないこともある。また，上司との距離があると持っていく時間がもったいないので結果的に何枚か作成して一段落してから持っていくことが普通である。いわゆるまとめ作りである。50枚の伝票を2時間で作成して持っていくと最初の1枚は2時間完成が遅れることになる。他の仕事を間に入れず，まとめて作る量のことを**ロット（Lot）**という。

　トラックに積載する場合もそうである。積載能力一杯積んで運んだ方が費用的には有利であるが，トラックに満杯になるまでは動かないわけで供給活動がそこで停滞していることになる。それは供給リードタイムを長くする。

　まとめ作りは効率性を考えると当たり前であるが，逆に供給リードタイムの観点から言えばリードタイムを長くする要因である。

〈例3.2　ロット生産モデル1〉

　図3.8はある生産ラインを示している。3つの活動があり，それら活動は近接しているとする（活動から次の活動までの移動時間は無視する）。それぞれの活

■図3.8　3つの活動がつながった生産システム

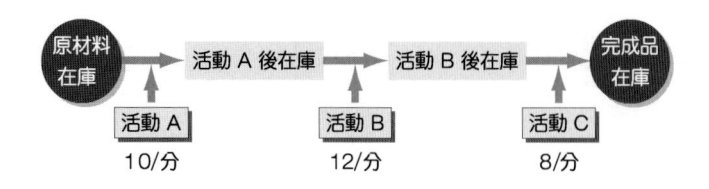

```
原材料     →  活動A後在庫  →  活動B後在庫  →  完成品
在庫            ↑              ↑              ↑        在庫
              活動A           活動B           活動C
              10/分           12/分           8/分
```

動の前後には作ったものを溜めておく場所があるとする。各活動は終了したものをその場所に置いておく。各活動の能力は，担当する作業を毎分10個，12個，8個のペースでできるものとする。今，生産すべき量を1,200個とする。また生産を開始するにあたって，必要な原材料は原材料在庫に1,200個分あると仮定する。

この生産システムにおいて，まず各活動が1,200個を加工して次の活動へとその1,200個を移すような仕方を考えると1,200個すべてが完成するまでにどれくらいの時間がかかるだろうか。

最初の活動Aが1,200個加工し終わるまでにかかる時間は120（1,200/10）分である。また次のBが1,200個の加工を終えるまでにかかる時間は100（1,200/12）分になる。Cに要する時間は150（＝1,200/8）分である。したがって，総計370（＝120＋100＋150）分になる。そのことを示しているのが，図3.9である。完成品在庫の水準（一番太い右端が平らになっている線）が1,200個になるまでの横軸の長さが370分である。このシステムの生産能力は毎分3.243個（＝1,200/370）という意味になる。

図3.9では，活動Aの在庫（最も太い線）がピークになった時点が，Aで1,200個の生産が終了した時点で，そこから次の活動Bが開始される（2番目に太い線）。Bで1,200個をすべて生産し終わる（B後の在庫がピークになる点）と，最後の活動Cが開始される。

次に半分の600個加工したらそれぞれの活動が次の活動に引き渡すとするとどうであろうか。当然，生産時間は短くなることが予想できる。なぜなら，600個加工したら次の活動が開始できるため，各活動間の同時稼働ができるようになるからである。先程の例では1,200個まで加工しないと次の活動へは渡さないのであるから，他の活動は何もできないで休んでいる。

図3.10は600個になったら次の活動へと加工したものを引き渡す場合の結果である。総時間は260分になる。毎分能力は4.615個（＝1,200/260）へと42％増強

3.4 個別活動の内容規定とそれら活動の運営の関わりづけ　71

■図3.9　ロットを1,200個としたときの各在庫の推移

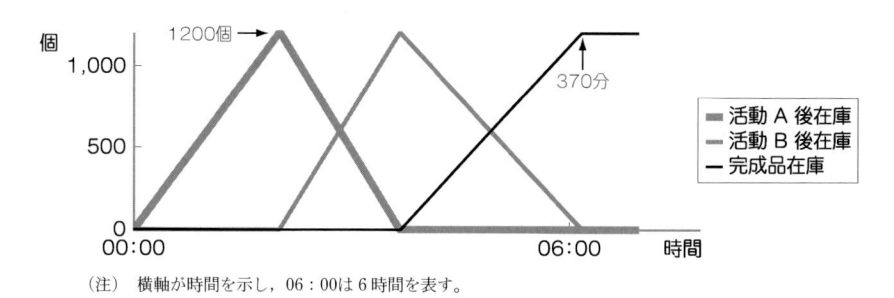

（注）横軸が時間を示し，06：00は6時間を表す。

■図3.10　ロットを600個としたときの各在庫の推移

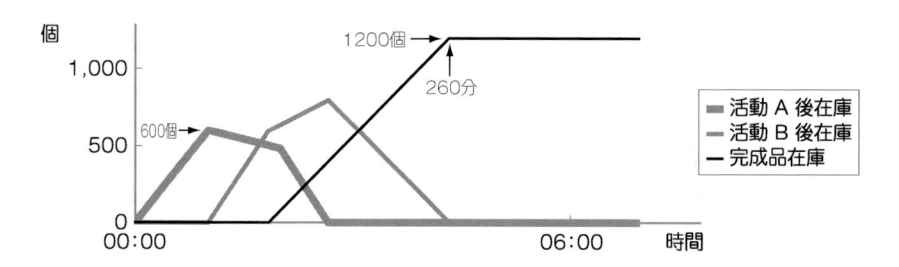

した。

　図3.10では，活動A後の在庫（最も太い線）がピークになった時点が600個を生産し終わった時点である。そこから活動Bが開始される（2番目に太い線）。Aがロット600個を生産し終わってもまだそこでは次のロットが生産されているのでA後の在庫水準は図3.9のように下降していかない。Aの生産するスピードとBの生産スピードの差（AよりBの方が毎分2個だけ速い）で落ちていく。Aが次のロット600個を生産し終わるとA後の在庫水準はBの生産スピードで落ちていく。

　活動B後の在庫水準は最初のロット600個を生産し終わると活動Cにその600個を送ることができて，活動Cが生産を開始する。そこでB後の在庫水準は600個の生産まではBの生産スピードで上昇する。600個が終わるとCの生産が開始されるので上昇角度はBの能力（毎分12個）とCの能力（毎分8個）の差（毎分4個）になる。さらにBが2回目のロット600個の生産を終了すると，Cの生産スピードでB後の在庫が減少していく。生産が活動間で同時に行われるよう

■図3.11　ロットが600個（上）と300個（下）のときの総時間

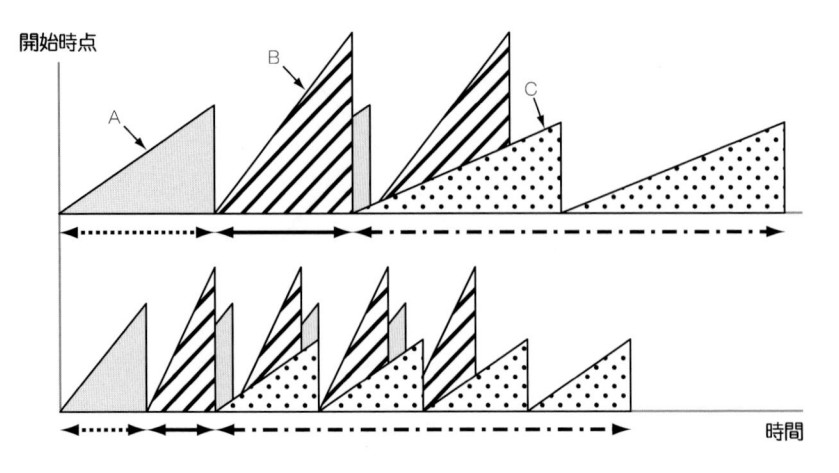

になったため，各活動後の在庫水準は複雑な動きをする。

　図3.11は総時間がロットに応じてどう決まるかを表している。三角形はそれぞれの活動がその加工能力に応じてロットをこなしていく様を意味している。三角形の底辺は各活動がロットをこなす時間である。網点模様が活動A，斜線模様が活動B，点模様が活動Cである。上の部分はロットが600個の場合，下はロットが300個の場合である。三角形の底辺は下（ロット300個）の三角形は上（ロット600個）のそれに比して半分の長さになっている。

　三角形の配置の仕方であるが，2つのルールに基づいて配置する。まず第1のルールは，それぞれの活動に関して，前のロットが終了した直後に次のロットに着手できるということである。第2のルールは，前の活動のロットが終了してから次の活動の生産を始めることができるというものである。すなわち，両方のルールを適用すると，活動Aの三角形（網点模様）は最初のロット終了直後から開始できるが，他の活動B，Cは直前の活動（Bの場合はA，Cの場合はB）がロットを加工し終わった直後から生産を開始できる。ただし，この例では活動Cの生産時間が長いので，直前の活動（B）が終了した時点よりも，Cにおける前のロットを終了する時間の方が長いので前のロットが終了した直後から次のロットを生産開始できる。

　図3.11からこの生産システムでは，任意のロットの場合における一般的な総生

産時間を計算できる公式を求めることができる。ロットの大きさを L とすると，ロット L に応じた総生産時間は以下のようにして求められる。

ロットが L のときの総生産時間 $= 1,200/8 + L/10 + L/12$ ①

上の式は，図3.11を参照すると理解しやすい。まず最も活動能力の低い（ボトルネック）活動 C（点三角形）の底辺は最も長く，そこにおけるロット生産を意味する三角形はそれぞれが隙間なしに続く。そこでこのボトルネック活動 C の三角形の総和が全体の総時間の重要な一部となる（一点鎖線矢印）。これに後の活動 A（点線矢印）と B（実線矢印）が1回のロット生産分の所要生産時間（1つの三角形の底辺）として加えられて総生産時間となる。それが①式の意味である。

この式を一般的に書くと以下のようになる。ただし，この公式はロットの大きさが所要生産量を割りきれる値の場合である。すなわち，所要生産量をロットの大きさで割った場合に，整数となるときだけである。

$$\text{ロットが } L \text{ のときの総生産時間} = \frac{\text{所要総生産量}}{\text{ボトルネック活動の単位時間の能力}} + \frac{L}{\text{A 活動の単位時間の能力}} + \frac{L}{\text{B 活動の単位時間の能力}} \quad ②$$

この②式から次のことが言える。
- 総生産時間は所要生産量が小さければ短くなる。
- 個別活動時間（A, B, C）の単位時間当たりの能力が増すと総生産時間は短くなる。ただし，ボトルネック活動（C）の能力が増すと総生産時間短縮に最も貢献する（分子を見ると，ボトルネック活動のそれが最も大きいので，分母の同じ増加に応じて生産時間が最も短縮する程度が大きい）。ボトルネック以外の活動（B, C）の能力増強はそれほど大きくない。ロット（L）の大きさが小さいほど上のことは顕著になる。
- ロット（L）の大きさが小さいほど総生産時間は短くなる。究極的には，$L = 1$ の場合が最も総生産時間は短くなる。しかしながら，その限界は所要生産量をボトルネック活動の能力で除した時間である。したがって，ボトルネック活動の能力を大きくしていくことが総生産時間を限りなく短くするためには重要である（C の能力を大きくしていくと次のボトルネック活動は A になる。そこで A の能力を大きくすると今度は B がボトルネックになる。このように常に新たなボトルネック能力を見つけ，それを増強する努力が必要になる）。

■表3.1　ロットに応じた総生産時間

ロット	1,200	600	300	120	60	1
総生産時間	370	260	225	172	166	150.18

(注)　総生産時間の単位は分である。

　表3.1は次の活動へ引き渡すロットに応じたこの生産システムの総生産時間（供給リードタイム）である。1個終了したら次へと送る場合が最も総生産時間は短いことがわかる。
　ロットの大きさを小さくすることが総生産時間に寄与することがわかったが、それができない場合がある。それは活動間の空間的な隔たりが大きいと、極端な場合に1つできたら次の活動にまわすということが難しくなる（例えば、トラックで1個ずつ運ぶというのは輸送費用が高くついて非現実的な方策である）からである。したがって、活動間の距離が遠くなると、小ロット化の効果を実現できなくなる。そのような場合には、距離を短くするような方向がまずは重要な施策である。
　距離を活動間で大きくとるという生産の仕方を何ゆえ採用するかと言えば、例えば活動Aをある遠い場所であってもそこで行えば低費用で生産できるというような場合である。しかしながら、結果として供給リードタイム（総生産時間と輸送時間を含む）が長くなると、前章で述べたように、需要変動に対する生産量の振幅は大きくなる結果になり、せっかく安く生産しても大量の売れ残りや、それを避けようとすると多くの品切れが多発するリスクを抱える状況に直面しやすい経営体質になる。当面の生産費用だけで考えるのではなく、供給リードタイムとそれによって規定される経営体質の両方を考えなければならない。この問題はサプライチェーン・マネジメントの大きな課題であると同時に、経営あるいは事業にとって戦略的な問題である。

3.4.3　複数製品の相互作用

　いくつかの種類の製品を共通の機械とか組み立てラインで作るような場合に、それらの製品が異なる作り方や作る道具を必要とすることがある。種類が違わなくても、製品につけるオプション（装備品）の違いで作り方を変えなければならないこともある。そのような場合には、作る製品個数は同じでも、生産時間が異

なることが出てくる。それは共通機械やラインの上で製品種が相互作用を及ぼし合う現象として理解できる。ここでは2つの要因を考える。

(1) 段取り

ある製品Aを作った後で別の種類の製品Bを作るとき（切替えという），ある機械を共用する場合には，Aの後にBを作る場合，通常はそのための準備作業が別途必要になることが多い。それを**段取り**（Set-up）作業という。同じ穴をあけるにも前の製品よりも大きな（あるいは小さな）口径の穴をあけるときにはドリルを交換する必要がある。そのために機械を休止することが必要で結果的にそれは作業を長くすることになる。

また別の例として，プレス工程を考える。プレス工程ではプレス機械を使う。それは自動車のボディを作るときに，ボディの金型を使い，**金型**（Mold）の上に鋼板を置き，圧力をかけて鋼板をその型のように仕上げる機械である。プレス機械は安価なものではないので経営的にもそうむやみにたくさんもてない。ある車型のボディをプレス機械にかけて作った後で，別の車型のものを加工するときには，型が異なるので別の金型をそのプレス機械に取り付ける。その金型は小さなものではなく，相当重い。取り替え作業には多くの時間と人間が必要になる。また取り替えてすぐにその別の型をプレスして作れるかというとそうでないことがある。取り付けがちょっとでも狂っていると歪なボディになってしまうことがある。あるいは鋼板にヒビ割れが入ったものもできかねない。そのために試験的にプレスし，狂いを確認する作業も必要になる。

このような金型の取り替えに数時間かかるということもありえる。このような時間がかかっていると，結果として生産活動が中断していることになる。それは生産時間を長引かせているのである。そのために，この段取り時間を短縮することが生産成果に大きな影響を与える。

段取り時間を短くしないで複数の製品の生産をもち込むと段取り時間の無駄の影響をなくすために，例えばある金型を1回取り付けるとその型のボディをできるだけ多く作る必要がある。1回の段取り時間に3時間かかっていたとすると，ボディ1個当たりの段取り時間負担は以下のようになる。

> **ボディ1個当たり段取り時間負担 ＝ 3/生産個数**

1回の段取り後に作る生産個数が多くなるほど1個当たりの段取り時間負担分

は大幅に下がっていく。したがって，段取り時間を長いままにしているとどうしても生産効率を上げようとして一度に多くの生産をする動機が働く。それは上で述べたようなロットが大きくなることを意味する。結果として総生産時間が長くなるのである。したがって，段取り時間はできるだけ少なくする工夫は経営的に重要である。

　機械が加工作業をしている間，人間は手待ち状態中であったとすると，その間に段取り作業をあらかじめやってしまうことを外段取りという。1つしかないコンロで料理をするときに，お湯を沸かしている間に次の野菜炒めのための野菜切りなどの料理準備作業を行うことは無意識にやっている。これは外段取りに該当する。それによって料理時間を短縮できる。お湯が沸き終わったらすぐに野菜炒めが開始できる。

　外段取りに対して，機械を止めて段取りをすることを内段取りという。外段取りは機械が止まることがなくなるので加工時間全体は少なくなる。しかしながら，プレス機械のような場合には，金型を取り替えるために，機械を止める必要がある。したがって，取り替え作業を準備することはできても，すべて外段取りで行うことはできない。外段取りでは金型の切替えなどの段取り時間そのものを短くすることが必要になる。

　現在は，成熟市場という言い方をすることが多い。消費者は持っているだけでは満足せず，他人のものとは異なる自分固有のものを持ちたいと願うほど企業としてはさまざまなモデルや品種を供給できるようにしたい。**マス・カスタマイゼーション**（Mass customization）は顧客の希望に添うように誂えを取り入れて製品作りを目指す概念である。それは製品ごとに作り方を変えるようになる。しかしながら，それは段取りの必要性を生み出す。段取り時間（特に内段取り時間）を長いまま放置しておくと消費者に応えて多様な作り方をしなければならない状況は経営的には苦しくなる[6]。

　段取りをしないで済むようにするためには，手っ取り早いのは，製品種に応じて機械を揃えてもつことであるが，それでは設備投資が大きくなって資金負担が増す。それでもフル稼働できれば良いが，需要が減ったときには動かない機械を多く抱えていると経営の負担がより重くなる。機械は動かしていなくても減価償却費や保守費（機械が常に動けるように維持するための費用）などがかかり，固定費として経営を圧迫する。段取り時間を短くするという地味な経営的努力をしていないと結局は市場の変化にもついていけない事態になるのである。

(2) 加工順序

作る製品の種類が多く，しかも異なる加工が必要な場合には，同じ機械でそれらを加工するのでどの製品をいつどの機械で加工するかという加工の順序のつけ方で生産時間が違ってくる。加工する製品種の切替えのための段取り作業が不要であってもこのことは起こる。どの機械でどの製品をいつ加工するかを指示する作業のことを作業手配あるいは差立て（Dispatching）という。それによって個々の製品の生産時間あるいは手配番数（略して手番）が左右される。例でこの要因を考える。

〈例3.3　5種類の製品加工〉

今，加工順序が異なる5個の製品を受注する状況を考える。これらの製品は図3.12のような機械レイアウトの工場で作る。5個すべてを完成する時間はどれくらいかかるだろうか。5種類の製品はある素材（例えば金属の塊）をもとにしてこの工場フロアーにおいて必要な機械加工を施されて製品となる。例えばある製品は実線矢印を経て加工される。また別の製品は点線の矢印の経路を経る加工が必要である。それら5つの製品は，番号が1から5まで付されている。加工は切断をA，切削をB，研磨をCとする。

また，それぞれの製品が必要な加工，加工順序および加工時間（括弧内数字で単位は時間）は以下の通りである。

製品1：A(2) → B(3) → C(2)
製品2：C(4) → A(2)
製品3：B(3) → C(2) → A(1)
製品4：C(3) → B(3) → A(3)
製品5：A(2) → B(6)

■図3.12　機械が配置された工場フロアー

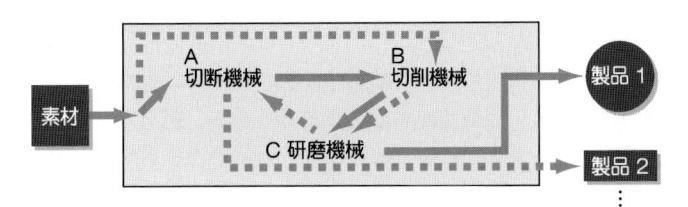

現在，5人の潜在顧客がいる。1人目は製品1を，2人目は製品2というようにそれぞれが製品1から5まで1個を発注予定だと言う。製品1から5までの発注者の希望納期は以下の通りである。

　　製品1：3日後
　　製品2：2日後
　　製品3：4日後
　　製品4：4日後
　　製品5：2日後

製品1から5までの発注予定者に対して，5つの製品を納入できる時間は差立てをいかに行うかに依存する。まずは差立てを計画して納入できそうな時間を知って発注者に回答する必要がある。そのために図3.13のような図で，差立てにともなう時間を求める。この図表のことを**ガント図**（Gantt chart）という。このやり方は1917年に考案したガント（Henry L. Gantt）という人の名前をとっている。

この図は差立てを行うときのルール（第9章で改めて解説する）に応じて製品を機械にあてがうことで全体の所要加工時間を算出する枠組みを与える。この例に対応して図を描くにあたっては，最初に製品1から流し始め，その後順に2から5まで順番に作っていくことを想定している。

図3.13から言うと，製品1を最初に，製品5を最後に流すというルールでは，1日8時間操業という状況を想定すると，製品1は7時間経てば完成できる。他製品は，2から5までそれぞれ，6, 11, 19, 22時間後に完成ということになる。お客に持っていくのは完成した翌日であると仮定すると，製品1から5までの各製品は，1, 1, 3, 4, 4日後に納品できる。製品5だけは発注者の希望に応ずることは難しい。そこで，納期の近い順に作ることを考える。すなわち，製品5が最初で，その後2, 1, 3, 4という順序で作る。その結果は図3.14のようになる。

図3.14から求まる各製品の納品できる期日は，製品1が2日目，2が1日目，3が4日目，4が4日目，5が2日目となる。これですべての製品を希望通り納品できることになった。

さて，このような差立てによって顧客の注文に応ずることができるようになったが，企業の効率性という観点からはどうであろうか。例えば，図3.13，あるいは図3.14においても，矢印がない（機械が使われていない）状態がかなりありそうである。例えば，図3.14では機械Aが7時間目から16時間目まで休んでいる。

■図3.13　ガント図を使った差立てによる生産時間の算定（製品1から5の昇順）

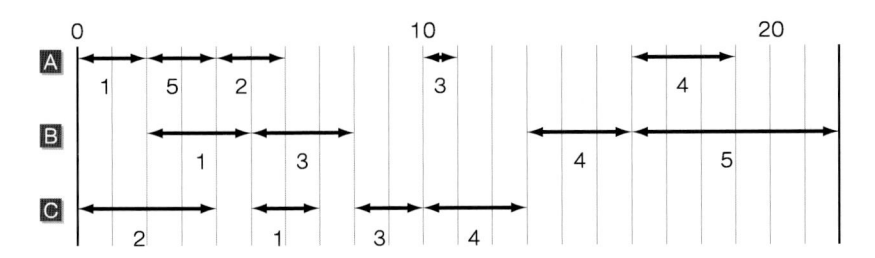

■図3.14　ガント図を使った差立てによる生産時間の算定
　　　　（製品を5-2-1-3-4順序で加工する場合）

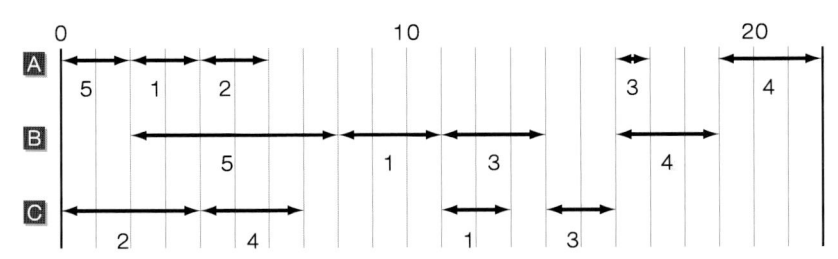

（注）上の図の列に沿って縦に引かれた線は1つが1時間を表す。一番左の列のA, B, Cは機械で，1台しかないと仮定する。したがって，機械が他の製品の加工に使用中であれば次の製品は加工できず，待っていなければならない。矢印の下の番号は製品番号である。作成ルールはどの製品もそれに要求される加工順序は遵守して，空いた機械に割り当てるというものである。製品間の加工順序は，例えば機械Cで見ると製品2より製品1が先行すべきであるが，機械が空いているので製品2を製品1の前に加工することができるため，そこに入れる。どの製品から機械にあてがっていくかというのが差立てのルールで，機械が空いているから結果として製品1の前に製品2を入れることはかまわない。

　このような問題を考慮しながら，しかも生産のリードタイムを短くするように考えるのが差立て業務の使命である。この業務はその意味で企業の収益性を左右する重要な機能である。これらの問題は後章で改めて考える。

　ここでの重要な意味合いは，事業として行う製品種はそれらが機械を共通して使うという状況によって発生する製品種間の相互作用の結果，生産時間が影響を受けるということである。大企業になれば多くの種類の製品を作る。しかしながら，他方でそのことが供給リードタイムを長くするという問題をもち込む。製品種類は供給リードタイムに影響し，それが経営に負のインパクトを与える可能性も高いのである。そのような因果関係を理解しておくことは重要である。

3.4.4 個別供給活動の編集：クリティカル・パス（Critical path）概念

実際の供給システムの形状は複雑である。さまざまな活動があり，それらがある種のネットワーク状に展開して供給活動が完遂する。そのような場合に，供給を完遂するように活動の1つ1つをつなげる編集活動によって供給リードタイムが決まってくる。

小説や雑誌も1つ1つのエピソードを適切に結びつけ，並べて最も効果のあるメッセージに仕上げる。結びつけが不適切であると読み手に十分な感銘を与えることは難しい。それが編集である。供給活動も同じことが言える。ただし，ここでは小説のようなメッセージの面白さということではなく，供給リードタイムという観点から編集効果を考える。プロジェクト・マネジメントは近年再び注目を集め始めた。それは企業における課業がプロジェクト方式で進められるような性質のものが多くなってきたことと同時に，新製品開発などの開発業務が多くなってきたためにそれを効率的に行う必要性が高まってきたことと無関係でない[7]。

〈例3.4 プロジェクト・ネットワーク〉

あるイベント会社がカジュアル衣料会社からカジュアル衣料のファッション・ショーの企画と実施を依頼された。必要な活動として以下のようなものがあった。ただし，入場者数は制限するが無料である。
- ショーのコンセプトと予算の作成（A）： 30日
- ショーへの出展衣料の選定（B）： 10日
- ショーを開催する場所の選定（C）： 14日
- ファッション・モデルの選定と打ち合わせ（D）： 20日
- 司会者の選定と打ち合わせ（E）： 14日
- ファッション・ショーに使う小道具と舞台装置の選定と調達（F）： 40日
- ショーの音響システム業者との契約と打ち合わせ（G）： 30日
- ショーの照明システム業者との契約と打ち合わせ（H）： 30日
- ショーの入場者数の上限決定（I）： 7日
- 広報活動（J）： 60日
- ショーの整理員の確保と入場整理券の印刷および配布（K）： 30日

この会社はプロジェクトに必要な上記活動の間で先行順位を次のように考えた。
① コンセプトと予算が決まらないと具体的な活動は一切始めることができない。

■図3.15　イベント・プロジェクトの活動のネットワーク

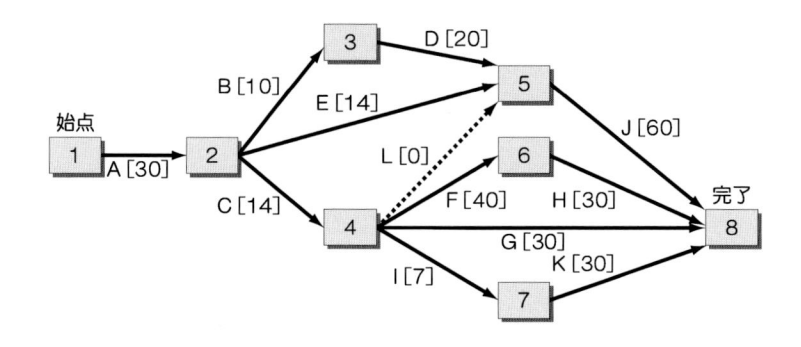

②ショーへの出展衣料，開催会場，ショーの司会者選定はショーのコンセプトと予算が決められると同時に平行的に行うことができる。
③ファッション・モデルの選定は出展衣料が決まれば始めて良い。
④広報活動は出演者と会場が決まれば開始できる。
⑤ショーの舞台装置や小道具と音響システムの手配，会場への入場者数の上限決定は会場が決まれば開始できる。
⑥舞台照明は舞台装置や小道具が決まってから始めることができる。
⑦ショー当日の整備係の人員手配，入場券の配布は会場への入場者の上限が決まって開始できる。

　このような活動間の先行順序を踏まえて諸活動を実施し，無事プロジェクトを予定通り完了させるためにある種の技法を使うことができる。これはPERT (Program evaluation and review technique) と呼ばれている。この技法ではプロジェクトの活動体系を一望して計画立案と管理がしやすくするために，プロジェクト・ネットワーク図というものを作成する。それは図3.15のように描くことができる。

　この図の見方を説明する。まず矢印は活動を表す。矢の側のアルファベットは上の活動を意味する。また[　]内の数字はその活動の予定所要日数である。また数字がついた四角は活動が終了したときのプロジェクトのある状態を意味する。状態1はプロジェクトを開始できる状態（始点という）で，状態8はプロジェクトが完了し，イベントを始めることが可能な状態のことである。

　点線の矢印（L）は，実質的な活動ではなく，活動の順序関係のみを示す場合

に使う。これをダミー（擬似）活動という。広報活動を開始するときに，ショーの出演者だけでなく，会場も決まっている必要があるので，広報活動を開始できる状態（状態番号5）を作り出す目的がある。このダミー活動の所要時間は0である。

このような図を作成するときにはあるルールがある。それらは，
①平行活動の禁止：　ある状態から別のある状態に移るときに，その移行を可能にする活動は1つだけである。すなわち，ある状態から出て，ある別の1つの状態に入る活動（矢印）は一本だけである。CをEと平行に走らせて状態4に入るようにはできない。
②1つの活動は1本の矢印で表現されねばならない。同じ活動を2つ以上の矢印で表してはならない。
③活動はすべて状態によってはさまれなければならない。

このようなルールを遵守したうえで規定した活動間の順序関係を図として表すと，**図3.15**のようになるわけである。

次に，図で番号を中に付された四角で表現されている状態について解説をしておく。状態とはある活動が終了するとできあがる状態のことで，四角内の数字が状態番号でそれぞれの状態は以下のような意味合いをもつ。

1：プロジェクトを開始できる状態
2：プロジェクトのコンセプトと予算作成が終了し，プロジェクトの具体的活動を開始できる状態
3：ショーで出展される衣料の選定が終了した状態。モデルや司会者はそれが決まってから決める方が良い。
4：イベント会場の選定が終わった状態。この状態でないと舞台装置や小道具も決めにくい。
5：広報活動を始められる状態。ファッション・モデルと司会者の選定と打ち合わせが終了し，使う会場も決まった状態。この状態でないと広報活動は決まらない。
6：ショーの舞台装置と小道具が用意された状態。それによって照明の仕方も決まる。
7：会場に入場できる人数が決まった状態。会場整理人員や入場券配布の印刷と配布を開始できる。
8：イベントを開始ができる状態。言い換えればイベントのためのすべての活動

3.4 個別活動の内容規定とそれら活動の運営の関わりづけ

が終了した（プロジェクトが終了）状態である。

さて，このプロジェクトの終了までにどれだけの時間がかかるだろうか。それは上記のような活動の定義，それぞれの活動の所要時間，そしてそれらの順序の決定に依存する。まず活動をAからKまでのように区切ったことで，それら個々の活動の所要時間が規定されてくることを考えてみる。

例えば，コンセプトと予算を決めるという最初の活動があるが，それらを別々にしたらどうであろうか。コンセプトを決めるのは演出家であり，衣料会社の予算担当とイベント会社の見積もり予算担当者である。それを一緒にしているという意味は，演出家と予算担当者の両者が検討しあって統合的な決定を行うことを前提にした活動の区切りである。他方で，それらコンセプトのデザインと資金決定を別個の活動にするとどうであろうか。その場合には，コンセプトが先か，資金決定が先かという活動順序をつけるのが難しくなる。コンセプトを先に，資金決定を後にするとコンセプト実現にお金がかかり過ぎるという予算担当者からのクレームがつく可能性もある。その結果，もう一度コンセプトを練りなおしということもありうる。提案し，文句がつくという繰り返しがそれぞれ独立に決定する前提で発生するときの所要時間は，両者が同時に会合をもって統合的に決めるという場合の所要時間と違うことは十分に考えられるのである。

上記の活動の定義では複数の業務が含まれているものが他にもあるが，それらはコンセプトと予算決定の場合と同様，それぞれの業務を分けて定義する場合と統合化して定義する場合は大なり小なり所要時間が違ってくる。このことが活動の定義によって所要時間が変わる一つの大きな理由である。その他にも所要時間の違いをもたらす要因はあるが，自分自身で考えると活動規定は慎重にしなければならないことが理解できる。

図3.15で表されているように，活動規定が決まり，それぞれの活動の所要時間も推定できた段階で順序の編集がいかに供給リードタイム（プロジェクトを完了するまでの時間）に影響するかということを次に考える。

プロジェクト全体が完了するまでにかかる時間を求めるために，状態の理論的な実現時間（期待実現時間）を計算する枠組みとして**表3.2**を示す。これはプロジェクトを構成する各状態がいつ実現するかを，活動をその所要時間通りに遂行している前提で計算するフォーマットである。

計算の仕方は明らかである。すなわち，2つ以上の活動の流れで規定されている状態は，所要時間が長い方の活動の流れによってその期待実現時間が決まると

■表3.2　期待実現時間の計算表

状態番号	期待実現時間（日数）	計算の仕方
1	0	現時点を0とする。開始できる状態は0時点で実現している。
2	30	状態2は活動Aが終了すれば実現できる。*0 + 30*
3	40	状態3は状態2の後で活動Bが終了して実現する。*30 + 10*
4	44	状態2後に活動Cが終了して実現する。*30 + 14*
5	60	状態5は，状態3後に活動Dが終了した時間と、状態2後に活動Eが終了した時間、そして状態4後にダミー活動Lが終了する時間を比較して，長い方で決まる。Max.(*40 + 20*, 30 + 14, 44 + 0) = 60
6	84	状態4後に活動Fが終了して実現する。*44 + 40*
7	51	状態4後に活動Iが終了して実現する。*44 + 7*
8	120	状態5後に活動Jが終了した時間，状態6後に活動Hが終了した時間、状態4後に活動Gが終了した時間，そして状態7後に活動Kが終了した時間の中で一番長い時間かかるもので決まる。Max.(*60 + 60*, 84 + 30, 44 + 30, 51 + 30) = 120

（注）計算の仕方の列で，Max.(・,・,・)は括弧内のカンマで区切られている数字の並びで一番大きいものを選択するという意味である。また太字斜体は状態発生時間を規定する時間を指す。

いうことである。その状態はそれら2つの流れが終了して初めて実現するからである。

活動の流れとは，状態と活動のつながりの経路を言い，例えば，**図3.15**は，状態5に関して言うと3つの活動の流れがある。それらは，状態1-活動A-状態2-活動B-状態3-活動Dという流れと，状態1-活動A-状態2-活動E，状態1-活動A-状態2-活動C-状態4-活動Lである。活動の流れをパス（Path）という。状態に入ってくる流れが1つならばそのパスの所要時間が期待実現時間と等しくなる。

このプロジェクトの完了時間は結局，120日ということになる。この数字はまだプロジェクトが完了していない段階なので計画上の推定値である。

プロジェクトの実施はこのような計算を踏まえて行われるが，実際にはこの図と計算をもとにさらにプロジェクトの所要時間を短縮できないかとか，予算を減らせないかなどの工夫を加えて，さらにプロジェクト遂行上の管理の仕方を明確

3.4 個別活動の内容規定とそれら活動の運営の関わりづけ　　85

にした最終的な計画を立案し，プロジェクトを開始することになる。管理の仕方というのは，活動の進捗管理のことで，活動がうまく予定通りにこなせないときの対処法などを検討する。このような最終的な実施計画立案作成では，プロジェクトの完了時間を決める**クリティカル・パス**（Critical path）という概念が重要になる。そこでそのクリティカル・パスを考える。

クリティカル・パスはプロジェクトの完了時間を左右する，プロジェクト遂行上非常に重要な活動の流れを意味する。プロジェクト完了のための所要時間120日という場合に，そのクリティカル・パスはいったいどの活動の流れかを考える。そこで，今度は**表3.2**と視点を変えて，プロジェクトが120日で終了するためには，各状態が遅くともいつまでに実現していなければならないかを計算する**表3.3**を作成する。

表3.3の許容最遅実現時間の求め方は第3列の計算の仕方に沿って行う。ポイントは，各状態のそれを求めるには，その状態からスタートするプロジェクト完了までの活動の流れで最長時間の流れを求め，その最長時間をプロジェクト完了予定の120日から差し引くということである。

クリティカル・パスはプロジェクト開始の状態1からプロジェクト完了までの活動の流れの中で最も時間がかかるパスのことである。この例では，状態1から完了状態8までにある活動の流れは，6つある。最後の数字はそのパス全体の所要時間である。

①状態1-活動A-状態2-活動B-状態3-活動D-状態5-活動J-状態8：120
②状態1-活動A-状態2-活動E-状態5-活動J-状態8：104
③状態1-活動A-状態2-活動C-状態4-活動L-状態5-活動J-状態8：104
④状態1-活動A-状態2-活動C-状態4-活動F-状態6-活動H-状態8：114
⑤状態1-活動A-状態2-活動C-状態4-活動G-状態8：74
⑥状態1-活動A-状態2-活動C-状態4-活動I-状態7-活動K-状態8：81

この6つのパスの中で最長は①のパスである。**表3.3**を見ると，そのパスは第2列の**許容最遅実現時間**と期待実現時間（括弧内の数字で，**表3.2**の第2列目の期待実現時間）が等しい状態を結んでできるパスになっていることがわかる。許容最遅実現時間から期待実現時間を引いた差のことを（状態を実現する際に許された）**余裕**（スラック，Slack）という。すなわち，

> 余裕(スラック) = 許容最遅実現時間 − 期待実現時間

　許容最遅実現時間はプロジェクトを完了する時間が120日であるときに各状態がいつまでに実現できていれば良いかを表す時間で，期待実現時間は各活動を予定通り遂行していった場合に各状態が実現する時間である。上の差が0のときはまったくその状態の発生が遅れてはならないことを意味する。差が正の場合には，活動を予定通りやっていくとその状態を実現できる時間は，実現していなければいけない時間よりも早くなるという意味になる。

　差が正の状態では，その状態をもたらす直前の活動（例えば，状態4を考えると活動C）はいくら予定よりも速めてもプロジェクトの完了時間120日を短縮する効果はないことになる。逆に，ペースを落としても差し支えない。例えば，活動Cはそれが実現する状態4に余裕が6日あるので，20日かかってもプロジェクト完了時間120日を達成するうえで問題がない。しかしながら，20日よりもかかると今度はパス④が120日よりもかかるため，プロジェクトは120日では終了しない。

　余裕が0の状態ではその直前の活動（例えば，状態3では活動B）を予定より早く終わらせるとプロジェクト完了時間120日を短縮できる。クリティカル・パスはこの例では①であったが，120日というプロジェクト完了時間を規定しているのは，このクリティカル・パス上にある活動である。それらの所要時間を短くすることでプロジェクト完了時間を短縮できる。けれども，パス①上のそれぞれの活動を短くしていっても他のパスがもっと長くなるようなことが発生すると，その時点でその活動の時間短縮努力は限界になる。例えば，活動Aは，それを限りなく0に近づけていっても，すべてのパスの上にある活動なので他のパスの所要時間が①を上回ることはない。しかしながら，活動Dを20日から10日まで短縮したとすると，①のパスの所要時間は110日になるが，パス④が114日なのでそれが今度はクリティカル・パスになってしまう。したがって，プロジェクトの完了時間は114日から短くならない。それゆえ，活動Dの短縮限界は6日までである。プロジェクトの完了時間に対する各活動の短縮の効果は複雑に変化する。ポイントはクリティカル・パスがどれかを常に注意しておくことである。

　プロジェクトの管理では，このような個別活動の所要時間を計画し，コントロールすることでプロジェクトの所要時間や実施費用も決め，最終的な実施計画を立てる。ここで言う計画とコントロールとは，以下のようなことからなる。プロ

3.4　個別活動の内容規定とそれら活動の運営の関わりづけ　　87

■表3.3　許容最遅実現時間の計算

状態番号	許容最遅実現時間（日数）	計算の仕方
1	0 〈 0〉	次の後の状態2が30日には実現している必要があるので，0日目に状態1は実現していなければならない。
2	30 〈 30〉	状態2からスタートする活動はB, E, Cである。活動Bは活動時間が10日である。その活動が実現する状態3が40日までに実現しているためには30日目にはスタートしなければならない。活動Eは活動時間が14日である。活動Eが実現する状態5は60日までに実現すべきなので，状態2は46日目に実現すれば良い。活動Cは活動時間が14日で，後の状態4を50日目には実現しなければならないので，状態2を36日目にスタートすれば良い。これら3つの活動の流れを考慮すると，活動B以後の流れが最長なので，状態2は30日目には実現している必要がある。このことは Min.(*40-10*, 60-14, 50-14) によって状態2の許容最遅実現時間が求まることを意味する。
3	40 〈 40〉	後の状態5を60日で実現するには，状態3からの活動Dの所要時間が20日なので，状態3は40日には実現していれば良い。***60-20***
4	50 〈 44〉	状態4からスタートする活動はL, F, G, Iである。活動Lはダミーで活動時間は0である。状態5が60日目に実現すれば良いのだから，状態4を60日目にスタートする。活動Fは活動時間が40日である。活動Fが実現する状態6が90日までに実現しているためには50日目にはスタートする必要がある。活動Gは活動時間が30日である。活動Gが実現する状態8は120日目に実現することになっているので，90日目に状態4をスタートすれば良い。活動Iは状態7が90日には実現していれば良いので，状態4を83日目にスタートすれば良い。これら4つの活動の流れを考慮すると，活動F以後の流れが最長なので，状態4は50日目には実現している必要がある。ゆえに，Min.(60-0, ***90-40***, 120-30, 90-7) によって状態4の許容最遅実現時間が求まることを意味する。
5	60 〈 60〉	状態8が120日で実現するには，状態5からスタートする活動Jの所要時間が60日なので，60日には実現していれば良い。***120-60***
6	90 〈 84〉	状態8が120日で実現するには，状態6からスタートする活動Hの所要時間が30日なので，90日には実現していれば良い。***120-30***
7	90 〈 51〉	状態8が120日で実現するには，状態7からスタートする活動Kの所要時間が30日なので，90日には実現していれば良い。***120-30***
8	120 〈120〉	プロジェクトが120日で完了しなければならないので120となる。

（注）　第2列の許容最遅実現時間とは，プロジェクトが120日で完了するために各状態が実現しているべき時間のことである。〈 〉内の数字は表3.2の第2列の数字で，各活動が予定通りの時間で実施されたときの各状態の実現時間。Min.(・, ・, ・) は括弧内のカンマで区切られている数字の並びで一番小さいものを選択するという意味である。斜線太字が許容最遅実現時間。

ジェクトを適切に実施する管理活動のことである。

①余裕のある活動(スラックのある状態を実現する直前の活動)をもっとゆっくりして資源を浮かせ(投入する人員を減らす)、プロジェクトにかかる費用を低める計画を立案する。

②浮いた人員などの資源をクリティカル・パス上の活動に(可能であれば)投入してそちらの活動の所要時間を短縮してプロジェクト全体の所要時間を短縮するような計画を立案する。

③プロジェクト終了が必要な時間にどうしても収まらないときには、活動の規定やそれらの先行順位を再度見直して、再体系化をする(同時進行ができる活動体系にするなど)。そのときには図3.15とは異なるネットワーク図を描き直すことになる。

④プロジェクトが始まったらプロジェクト全体の進捗をチェックする。特に、クリティカル・パス上の活動により注意し、その進捗に遅れがないかどうかを確認する。遅れが出そうな場合には追加的に資源を投入したりすることで遅れを取り戻す。

⑤遅れがどうしようもなくなってきたときには、計画全体を見直し、再計画する。

プロジェクト型生産では、供給リードタイムはプロジェクトを完了する時間に該当する。それはクリティカル・パスという概念を把握することで捉えることができる。

クリティカル・パスはプロジェクト型生産だけでなく、複数の流れの構造をもつバッチ・フロー型やバッチ・フロー型生産がつながったシステムでも適用可能な概念である。クリティカル・パスの意味合いを例3.2の生産の流れに別のあと1つの流れが加わった場合の例として考える。このような構造は、例えば、ある企業Aの生産の流れと平行して存在する別会社Bの生産の流れがあって、それらの流れがある工程で合流する(別会社Bが作った製品が会社Aの製品の部品として使われる)という、現実によくある流れの構造である。

〈例3.5　ロット生産モデル2〉

図3.8と平行し、最終的に合流する生産の流れが付加された場合のロット生産のモデルを考える。このときには最終的な完成品の供給リードタイムはどうなるだろうか。その構造は図3.16のようになっている。

3.4 個別活動の内容規定とそれら活動の運営の関わりづけ

■図3.16 平行生産ラインが合流する生産システム

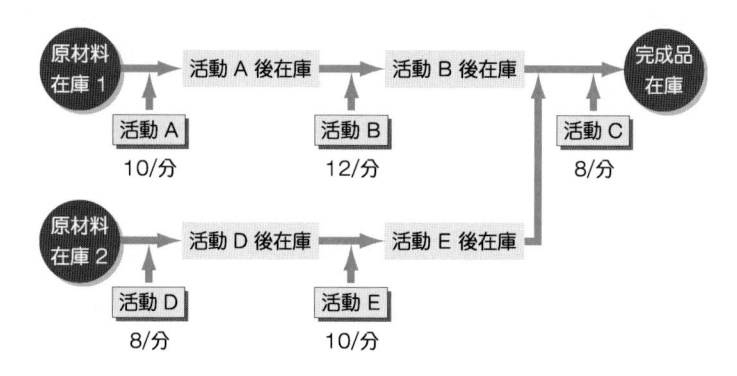

```
原材料在庫1 → 活動A → 活動A後在庫 → 活動B → 活動B後在庫 → 活動C → 完成品在庫
              10/分              12/分                8/分
原材料在庫2 → 活動D → 活動D後在庫 → 活動E → 活動E後在庫 ↑
              8/分               10/分
```

下に追加された2つ目のラインは外部企業のものであっても，自社内にあっても良い。問題は追加されたラインによって2つのラインが平行して操業し，最終工程（活動C）で2つのラインで加工されてきたものが組み合わされて完成品になるという構造である。このような構造で，生産して次工程に流されるロットの大きさが総生産時間をいかに規定するかを考える。生産すべき量は例3.2と同様に，1,200個とする。

図3.17は，ロットを1,200個にした場合の各在庫点の在庫推移を示している。完成品在庫（最も細い線）が平らになりだす時点が1,200個を完成した時点である。上のラインの活動B後にある在庫の頂上が平らになっていて減らない時期があるが，それは下のラインから供給されてくる量が低いので活動Cの前で待つ（滞留する）状況を表している。下に新たに追加されたラインの2つの活動

■図3.17 ロットを1,200個としたときの各在庫の推移

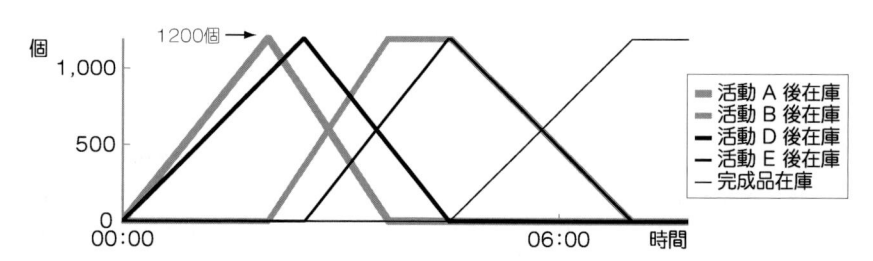

能力は，共有活動Cまでの上のラインの能力がそれらを下回っているので下の新しいラインが供給リードタイムを規定してしまう。下のラインがプロジェクト型生産のときのクリティカル・パスである。下のラインの所要時間が1,200個生産のリードタイムを規定するわけである。

図3.18は，単一ラインの場合の図3.11に対応するもので，活動Cまでの工程で下のラインにおける生産活動（細い実線で表された2つの三角形DとE）にかかる時間に活動Cの生産時間が加わるようにして総生産時間が決まる。それは下のラインの能力（毎分8個と10個）が上のラインの能力（毎分10個と12個）よりも低いので，下のラインにかかる生産時間の方が長いためである。

このときの総生産時間は，活動Dが1,200個を生産する時間150分（＝1,200/8），活動Eが1,200個を生産する時間120分（＝1,200/10），活動Cが1,200個を生産する時間150分（＝1,200/8）の総和となる。すなわち，420分である。活動D, E, Cの流れがこの全体システムにおけるクリティカル・パスになっている。上のラインの活動A, Bは能力一杯稼動しても総生産時間を短くすることに寄与しない。あくまで下のラインの活動と活動Cの能力を引き上げないことには総生産時間の短縮にはつながらない。

今度はロットを半分の大きさ600個にしたときにはどうなるだろうか。図3.19と図3.20は各在庫の推移と活動の生産状況を表している。

図3.19では，下のラインの活動DとE（線が2番目に細いものと3番目に細いもの）後の在庫水準と活動C後の在庫水準に注目してその推移を，図3.10のときの解説を参考にして考えて欲しい。

図3.20では，活動DとEの最初のロット600個を生産するのに要する時間に，活動Cの生産時間が加わって総生産時間になることがわかる。総生産時間はロットが小さくなって短くなるけれども，下のラインがCまでのクリティカル・パスであることは変わりない。

2つのラインが平行して稼働し，最後に1つのラインに合流するようなシステムにおける生産時間の計算に関しては，まず全体のシステムにおけるプロセスを考えてそのクリティカル・パスになるプロセスを見つけることが重要になる。例では完成にいたるプロセスは2つの流れがある。A, B, CとD, E, Cである。その2つのプロセスにおいてクリティカル・パスにあたるライン上の活動が何かを明確にすることが必要である。現在の数値例では，クリティカル・パス上の活動はD, E, Cである。そのD, E, Cにおいて先の計算式②を適用する。すなわち，

3.4 個別活動の内容規定とそれら活動の運営の関わりづけ　　91

■図3.18　ロットを1,200個としたときの各活動の生産状況

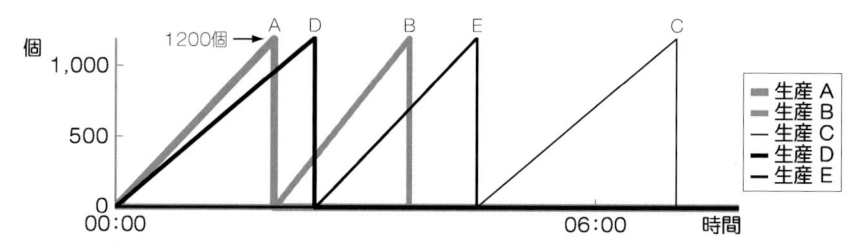

（注）三角形の垂線のところが各活動の個の生産終了時点を示す。線の太さで各活動を区別している。線の太い順に，活動 A, B, D, E, C となっている。

■図3.19　ロットを600個としたときの各在庫の推移

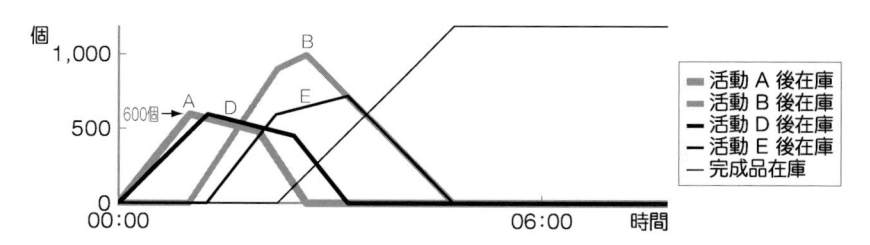

■図3.20　ロットを600個としたときの各活動の生産状況

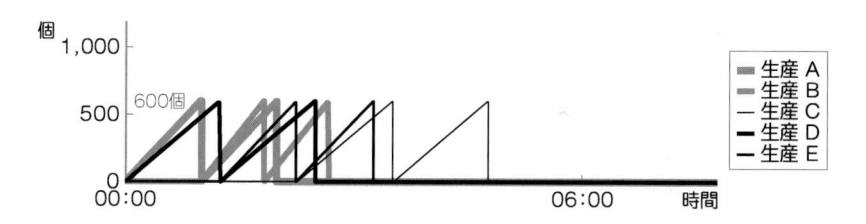

$$\text{ロットが} L \text{のときの総生産時間} = \frac{1200}{8} + \frac{L}{8} + \frac{L}{10} \quad ③$$

上式で，1200の分母の8はD, E, Cの活動における最低能力活動C（あるいはD）の1時間当たりの完成個数，Lの分母の8は活動D（またはC）の1時間当たりの能力，そして10は活動Eの1時間当たりの能力になる。したがって，ロットが1200個の場合には，上式から総生産時間は，420時間である。

ロットが600個の場合には，③を使うと，以下のように計算できる。

$$\text{ロットが600個のときの総生産時間} = \frac{1200}{8} + \frac{600}{8} + \frac{600}{10} = 285 \quad ④$$

1個流しでは，ロットは1なので，以下のようになる。

$$\text{ロットが1個のときの総生産時間} = \frac{1200}{8} + \frac{1}{8} + \frac{1}{10} = 150.225 \quad ⑤$$

現在，活動A, B, Cはある企業Xで行われ，活動D, Eは別の企業Yで行われているとする。企業Xは自社内のプロセスの活動能力を高めても企業Yのプロセスがクリティカル・パスの多くを占めているのでどの活動の能力を上げても意味があるわけではない。クリティカル・パス上の活動Cの能力が総生産時間に関わるのでその能力を高める意義はある。それを毎時12個にしたとする。しかしながら，現在は1個流しで操業しているとすると，その場合の総生産時間は⑤の1/8が1/12になるだけである。それゆえ，総生産時間は150.283にしか短縮できない。1200の分母の8は企業Yの活動Dでそれは最低能力8のままであるため，総生産時間の短縮は少ない。ロットが600個の場合には（④式），260時間へと短縮し，ロットが1200個の場合には，370時間に短縮する。短縮幅はロットに応じて大きくなる。ロットが大きくなると各活動の時間が重なり合う部分が少なくなって個別活動の能力強化効果が効いてくるからである。

現実のプロセスは複数のラインの流れが合流していく形状をすることが多い。その場合にはクリティカル・パスという概念が重要になる。

表3.4はロットの大きさに応じたこの生産システムの総生産時間をまとめている。第3行目は所要生産量1,200個を総生産時間で除した毎分当たりの生産能力になる。

単純化されているが，このような生産構造になっていることは現実に多い。製品のある部分を外に生産依頼し持ってきてもらう（外注，外製，外作，アウトソーシングなどと言う）会社のラインが上で，下のラインがその協力企業（供給者，あるいはサプライヤー）のものである。この数字例では，外注する企業の生産ラインの能力が協力企業のそれよりも高くなっている。いくら内部で供給リードタイムを短くしても，外から供給されるものが遅ければ最終的なリードタイムは外の企業のリードタイムで規定されてしまう。クリティカル・パスが外にあるわけ

■表3.4　ロットに応じた総生産時間

ロット	1,200	600	300	120	60	1
総生産時間	420	285	217.5	177	163.5	150.225
毎分当たり生産能力	2.857	4.210	5.517	6.779	7.339	7.988

(注)　総生産時間の単位は分である。

で，スピードを上げようとするならば，外の企業のスピードを上げる支援をしなければならない。

　以上のような多くの要因が供給リードタイム，あるいは単位時間当たりの供給能力を左右する。供給リードタイムが経営上で非常に重要な役割をするため，上記の要因はどの企業も経営努力の対象になる。近年では企業環境は厳しさを増し，多くの企業が付加価値を作り出すメカニズムに関する事業プロセスの見直しを行っている。その見直しのポイントの一つがスピード・アップである。事務，生産などの物理的プロセスが同じことをするのに他社より時間をかけていること自体が同じ成果（例えば売上高）を上げるのに，他社よりより多くの資源を投入する必要性を生み，競争力を低下させ，収益性を悪化させる原因になることが理解され始めてきたからである。第1章で述べたようなスピードの経営に対するインパクトを考慮すると，スピード力アップが経営の焦点になることは当然である。

　しかしながら，スピード・アップの努力のためには，経営活動に関わるスピードに影響する要因を理解することがまず不可欠である。このような要因を理解することは事業をするうえで必須である。そのうえで，上記のような要因を自社の場合について分析することによってできるだけ低費用で供給リードタイムを短縮するように改善を加えていく。ただその場合に，単に個別業務の担当者が個人的に速くその業務を遂行するだけでは意味がないことが多いことも，今まで述べてきたことを理解していればわかるはずである。スピード・アップの努力では事業遂行に関わるさまざまな活動の関わり合いを見直し，さらに個別活動もその関わり合いの中で見直すことが重要である。

　この努力のいかんによって，最終的には同じビジネスに従事していても収益性などの成果において企業間の差異が発生するのである。

参考文献・資料

[1] 生産方式についてはさまざまな生産管理関係の文献があるのでそれらも参考にして欲しい。例えば，
村松林太郎『新版生産管理の基礎』国元書房，1979年。
Schroeder, R. G., *Operations Management: Contemporary Concepts and Cases*, McGraw-Hill, 2000.
[2] Pinedo, M. and Chao, X., *Operations Scheduling: With Applications in Manufacturing and Services*, McGraw-Hill, 1999.
[3] 門田安弘『新トヨタシステム』講談社，1991年。
[4] 森田道也『ビジネスリーダーの資質』日経BP社，1997年。
[5] Helander, M. and Nagamachi, M. (eds.), *Design for Manufacturability: A Systems Approach to Concurrent Engineering and Ergonomics*, Taylor & Francis, 1992.
[6] Pine II, B. J, *Mass Customization: The New Frontier in Business Competition*, Harvard Business School Press, 1993.
[7] Knutson, J. (ed.), *Project Management for Business Professionals: A Comprehensive Guide*, John Wiley & Sons, 2001.

4

在 庫 管 理

　在庫は遊休している資源のことである。まだ使われていないが，将来使われる予定の資源である。第2章では供給リードタイムの経営的意味合いを述べてきたが，その意味合いで大きなものは供給リードタイムが長くなると在庫が増加するということである。換言すると，遊休する資源が増えることでそれは経営的には望ましくない。その遊休資源にかかる費用はすべてその企業が負担するからである。しかしながら在庫は供給を0時間では行えないという事実から不可避である。

　不可欠な在庫であれば，それを適切に管理することが逆に必要になる。本章では在庫の管理について考えていく。

4.1　在庫の役割と在庫の種類

　在庫は不可欠ということをまず考えてみる。例えば，いくつかの企業が「ジャスト・イン・タイム方式（後章で解説する）で生産するから在庫は要らない」，「うちは在庫をもっていない」などのコメントをしていることが良くある。「少ない」ということであれば事実として認めるのはやぶさかではないが，「もっていない」と言うのは言い過ぎである。

　供給活動には時間がかかる。自動車で考えれば，車に鉄を使っている限り，鉄を調達する必要がある。そこで鉄を掘り出し，精錬し，鋼板に圧延する。これらの活動が0時間でできるわけはない。例えば，鉄鉱石をインドネシアの鉱山で掘り出す業務，鉱石を港まで輸送する業務，船に荷揚げするまで倉庫あるいはどこかに置いておく業務，荷積みする業務，船で日本まで輸送する業務，港に荷揚げする業務，輸入審査を受ける業務，製鉄会社の倉庫まで輸送する業務，倉庫に置いておく業務，持ってこられた鉄鉱石の品質をチェックする業務，鉱石を鋼板まで加工する業務，鋼板を自動車会社まで輸送する業務，（品質の認証を受けていない業者であれば）鋼板の品質チェックをする業務などの一連の活動がつながっており，どれも時間0で行えない。

　時間がかかっていると必ずそこには遊休している資源がある。輸送中の資源も在庫である。すなわち，供給時間が0でないと，そこには在庫が発生する。通常，「うちは在庫をもっていない」というコメントの場合にそれが真実味を帯びるのは，完成品在庫をもっていないという意味のときである。原材料とか仕掛品（完成していない製造中のもの）ということであればそれは真実ではない。「それらは供給業者から買い入れるのであって，必要なときに持ってきてもらうのでうちにはない」ということで「もっていない」としても，在庫にともなう不利益，すなわち在庫をもつ費用，は避けることはできない。供給業者が設定する価格の中にその費用は含まれているからである。それを認めないというのは供給業者の存在を否定することである。安い価格にしているから負担していないと考えているのであれば，それは供給業者が適切な在庫管理をしていて他の会社よりも在庫費用が安くできるからであって，ただではないのである。

　在庫は，需要と供給が接するところには必ず必要である。そこでの在庫の役割

は原則的に2つある。

4.1.1 需要と供給を直結する機能

通常は，需要と供給（生産）は空間的，時間的に乖離している。最終消費者が欲しいと思って店に買いに来る時刻と，生産が行われる時刻とは食い違う。銀行などではお客が来たら係りの者がすぐに対応し，時刻的には一致する。しかしながら，銀行でそのような業務ができるのは，担当者が雇用され，建物，情報システム，金庫のお金，手続きのための諸伝票などがすでにあるからである。それらも銀行のサービス供給（生産）活動のための投入資源である。それら資源は銀行が消費者となってそれら資源を買い入れる活動が済んでいるので最終消費者が銀行に行った時点でサービスを受けられるのである。それら資源を買い入れる行動は銀行の供給活動の一部である。最終消費者が来た（需要発生の）時間とその供給活動とはズレがある。

このような乖離がある場合には，それを埋める供給活動がすでに存在していなければならず，それが在庫になる。銀行のケースでは，雇用されている人間でまだお客を待機中の人間，未使用の情報システム，建物，伝票はすべて在庫である。

この乖離を埋め合わせるための在庫が需要と供給の直結機能である。そのような機能をもった在庫の種類を考える。

(1) プロセス在庫

これは，例えば水道を考えるとわかりやすい。起床したら多くの人は歯を磨き，顔を洗う。そのために水道の蛇口をひねる。すぐに水が出てくる。これは当たり前と思っているが，実は貯水池あるいは浄水池から各家庭まで水道管が敷かれていて，その管の中に水が一杯詰まっているからである。貯水池の水，水道管の水，これらすべて在庫である。このように需要に応じてすぐに対応できるようにもっておくものがプロセス在庫（Process inventory）である。

日常使用する石油やガソリンはほとんどが外国から輸入される。何千キロあるいは何万キロという距離がある。それは乖離である。そこで毎日タンカーがそれら原油産出場所と日本の間をピストン輸送している。どの時点でも洋上にはたくさんのタンカーが走っている。それらは茨城県の鹿島とか鹿児島の志布志にある巨大な原油貯蔵タンクにいったん在庫され，日常の需要発生に備える。これらもそのほとんどがプロセス在庫である。プロセス在庫の計算は比較的簡単である。

すなわち，ある単位時間（例えば1日）の需要量を D とし，需要時点と供給時点の乖離を T 時間（例えば日数）とすると，いつでもすぐに消費ができるためにはプロセス在庫として必要な量 M は，次式で求められる。

$$M = D \times T \tag{①}$$

〈例4.1　原油消費〉

　2002年度の日本の備蓄量は8,872万 kl（キロリットル）である。それは171日分の消費に備えられるという[1]。したがって，1年を365日とすると1日当たりの原油消費量は，518,830.4 kl である。タンカーは2000年末に133隻ある。1999年度実績で延べ運行回数は1078回であるという[2]。1隻当たりは8.1回の運行である。そこで350日稼働を仮定（船の保守時間を平均して1年15日かかることを想定）すると，運行1回当たり約43日かかることになる。原油を日本に持ってくるまでに43日間（往復に荷積み時間を込める）かかるとすると，少なくとも必要なプロセス在庫は，

$$\text{必要なプロセス在庫} = 518{,}830.4 \times 43 = 22{,}309{,}707 \quad (kl)$$

である。備蓄されている原油量のうち，プロセス在庫は25.14％占めることになる。ただし，2002年度末時点で運行中のタンカーの積載原油量は含めていない。任意の時点で運行中のタンカーは年間2.9（＝1,078/365）隻あるわけで，それに1隻当たりの積載原油量を乗じてタンカーに積載している在庫はおおよそ計算できる。

　原油備蓄量の75％弱の原油備蓄は何のためにあるかというとそれは戦争や現有の油井から生産ができなくなるという非常事態とか需要の急騰に備えるためである。それらも在庫であるが，それは在庫の別の役割になる。

〈例4.2　仕掛在庫〉

　ある自動車会社はその工場に原材料が届いてすぐに自動車を作り出したら完成車を4日で作れるという。需要が毎日1万台あるとする（4日後にお客に引き渡す車の台数が1万台ある）と，工場内で作られている最中の部品および組み立てられた未完成品などの形で存在するプロセス在庫は，

$$\text{工場内プロセス在庫} = 10{,}000 \times 4 = 40{,}000 \quad (\text{台})$$

となる。ただし，40,000というのは，40,000台分の車の構成部品という意味である。したがって，在庫がないということはありえない。このような在庫のことを**仕掛在庫**（Work in process inventory）という。仕掛在庫はプロセス在庫の一種である。ここでは原材料はすでにあるという想定で行っているが，それらの供給者に対して発注して持って来てくれるまでに30日かかるということであれば，その30日分の在庫がさらに負担として課される。要は，原材料調達に30日，作るのに4日ということで，34日かかることを意味する。自動車会社の経営者にとっては気が遠くなる在庫になる。

これを避けるために，供給者に発注したら遅くとも翌日に納入してくれるように要請したとする。それが可能になっても，実は供給者が30日かかっているということは変わりなく，供給者がそれだけ在庫を自社内にかかえておくだけである。それゆえ，その費用は発注する自動車会社への納入価格に究極的には反映する。自動車会社は消費者にそれを転嫁する。転嫁する額は在庫が増えるだけ多くなるわけであるから，価格が高くなって競争上でまずい。そこで供給プロセスを合理化して他社より低い転嫁額に押さえれば競争上で優位性を保つことができる。それを可能にするのが優れた経営である。

〈例4.3　花火の作り溜め〉

夏の日に人々を楽しませる花火を考える。花火製造業者は（主に）夏のシーズン中に打ち上げられる花火をどうやって生産しているのであろうか。それは年間を通じて生産し，突出した夏の需要に備える。夏の需要に応えるにはそれくらいかけて生産しないと間に合わない。生産能力を夏の需要量に合わせてもっていたとすれば冬場には工場は閑散として，経営的には成り立たない。そこで冬場も作って作り溜めする。生産能力に比してピークの需要がはるかに高いときには，需要に対応して生産する時間が長くなる。言い換えれば供給リードタイムが長い。それゆえ，プロセス在庫が不可避になる。花火の作り溜めのような在庫を**季節在庫**（Seasonal inventory）という。計画的にもつので計画在庫という言い方もする。クリスマス・ケーキなどもそうである。

(2) 安全在庫

プロセス在庫は供給時間（リードタイム）によって変化する．他方で，需要は変動するのが常である．プロセス在庫を計算するのに使っている単位時間当たりの需要量は推定上の平均的な数字にしかならないのが一般的と考えて良い．そうすると当て外れがある．需要が増えたときに対しては平均需要量を使って計算したプロセス在庫よりも多く在庫を用意しておけば欠品あるいは品切れを防ぐことはできる．そのような，需要の変動，特に多く振れる需要に対して備える在庫のことを**安全在庫**（Safety inventory）という．

プロセス在庫は平均的需要に対して備え，安全在庫はそれを上回る需要に備える意図をもっている．原油備蓄でもプロセス在庫外が75％もある．それは国家経済の安全在庫ということができる．

〈例4.4　コンビニエンス・ストアにおける弁当仕入れ〉

コンビニエンス・ストアでは弁当が高いマージン（粗利益，販売価格から仕入れ価格を引いたもの）の商品アイテムであることは良く知られている．弁当を買ってくれる客の多くは，そのときに飲料水や牛乳，場合によっては雑誌まで買ってくれる．したがって店主としてはできるだけ弁当の品切れは出したくない．品切れが多くなると，お客は貴重なお昼時間の一部を割いて買いに行くので品切れ状況の多い店は自然に避ける．そのこともあって弁当をいくつ仕入れるかは店にとって重要な問題である．たくさん仕入れたいけれども，弁当は賞味期限が短いので売れ残りは廃棄することになって仕入れ価格分が損になる．

今，あるコンビニで店主が良い弁当仕入れをしようと平日の100日間についてお昼の弁当の売れた個数をデータとして調べることを考えた．そこで，正確なデータとするために，その100日間は今まで仕入れていた数をはるかに上回る個数を意図的に仕入れ，品切れがないようにしてデータを作成した．その結果が**表4.1**である（ここでは問題を簡単にするために弁当の種類は1種とする）．

レジで商品をスキャナーで読み取るいわゆる売上時点データ（POSデータ）をそのために用いることは避けるべきである．そこには買いに来たが仕入れが少なかったために買えなかった品切れデータは含まれていないからである．品切れも需要としてカウントしなければならない．

この店の1日当たりの平均売上個数は，100日で売れた総数を100で割れば良い（売れた個数にその確率をかけたものを加えても良い）．すなわち，

■表4.1　平日の過去100日間の弁当販売個数

販売個数	日数	確率	累積確率	販売個数	日数	確率	累積確率
25	4	0.04	0.04	30	20	0.20	0.72
26	6	0.06	0.10	31	12	0.12	0.84
27	10	0.10	0.20	32	9	0.09	0.93
28	14	0.14	0.34	33	5	0.05	0.98
29	18	0.18	0.52	34	2	0.02	1.00

(注)　第3列と7列目の確率とは、100日の内で、特定個数だけ売れた日数（第2列の数字）がどれだけの割合であったかを表す。例えば、29個売れた日は100日のうち18日、すなわち18％である。また第4列と8列目の累積確率というのは、確率を25個売れたときから34個売れたときまで順に加えていった数字である。累積確率によって、任意の販売個数よりも多くなる確率あるいは以下になる確率がすぐにわかる。例えば、28個以下の日は100日のうち何日あるかということに対しては、売れた個数が28個以下の日数の割合（確率）を加えたものである。それが累積確率で、0.34、すなわち100日の内で34日が売れる個数が28個以下の日であるということになる。

$$1日の平均売上個数 = (25 \times 4 + 26 \times 6 + \cdots\cdots + 34 \times 2)/100$$
$$= 25 \times 0.04 + 26 \times 0.06 + \cdots\cdots + 34 \times 0.02 = 29.33$$

　店主が今、来たお客すべてに売る気概をもっているならば、34個仕入れるならばまあ大丈夫ということである（しかしながら、実際にはそれでも100％大丈夫とは言えない。100日しかテストしていないので34個よりも多く売れる日がないとは限らないからである。ここでは34個が限界と仮定して話しを進める）。この場合には、安全在庫は平均値よりも上回った個数で、平均を29個と丸めると5個である。29個はプロセス在庫と考えることができる。

　それでは少々売れ残りが怖いと気づいたとする。そこで来たお客の90％は確実に売れるようにすることを考えた。そのときの仕入れ個数は、累積確率が90％程度になるところで、32個になる。そのときの安全在庫は3個である。

〈例4.5　消火器〉

　安全在庫としてはその他に消火器がある。1998年に発生した住宅火災件数は17,540件である[3]。同じ時期の居住者のいる住宅数は43,922,100戸である[4]。火災件数を住宅戸数で除すと、1戸当たりで火災が発生する割合（確率）は0.0003993である。ある家が消火器を備えるわけであるが、頻度は非常に低く、実質0に近い。それゆえ、消火器は安全在庫と解釈しても差し支えない。消火

器を買いに行く時間（リードタイム）は火災が発生してそれに対処するという緊急性と比較するとあまりにも長すぎる。したがって各家庭は消火器を常にもって備えるわけである。

　在庫の直結機能は，需要に間に合うように供給することである。供給時間（リードタイム）がかかるのであらかじめ供給のための資源を保有しておくわけである。これが在庫になる。需要はところかまわず，いつでも発生する。しかし供給には時間がかかるというのは現実的である。したがって，現実にその乖離を埋めるためには在庫は不可欠である。

4.1.2　需要と供給の分離機能

　在庫機能として需要と供給をつなぐという直結機能とはまったく対照的にそれらを分離する機能がある。その意味は，需要のパターンと供給のパターンを切り離すという意味である。先に水道管の中の水はプロセス在庫であると述べた。水道システムでは水道管以外に貯水池がある。水の供給はほとんど雨であり，雨の降り方のパターンと水を使うパターンはまったく異なる。両者を直接結びつけると雨が降ったときしか水を使えないということになる。そこで貯水池に水を溜めておく。大体，雨は一度に降る。台風が来たときに1日で降る雨の量は1日の消費量よりはるかに多い。供給で言うとロット生産である。それに比較して消費は少しずつではあるが絶えず起こる。そのために水をすぐ必要ではないが溜めておくという行為が必要になる。

　企業活動でも同じような行動が起こる。例えば，酒屋さんに行って，棚を見ると恐らくその日に起こる需要よりも多いお酒が置いてある。なぜその日売れる量だけ置かないのであろうか。ビールなどは生鮮物と同じで日が経つほど味は落ちるという。これは酒屋さんが意図的にそうしているか，あるいはお酒を配送する業者が一度に多く運ぶことを希望するからである。

〈例4.6　店の仕入れ〉

　あるスーパー・マーケットで洗剤を売っている。その洗剤販売の担当者は自分で洗剤仕入れを行わなければならない。そこでいくつ発注するかを検討している。夕刻閉店後に発注すると翌日の開店前に卸業者が配送してくれる。最も良い発注の仕方を考えることがその担当者の役割である。

4.1 在庫の役割と在庫の種類

担当者は次のように考える。1日に洗剤はせいぜい10個しか売れない。発注するとすぐに届けてくれるが，トラックを使って配送して来るので，その料金がかかる。その料金は1回配送につき2.5万円かかるという。そうすると1個しか発注しなかったら洗剤の価格はそれ以上にしないと給料も出ない。洗剤の小売希望価格が700円である。そうすると，それプラス2.5万円の値段をつけることになる。誰も買うはずはない。担当者はしばらく考え，良いアイデアを思いついた。「そうだ100個発注したら1個についての配送料金は250円（= 25,000/100）になる。洗剤は腐らないから1,000個仕入れても売れるので思いっきり1,000個発注したら1個について25円まで下がる。これなら価格に乗せてもかまわないかも知れない。」この担当者は店長から大目玉を食うことは確かであるが，そのアイデアには真理が隠されている。まとめて発注すれば安くなるということである。

担当者が1,000個（おおよそ需要の100日分）注文したら大目玉を食うという意味はそれだけ置いておく場所がないし，発注すれば翌日届く（注文リードタイムが1日）のになぜ100日分も在庫としてもたねばならないのかということのためである。担当者が1,000個発注するというアイデアを思いついたのは，1回の配送に2.5万円かかるという事実のせいである。このような要因があるとできるだけ多くまとめて発注する，あるいは生産するという気になるのである。そのような目的でもたれる在庫のことを**ロット在庫**（Lot inventory）という。これを回転在庫と呼ぶこともある。ロット在庫の決め方は上のような担当者の単純なアイデアだけでは店長が怒るように駄目である。そのことは後で触れる。

第3章のまとめ（Lot）作りのところでも述べた通り，段取りという生産準備のための機械休止があるとまとめ作りを指向する。その結果，需要何日分という生産を1日で行う行動になる。それもロット在庫を生む。生産のパターン，あるいは発注のパターンがまとめてするのが良い（安くなる）という場合にまとめ作りになって日々の需要以上の供給活動になってしまう。これは供給のパターンと需要のパターンを切り離すことが目的である。

ロット在庫とプロセス在庫は重なる。店の例で言うと，リードタイムは1日であるため，プロセス在庫はもしも毎日10個売れているのであれば営業開始時点で毎日10個である。営業時間後で測ると0個である。そこで1日の真中では5個である。他方，1,000個注文すると，毎日の在庫はいくつになるだろうか。1,000個は100日分の需要なので，1日当たりでは10個（= 1,000/100）の在庫が

ある，というのは違う．最初の1日の在庫は営業開始前が1,000個，その翌日の同じ時点では990個というようになる．100日目で営業開始前の在庫は10個となる．そこで営業開始前における1日当たりの在庫（平均在庫という）は，

$$1 日当たり在庫 = (1,000 + 990 + \cdots\cdots + 10)/100$$
$$= [10(100 + 99 + \cdots\cdots + 1)]/100 = 50,500/100 = 505 (個)$$

となる．1日の営業時間後の在庫で考えると，1日当たりの在庫は，495個（自分で計算してみると良い）になる．そこで両者の平均を取ると，すなわち1日の真中における平均在庫は500個である．その計算は上のようにするのも良いが，ロットの1,000を2で除した数と同じになる．すなわち，ロット発注では100日間をとると1日の平均在庫は500個で，プロセス在庫はそのうち5個になる．495個は，1,000個というロットで発注したことによって生ずる在庫である．最大1,000個という在庫で，1日平均では495個という在庫はそれを置いておく倉庫の規模で考えてみても非常に多くの資源を投入していることになる．

トヨタ自動車が考案したジャスト・イン・タイム方式は，安全在庫を考えないとすると，5個という在庫を目指した生産方式に他ならない．それを実現するのは無理やり5個にするということではない．供給活動のいろいろな側面での努力が必要になる．確かに雨のように自然をコントロールできない場合にはロット在庫は不可欠になる．しかし経営ではその努力によってロット在庫は少なくすることはできる．それにはロット供給あるいはその結果のロット在庫が正当化される要因を取り除くことがまず重要になる．それができないとどうしてもロット在庫をもちたいという気になる．

在庫の種類を機能的に区分したものが上の種類であったが，在庫する物の形状で種類分けすることもある．原材料という形でもつ場合は，材料在庫，仕掛品などの場合には中間在庫，完成品の場合には完成品在庫という分け方がある．あるいは意図せぬ在庫と意図した在庫という分け方もある．これは売れ残りのように意図したものでないか，いずれは使用に供することを意図して計画的にもっているかどうかの差である．

4.2 在庫管理に関わる要因

在庫は経営では不可欠であるが，それはただではない．すでにお金を物に変えているわけであるから，そのお金は他に使うことはできない．それが余ってしまい，その物の機能で価値づけできない場合には物を処分してお金に変えるしかない．その場合にはほとんどが最初の価値を失って，それにかけたお金はそのままの額より少なくなる．処分しても使ったお金以上の額が得られて儲けが出るのであれば在庫管理はあまり問題にならない．

在庫管理を適切に行う場合には，その「適切性」を判断する基準がいる．適切性の判断基準は究極的には利益である．それを計算するうえで重要な要素は売上高とそれにともなう費用である．売上高から費用を差し引いて利益になる．したがって，在庫管理ではこれら2つを考慮することが必要である．

4.2.1 売 上 高

在庫をもつ理由は究極的には良い供給をするためである．それはまず売上高に反映する．例を考える．

〈例4.7 コンビニエンス・ストアの弁当仕入れ〉

先の例4.4で考える．この店の弁当の販売価格は450円であったとする．したがって，1個売れると450円の売上高が計上される．この額に売れた個数 Q がかかって，総売上高 S になる．すなわち，

$$S = 450 \times Q$$

この式から明らかに仕入れた個数あるいは店舗に置いた弁当の数が総売上高を左右することがわかる．弁当1個の仕入れ価格が315円であれば，1個当たりの粗利益，いわゆるマージンは30％の135円になる．34個売れると，弁当による総マージンは4,590円である．通常はこれから店員アルバイトの人件費，店の運営や維持費，減価償却費，販売促進費，店を借りていれば不動産の賃貸料などが差し引かれて店の税引き前利益が計算できる．弁当が売れ残ると，仕入れ額がすべて損失となる．

逆に，品切れが出ると売れたら得られたであろうマージンがなくなる。それは売上高の未発生による直接的な損失である。しかしながら，もっと重要なことは品切れが続くと，店に来なくなるお客が増える可能性があるという将来の売上高の潜在的損失である。特にお昼休みで遅く来るお客は減少する。彼等が買ったであろう額は弁当だけでなく，それにともなう飲料水やその他のアイテムなどついで買いの売上高も逸する可能性が出てくる。仕入れを多くすることの背景には，このような将来の売上機会損失についての洞察がある。

このように売上高に対する在庫管理の影響は大きい。けれども1個当たりの売上高とかマージンの損失などの直接的な売上機会損失の計算は比較的容易であるが，将来の売上高損失計算については推察の域を出ない。他にライバル店があるかないかもその計算を左右する。

この問題の仕入れ個数を決めることを考える。先の**表4.1**のデータを再度下に載せておく。

販売個数	日数	確率	累積確率	販売個数	日数	確率	累積確率
25	4	0.04	0.04	30	20	0.20	0.72
26	6	0.06	0.10	31	12	0.12	0.84
27	10	0.10	0.20	32	9	0.09	0.93
28	14	0.14	0.34	33	5	0.05	0.98
29	18	0.18	0.52	34	2	0.02	1.00

1個の販売価格が450円，仕入価格が315円である。そこで，**表4.2**は仕入れ個数を25から34個まで変化させたときの売上高と総費用である。総費用とは，品切れ費用と仕入れ費用の合計である。**品切れ費用は売れたら得られたであろうマージンと仮定する**。1個当たりの品切れ費用は135（= 450 − 315）円である。需要個数の上の括弧内数字はその需要個数が発生する日数割合，すなわち確率である。

この表の上段数字が売上高で，中段数字が総費用，そして下段数字が利益である。したがって，上段数字から中段数字を減じて利益が計算できる。これらの数字の計算は以下の通り。

①需要が仕入れ個数以上のとき： このときには品切れが発生する。**表4.2**の対角線上にあるマス目（影がついたマス目）は需要と仕入れ個数が等しい場合で

4.2 在庫管理に関わる要因

■表4.2　仕入れと需要に応じた売上高と品切れ費用

仕入\需要	(0.04) 25	(0.06) 26	(0.10) 27	(0.14) 28	(0.18) 29	(0.20) 30	(0.12) 31	(0.09) 32	(0.05) 33	(0.02) 34
25	11,250 7,875 3,375	11,250 8,010 3,240	11,250 8,145 3,105	11,250 8,280 2,970	11,250 8,415 2,835	11,250 8,550 2,700	11,250 8,685 2,565	11,250 8,820 2,430	11,250 8,955 2,295	11,250 9,090 2,160
26	11,250 8,190 3,060	11,700 8,190 3,510	11,700 8,325 3,375	11,700 8,460 3,240	11,700 8,595 3,105	11,700 8,730 2,970	11,700 8,865 2,835	11,700 9,000 2,700	11,700 9,135 2,565	11,700 9,270 2,430
27	11,250 8,505 2,745	11,700 8,505 3,195	12,150 8,505 3,645	12,150 8,640 3,510	12,150 8,775 3,375	12,150 8,910 3,240	12,150 9,045 3,105	12,150 9,180 2,970	12,150 9,315 2,835	12,150 9,450 2,700
28	11,250 8,820 2,430	11,700 8,820 2,880	12,150 8,820 3,330	12,600 8,820 3,780	12,600 8,955 3,645	12,600 9,090 3,510	12,600 9,225 3,375	12,600 9,360 3,240	12,600 9,495 3,105	12,600 9,630 2,970
29	11,250 9,135 2,115	11,700 9,135 2,565	12,150 9,135 3,015	12,600 9,135 3,465	13,050 9,135 3,915	13,050 9,270 3,780	13,050 9,405 3,645	13,050 9,540 3,510	13,050 9,675 3,375	13,050 9,810 3,240
30	11,250 9,450 1,800	11,700 9,450 2,250	12,150 9,450 2,700	12,600 9,450 3,150	13,050 9,450 3,600	13,500 9,450 4,050	13,500 9,585 3,915	13,500 9,720 3,780	13,500 9,855 3,645	13,500 9,990 3,510
31	11,250 9,765 1,485	11,700 9,765 1,935	12,150 9,765 2,385	12,600 9,765 2,835	13,050 9,765 3,285	13,500 9,765 3,735	13,950 9,765 4,185	13,950 9,900 4,050	13,950 10,035 3,915	13,950 10,710 3,780
32	11,250 10,080 1,170	11,700 10,080 1,620	12,150 10,080 2,070	12,600 10,080 2,520	13,050 10,080 2,970	13,500 10,080 3,420	13,950 10,080 3,870	14,400 10,080 4,320	14,400 10,215 4,185	14,400 10,350 4,050
33	11,250 10,395 855	11,700 10,395 1,305	12,150 10,395 1,755	12,600 10,395 2,205	13,050 10,395 2,655	13,500 10,395 3,105	13,950 10,395 3,555	14,400 10,395 4,005	14,850 10,395 4,455	14,850 10,530 4,320
34	11,250 10,710 540	11,700 10,710 990	12,150 10,710 1,440	12,600 10,710 1,890	13,050 10,710 2,340	13,500 10,710 2,790	13,950 10,710 3,240	14,400 10,710 3,690	14,850 10,710 4,140	15,300 10,710 4,590

ある．それは，その対角線上のマス目よりも左側のマス目の計算に該当する．このときの計算は以下のようになる．

■表4.3　各仕入個数に対応した売上高，総費用，利益

指標＼仕入	25	26	27	28	29	30	31	32	33	34
売上高	11,250	11,682	12,087	12,447	12,774	12,960	13,086	13,158	13,190	13,199
総費用	8,460	8,645	8,838	9,045	9,271	9,522	9,799	10,092	10,398	10,710
利　益	2,790	3,037	3,249	3,402	3,473	3,438	3,287	3,066	2,791	2,489

(注)　各数字は小数点以下四捨五入している。これらの数字は以下のように計算されている。例えば，34個仕入の場合の利益2,489は，$0.04 \times 720 + 0.06 \times 990 + 0.10 \times 1,440 + 0.14 \times 1,890 + 0.18 \times 2,340 + 0.20 \times 2,790 + 0.12 \times 3,240 + 0.09 \times 3,690 + 0.05 \times 4,140 + 0.02 \times 4,590$である。

- 売上高 ＝ 450 ×（仕入れ個数）
- 総費用 ＝ 315 ×（仕入れ個数）＋ 135 ×（需要個数 － 仕入れ個数）
- 利益 ＝ 450 ×（仕入れ個数）－ 315 ×（仕入れ個数）－ 135 ×（品切れ個数）

②需要が仕入れ個数よりも少ないとき：　この場合には，対角線のマス目を含んで右側のマス目の計算に該当する。このときの計算式は以下のようになる。

- 売上高 ＝ 450 ×（需要個数）
- 総費用 ＝ 315 ×（仕入れ個数）
- 利益 ＝ 450 ×（需要個数）－ 315 ×（仕入れ個数）

ただし，売れ残りは廃棄するものと仮定する。

表4.2を基に，各仕入個数に応じた売上高と総費用，利益を計算したものが表4.3である。

仕入個数を決めたとき，25から34個までの需要のどれかが発生する。それら需要個数に応じて売上高，総費用，利益が決まる。表4.2の，特定の仕入個数の行を横に見ていったときの各マス目の数字がそれらである。表4.3の計算では，それらの各需要個数に応じた売上高，総費用，利益をその需要個数が発生する確率でウェイトづけして求める。起こりやすい（確率が高い）需要個数の売上高，総費用，利益がより実現する可能性が高いわけで，その可能性の大きさをウェイトとして加重和を求めれば，より実現性の高い（期待できる）数字になるからである。すなわち表4.3の数字で利益が最大の仕入個数が良いので，それは29個である。計算は省略するが，この例では，品切れを出さないという政策をとる場合には1個当たりの品切れ費用は現在の135円でなくその114倍程度の水準とみなすときである。すなわち，1人の品切れの損害は，114人分以上の弁当売上機会の損失をもたらすと考えるならば需要一杯まで仕入れることになる。

在庫管理の仕方によって売上高に影響し，それが利益に跳ね返ってくるという考え方は重要である。そのことをより厳格に考えるには，品切れ費用をどのくらいに評価するということを意思決定者が考える必要がある。この問題については品切れ費用を考えるときに改めて考え直す。

4.2.2 費 用

在庫管理では費用も重要である。在庫はいろいろな機能をもつことは述べたが，それらの機能を引き出すのはただではない。在庫管理において関わる費用としては，第1に在庫を保有するときに発生する費用，第2に在庫としてもつために発注するときの費用，第3に在庫管理にともなう人件費や情報処理システムなどに要する費用，第4に品切れ費用がある。以下ではこれらの費用を考えていく。

(1) 在庫維持費用

在庫は原材料，仕掛品，完成品などの形態で保有する。それらはどこかに放っておくわけにはいかないので保有するための費用がまずかかる。さらに，すでにその形態に資源を変換する（生産・加工，輸送など）ためのお金をかけてしまっていて，お金を他に使うことはできない。そのためお金を他用途に使っていたら得たであろう利益は失う。**在庫維持費用**としては以下のような費目がある。

①倉敷料：倉庫などを借りていればその賃料。自社所有の倉庫であれば，それを他の用途に使ったならば得られる利益は倉庫費用として考えることができる。

②倉庫管理者および作業者の給料：警備や荷役などをする人の給料

③光熱費：電気代などで，灯火費，空調費を含む。冷凍倉庫などでは相当な光熱費がかかる。

④保険費：火事，盗難，破損などの損害を補填するための費用

⑤陳腐化費：製品がすでに時代遅れになってしまい，本来の価格では売れないなどの場合にはその損害分が該当する。

⑥荷役関連機械の減価償却費：什器とかラック，荷物を扱う機械，PCなどの事務機器の減価償却費

⑦事務関係の費用：在庫に関連する事務作業に要する消耗品費や通信費

⑧金利：在庫品の取得費に相当する資金は他に転用できないのでそれによって失う機会利益

⑨税金：お酒などのように，生産した実績にかかってくる商品の場合には倉庫に置いておいてもかかる。また倉庫を保有しているときには，その不動産にかかる税金がある。

これらの費用には実際の支出をともなうものと，そうでないもの（減価償却費とか機会利益）がミックスしている。実際の支出をともなう費用はわかりやすいが，不明確でしかも重要なのが目に見えない費用である。トヨタは在庫が多いことで，問題——例えば，生産の遅さや工程の不具合が隠される，品質不良品を見逃す機会が高まるなど——が見えなくなるという言い方をする。これは合理化をする機会を逸するという意味である。これなどは費用として算定が困難である。

見えない費用として製品価値の低下を例で考える。

〈例4.8 ブティックの商品〉

あるブティックで1着80,000円のスーツを売っている。流行の最先端を行っている商品である。10月末に仕入れた。その商品の価値はせいぜい次のシーズンまでである。すなわち，来年の秋には恐らく別の商品にとって代わられる。ということは，この商品は1年間で商品価値は非常に低下する。来シーズン頃にはせいぜい2万円程度で売りさばくことが関の山であるとする。

そうすると，単純に，1年で6万円が減価する。1カ月当たりで5,000円ずつ減価していく。仕入れ値段が60％掛けで，48,000円であった。このような場合には在庫維持費用としていくらかかるかというと，1カ月当たり商品を持ち越すと，5,000円の価値がなくなっていくので，月当たりの在庫維持費用は販売価格ベースでは商品価値の6.25％，年では75％である。仕入れ価格ベースでは，月当たりで10.4％，年では125％となる。

実際に支出した額で考えると，仕入価格は48,000円なので，それが年末には20,000円になるので減価は28,000円である。それが1年間でなくなるので，月当たりでは，仕入れ価値の4.86％，年では58.33％という維持費用となる。販売価値で計算する場合にはその意味は利益機会の消失を考慮することを重く見る点にある。仕入価値で計算するときには，実際の費用支出という観点だけで考える意味になる。

仕入れてから2カ月後に定価で売れたとする。このときには実際には減価していないので在庫維持費用がかかっていないと考えることもできる。しかしながら，それは結果であって，事前の仕入れの意思決定では，売れるまでの時間経過

において発生するであろう減価の在庫維持費用を念頭に置くべきことを意味している。

どちらにせよ，店は他の商品も扱っているので店の運営にかかる諸費用は当該商品だけが負担するわけではない。店が存続するという前提では，在庫維持費用で一番大きいのはこの商品価値の減価である。

多くの企業が在庫維持費用を見積もっていない場合がある。いずれは売れるという目算をもっているからである。しかしながら，例4.8のような流行品や技術変化に激しいエレクトロニクス商品では寿命が1年未満ということが通例である。そのような場合に，例えば金利だけで計算するのは適切でない。1年経てば商品価値は著しく減じてただ同然という事実があるからである。経営の収益性を重視するならば，在庫管理では少なくとも事前の意思決定段階でこのような事実を考慮して意思決定を行うのが望ましい。在庫維持費用は原則的に供給リードタイムが長くなるほど多くかかってくる性質をもっているので，結果として供給スピードを無視した経営に陥る可能性が高い。

在庫維持費用は，上述のようなさまざまな要因で決まる。一般的には単位期間当たりの在庫費用は商品価値にかかる割合を使って表現する。商品価値をC，単位期間（例えば年）当たりの**在庫維持費用比率**をr（$100r$が％となるr）とすると，単位期間当たり商品1個にかかる在庫維持費用C_Hは以下のようになる。

$$C_H = (r) \times (C)$$

単位期間を1年と想定すると，$r = 1$という意味は年間当たり商品価値の100％が年間の在庫維持費用になることである。そのとき商品価値が10,000円であれば，C_Hは10,000円である。その商品を100個在庫として1年間保有すると，合計1,000,000円の在庫維持費用がかかったということになる。この商品の月当たりの在庫維持費用は，その1/12ということになる。このrは上記のさまざまな費用項目を含めて算出した割合である。

上式では，商品の在庫期間に注意する必要がある。C_Hを年間当たり費用率とするならば，それにかかる在庫個数は年間を通して存在する在庫個数である。C_Hを月当たりの費用率とすると，かかる在庫個数は月間を通じて存在する在庫個数である。このような在庫費用率C_Hに対応した特定期間を通じて存在する在庫のことを**平均在庫量**（Average inventory）という。平均在庫の概念を参考ま

112　　　　　　　　　　　　　　　　4　在 庫 管 理

■図4.1　平均在庫量

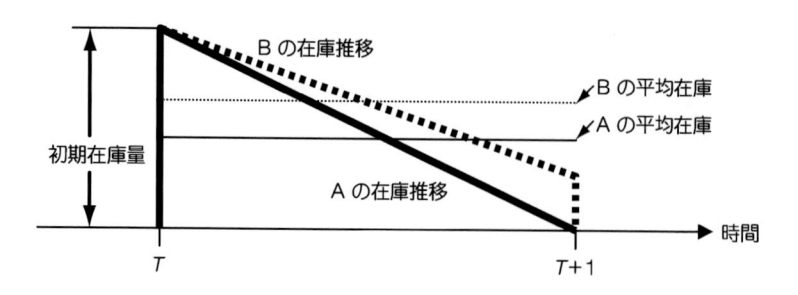

図4.1　平均在庫量（Bの在庫推移／Bの平均在庫／Aの平均在庫／Aの在庫推移，初期在庫量，時間 T〜$T+1$）

でに図4.1に示す。

　図4.1にはパターンが異なる2種類の在庫水準A（太い実線），B（太い点線）が示されている。スタートは同じで，T時点での高さが在庫水準（量）である。実線の在庫推移では平均在庫はT時点の高さの半分がTの単位期間当たりの平均在庫（細い実線）で，点線の在庫推移では，それは細い点線で表した高さが平均在庫になる。なお，平均在庫の計算は，例4.6を参照のこと。

(2) 発 注 費 用

　発注費用は発注に付随して発生する費用のことである。小売店であれば，注文をすることに要する事務費用（注文伝票作成，注文の郵送または通信費など），配送してもらう費用がある。また注文に応ずる費用もある。受注すると送り状を作成し，注文者に送る費用，出荷荷役を行う費用などが発生する。また製造者部門では，生産注文に応じて製品を生産する場合にそのために特別な準備をする（段取りする）場合にはその費用がかかる。機械を止め，注文品の生産にとりかかる費用である。このときには，機械を止めるので休止中の機会利益がそれに該当する。生産を休むと生産活動をしていれば儲けたであろう利益がなくなる。

　これらの費用は発注する量には依存しない部分が多い。例えば注文伝票を作成する場合に，1個と記入するのと100個と記入する場合にはほとんど差異はない。トラックで運ぶ場合には1個積もうが，20個積もうがトラック積載能力以内であれば，かかる費用はほぼ同じである（重量が違うからタイヤの磨耗も違うということもあるかも知れないがそのあたりは無視する）。段取り作業も1個作る場合と100個作る場合も同じである。

したがって，発注費用は注文回数に応じてかかると考えて差し支えない．1回当たりの発注費用を A，発注回数を N とすると，総発注費用 C_o は，以下のように定式化できる．

$$C_o = A \times N$$

発注回数 N は，所要総発注量を D，1回当たりの発注量を X とすると，

$$N = \frac{D}{X}$$

となる．それゆえ，総発注費用は下のようになる．

$$C_o = A \times \frac{D}{X}$$

近年では，発注はオンラインで行い，通信費はほとんどかからないということもあるが，出荷とか段取りの費用は小さくない．

(3) 在庫管理システムの費用

これは情報システムなどに要する費用，在庫管理を行う担当者の人件費などが該当する．額的には小さくない．高度なオンライン化された情報システムもある．しかしながら，これらは日々の在庫量とは関わりない．いったん設置すると在庫量とは関わりなく発生する．そこで日々の在庫管理によって変わる費用ではないため，通常の在庫管理では考慮しない．しかしながら，在庫を多くもつ傾向があれば高度な情報システムを導入する費用や在庫担当者を多く置くなどの必要性が出てくるので，経常的には考慮しないが，長期的視野からは考慮すべき項目になる．以下ではこの**システム費用**は在庫管理の仕方を考えるうえでは直接的には考慮しない．

(4) 品切れ費用

品切れ費用は前に述べた通り，企業経営には非常に重要な費用項目である．問題はその大きさをいかに評価するかということである．

例えば，ジャスト・イン・タイムで操業している会社 A がある．そこに部品などを供給する供給者 B がいる．A は在庫をできるだけ少なくして操業したい

と考えており，自社内にはほとんど在庫を置かない。そのような場合に，供給者が要求された日時に要求された量を納入しなければ，Aは生産をできなくなる。そのようなことが少なからず発生すると，恐らくAはBとの取引を中止し，別の会社に注文する可能性が出てくる。Bにとってはすべての注文を未来永劫失うことを意味し，品切れは経営にとっては致命傷である。Bのような企業にとっては品切れ費用は莫大な額として評価される。

戦争では武器や弾薬の品切れは多数の死者をもたらすし，敗戦の可能性が出てくる。この場合にも品切れ費用は算出し難いほど高い。あるいは機械を使って生産する企業が，その機械が故障したため部品を交換するような場合，部品会社がその部品を欠品していたら機械を使っている会社は生産活動を部品を来るまで中止しなければならない。これも上の例に劣らず損害は大きい。

多くの会社は品切れ費用をいくらと明示的に決めず，政策として品切れを発生する可能性（確率）について最大許される限度を決めるという考え方をすることが多い。品切れは企業経営にとってトップ・マネジメントが考えるべき重要事項である。**顧客満足**（Customer satisfaction，略してCS）の概念は現在では常識である。この品切れの最大限度（以下では**許容品切れ率**という）はその会社のCSを測る尺度になる。顧客に満足してもらうという場合には，その満足が何かということが問題になる。営業マンが愛想良くしてリップサービスをすれば満足かというとそれは違う。実際に使っているときの製品やサービスから得られる満足が大きな意味をもつ。しかしながら，顧客の満足では使いたいというときに使えることがまず大きな影響を及ぼす。その意味で，品切れという現象はCSに大きな関わりがある。

品切れは品切れた製品そのものの売上機会（または収益機会）だけでなく，CSへのインパクトを考慮すると当然将来の売上にも影響する。売上が在庫管理において一つの考慮要因であることはすでに述べた。そこで売上に対する考慮は以下では品切れの評価に反映されると考える。そこで以下では売上を直接の考慮要因とせずに，政策的な扱いをされる品切れの評価として考えることにする。品切れの許容限度を決めることで，売上に対する考慮もしているとみなすことができる。それは，売上への効果を考える結果として品切れの許容限度についても設定できるからである。

4.3 在庫管理の状況

どんな在庫管理の仕方をすれば良いのかを考える場合には，その在庫管理を行う状況を踏まえる必要がある。そのうえで，前節に考えた費用などの在庫管理基準に関わる要因を考慮し，適切な在庫管理のやり方を考えることができる。

在庫管理の仕方を決める場合に，対象となる製品に関する特性が影響する。足らなくなったらもう一度入手できるかどうかということと，将来売れるのかどうかである。前者は，在庫管理において注文をする場合に次の注文まで同時に考慮すべきかどうかを左右し，後者は売れる可能性についての情報である。これら2つの要因は在庫管理にあたっての状況を特徴づける。

(1) **製品の経年変化の性質：意思決定間の相互作用の有無**
　これは製品寿命あるいは価値が持続する期間の長さのことである。単に長いということではなく，それは在庫管理で行う発注の間隔との関係で問題になる。例えば，駅などの売店で売っている新聞を考える。新聞の商品価値は本来的に1日である。駅でどれだけの新聞部数を仕入れておくかという問題では，その仕入れの間隔は1日である。前日の夕刻に仕入れ部数を決めておく。翌日になると早朝に新聞が納品されて来る。その後に新聞が売り切れたといってまた朝刊を仕入れることはまずない。要するに注文は1日1回になる。24時間ごとに注文する。その注文間隔と新聞の価値は一致する。すなわち，1回の仕入れによる新聞は次の日には売れないので，毎日新たに決定する。

　製品寿命がこのような仕入れ決定（あるいは生産決定）の間隔以下であるときの状況を静態的（Static）状況と言う。それに対して，製品寿命が仕入れ決定間隔よりも長い場合を動態的（Dynamic）状況と言う。後者のケースでは，現在時点の決定が次の決定に影響を及ぼす。なぜなら，現在の決定で製品を仕入れ過ぎたら余るが，それは次回の決定段階ではまだ価値を失わず，売れる。その余った分は当然次の決定では考慮する。余ってない場合と比較して仕入れる（生産する）量は減らすはずである。

　静態的な場合は例4.7がその例である。生鮮物などもほとんどこの状況に当てはまる。そのような状況ではその1回の決定ではすでにもっている商品量は0

を前提にし，次の決定は今の決定と切り離して考えることができる。

動態的状況が実際にも頻度が高い。しかしながら，問題とすれば1回1回の決定が相互の関わり合いをもつため（今多く仕入れたら，次回は少なめになるなど）複雑になる。それぞれの決定を通して最も良い在庫決定をしなければならないということなので理論的にも難易度が高い。

(2) 需要情報の質

在庫は将来の需要に備えるわけなので将来の需要がどうなるかは大きな問題である。在庫管理を行ううえで需要に関する情報の質が影響する。この場合の情報の質とは，与えられた情報がどれだけ正確かということである。

情報の質を分けるとき，通常は3つのレベルに分けて考える[5]。最も良いレベルは情報が正確というレベルで，例えば新聞の売店の例で言えば，需要が何部あるかということがわかっている場合である。このレベルのことを**確定的**（Deterministic）状況と言う。

第2のレベルは，需要情報が例4.7のように確率として与えられるときである。例4.7では25個から34個まで弁当の需要個数はばらつく。しかしながら，それらが起こる頻度あるいは確率がわかっているのである。天気予報もこのレベルの情報である。雨になる確率が知らされる。このレベルを**危険（Risk，リスク）状況**と言う。

最後のレベルは確率も判明しないという最も貧弱な情報の状況である。例4.7で言うと，それぞれの需要個数がどれだけの確率で発生するともわからない。もっとひどい状況はまったく売り出されたことのない新製品などの情報である。データもない。このような状況を**不確実**（Uncertain）**状況**と言う。このようなときには調査をしてどれだけ売れる可能性があるかを推定する。あるいはあれば類似した製品のデータを基に推定する。しかしながら，それでも確率まではわからないというのが普通である。確率がわからないというのは，起こる可能性（確率）がすべて等しいという状況と同じである。サイコロの目と同じ現象である。立方体のバランスのとれたサイコロであれば，どの目も実現する確率は1/6である。

これらでは当然，情報の質が悪いほど難しい状況になる。在庫管理のやり方もこの情報の質によって違ってくるのである。最も多いのは危険ないしリスクの状況である。不確実の状況は多くの場合には新製品などでは当初は多めに生産しておき，需要が生じ始めてからデータを収集し，需要の大きさに関する確率を求め

るまで待つというのが現実的な対応になる。不確実な状況そのもので対処する方法論もないわけではないが，実用性から言うとあまり使われない。そこで以下では確定情報と確率情報という2分法で考える。

4.4 在庫管理の方式

　製品の性質および需要情報の質について各々2種類の可能性がある。製品の性質からは静態的，動態的な状況が生まれる。また需要情報に関しては，確定的と確率的という2つの状況が分けられる。どの製品でもこれら2種類の状況があり得るので，それらを組み合わせて，**表4.4**のような4つの状況があり得ることがわかる。

　この表の4つのセルには典型的なことが記されている。まず確定情報で静態的というのは非常に簡単で，とりたててその方式を考える意味もない。例えば，明日100個売れる。いくつ仕入れるかという問題である。翌日まで在庫を持ち越すことはできないので，答えは100個である。売りたくないというならば0である。

　静態的状況で確率的情報の典型例が例4.7の弁当仕入れ問題，先の新聞仕入れ問題などがある。動態的状況で，確定的情報は一見すると簡単に見えるが，余った商品は在庫として次回の決定まで持ち越せるので，それほど簡単ではない。この状況で考えられたのが経済的発注公式というものがあり，在庫管理方式における科学的な最初の方式と言われている。最後の動態的状況で，確率的情報の状況が最も複雑である。そこではほとんどの耐久性のある工業製品が該当する。またこの状況における在庫管理方式もいろいろなものが考案されてきた。通常在庫管理という場合にはこの状況における在庫管理を指していることが多い。

■表4.4　在庫管理方式の規定要因

製品性質＼需要情報	静態的状況 （意思決定の相互作用無）	動態的状況 （意思決定の相互作用有）
確定的情報	在庫管理が単純	経済的発注公式
確率的情報	弁当仕入れ	ほとんどの工業製品

以下では静態的状況で確定的情報を除いた3つの状況における在庫管理方式から検討していくことにする。

4.4.1 静態的・確率的情報の状況

静態的状況で，確率的情報の場合についてはすでに例4.7で述べた。そこでは，仕入れ個数と需要個数の組合せについて売上高，費用，利益を計算し，最終的には利益を需要の発生確率で加重和を求め，それが一番大きいものが良いという説明を行った。利益の需要個数に応じた発生確率による加重和のことを期待利益という。

〈例4.9　例4.7の弁当仕入れ問題の再考〉

ここでは表4.3のような煩雑なものを用意しないでも良い方法を考える。現在時点では $X-1$ 個を仕入れているとする。これから1個増やしていくことを考えるとき，X 個に増やすと利益がどうなるかをまず考える。1つ仕入れを増やすと，3つの要因が変化する。それらは，売上額増，仕入れ額増，品切れ額減である。そこで需要が X 以上になる確率を $P(X)$ と書く。$X-1$ 個から X 個へと仕入れを増やすと，3つの要因変化は各々以下のようになる。

- 期待売上額増 = $450P(X)$　　　　　　　　　　　　　　　①
- 期待仕入れ額増 = 315　　　　　　　　　　　　　　　　②
- 期待品切れ額減 = $135P(X)$　　　　　　　　　　　　　③

上の3つの式について解説を加える。まず①であるが，追加1個分が売れれば売上増になるわけなので，その追加1個分が売れる確率をかけておく必要がある。その確率は $P(X)$ である。したがって，①は期待売上額増分となる。次に②であるが，追加1個分の仕入れをすればそれは確実に315円という仕入価格だけは支出となる。それが売れるか売れないかは関係ないので確率は乗じる必要はない。最後の③については，それが売れれば起こり得る品切れ1個は避けたことになるので，X 個目も売れる確率 $P(X)$ を乗じて期待品切れ額減とする。

そこで追加1個，すなわち，X 個目にともなう期待利益の変化分は，以下のようになる。

$$\text{期待利益の変化分} = 450P(X) - 315 + 135P(X) \quad ④$$

4.4 在庫管理の方式

もしも，X個目で上の期待利益の変化分がプラスであればXにすることが利益増につながる。逆にマイナスであればX個にしたことが利益を減らす方に働いたことになるので，Xは多過ぎる仕入れになる。この変化が0になっている仕入れが最も良い。そこで，④の左辺をkとおいて$P(X)$について解いてみる。すなわち，

$$k = 450P(X) - 315 + 135P(X)$$
$$P(X) = k/(450 + 135) + 315/(450 + 135) \qquad ⑤$$

$k \geq 0$ならば，Xが$X-1$より望ましく，$k < 0$ならばXより$X-1$が望ましい。そうすると最も良いX^*のところでは以下の式が成り立っていることがわかる[6]。

$$P(X^*) \geq 315/(450 + 135) なら，\pi(X^* - 1) \leq \pi(X^*) \qquad ⑥$$
$$P(X^*) < 315/(450 + 135) なら，\pi(X^* - 1) > \pi(X^*) \qquad ⑦$$

$315/(450 + 135) = 0.5385$である。これは$P(X)$の確率であるが，X個目の仕入れが売れる確率である。言い換えれば，需要がX個以上ある確率になる。それは，1から需要が$X-1$個以下である確率を引いたものと等しい。すなわち，

$$P(X) = 1 - (X - 1 個以下しか売れない確率)$$

そこで，⑥と⑦を$X-1$個以下しか売れない確率，言い換えれば$X-1$個まで売れる確率の和である**累積確率**で書き直す。まず⑥は以下のような変形ができる。

$$1 - (X^* - 1 の累積確率) = P(X^*) \geq 315/(450 + 135) なら，$$
$$\pi(X^* - 1) \leq \pi(X^*)$$

ゆえに，

$$X^* - 1 の累積確率 \leq 1 - 315/(450 + 135) = 0.4615 なら，$$
$$\pi(X^* - 1) \leq \pi(X^*) \qquad ⑧$$

次に，⑦については以下のように変形できる。

$1 - (X^* - 1の累積確率) = \mathrm{P}(X^*) < 315/(450 + 135)$なら，
$\pi(X^* - 1) > \pi(X^*)$

ゆえに，

$X^* - 1$の累積確率 $> 1 - 315/(450 + 135) = 0.4615$なら，
$\pi(X^* - 1) > \pi(X^*)$ ⑨

例題で⑧と⑨を適用する．まず27個を $X^* - 1$ とすると，その累積確率は次表（表4.1のデータ）の販売個数27個の行にある累積確率である．その値は0.20である．ゆえに，⑧から0.4615より小さく，27 + 1個の方が利益を高くすることがわかる．そこで28個仕入れるとすると，その累積確率は0.34である．その値はまだ0.4615より小さいので，29個の方が利益は高くなる．次に29個仕入れるとすると，その累積確率は0.52で，0.4615より大きい．ゆえに，⑨から29個の方が30個より利益は高いことになる．それゆえ，29個が最適な仕入れ個数になる．

販売個数	日数	確率	累積確率	販売個数	日数	確率	累積確率
25	4	0.04	0.04	30	20	0.20	0.72
26	6	0.06	0.10	31	12	0.12	0.84
27	10	0.10	0.20	32	9	0.09	0.93
28	14	0.14	0.34	33	5	0.05	0.98
29	18	0.18	0.52	34	2	0.02	1.00

要するに，$X - 1$ のところでは0.4615よりも小さく，それより1つ多い X のところで0.4615よりも大きな X を見つけることである．それは $X = 29$ のところである．27個ではこの条件を満たさないし，31のところでも満たさない．29個のところでのみこの条件を満たす．すべて最初からやっていくのはつらいと思えば，まずは0.4615より小さな累積確率の中で一番大きいものから上のような条件チェックをしていけば良い．

静態的・確率需要情報は単一期間とは言え，案外複雑な考え方をする．問題は期待利益で考えることである．他方，品切れ政策を決め込むのであれば案外この問題はやさしくなる．すなわち，許容品切れ確率を，例えば0.1と決めれば（$\mathrm{P}(X)$ は $X - 1$ 個を仕入れたときの品切れ率に相当するので），累積確率（$1 - \mathrm{P}(X)$）が0.9以上のところで最低の仕入れ個数を探せば良い．それは32個である．理由は累積確率の意味が理解できていれば簡単である．自分で考えて欲しい．

4.4 在庫管理の方式

この種の例題を掲げると、「**表4.1**のようなデータがない」という反論が予想できる。上の考え方を良く理解するとデータがなくても解決策がある。それは最適性をチェックするときに用いた条件を導くのに使った315/(450 + 135)の値の理解である。この値がわからないという場合には店はたたんで商売を止める方がよい。なぜなら、315は仕入価格、450は販売価格、135は品切れ費用である。品切れ費用の135は少々考える必要があるが、店のオーナーであれば経営に責任があるし、品切れ費用の評価は自分が責任をもって判断すべきであろう。これらの値がわかれば後はその値の意味を考えることになる。

この値は需要が X 個以上の確率である。言い換えれば、仕入れ個数が $X-1$ 個の場合に品切れが発生する確率である。それが0.5385のところが良いのであるから、100日ほど自分が適当に定めた仕入れ個数で営業してみて、そのうち54%、すなわち54日ほど品切れが出ていればそれが品切れ費用を1個当たり135円としたときの最適仕入れ個数になる。30日程度であれば仕入れ個数が多過ぎることを意味し、70日も品切れが出ていれば逆に仕入れが少な過ぎることになる。30日で良いと思うのであれば、品切れ費用が135円では低過ぎると考えるはずである。

最も良い方法は、自分がこうと思う1個当たりの品切れ費用（C_o とする）を定め、$315/(450 + C_o)$ を計算し直し、そこで求めた0.5385に対応する値が適切な品切れ発生確率になる。$C_o = 500$ とすると、0.33という値になる。適当な仕入れ個数で営業し、33日程度の品切れ日数が出ればその仕入れ個数は最適に近いことがわかる。

日保ちのしない商品でも、最後は廃棄せずに1個当たり処分価格 s で販売してしまえるという場合もある。そのときには、上の計算式は以下のようになる。説明は省略する。

$$(315 - s)/(450 + 135 - s)$$

一般的に書くと、$X-1$ 個仕入れたときの品切れ発生確率は以下のように表せる。

$$\frac{P_p - s}{P_r + C_o - s}$$

ただし、$P_r = 1$ 個当たり販売価格、$P_p = 1$ 個当たり仕入れ価格、$C_o = 1$ 個当たり品切れ費用、$s = 1$ 個当たり処分価格である。

4.4.2 動態的・確定需要情報の状況

需要が判明していても動態的状況では在庫管理には工夫がいる。例で考える。

〈例4.10 経済的発注公式モデル〉

ある店では，ある商品の需要が毎日一定の10個ある。店主はこの商品についてどれだけ発注すべきかを検討した。需要がわかっているので品切れは絶対出さないと決めている。発注の仕方に応じてどんな利益の差が出るかを考えると，品切れは許さないで，需要が判明しているので売上高はすでに確定している。毎日10個売れるのだから，10個に販売価格を乗じて売上高が求まる。売上高が決まっているので後は発注に関わる費用が問題になる。品切れ費用は0にするので，後は発注にともなって発生する費用は2種類ある。第1は発注費用である。第2は在庫維持費用になる。図4.2は適当に発注量を決めたときに在庫の推移がどうなるかを示している。発注量を X_1, X_2 としてみる。ただし，発注後すぐに品物は届き，リードタイムは0とする。

需要が毎日一定の10個あるわけなので，発注してピークになった時点（図4.2では $T-1$ 時点）から在庫は同じ傾き（毎日10個売れてなくなっていく）で減少していく。在庫がなくなった時点で発注すると，再度在庫は発注量分だけ高くなる。後はその繰り返しである。そこで，1回の発注によって充足できる期間の費用を，充足できる期間で除すことで1日当たりの費用になる。それを最小にしてやれば最も良い発注の仕方が求まる。後はそれを繰り返すだけになる。1日当たりの費用を求めると例えば上のような異なる発注量の場合でも比較できる。

仮に，この商品の価格 P_r は1,000円とする。在庫維持費用 C_H は1日当たり商

■図4.2　発注量 X_1 と X_2 の場合の在庫推移

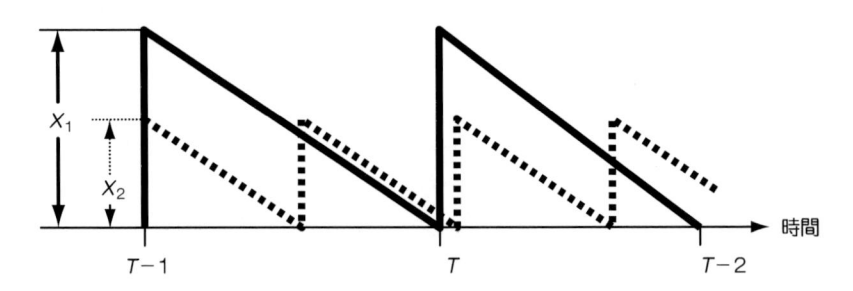

品価格の0.5％かかり，また発注費用 A は1回あたり30,000円とする（配送代が主）。そこで1回の発注で需要を充足できる期間中の費用を求め，それを1日当たりの費用にする。今，発注量を X，1日当たりの需要量を D とする。そのときの1日当たり総費用 TC は以下のようになる。

$$TC = \left(A \bigg/ \frac{X}{D}\right) + \left(C_H \times P_r \times \frac{X}{2}\right) = \left(A \times \frac{D}{X}\right) + \left(C_H \times P_r \times \frac{X}{2}\right)$$
$$= [30{,}000 + (0.005) \times (X/10) \times (1{,}000) \times (X/2)]/(X/10)$$
$$= (30{,}000)/(X/10) + (0.005) \times (1{,}000) \times (X/2) \qquad ⑩$$

上式で，発注量を X としたときに，その量 X で毎日の一定需要 D 10個を充足できる期間（日数）が $X/10$ である。また $X/2$ はその場合の平均在庫になる。充足できる期間中を通して存在すると期待される在庫水準である（理解できない人は例4.6の後の平均在庫についての記述を参照のこと）。

⑩の TC を最小にする X を求めれば良い。⑩では，右辺は2つの費用の和になっていることがわかる。第1項の発注費用と，第2項の在庫維持費用である。第1項は，1回の発注費用をその1回の発注で充足できる期間で割ったもので，それは発注量が X の場合における1日当たりの発注費用である。他方，第2項は，発注量が X のときの1日当たり在庫維持費用になる。これら2つの費用の動きを横軸に発注量，縦軸に費用額をとった図で表すと図4.3のようになる。

総費用（最も太い線）は下に凸の形状になっている。この曲線の最も低い点に

■図4.3　2つの費用とその総費用

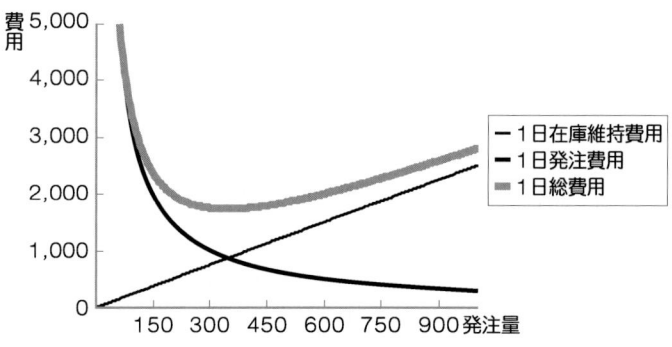

(注)　図の横軸のメモリは1つが150に相当する。総費用が最小になる点は346である。

対応する発注量が最適な発注量であることを意味する。図から判明することとして，発注費用が右下がりの線（二番目に太い線）になって，在庫維持費用が右上がりの線になる（一番細い線）ということがある。この在庫問題では発注量の増加と共に方向が正反対に変化する2つの費用を扱うことになるわけである。

最適発注量 X^* の求め方を考える。それは以下の公式で計算できる。

$$X^* = \left(\frac{2AD}{C_H P_r}\right)^{0.5} = \sqrt{\frac{2AD}{C_H P_r}} \qquad ⑪$$

ただし，A は1回当たり発注費用，D は単位時間の需要量，C_H は在庫維持費用，P_r は販売価格である。例4.10の数値を使うと，$A = 30{,}000$，$D = 10$，$C_H = 0.005$，$P_r = 1{,}000$である。したがって，$X^* = 346$となる。1回に346個注文し，発注は34.6日に1回くらいになる。1回の発注量は毎日10個の需要ということを考えるといかに発注費用の影響が大きいかわかる。⑪の式は経済的発注量決定公式と言われている。この公式で求められた発注量を**経済的発注量**（Economic order quantity，略して EOQ）と呼んでいる[6]。

経済的発注量の公式⑪は，その前提になっている仮定は現実離れしているように見える。一定の需要 D が毎日繰り返されるということである。しかしながら実際には確かに毎日の需要は振れるけれども，ある期間，例えば1週間で考えると安定的ということもある。しかしながら誤差は不可避である。図4.3を見ると，総費用の最も低い点の周辺では発注量を少々動かしても費用の差はそれほどでもない。このような状況では，需要の見誤りからもたらされる最適発注量の狂いの影響はそれほど甚大ではない。言い換えれば，公式⑪は案外，頑健である。頑健であるとは，需要の推定誤差に対して大きな狂いを発生させないということである。需要が10%変化すると，最適発注量は5%変化するだけである。需要の変化率に対する最適発注量の変化率のことを最適発注量の**需要弾力性**（Elasticity）という。すなわち，

$$\text{最適発注量の需要弾力性} = \frac{\text{最適発注量の変化率}}{\text{需要の変化率}}$$

言い換えれば，需要の変化率の半分しか最適発注量が影響されないということである。したがって，公式⑪はそれを導いた仮定（需要が一定）の厳しさの割に現実にも用いられる重要な公式である。例えば，在庫を少なくしたいという企業

4.4 在庫管理の方式

も多いが，これを知っていると，そのためには一度の発注量を少なく，頻度を多くすれば良いということがわかる．平均在庫が減るからである．そのためには何をすれば良いかと考えると，⑪を参考にすると，見当がつく．一度の発注量を大きくするのは，1回当たりの発注費用 A と単位時間の需要量 D が小さくなるか，C_H, P_r が大きくなることである．ここでは A 以外については当面操作し難いので，A を小さくすることがまず考えられる．前に述べた段取り時間あるいは費用を短くあるいは小さくすることはその一つの解決策になる．それをせずに，一度の発注量だけを小さくすると，費用は上がっていく．在庫を減らしたので費用が下がると期待しても実際は逆になる．公式⑪はその意味でいろいろな経営上の改善のヒントを与えてくれる重要な公式である．

上の例では，注文したら商品がすぐに届くという前提であった．実際にはそんなことはあり得ない．注文のリードタイムがかかる．それを1日とすると，すなわち，注文したら24時間後に商品が届くとすると，注文すべき時点は1日前になる．すなわち，在庫を見て，なくなる1日前，すなわち在庫が10個になったら発注すれば良い．リードタイムが3日であれば，3日前，すなわち，在庫が30個になったら注文することになる．

上で求めた一度に発注する最適量は346個であった．そしてそれは34.6日分の需要である．現実の店でこのような注文をしたならば非現実的である．店にはその商品だけを置いていればともかく，通常は相当数のアイテムを売っている．そうしないと多くの人を吸引することはできない．コンビニエンス・ストアを考えても，いろいろなアイテムを売っているから利便性がある．そこで，店が1000アイテムを売っていたとする．それぞれが一度に346個以上も発注していたら店のスペースを超えてしまうか，大きな倉庫をもたねばならない．

現実には卸売業者が指定した特定間隔で届けてその便にその卸売業者が扱っている商品アイテムを混載して持ってくるという形態が多い．そのようなときには上で述べたような発注公式を用いることはできない．指定配送間隔が決まるので，店はその間隔に発生するであろう商品量を発注するしかなくなる．このような場合には別の管理方式が必要で，それは後述する．しかしながら，別の方式を考えても，輸送費用（発注費用）について工夫しないとそのままでは**図4.3**の最小費用の点よりもはるかに左側の発注量しか許されないことになる．言い換えれば非常に高い費用が課される．

コンビニエンス・ストアのように非常に多くの商品アイテムを小さな店（100

平米前後）で置くには１つ１つの商品アイテムについて店舗に並べる数（在庫）を少なくするしかない。しかも，それらが在庫切れしない状態を保つ必要がある。しかしながら，発注費用が膨大になることは避けねばならない。このような場合には，１個１個の商品アイテムは発注する個数が10個であっても，他のアイテムのそれを加えると，例えば30アイテムであるとすると，合計300個の発注個数になる。その数は上で求めたような経済的発注量に近づく。このようなことができるようにするには，輸送業者が30アイテムを混載して一度に店に届けるような物流体制になっていれば良い。そこで，どこかに流通センターをもち，そこまで特定のアイテムのみを卸売業者に一度に多量に配送してもらい，センターで個別店の30アイテムについて10個ずつ揃えればそれを１回のトラック便を使って店まで配送できる。トラックが1,200個積めれば，４店配送できる。発注費用は１回分30,000/4円で，１アイテム10個，30アイテムの注文ができるようになる。

　店などの発注では⑪のような経済的発注量をそのまま個別アイテムの注文量を決めるのに用いることは適当でない。しかしながら，発注費用や在庫費用がかかってくることは確かである。それらの費用を最小にする発注の仕方⑪を参考にすれば，店の発注や配送の仕方を改善する方向づけを与え，アイデアも考えつきやすくなる。理論の意味はそこにある。状況を理論が示す方向に変えていくことは経営の大きな課題である。

4.4.3　動態的・確率需要情報の状況

　現実にはこの状況が一番多い。また管理方式もそれを反映していろいろな種類が考案されてきた。方式を検討するときに確定需要の状況と異なることは，確定情報の場合には，発注すべき量がきちんと数字として答えが出てくるが，確率的状況では数字の答えではなく，管理のルールを決めるということである。⑪の公式を見ると，右辺はすべてわかっている値であるので左辺の発注すべき量の答えもずばりと数字として出てくる。それに対して，例4.9では数字では出ずに，需要に応じてどう決めるかということを指示するルールが求められた。確かに例4.9では，$(P_p - s)/(P_r + C_o - s)$の$P_p, s, P_r, C_o$などの値を入れてやれば数字が出てくるが，それが最適な発注量を直接的に示すのではなく，需要の累積確率に依存して発注量が決まるようになっていた。すなわち，状況を見て（需要を見て），それに応じてどう決めるかを指示するのである。これはルール策定のケースである。

4.4 在庫管理の方式

■表4.5　在庫管理方式の種類

どれだけの量＼いつ	ある一定間隔（t）ごとに	現在の在庫がある水準（s）まで下がったら
ある一定量（q）	A：(t, q) 方式	B：(s, q) 方式
ある水準（S）と現在の在庫水準の差	C：(t, S) 方式	D：(s, S) 方式

　需要が確率的になるとルールを決めることが問題になる。これは天気予報を聞いたときに自分で傘を持っていく決定をする状況を考えるとわかりやすい。本日は雨が降る確率は30％ですという天気予報を聞いたときに，傘を持って出る人，持っていかない人がいる。持っていく人と持っていかない人の差は，それらの人が持つルールが違うからである。50％にならないと持っていかないルールを有する人は持っていかないし，10％で持っていく人は当然傘を持って出る。それらのルールをいかにして決めたのかという点に関しては，傘なしで雨に降られたときの被害と傘を手に持つ不都合を両天秤にかけて考え，結果として50％を持っていくか持って出ないかの分かれ目として算出したのである。そこでルールとしてそれを持ち，天気予報の情報を得て降雨確率が50％より大きいか，小さいかで最終的な決定を下すわけである。50％という数字をはじいたときには，本日の雨の確率がどれくらいかなどは考えていない。確率的な現象に直面するとこのような決定の仕方（ルール）を作ることが問題になる。

　動態的，確率情報状況における在庫管理の方式を考えると，それは在庫管理を行うときの意思決定ルールの違いとして考えることができる。そのルールは2つの意思決定に関するルールである。在庫管理では管理対象の製品あるいは商品について，「いつ」，「どれだけの量」を発注するのかということが基本的な意思決定である[8]。これら2つの意思決定にいかなるルールを考えるのかによって管理方式の種類ができあがる。

　そこでまず「いつ」発注するかということに関しては，「ある水準以下まで在庫が下がったら」発注するというルールと「ある特定時点で」発注するというルールがある。「どれだけ」発注するのかという決定に関しては，「現在の在庫量とある水準との差」を発注するというルールと「ある一定量」を発注するというルールがある。それぞれの決定に対して2つのルールがある。在庫管理では「いつ」，「どれだけの量」を発注するかは2つとも決定しなければいけないので，

最終的にそれぞれの決定のルールを組み合わせて在庫管理方式の種類ができあがる。その組合せの結果が**表4.5**である。合計4種類の管理方式が可能である。

この中で，セルAの方式は一定間隔ごとに一定量発注する方式で結果的にすでに説明した経済的発注公式の状況がそれに該当する。その公式では，単位期間当たりの需要が確定的で一定であるという状況で考案されたものである。すでにこの方式については説明したのでここでは触れない。

以下では**表4.5**の方式についてB, C, Dの順に考える。

4.4.4　(s, q)方式：定量発注方式

この方式は定量発注方式あるいは発注点方式とも言われている。前に説明した動態的・確定需要情報の状況の経済的発注公式を需要が確率的な場合に応じた修正を加えるとこの方式になる。経済的発注公式のところで，発注したら商品があるプラスのリードタイムL日だけ経ってから配送されるときのことを解説した。注文リードタイムがL日であれば，在庫が底をつくL日前に発注するということであった。そこで，需要が確率的になると，そのLの間に発生する需要が一定量ではなくなるので，L日前に発注しても在庫切れ（品切れ）を起こす可能性が出てくる。そうするといつ発注するのかということも簡単ではなくなる。

この方式には，できれば経済的発注公式（費用を小さくする一定量の発注q）でいきたいが，それだけでは品切れ現象が起こる可能性があるので，それが起こ

■図4.4　確定需要と確率需要の場合における在庫の推移

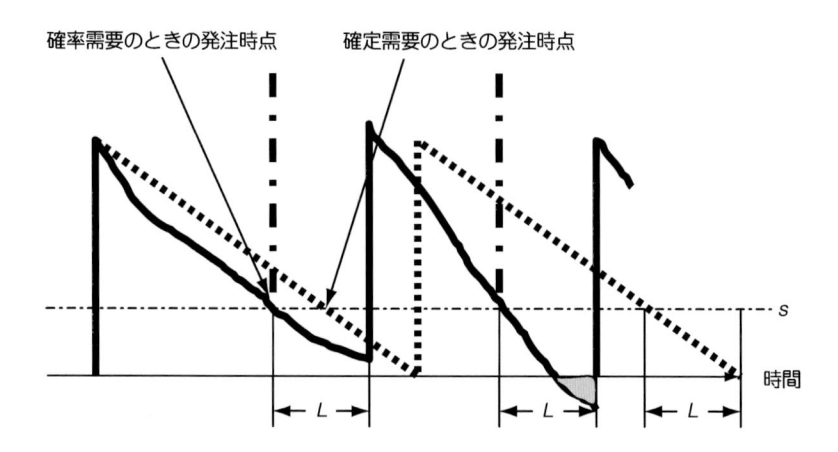

る可能性を一定限度内に抑える発注のタイミングを決める目安（**再発注点** s）を考えておきたいという意図がある。そこで，発注量は前の⑪の公式をそのまま使って決め，発注時点を決める s を別途決めるという考え方をする。

図4.4はその s を検討するために描いた図である。図には2種類の在庫推移が描かれている。点線は経済的発注公式の場合の在庫推移，すなわち，確定需要の場合の在庫推移である。実線は需要が確率的に変動するときの推移である。

確定需要の場合の在庫推移は点線で示されているように，L 日の需要分に相当する s で在庫は品切れも出さず，きれいな三角形が並ぶように在庫が推移する。需要が確率的な変動をすると，在庫の減り方も形状が違い，s で一定量（一点鎖線）発注しても影部分のような品切れも発生する可能性がある。同じ在庫水準でスタートしたが，確率的需要の場合には早めに再発注点が来ている（確率的需要なので逆に遅くなることもある）。要するに発注時点が確定需要の場合のように一定でなくなるのである。そこで問題は品切れの許容限度を遵守するようにするには s をどの水準に定めたら良いのかということである。それを考えると，s の決め方においては，L という注文のリードタイム期間中にどれだけの需要が発生する可能性があるのかを考えなければならないことがわかる。

注文リードタイム中における需要に備えるのが s の目的である。需要が確率的であるならば，変動が加味されるわけであるから，その変動に備えることが必要になる。単純に1日当たりの需要の確定値に基づいて計算するわけにはいかない。そのような，需要の変動に備える在庫は**安全在庫**と言った。その安全在庫の決め方が問題になる。その前に例を通じてその決定の関わる概念を説明しておく。

〈例4.11　平均値と標準偏差〉

1日の弁当の需要が**表4.6**のようになっていた。表の見方は，例えば，15個の

■表4.6　100日間の需要の個数と発生確率

需要個数	日数	確率	需要個数	日数	確率
15	5	0.05	20	15	0.15
16	7	0.09	21	13	0.12
17	10	0.11	22	12	0.09
18	11	0.13	23	9	0.08
19	12	0.13	24	6	0.05

弁当の需要がある日数は100日で5日間であると見る。

このような需要個数とその発生確率をデータとして確認したとして、それでは1日の需要は大体どれくらいあるのかを問われたとするといくつと答えるのが良いだろうか。1つの可能性は確率を見て、一番大きな需要個数を答えることである。それは20個である。このように頻度が最も多い需要個数のことを**最頻値**（Mode）という。

そこで、それを答えたとして、実際に起こる需要個数とどれだけ食い違うかを考えてみる。実際に起こる需要個数は15個から24個まであり得る。15個が実際の発生需要個数であったとすると、その差は5である。そこで1日の需要個数として最も適した値はそのような差が最も小さい値と考えて良い。その差Gとして以下のような式を用いることを考える。

$$G = [0.05(15-a)^2 + 0.09(16-a)^2 + 0.11(17-a)^2 + 0.13(18-a)^2 \\ + 0.13(19-a)^2 + 0.15(20-a)^2 + 0.12(21-a)^2 \\ + 0.09(22-a)^2 + 0.08(23-a)^2 + 0.05(24-a)^2]^{0.5} \quad ⑫$$

⑫は、1日の需要個数を良く代表する値aを決めたときに、そのaと需要個数15から24個までの差の平均の値を求める式である。実際に起こった需要が15個であったならば、差は$15-a$である。その差は確率0.05で起こり得る。同様に16個との差$16-a$は確率0.09で起こる。そこで、他の需要個数との差も同じように確率で重みづけして加える。差を自乗している理由は、差はプラスとマイナスがあり得るのでそれらを単純に加えるとプラスとマイナスが相殺されて差が小さくなることを防ぐためである。絶対値を取ってもかまわないが、ここでは自乗を取る。自乗を取るので差の次元と違ってくるため、差の次元に揃えるために最後の平方根で開くわけである。⑫のように定義されたaからの差の平均値のことを**標準偏差**（Standard deviation）という。

そこで上のaの値に15から24までの需要個数を代入してそのときのGを求めてみる。それは、Gを最小にするaが「1日の需要は大よそどれくらいか」と聞かれたときに1日の需要個数の目安として適切であると考えられるからである。表4.7が1日の需要個数を代表するaに対応してGの大きさを計算した結果である。また表には⑫の差の自乗をとる代わりに、絶対値をとったときの差も載せてある。

表4.7でわかるように、最も差の平均が小さくなるのは$a = 19$と置いたときで

4.4 在庫管理の方式

■表4.7　代表値 a に対応した差の平均値

a	15	16	17	18	19	20	21	22	23	24
G	4.97	4.14	3.39	2.79	2.46	2.51	2.92	3.56	4.33	5.18
abG	4.29	3.41	2.71	2.23	2.01	2.05	2.39	2.93	3.65	4.53

(注)　abG は⑫の式で，各差を自乗しないで絶対値を取った場合の差の平均である。

ある。それは差の絶対値をとって差の平均値を求めた場合でも同じである。先ほど，最頻値の20個を代表値として仮に答えるということを述べたが，20個にすると差は大きくなってしまう。したがって19個が1日の需要個数として最も望ましい性質をもっているのである。この19個はどのようにして求めるのであろうか。**表4.7**みたいなものを計算しなければならないのであろうか。実は，この19個は需要の算術平均値（MeanまたはAverage）である。すなわち，**表4.6**の平均値を求めると，それは19個（実際には18.99個）である。平均値の計算を念のために下に書いておく。

$$\begin{aligned}
需要の平均値 =\ & 0.05 \times 15 + 0.09 \times 16 + 0.11 \times 17 + 0.13 \times 18 \\
& + 0.13 \times 19 + 0.15 \times 20 + 0.12 \times 21 + 0.09 \\
& \times 22 + 0.08 \times 23 + 0.05 \times 24 = 18.99
\end{aligned} \quad ⑬$$

以上を要約すると，平均値とは，発生するさまざまな需要個数があるとき，それらの値に最も近い値のことである。したがって，平均値によっていろいろと変動する需要個数を要約的に表す。さらに，⑫のように定義された a からの差の平均値において，a に上で求めた平均値を代入して計算した値が標準偏差である。**表4.7**の $a = 19$ に相当する G の値，すなわち，2.46が標準偏差になる。

標準偏差とは結局，1日当たりの需要個数の平均値と，起こり得る各需要個数（15から24個まで）の差の平均値のことである。それは，発生する需要を平均値で推定したときに起こる外れの平均値と言うことができる。その外れは，平均値で推定したときが一番小さいのである。

したがって，ある期間の需要データがあったときに，その次の期間の需要見込みを立てる場合に，需要データから計算される期間当たりの平均需要を見込みのベースにするが，その根拠は以上のような外れを最小にするという平均値の性質にある。

■表4.8　2日間の需要個数とその発生確率

需要個数	2	3	4	5	6	7	8
発生確率	0.0625	0.1250	0.1875	0.2500	0.1875	0.1250	0.0625

〈例4.12　需要のたたみこみ (Convolution)〉

　今，1日当たりの需要が1個から4個までばらつくとする。それぞれの需要が発生する確率はすべて等しく，0.25であったとする。そうすると，1日の需要の平均値は，0.25 × 1 + 0.25 × 2 + 0.25 × 3 + 0.25 × 4 なので，2.5個になる。この1日の需要はばらつくが，その「ばらつく」という意味はどういうことであろうか。ばらつくという場合には，需要個数が均一ではないということである。そこでばらつく度合いを何らかの尺度で表現することを考える。それが例4.11で解説した標準偏差である。そこで上の1日の1個から4個までばらつく需要の標準偏差を計算すると以下のようになる。

$$\begin{aligned}\text{標準偏差} &= \sqrt{0.25[(1-\text{平均値})^2 + (2-\text{平均値})^2 + (3-\text{平均値})^2 + (4-\text{平均値})^2]} \\ &= \sqrt{\frac{(1-2.5)^2 + (2-2.5)^2 + (3-2.5)^2 + (4-2.5)^2}{4}} \\ &= \sqrt{1.25} = 1.1180339 \end{aligned} \quad ⑭$$

　それでは2日間の合計の需要個数とその確率はどうなるであろうか。可能性は，1日目が1個で，2日目も1個というのが一番小さい需要の場合である。最大は2日とも4個という需要が発生する場合である。需要個数の可能性は，したがって，2個から8個まである。そこで表4.8のような2日間の需要個数とその発生確率が求められる。

　発生確率の計算は以下のようになる。

① 2個の需要：(a, b)を1日目の需要がa，2日目のそれがbであるとする。そうすると，2日間で2個の需要が発生する場合には，$(1, 1)$しかない。すなわち，$0.25 \times 0.25 = 0.0625$

② 3個の需要：$(1, 2)$と$(2, 1)$なので，$0.25 \times 0.25 + 0.25 \times 0.25 = 0.1250$である。

③ 4個の需要：$(2, 2), (1, 3), (3, 1)$の場合なので，$0.25 \times 0.25 + 0.25 \times 0.25$

4.4 在庫管理の方式

■表4.9　確率を変えたときの2日間の需要個数とその発生確率

需要個数	2	3	4	5	6	7	8
発生確率	0.01	0.04	0.10	0.20	0.25	0.24	0.16

$+ 0.25 \times 0.25 = 0.1875$

④ 5個の需要：$(2, 3), (3, 2), (1, 4), (4, 1)$の場合である．ゆえに，$0.0625 \times 4 = 0.25$

⑤ 6個の需要：$(3, 3), (2, 4), (4, 2)$しかない．そこで$0.0625 \times 3 = 0.1875$

⑥ 7個の需要：$(3, 4)$と$(4, 3)$なので，$0.0625 \times 2 = 0.1250$

⑦ 8個の需要：$(4, 4)$のみなので，0.0625

そこで，**表4.8**から2日間の合計需要の平均値を求めることができる．それは，$0.0625 \times 2 + 0.1250 \times 3 + 0.1875 \times 4 + 0.2500 \times 5 + 0.1875 \times 6 + 0.1250 \times 7 + 0.0625 \times 8 = 5$である．すなわち，平均値は1日の平均値の2倍である．2日間の合計需要なので，1日の需要の平均値を2倍すればよい．次に，**表4.8**にある2日間で発生する需要の標準偏差を求める．それは，以下のようになる．

2日間の需要の標準偏差
$= [0.0625(2-5)^2 + 0.1250(3-5)^2 + 0.1875(4-5)^2 + 0.2500(5-5)^2$
$\quad + 0.1875(6-5)^2 + 0.1250(7-5)^2 + 0.0625(8-5)^2]^{0.5}$
$= \sqrt{2.5} = 1.5811388$ ⑮

1日の需要の1個から4個までの発生確率が均一の0.25ではなく，1個の場合が0.1, 2個の場合が0.2, 3個のときが0.3, 4個の場合が0.4となったらどうであろうか．このような場合には，1日の需要の平均値は，$0.1 \times 1 + 0.2 \times 2 + 0.3 \times 3 + 0.4 \times 4 = 3.0$となる．そのときの標準偏差は，$[0.1(1-3)^2 + 0.2(2-3)^2 + 0.3(3-3)^2 + 0.4(4-3)^2]^{0.5} = \sqrt{1.0} = 1$である．この需要発生確率では，2日間の合計需要とその発生確率は**表4.9**のようになる．計算は上の計算において発生確率を0.25から需要個数に応じて0.1から0.4で置き換えれば良い．

1日における需要個数の発生確率が変化した場合の2日間の需要合計の平均値を求めると，$0.01 \times 2 + 0.04 \times 3 + 0.10 \times 4 + 0.20 \times 5 + 0.25 \times 6 + 0.24 \times 7 + 0.16 \times 8 = 6$である．やはり1日の平均値3個の2倍になっている．標

準偏差は，

確率が変化したときの2日間需要合計の標準偏差
$= [0.01(2-6)^2 + 0.04(3-6)^2 + 0.10(4-6)^2 + 0.20(5-6)^2$
$\quad + 0.25(6-6)^2 + 0.24(7-6)^2 + 0.16(8-6)^2]^{0.5}$
$= \sqrt{2} = 1.41421$ ⑯

1日の需要とその需要が2日分加算されたときの需要の間には興味ある関係が見出せる．上の数字例からも明らかなように，平均値は2倍，標準偏差は$\sqrt{2}$（$2^{0.5}$）倍となるのである．平均値をまず見ると，1日に1個から4個までの需要個数が発生する確率がすべて等しいとき（0.25），1日の需要の平均値と2日分の需要の平均値を見ると，前者が2.5，後者が5であった．また1日の需要個数に関する発生確率が0.1, 0.2, 0.3, 0.4と変化したとき，1日の需要の平均値は3個になったのに対して，2日分の需要の平均値は6個となった．

標準偏差に関して言うと，均一の需要発生確率の場合には1日の需要個数の標準偏差は1.1180339（⑭を見よ）であったが，2日分のそれは1.5811388（⑮を見よ）となった．その倍率は1.41421（= 1.5811388/1.1180339）となる．需要の発生確率が変化したときには，1日の需要個数の標準偏差は1である．そのときには2日分の需要の標準偏差は1.41421（⑯を見よ）になる．その倍率は当然，1.41421である．1.41421はルート2（$\sqrt{2}$）のことである．

このように，平均値は期間数倍になって，標準偏差は期間数のルート倍になるという性質は上の例が特別そうなるというわけではない．証明済みの性質である．そこで単位期間（例えば日）の需要の平均値をμ（ギリシャ文字でミューと呼ぶ）とし，標準偏差をσ（シグマと呼ぶ）とする．その単位期間のn倍の期間を考えたとき，その期間中の需要の平均値は$n\mu$となる．またn倍の期間中の需要に関する標準偏差は$\sqrt{n}\cdot\sigma$になるのである．例えば，1日の需要の平均値を100個とし，標準偏差を30個とする．7日間の需要の合計値の平均値は700（= 7 × 100）である．また標準偏差は79.37（= $\sqrt{7}$ × 30）となる．

ある単位期間中の需要を，その期間のある倍数の期間の需要へと足し合わせて，その倍数期間中の需要の確率を考え，平均値や標準偏差を求めることをたたみこみという．需要の確率情報がある単位期間でわかっているときに，リードタイム中の需要の確率情報を知りたいということは在庫管理方式を設計しているときにはよくあることである．したがって，このたたみこみの概念は重要である．

4.4 在庫管理の方式

ここでは定量発注方式の設計を考えていた.話題をそこに戻す.この方式では特に,発注するタイミングを知らせる再発注点 s をどう決めたら良いかが問題であった.例で考えていく.ただし,以下で述べる決定の仕方は簡便法である.発注する間隔の長さと品切れ率は実は独立ではない.それを独立と仮定しているために簡便法となる[9].

〈例4.13 補修部品の在庫管理〉

ある電気機器メーカーの支社では,すでに販売したある事務機の主要補修用取替え部品Zを在庫として抱えている.そのほとんどはすでにモデル・チェンジした製品の部品で,発注すると製造部門はそのために現在生産しているラインを切替えてその補修部品を生産することになる.そのため発注するたびに段取り費用が発生する.1回の発注につき,約100,000円の発注費用が生ずる.しかも発注してから支社に配送されるまで丸10日かかるという.10日目の夕刻に届く.この部品の価格は20,000円である.在庫維持費用は1日当たり価格の0.5%と見積もられている.この支社の補修部品の需要は市場で売られた事務機の台数が多いほど高くなると考えられる.そこで製品開発者も交えて今年度の1日当たりの需要を**表4.10**のように推定した.

この需要の平均値は16.70,標準偏差は2.89である.注文のリードタイムが10日なので,s を決めるには10日間に合計でどれくらいの需要になるのかを考えないといけない.早速たたみこみを利用すると,10日間の需要の平均値は167($= 10 \times 16.70$)個,標準偏差は9.14($= \sqrt{10} \times 2.89$)個となる.

L が1日とすれば,**表4.10**から任意の許容品切れ確率から s としてもつべき在庫水準がわかる.例えば,許容品切れ率を5%とすると,21個を s としておけば,発生する需要の95%は応ずることができる.品切れが起こるのは,需要が22個,

■表4.10 補修用部品の1日当たり需要

需要個数	確率	需要個数	確率	需要個数	確率
10	0.01	15	0.12	20	0.08
11	0.03	16	0.14	21	0.04
12	0.04	17	0.13	22	0.02
13	0.06	18	0.12	23	0.02
14	0.08	19	0.10	24	0.01

23個，24個の場合である。それらの起こる確率を加えるとちょうど5％になる。すなわち，許容できる品切れの限度ぎりぎりである。許容品切れ率が1％とすると，もつべき在庫は23個である。24個需要があったときには品切れが起こる。その確率は1％である。

問題は10日間のLを前提にすると，いくつもてば良いかすぐにはわからない。そこで1日のときには許容品切れ率が5％，1％に対して，それぞれ21個，23個というもつべき在庫が決まるが，それらと平均値の差がどれだけあるかを調べる。5％の場合には，21－16.70だから4.3個の差になる。1％のときには，23－16.70で6.3個である。それらの差が標準偏差の何倍かを計算し，その倍数を使って10日間の需要の場合における21個，23個に相当する数を計算することを考える。5％のときには，その倍数は1.488（＝4.3/2.89）である。1％のときには，2.180（＝6.3/2.89）になる。そこで，10日間の需要の場合における21個に相当する個数は180.6（＝167＋9.14×1.488）である。23個に相当する個数は186.92（＝167＋9.14×2.180）となる。そこで許容品切れ率5％の場合には，$s = 181$（丸めている），1％の場合には，$s = 187$である。

上の標準偏差にかかる倍数のことを**安全係数**（Safety factor）と言う。係数を大きくすると在庫切れの確率は小さくなる。安全係数は，現実の状況では，需要の確率がよくわからないという理由で1日当たりの需要の何日分という決め方をすることもある。しかしながら，問題は需要のばらつきの大きさを考慮しないことである。その意味でこの便法は好ましいやり方ではない。

ここでは上のように考えていく。許容品切れ率を1％としたときには，再発注点sは以下のようになる。

$$s = 167 + 2.180 \times 9.14 ≒ 187$$

他方，最適発注量は前述の経済的発注量（EOQ）で求める。以下のようになる。

$$\begin{aligned} \text{EOQ} &= \sqrt{\frac{2 \times 100{,}000 \times 16.7}{0.005 \times 20{,}000}} \\ &= 182.75 ≒ 183 \end{aligned}$$

したがって，この定量発注方式では，在庫をチェックし，187個以下になっていたら183個の発注を行うというルールになる。

さて，上のルールでは，2つのことに注意したい。第1は，注文したものは10

4.4 在庫管理の方式

日経ってから配送される。翌日チェックするとしたら，その在庫はまだ発注したばかりで品物は届いていないので187個以下であることは明確である。これでまた注文すると限りなく注文してしまう可能性がある。そこで「187個以下になっていたら」というところを下のように言い直す必要がある。

「在庫をチェックし，現在残っている在庫と発注したがまだ届いていない（On order）量を加えたものが187個以下であれば，発注する」

現在の手元にある在庫をIとする。オン・オーダーの量がI_oであるとする。それゆえ，$s < I + I_o$であれば発注せず，$s \geq I + I_o$であれば発注することになる。

第2の問題は，在庫をチェックするタイミングである。上では自動的に入出荷をコンピュータで記録していることを前提にしている。換言すれば，いつも在庫量が把握できているのである。しかしながら，在庫をチェックするのが2日おきであったとする。ある時点において在庫をチェックしたときに，188個以上ある場合には発注しない。しかしながら，チェックする間隔が2日おきであったら在庫は翌日には187を下回っている可能性が高くなる。次のチェック時点では相当下がってきているはずである。そのような事態を上の決定では考慮していない。そこで在庫をチェックする間隔をさらに考慮しなければならない。その間隔をRTとする。それは上のルール決定のどこに影響するかを考える。結論的には，sの決定でそれを反映しなければならないことは明らかである。

RTに対してどう対応すべきかを考える。最も悲観的な場合は，チェックしたときには手元在庫とオン・オーダー量の和が188個というときである。その場合には次のチェックまでRT時間経過するので，丸まるRTだけ発注が遅れるので，その間の需要に備える必要がある。最も楽観的な場合はちょうど187個のときである。その場合にはRTだけ発注が遅れるということはない。

最も悲観的な状況に備えるか，最も楽観的状況に備えるかは主観的な判断に委ねると考えても良い。ここではその中間を提示する。すなわち，平均的にはRTの半分だけ遅れると考えるのである。それは最も悲観的なときのRTと，最も楽観的なときの0という場合の中間，すなわち$(1/2)RT$である。これは，例えば，定期間隔，例えば20分間隔で走っているバスがあったとして，その時刻表を知らずにある停留所に行ったとするとどれだけ待つかという問題と同じである。最悪はちょうど行ってしまった場合で20分待ち，最良は停留所に行った時点でち

ょうどバスが来ているときで0分待ちである。平均的にはそのちょうど半分，すなわち10分ということになる。試験などのような場合には遅れるのは致命傷なので20分待ちを想定して早めに家を出る。これは主観的判断を上乗せする場合である。

そこで，在庫チェック間隔 RT を考慮するときの s は以下のようになる。

$$s = (L + 0.5RT) \times (単位時間当たり平均需要)$$
$$+ (安全係数) \times (L + 0.5RT における需要の標準偏差) \quad ⑰$$

例として $RT = 4$（日）とすると，許容品切れ率1％の下では，s は以下のようになる。

$$s = 12 \times 16.70 + 2.18 \times (\sqrt{12}) \times 2.89 = 200.4 + 21.1421.8$$
$$= 222.23 ≒ 223$$

これによるルールは，4日ごとに在庫をチェックし，現有在庫とオン・オーダー量の和が223よりも少なかったら，183個注文するということになる。

〈例4.14 安全在庫係数と正規分布〉

安全在庫係数は，基本的には需要の確率に依存する。例4.13ではそこで与えられた需要の確率が基礎にあった。もし，需要の確率が変化したら安全在庫係数はどうなるのであろうか。より一般的な安全在庫係数の求め方についてここでは考える。

まず，**表**4.10の1日当たり需要を10日分加えた需要について1000回分計算して需要個数に応じて頻度を求めたものを**図**4.5に示しておく。これはシミュレーションして求めたものである。ただし，需要個数は100個（10日間の需要の和で最低値は10×10）から240個（10日間の需要の和で最高値は10×24）までばらつくので，図で表す便宜上で，区間を8.235として集計している。例えば，区間1（横軸で1と番号を付された最初の区間）では最低需要値100個（10日間の需要の和で最低値は10×10）から，8.235の半分を加えた値104個以下までの需要が発生する頻度となる。一番頻度が多いのは，区間9である。その値の範囲は，161.76（$= 100 + 7.5 \times 8.235$）から170.00（$= 100 + 8.5 \times 8.235$）個までの値である。縦軸はその範囲の値が発生した頻度（1000件のうち起こった回数）である。

4.4 在庫管理の方式

■図4.5　10日間の需要和についての1000回分のシミュレーションによる発生回数

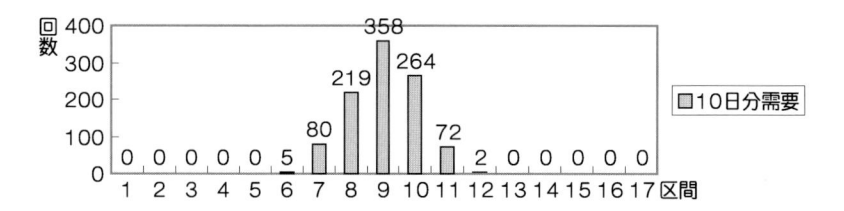

（グラフ：区間1～17、10日分需要）
0　0　0　0　0　5　80　219　358　264　72　2　0　0　0　0　0

■図4.6　20日間の需要和についての1000回分のシミュレーションによる発生回数

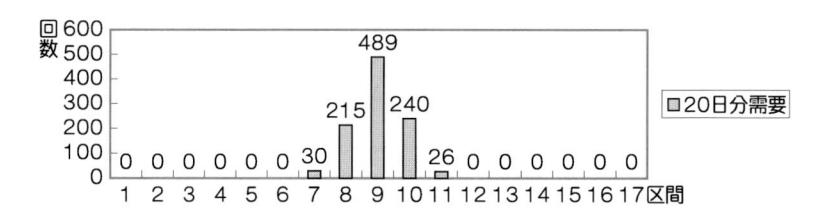

（グラフ：区間1～17、20日分需要）
0　0　0　0　0　0　30　215　489　240　26　0　0　0　0　0　0

　図4.5の発生頻度のグラフで気づくことは，その形状が単峰でピークを境に左右対称形に近似しているということである。図4.6は需要の和を10日から20日へと変えて同様のシミュレーションを行い，発生した需要個数の頻度を表したものである。形状は一層その傾向になる。

　統計学の分野では，安全在庫係数を求めるにあたって重要な定理がある。それは**中心極限定理**（Central limit theorem）と呼ばれるものである。非常に重要で，有用な定理である。その定理をここでの需要データに関する状況にあてはめると以下のようになる。

　「ある需要データの平均値が有限の μ で，標準偏差が同じく有限の σ であるとする。そこからとった n 個の標本の総和を Y とすると，Y は n が大きくなるにつれて平均値が $n\mu$，標準偏差が $\sqrt{n\cdot\sigma}$（$=n^{0.5}\sigma$）の正規分布に近づいていく」

　上記のことは，例4.12で確認したことである。例4.12では，n を2としていた。ただし，そこでは正規分布のことは触れなかった。正規分布は，平均値を中心に，左右対称に広がる形状になる。**図4.7**は平均値が30個，標準偏差5と平均値が同じく30個で，標準偏差が10個の場合の正規分布を示している。横軸が個数で真

■図4.7　平均30個，標準偏差5個と10個の正規分布

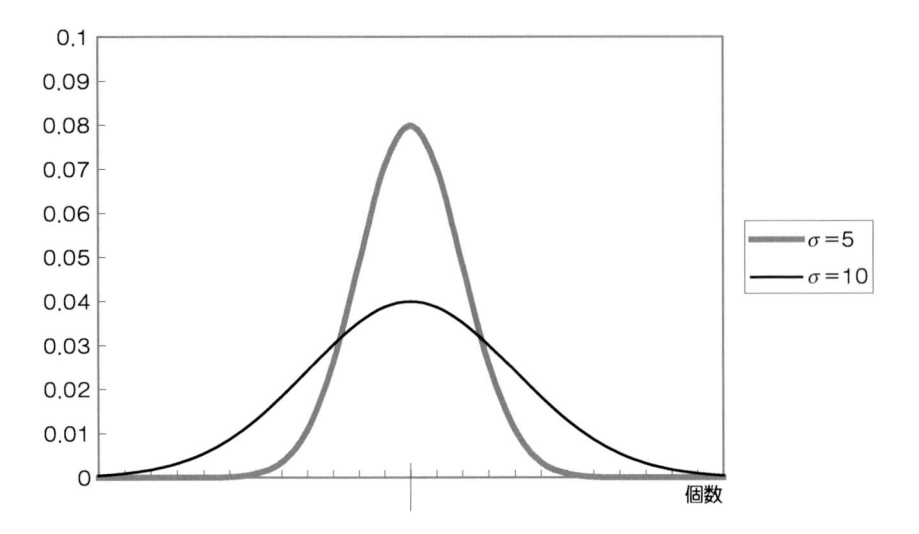

■図4.8　10日間の需要で，平均値167，標準偏差9.14の正規分布から求めた需要頻度

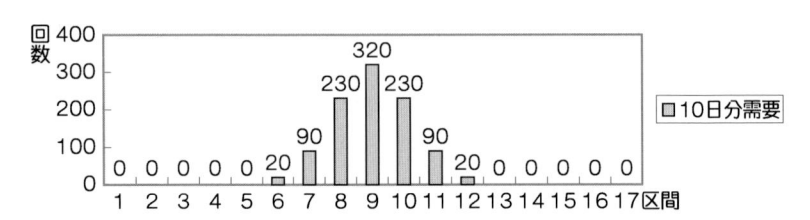

■図4.9　20日間の需要で，平均値334，標準偏差15.83の正規分布から求めた需要頻度

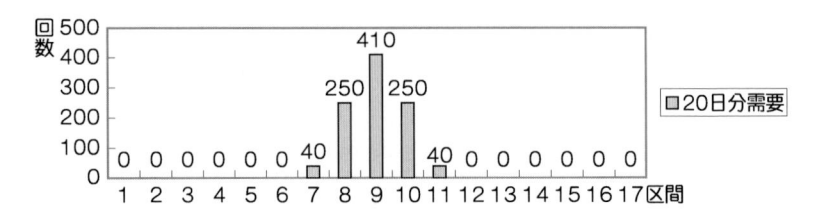

中の短い垂線が平均値30個の位置である。その右側がそれより多い個数となる。裾野の広がった形状の方が発生する需要のばらつきが大きいので，標準偏差10

個の正規分布である。正規分布は需要個数が0, 1, 2といった自然数ではなく，連続量を前提にしているため，高さは頻度でない。この正規分布で10個ある確率というのは定義できず，X個かY何個の間（$Y > X$）の需要がある確率という言い方をする。そこで，図4.5と図4.6を比較できるように正規分布を使って計算した図を描くと図4.8と図4.9のようになる。

図4.8は正規分布で平均値を167（16.70 × 10），標準偏差を9.14（$≒ \sqrt{10 \times 2.89}$）とおいた場合である。16.7は1日の需要の平均値，2.89はその標準偏差である。正規分布については，平均値167，標準偏差9.14の場合には，慣習として$N(167, 9.14^2)$のように書く。また，図4.9に関しては，$N(334, (\sqrt{30} \times 2.89)^2)$である。標準偏差$\sqrt{30} \times 2.89$は，15.83である。

図4.5と図4.8，図4.6と図4.9を比較すると，少々の違いがあるが，類似している。定理の意図することが直観的に理解できる。nを大きくすると，さらに近似度が高くなるのである。

この正規分布はさらに都合の良い性質を備えている。今，任意の平均値μと標準偏差σの正規分布をする需要個数xがあるとする。そのとき，以下の変換を施した後の変数yは平均値0，標準偏差1となる正規分布，すなわち，$N(0, 1^2)$になるということである。この平均値0，標準偏差1の正規分布のことを**標準正規分布**という。

$$y = \frac{x - \mu}{\sigma} \tag{⑱}$$

これは安全係数を決めるときに非常に都合が良い。有限であれば（現実にはこれは成り立つことが多い）どんな平均値と標準偏差の正規分布でも，1つの共通の正規分布$N(0, 1^2)$に変換できるということである。例えば，許容品切れ率を5％とする。そこで，10日間の需要和の分布（図4.8）と20日間の需要和の分布（図4.9）において，許容品切れ率5％となる在庫量を決めることを考えると，それぞれの図の分布を見てそれぞれいったいどこか良くわからない。在庫をいくつにしておけば，その水準よりも多い需要が発生する確率を5％以内にすることができるかは，10日間の需要和の場合と，20日間の需要和の場合とでは異なる。

しかしながら，すべての正規分布を標準正規分布に変換できるのであるから，標準正規分布上でその許容品切れ率を教えてくれれば，それをまた逆変換してやれば任意の平均値，標準偏差をもつ正規分布上で5％の許容品切れ率を可能に

■表4.11　許容品切れ率に応じた標準正規分布の値（= y）

許容品切れ率	0.00%	0.5%	1%	5%	10%
y の値	≧ 4.42	2.58	2.33	1.65	1.29

する在庫量もわかるのである。

　表4.11は，許容品切れ率に応じた標準正規分布上の数字（yにあたる）を一覧として示してある。これは標準正規分布表というすでに計算された値を載せた表から得られる。

　許容品切れ率を1％としたときには，10日間の需要和の分布では，$y = 2.33$なので，⑱から，$x = \mu + 2.33\sigma = 167 + 2.33 \times 9.14 ≒ 189$となる。20日間の需要和では，$x = \mu + 2.33\sigma = 334 + 2.33 \times 15.83 ≒ 371$である。

　これらと正規分布を使わないで安全在庫を求めた例4.13と比較してもあまり差はない。例4.13で用いていた安全在庫係数に相当する標準偏差の倍数とは，標準正規分布のyのことである。⑱式を見てもわかるように，yは標準偏差の倍数になっている。すなわち，⑱をxについて解くと，以下のようになり，それは標準偏差σに掛かる倍数である。

$$x = \mu + y\sigma$$

4.4.5　(s, t)方式：定期発注方式

　定期発注方式は，ある定期間隔tごとに発注決定を行う方式である。その発注時点が来ると，在庫水準と発注目安（S）の差を発注する。この方式を設計する場合には，発注間隔tと発注目安Sの適切な値を決めることが問題になる。この方式は，状況として定期的にしか発注できない場合（ある輸送の定期便に載せて運ぶ場所のときなど）にも採用される。例で簡便法による定期発注方式の設計を考える。

〈例4.15　定期発注方式の設計〉

　例4.13と同じ会社の状況とする。まずtを決める場合には，発注費用のことを考えると，できる限り経済的発注量に近い量で発注したいことは明らかである。そこで，経済的発注量で注文したとすれば，いったいどれくらいの間隔になるか

■図4.10　定期発注方式のときの在庫推移

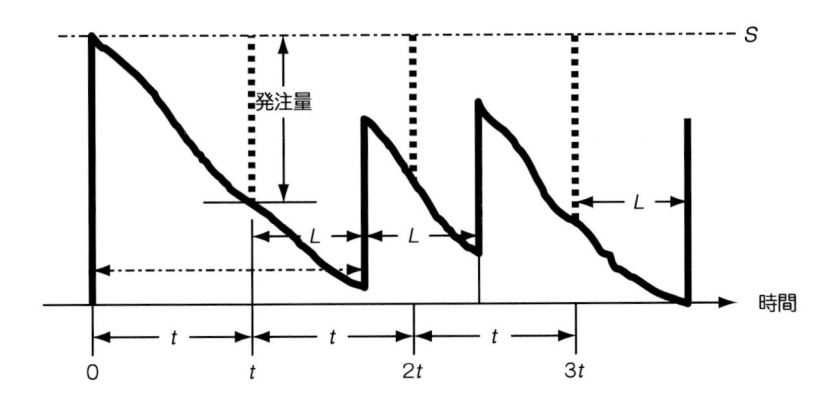

をあらかじめ検討しておくことになる。その量で発注したときには結果として発注間隔がどうなるかは自動的に決まる。しかしながら、需要は変動する（確率的である）ため、発注する量を調整してその発注間隔を維持するようにしたい。そのために S をどう決めるかが次の問題になる。

まず t の決定を考える。上のように経済的発注量を求め、それを基礎に発注回数を求め、そして発注間隔を求める。そこでまず例えば1年間を管理対象として設定する。そこで最適な管理方式を決めるのである。

経済的発注量は例4.13と同様である。すなわち、EOQ = 183であった。その量を発注するとすれば、1年間では総需要量は1日当たりの平均需要個数16.7なので、6096（= 16.7 × 365）個になる。その総需要量を1回当たりの発注量で除すと、1年間における平均的な回数は33.3回になる。これを34回と丸めると、発注間隔はおおよそ10.96日、約11日になる。これが t である。

さて、次に発注するときの在庫目安 S の決定である。この S の水準を決めるのであるが、S という在庫水準はいったいどれくらいの期間の需要に備えるものかを考える必要がある。そこで図4.10を描いてみた。点線は発注量を表す。L は注文リードタイムである。

0時点で在庫は S まで目一杯保有しているとする。需要が発生し、t 時点になったときに、S と在庫水準の差を発注する。発注したものが到着するのは、注文リードタイム L 後である。そこで在庫は t 時点で発注した分だけ上昇する。また減り始め、次の発注時点 $2t$ において S と現有在庫量の差を発注し、それは L 時

間経って配送される。このような在庫の推移を考慮すると，S がカバーすべき需要は，一点鎖線の両方向矢印で示した $(t+L)$ という期間の需要であることがわかる。なぜなら，0 時点の在庫が再び補充されるのは $(t+L)$ 時間経ってからである。そこまでの需要を S は補充できなければならないのである。

$(t+L)$ 時間中の需要は当然確率的に変動するわけで，その時間中の需要の大きさを推定して許容品切れ率をベースに S を決めることになる。$(t+L)$ 時間中の需要はたたみ込みから，平均値が $(t+L)\mu$ となる。標準偏差は $\sqrt{t+L}\cdot\sigma$ となる。$L=10, \mu=16.7, \sigma=2.89, t=11$ だったので，許容品切れ率を 1％ とすると，**表4.11**を利用して，

$$S = (L+t)\mu + k\sqrt{L+t}\cdot\sigma = 21 \times 16.7 + 2.33 \times 4.582 \times 2.89$$
$$= 350.7 + 30.86 \fallingdotseq 382$$

したがって，発注ルールは，11日ごとに在庫をチェックし，S と（現在手元にある在庫 + オン・オーダー量）の差を発注するということになる。

さて，この設計では自由に発注間隔を決定できるということを仮定していた。ところが，発注間隔を毎日するという政策が決定されたとすると，$t=1$ ということが決まってしまう。その場合には，S は当然それに応じて決め直すことになる。このときの S は以下のようになる。

$$S = 11 \times 16.7 + 2.33 \times \sqrt{11} \times 2.89 = 183.7 + 22.33 \fallingdotseq 207$$

これによって在庫目安は低くなったわけであるから，実際の在庫も少なくなる。しかしながら，それによって総費用がどうなったかが問題である。毎日発注するという政策が真に在庫を少なくし，総費用を小さくする効果につながるためには，輸送費用が例4.10で述べたようにうまく節約できる場合には意味がある。例えばいくつかの種類の製品をトラックに混載することで経済的発注量自体が 1 種類ずつは少なくても良いような状況である。そのような混載の工夫なしに無理やり発注間隔を短くすると，結果としては費用を余計にかけることになる。企業が在庫を削減する努力をする場合には，理論的背景を理解したうえで，現実の要因を理論に合うように改善することが重要である。現実の要因を放置しておいて在庫を強制的に小さくする合理化は本当の合理化にはならない。

4.4.6 (s, S) 方式：ツー・ビン発注方式

　ツー・ビンとは two-bin のことで，まさに 2 つの瓶を用意しておくような管理方式である．補充点方式とも呼ばれるが，在庫点検をある間隔をおいて行う場合には，定期補充点方式とも呼ばれる．携帯用 PC で，2 つのバッテリーを装填できるようにしてバッテリー切れによる使用不能状態を回避する思考方法と通ずる．1 つのバッテリーが切れたら 2 つ目のバッテリーが作動できるようにしておく．第 1 のバッテリーが切れたそのときにそれを別の新しいのと取り替えておく．常に 2 つのバッテリーが用意されているので，PC が使用不能という状態の発生は最小に食い止められる．

　ツー・ビン発注方式は，s だけ入る瓶 A と，$S - s$ だけ入る瓶 B を用意する．まず需要が発生すると，B から需要に応じていく．管理者は瓶 A をチェックしている．瓶 A が減り始めたら瓶 B と A を一杯に補充するわけである．

　定量発注方式では 1 本の瓶に s という目印をつけておき，それより減ったら一定量 EOQ だけその瓶に補充する．2 本の瓶を用意することもできるが，それぞれの瓶をどのくらいのサイズにしておくかわからない．例えば，1 本は瓶 A で s サイズ，後 1 本は B で，EOQ $-s$ サイズとすることがまず考えられる．ただし，EOQ $> s$ でなければならない．瓶 B から需要に供していく．あと 1 本の s サイズの瓶をチェックして減り始めたら EOQ だけ補充するがどちらの瓶にどれだけ入れるかがよくわからない．瓶 B を一杯にするとすれば，残りは瓶 A に入れる．しかしながら，瓶 A は一杯にならない可能性の方が大きい．もし一杯にならなかったらまた補充する．しかし今度も EOQ だけ補充するので 2 つの瓶に入りきらないことになる．逆に，瓶 A をまず一杯にして，残りを瓶 B に入れる場合には，瓶 B は一杯に補充できないので，在庫チェック時点では品切れが発生する可能性が出てくる．

　定期発注方式では，サイズ S の瓶を 1 本用意し，定期間隔に瓶が一杯になるように補充する方式である．

　在庫をチェックし，s 以下であれば S と現有在庫の差を発注する．チェックしたときに，s よりも上であれば発注しない．定量発注方式と違う点は発注するときには一定の量ではなく S と現有在庫の差である．定期発注方式と異なる点は，発注する時期が定期間隔に必ずしもならないということである．定期発注方式は t ごとに必ず S と現有在庫の差を発注していた．ツー・ビン方式はこれを発注しないこともある．したがって，ツー・ビン方式では，発注する量も発注する時期

■図4.11　ツー・ビン方式の在庫推移

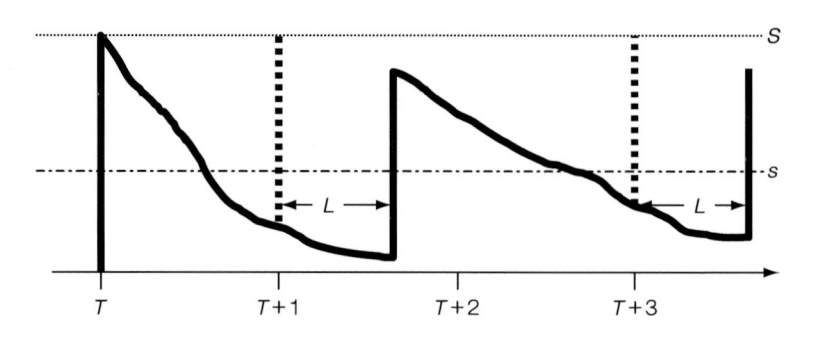

も一定しないということである。これは受注する側から言えばやっかいな方式で，逆に発注する側から言えば，より慎重な発注体制になるので在庫管理の観点からは管理レベルが高くなる。

　この方式は在庫チェックを連続的にしているとき（常時，在庫が計測されているとき）には定量発注方式と等しくなる。すなわち，s に現有在庫が等しくなる時点で発注されるので $S-s$ という発注量になる。それは一定である。ゆえに，在庫点検間隔 RT が 0 の場合には，EOQ $= S-s$ と置いた定量発注方式と同じになる。

　図4.11はツー・ビン方式における在庫推移の例である。$T, T+1, T+2, T+3$ は在庫チェック時点である。太い点線が発注量になる。それは L 時間後に入荷する。定量発注方式の推移（図4.4）と比べると，ツー・ビン方式では発注量が定量（経済的発注量）ではない。S と現有在庫の差である。また定期発注方式（図4.10）と比較すると，ツー・ビン方式は T で必ず発注するわけではない。現有在庫が s 以下であれば発注する。

　s と S の決定を考える。再発注点 s は，図から見る限り，注文リードタイムの間における需要に備えることは明らかである。したがって，定量発注方式と s の決定の考え方は同じになる。また発注目安（補充点とも言う）S は，理想的には発注するときには経済的発注になるように決める。すなわち，在庫をチェックしたときに理想的に在庫が s にあることを仮定し，それから発注するときに，経済的発注量になることを期待するのである。そこで，S は s に経済的発注量を加えた水準に決定する。それゆえ，定期発注方式の S とは意味合いが異なる。定期

発注方式では S は発注間隔と注文リードタイム L の和の時間中に発生する需要に備えるということであった。定期発注方式の S と，ツー・ビン発注方式の S の違いは例4.13の数値例で示すと下のようになる。前者を S_P，後者を S_T とする。$L = 10, t = 11, \mu = 16.7, \sigma = 2.89, k = 2.33$ とする。また在庫チェック間隔を $RT = 4$（日）とする。

$$S_P = (L+t)\mu + k\sqrt{L+t}\cdot\sigma = 350.7 + 30.85 \fallingdotseq 382$$
$$S_T = s + \text{EOQ} = (L+0.5RT)\mu + k\sqrt{L+0.5RT}\cdot\sigma + \text{EOQ}$$
$$= 200.4 + 23.32 + 183 \fallingdotseq 407$$

S_T における EOQ は，発注間隔 t における確定需要量に応じて計算されるものであった。他方で，S_P では発注間隔 t における確定需要プラス需要変動に備えることになる。

要約すると，例4.13の数値をそのまま使うと，ツー・ビン発注方式は，在庫を4日ごとにチェックし，手元在庫とオン・オーダー量の和が223個（定量発注方式の s と同じ）以下であれば，407個から手元在庫とオン・オーダー量の和を引いた量を発注するということになる。

4.4.7　3つの方式の特性比較

これら3つの方式の特徴を最後に要約的に考える。定量発注方式は発注量が一定である。定期発注方式は発注する間隔が一定になる。最後のツー・ビン発注方式は発注量も発注間隔も変動的になる。そこで1日当たりの平均需要が16.7個，標準偏差が2.89個という正規分布を仮定し，3つの方式が365日間動いたときの操業パフォーマンスをシミュレーションで比べてみることによってそれらの特性を理解しておくことにする。

表4.12にその結果を要約しておく。ただし，定量発注方式とツー・ビン発注方式の在庫点検間隔 RT は1日としている。毎日ある決まった時間に在庫をチェックすることにしている。費用は発注費用が1回につき100,000円，製品価格を20,000円，1日当たり在庫維持費用率が0.5%（年間では182.5%になる。半年程度の寿命の製品という想定），品切れ費用はとりあえず考えていない。許容品切れ率（1%）の遵守率で評価することにする。各セルの4つの数字は，以下のような，異なる4つの状況のパフォーマンスである。

● 第1の状況は，上の数字がそのまま適用されるときである。

■表4.12　3つの方式の1年間操業におけるパフォーマンス

パフォーマンス ＼ 方式	定量発注方式	定期発注方式	ツー・ビン発注方式
発注回数（回数）	33 33 36 29	34 34 34 34	31 33 33 27
平均在庫水準（個数）	108.7 109.3 99.2 128.1	123.1 122.6 106.3 154.9	118.5 120.7 108.3 137.5
品切れ率（％）	1.28 1.16 5.74 0.28	0.34 0.61 7.92 0.00	0.44 2.08 5.23 0.03
総費用（万円）	880 869 1,502 787	831 861 1,804 905	796 1,002 1,433 776

（注）　発注回数は年間における総回数，平均在庫水準は毎日終業後にある在庫個数の平均，品切れ率は品切れ総数／年間総需要個数，総費用は在庫費用と発注費用の年間総費用である。

- 第2の状況は需要変動だけが25％大きくなる状況で，各発注方式を設計するときに想定していた2.89という1日の需要の標準偏差が3.6125になった場合である。推定した変動よりも実際は大きかったという場合である。
- 第3の状況は，需要の平均値が徐々に上昇して1年後には25％大きくなった，すなわち平均値が16.7個から1年後には20.875個まで増加していく状況である。上がり幅は1日当たり0.0114の上昇である。
- 第4の状況はそれとはまったく逆に1年後には12.525まで減少する場合である。ただし，変動幅は第3および第4の状況では2.89のままとする。セル内の4つ縦に並んだ数字は1から4までの状況に対応する。

　まず設計時の状態がそのまま実現したとすると，ツー・ビン方式が費用的にも最小で，品切れも1％以内に抑制している。在庫水準は定期発注方式よりも若干少ない。全体的には最も効果的であると評価できる。

4.4 在庫管理の方式

需要変動だけが増えると，逆にパフォーマンスは悪化する。品切れ率も1％を越え，費用が最も高くなる。この方式の特徴として，状況のランダムな変化に過剰に反応するということが挙げられる。発注の仕方から，前の需要が多いと在庫はより低くなるので，より多く品切れが発生する。しかし，ランダムな需要の変動というのは次には需要が減るという状況が起こり得る。そこで在庫は増え気味になる。逆に前の需要が少ないと発注量を差し控える。しかしながら，需要が多くなると在庫が少なめになり，品切れも発生しやすくなる。このような発注特性が変動に対する過剰反応として現われる。

他方，想定状況で最も悪かった定量発注方式はパフォーマンスを持続する。変動に反応せず，一定量を発注し続ける。平均値は変化していないので，パフォーマンスは全体的に悪くならない。

需要が傾向的に上昇し始めると，ツー・ビン発注方式はまたパフォーマンスを相対的に回復する。発注量調整が効いているからである。ただし，在庫は慢性的に不足気味になるので品切れ率は悪化する。どの方式でもそれは同じである。一定量しか発注しない定量発注方式と比較するとパフォーマンスは高い。定期発注方式は，発注する間隔が長いために傾向的な需要増加に適応するスピードは遅い。発注回数が34回以上にならない。そのためパフォーマンスは悪化する。S一杯まで在庫を戻すけれども，発注回数の調整力が欠けているのが問題になる。

最後の需要が落ち込み始めると，定期発注方式は発注量調整が34回のままなので在庫をS付近で維持する結果になる。確かに品切れ率は0になるが，明らかに過剰在庫が発生する。他の方式は在庫がsをなかなか切らなくなると自動的に発注しなくなって，発注回数は減る。それは需要の傾向的低下への適応性が高い。ただ，定量発注方式では一定量発注によって在庫はツー・ビン発注方式よりも高めに維持される。

結論的には，状況の変化が起こったときには，それが傾向的変化であると，定期発注方式には脆さが出る。発注間隔が長いほど脆弱性が高まる。発注間隔は何によって決まるかというと，経済的発注量である。それが多いほど，発注間隔は長くなる。換言すると，経済的発注量が多めになる状況であると，需要の変化に弱い在庫管理方式になるということである。したがって再度，経済的発注公式（⑪式）の右辺の要因が問題になる。経済的発注量が計算の結果，小さくなる状況であれば，需要変化に弱い体質も克服できるわけである。

発注方式にはそれぞれ特徴がある。実際に適用する場合，環境変化，特に需要

変化は大きな影響を与える。それに対する対応は，まず各方式のルールを与える $s, S, t,$ EOQ（パラメータということにする）などを状況変化に合わせて素早く設計し直すことがまずポイントになる。状況が変化しているのに，それらを修正しなければどのような方式でも対応力には限界がある。

さらにそれらのパラメータを決めるベースになっていた L（リードタイム），RT（在庫点検間隔），A（段取り費用あるいは発注費用），需要の特性値（特に需要のばらつきを意味する標準偏差 σ）などをできるだけ在庫が少なくて済む値にすることが基本的に必要である。在庫管理をうまくやるということはもちろん必要であるが，それだけでは経営の成果を高めるためには十分でない。これらパラメータ自体において他社よりも優れた内容のものとすることが不可欠である。それらはすべて小さい値にしていかないと在庫は構造的に減らないのである。すなわち，リードタイムを短くし，1回当たりの段取り費用や発注費用を低下させ，在庫点検間隔をこまめにし，需要の無用なばらつきを少なくすることである。それがなくては経営のパフォーマンスは良くならない。

在庫は重要な役割を果たすだけに，在庫を少なくできる環境にする経営努力がなければ過剰在庫と品切れを行き来するだけで他社と同じ売上を達成していてもリスクが高い状態を経営に内包したまま次第に収益という企業業績は悪化していく。そのためにも在庫管理を理論的に理解しておくことは重要である。

4.5 在庫管理の現実的問題

理論的な在庫管理の側面について今まで考えてきたが，現実の場面ではその他の問題がいくつもある。それらのいくつかを考える。

4.5.1 複数品目

今までは，製品数が単一という前提で議論を行ってきた。しかしながら，現実には製品の種類がいくつもある。そのような場合には以下の2つの可能性が特に重要になる。

(1) 製品間の相互作用

これに関しては，例えば，経済的発注量（例4.10）のところでは，発注費用を

4.5 在庫管理の現実的問題

それら複数の製品で共有するという状況が可能な場合については触れた。複数品目の状況では製品間で相互作用があるかないかがまず問題である。相互作用というのは機械，倉庫スペース，トラックなどを共有して利用する場合に，ある製品の利用によって他の製品には使えないというような関わり合いのことである。

相互作用は直接的に解決しようとすると理屈のうえで少々難しくなる。例えば，例4.10では経済的発注量は，346個であった。この製品をAとする。配送はこの製品だけしか行わないと仮定すると他の製品は混載できない。この会社は製品Bも扱っている。それは経済的発注量が400個であったとする。倉庫スペースは50立方メートルしかない。製品Aは1個当たり0.05立方メートルの容積を占める。Bは0.1立方メートル占める。そうすると，それぞれの製品の経済的発注量に応じた容積は，17.3と40.0である。その和は50立方メートルを超える。そこでどちらかを少なくするしかない。それぞれ発注量をいくつずつ減らせば良いかという問題を考えなければならない。この問題の答えは，それぞれの製品をもう1個増やしたときの1立方メートル当たりの費用増加が互いに等しいところ（あるいはちょうど等しくできないときには一番近いところ）を求めることである。

例えば，製品Aを300個，Bを350個としたとする。これらの量をスペース換算すると，ちょうど50立方メートル（= $0.05 \times 300 + 0.1 \times 350$）になる。そのとき，Aを1個増やしたとする。そのときの費用の変化分をC_Aとする。他方，Bを同じく1個追加して注文したとする。そのときの費用の変化分をC_Bとする。これら費用の増加分をそれぞれの単位当たり占有スペースで除した数字が等しいのであれば，Aが300個，Bが350個という発注量は倉庫スペースが50立方メートルしかない場合には最適になる。すなわち，AとBの最適発注量では，以下の式が成り立っている。

$$\frac{C_A}{0.05} = \frac{C_B}{0.1}$$

もし，$C_A/0.05 > C_B/0.1$であれば，Bを増やした方が費用は減少する。逆であればAを増やすべきである。したがって，両方の製品の費用変化が同じ費用増加を招くところがAとBを変化させない方が良いポイントになる。それが最適発注量である。ただし，製品Aの追加1個当たりの費用増加は以下の式で計算できる。

Aの追加1個当たり費用変化 = $TC(X+1) - TC(X)$
= $[(30,000)/((X+1)/10) + (0.005) \times (1,000) \times ((X+1)/2)]$
  $- [(30,000)/(X/10) + (0.005) \times (1,000) \times (X/2)]$

ゆえに，現在の水準が300個であれば，上の式で $X = 300$ になる。このとき，Aの追加1単位当たりの費用変化は，$X = 300$ から301にしたときの費用変化になる。Bの方の追加1個当たりの費用変化は，製品価格，発注費用，1日の需要量をBのものに置きかえれば良い。

　複数製品を扱っているときには，それぞれの製品個々の最適発注量では使える資源量（上の例では倉庫スペース50立方メートル）を超えてしまう場合に相互作用が発生する。そこでその制約資源量が最適な決定を妨げるのである。このような場合は，その制約資源量を製品ごとにどれだけあてがうかということである。解決策は，各製品が1個当たりその制約資源を費やす量（上では0.05と0.1）で減らす費用を除した値が均等になるように分けるということになる。減らす費用という意味は，最適発注量で一番費用が少ないので，それより少ない発注量から発注量を増やしていくと最適発注量に近づいていくので費用は下がるということである。

　理論的に求めた値が，考慮していなかった制約で実現できない場合は実際によくある。それが複数の品目が存在するからという場合には，その資源を共有しているからである。そのような場合には，上で述べたような考え方で製品ごとにその資源を配分することになる。その配分の結果の発注量が資源制約を考えた場合に最も良いのである。

(2) 管理努力の配分

　企業では何百種類という製品を生産し，売っている場合がある。そのような製品すべてに同じ程度の管理努力をしていると管理するための費用が非常に高くなる。そのために管理水準を製品ごとに変えて，最も重要な製品群には厳しい管理を行い，それほど重要でないものには比較的単純な管理をするという便法がとられる。その代表的なものが ABC 管理と言われるものである。Aは最重要品目，Bはその次，Cは最も重要度が低いという分類を行い，それぞれごとに管理水準の異なる仕方を考える。

　重要度の判断基準としては売上の大きさ，あるいは利益の大きさがある。企業

4.5 在庫管理の現実的問題

■表4.13　製品種と年間売上高

製品	売上高	割合	累積割合	製品	売上高	割合	累積割合
1	23.0	28.04	28.04	7	4.0	4.88	96.34
2	19.0	23.17	51.21	8	1.0	1.22	97.56
3	17.0	20.73	71.94	9	0.8	0.98	98.54
4	7.0	8.54	80.48	10	0.7	0.85	99.39
5	5.0	6.10	86.58	11	0.3	0.37	99.76
6	4.0	4.88	91.46	12	0.2	0.24	100.00

(注)　売上高の単位は億円とする。割合は総売上高に占める割合で％。

■図4.12　製品売上高によるパレート図

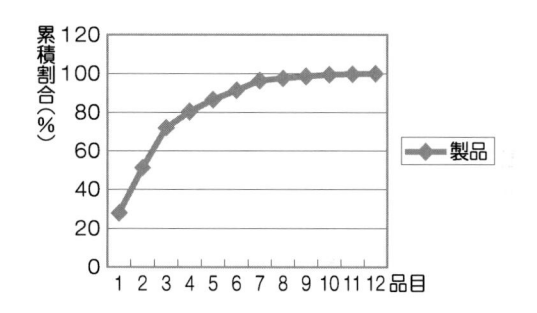

の売上や利益で全体に占める割合の高いものは重要度も高いと考える。このために考えられた図が**パレート図**と言われるものである。これは横軸に品目，縦軸に全体に占める売上高の割合の累積をとる（最高が100.0）。一番売上高の高いものから順に左側から入れていく。**図4.12**がその例である。今，12種類の製品がある。売上高の高い順に**表4.13**のようになったとする。これをパレート図として描くと**図4.12**になる。

最重要製品群，Aクラス製品，としては，売上高の例えば80％まで占めている製品群という定義も可能である。そうすると，**表4.13**の累積売上高が80％までの製品ということになり，1，2，3，4という4種類の製品になる。次のBクラス製品は売上高の15％，すなわち，Aクラスを除いた95％まで占める製品と定義すると，5，6，7が該当する。残りの8，9，10，11がCクラスとなる。あるいは，**図4.12**のパレート図を見ると，累積角度が変質しているところに注目することもできる。それによれば，1，2，3の製品群，4，5，6，7の製品群，そして残りの8，

■表4.14　クラスとその管理水準の違い

クラス＼管理	責任者	棚卸し頻度	需要予測	安全在庫	配送頻度
A	社長，財務担当トップ	毎日あるいは週ごとの点検	責任者を備えた委員会が高度な予測手法を用いて予測	在庫は最小にするが，許容品切れ率は0％。小ロットで回す。	頻度高く，例えば毎日配送する。
B	部門長	月次間隔点検	傾向延長型の単純な予測	週程度の在庫でカバー	週ごとの配送
C	担当者	年間隔点検	担当者の推定	月次程度の在庫	月次ごとの配送

(注)　棚卸頻度とは在庫としていくつ実際にあるかを勘定する頻度のこと。

9, 10, 11がCクラスとなる。

　このような区分けは，多くの製品種類があっても，通常その少数の製品が大きな割合を占めることがあるという経験則に基づいて行われる。多くの製品を事業として製造や販売をしている場合に，その企業の売上のほとんどを占めてしまう主力製品は少数という経験則である。これをパレートの法則（Pareto's law）と言う。

　ABCにクラス分けした後では，表4.14のような管理の水準を変えて備える。Aクラスに関しては在庫切れは回避しなければならない。しかしながら，在庫水準は抑制する。そのためには，在庫点検はこまめに行い，発注間隔を狭めることで在庫は最小にする。在庫切れは回避すべきである。トップ自身が責任をもって管理する[10]。

　コンピュータ・システムの導入によって，このようなクラス分けをせずにすべて同じ水準で管理できる状況にはなってきているが，すべての企業がそのような体制になっているわけではない。そのような場合にはABC管理を一考することも必要になる。

4.5.2　リードタイムのばらつき

　在庫管理の理論的枠組みでは，需要については変動することを考慮したけれども，リードタイムも実際には変動する。特に問題なのは遅れである。予定時間に

4.5 在庫管理の現実的問題

■図4.13　平均10日，標準偏差1日の正規分布による所要リードタイムの確率

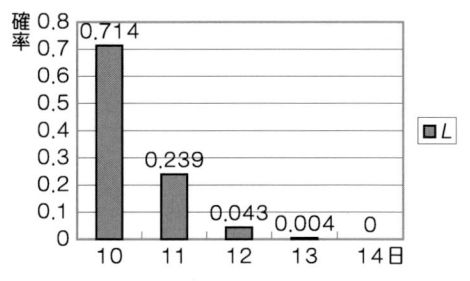

（注）10日未満は10日とする。

供給がされないことになる。輸送が渋滞，事故，天候不良などで遅れることも現実によくある。またさらに，需要が製造会社の生産能力を超えているときには，注文を受けても今までのリードタイムでは配送できないという問題も現実にはよくある。ヒット商品では注文してもあらかじめ約束されていたリードタイムで商品を受け取れないで待たされる。このような場合だけを考えると，リードタイムが一定であるという今までの議論は実は生産（供給）能力が無限という状態を想定していたのと同じである。

今までの議論ではこの変動については考慮していなかった。安全在庫はこのようなリードタイムの変動にも実際は備える目的がある。その決定では，リードタイムの変動を考慮したときの需要を推定するという複雑化した状況に直面しなければならなくなる。

リードタイムが平均10日，標準偏差が1日で変動するというとき，早くもってくるということがないとすると，そのときにかかるリードタイムは図4.13のようになる。10日以下の場合には10日のリードタイムとする。10日で配送される場合が70％強で，1日遅れが23％強になる。リードタイムの計算は四捨五入して整数にしている。

問題はこのときに，需要がどうなるかである。例4.13の表4.10のデータでシミュレーションすると図4.14のようになる。このシミュレーションでは，まずリードタイムの長さが表4.14の10日から13日のどれかが起こる。その長さをnとすると，正規分布$N(n\mu, (\sqrt{n}\cdot\sigma)^2)$から需要が発生する。$\mu = 16.7$，$\sigma = 2.89$である。縦軸は1000回のシミュレーションで発生した頻度を表す。横軸は需要和の

■図4.14　リードタイムの変動に対応して発生する需要の頻度

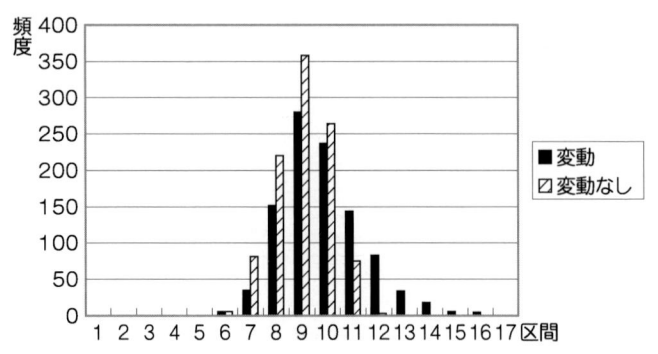

（注）　縞模様の棒がリードタイム変動なしの場合における10日間の需要和。
塗りつぶした棒はリードタイムが図4.13のように変動した場合の実際リードタイムに応じた需要和。

大きさに対応して定義された区間を意味する。区間は例4.13で10日間の需要和のときに定義したものと一致する。比較のために示したリードタイムが固定的に10日の場合の棒グラフ（全体に左側にある縞模様の棒で図4.5の再現）と比べると，全体に右側（需要が多くなる）に需要が発生していることがわかる。リードタイムが変動することで，固定の場合に比して需要は多くなるうえに，そのばらつきも拡大する。したがって，安全在庫の水準も塗りつぶした棒の分布を前提にしていると，固定の10日のリードタイムで計画していた許容品切れ率を遵守できなくなる。基本的にはリードタイムのばらつきを考慮した新たな需要の分布を推定しなければならない。このための理論的な研究は進んでいるが，本書ではこれ以上は立ち入らない。実際にはシミュレーションなどをしながら需要の分布を推定するのが望ましい。

4.5.3　数量割引

発注量が多くなると値段を下げるという割引制度がある。例4.10の経済的発注量で考える。経済的発注公式を再録しておく（4.4.2参照）。

$$X^* = \sqrt{\frac{2AD}{C_H P_r}}$$

4.5 在庫管理の現実的問題

■図4.15　数量割引がある場合の総費用の推移

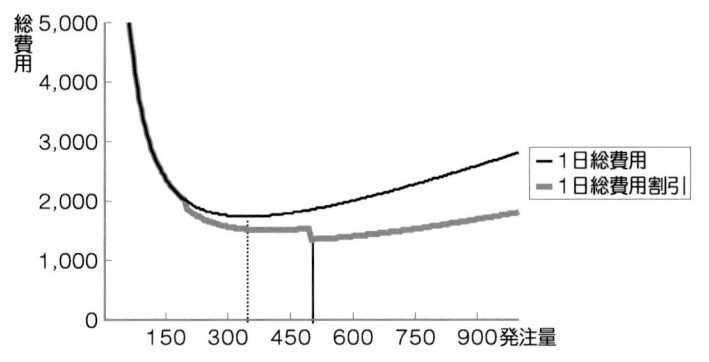

(注) 横軸は発注量で，1目盛りが150個になっている。縦軸は総費用である。

この右辺に価格 P_r が含まれているので，価格が発注数量によって変わってくると上の公式で求めた発注量が最小費用をもたらすかどうかわからなくなる。**図4.15**は数量によって価格が以下のように変わる場合の総費用を描いている。

- 発注数量 ≦ 200ならば，$P_r = 1{,}000$円
- 200 < 発注数量 ≦ 500ならば，$P_r = 800$円
- 発注数量 > 500ならば，$P_r = 600$円

総費用 TC は，以下のような式になっていた（4.4.2参照）。

$$TC = \left(A \times \frac{D}{X}\right) + \left(C_H \times P_r \times \frac{X}{2}\right)$$

図4.15の太い階段状の費用曲線（1日総費用割引）が上のような**数量割引制度**があるときの発注量の動きに応じた費用を表している。その曲線の，一番左の最初の段差が発注量200個のときである。第2の段差は発注量500個の場合である。細い線の総費用が例4.10の場合のものである。その細い線における最小費用のときの発注量は346個であった（点垂線のところ）。しかしながら，数量割引の総費用の最小点における総費用はさらに低い。第2の階段のポイントが最も総費用が小さい。したがって，上の数量割引がある場合には，最適発注量は346個ではなくて501個である（垂線のところ。500個では単価は800円となってしまう）。

数量割引があるときの最適発注量の求め方は若干ややこしい。上のような図で

示されるとすぐにわかるが，そうでないときには困る．その求め方は以下のようになる．

1) 一番価格が安いときの（上では600円）経済的発注量を求める．それが600円の価格になる発注量の範囲内（500個より大きいこと）であればそれが最も総費用を小さくする発注量である．ここで問題は終わる．範囲内になければ501個のときの総費用を求めておく．それを TC_1 とする．2)にいく．

2) 次に安い価格（上では800円）における経済的発注量（上の数字では387個）を求める．それがその価格を成立させる範囲（200より多く，500個以内）であれば，そのときの総費用と TC_1 を比較する．TC_1 のほうが小さければ，問題はそこで終了し，最適発注量は TC_1 をもたらす501個が最適発注量になる．上の例ではこれに該当する．800円における経済的発注量が800円の発注量範囲外であれば，範囲の最低量（上の例では201個）のときの総費用 TC_2 を求めておく．TC_1 と TC_2 の小さい方を TC^* とする．$TC^* = TC_1$ であれば問題は終わる．最適発注量は TC_1 をもたらす発注量である．左の方に行くほど費用は高くなっていくからである．$TC^* = TC_2$ であれば3)に行く．

3) 2)に戻って同じプロセスを行う．ただし，そこで TC_1 の代わりに TC^* を使う．また，次の価格は1,000円である．

以上のように割引制度は注文をできるだけたくさんしてもらう仕組みである．一度に多く注文を受ければ儲かる気がするが，買う側の必要量が多くならない限り2度目の注文が後に遅れるだけで，受注側も需要のピークと谷を拡大することになる．これは経営的に必ずしも良いことばかりではない．このようなことは後章で考える．

4.5.4 事後発注

品切れを起こしたら売上機会の損失ということを今までは前提にしていた．しかしながら，お客によっては待つから速く取り寄せてくれと要請する場合がある．このときにはよほどのことがない限り，取り寄せの費用をお客は負担しない．このような場合には，発生した需要は断らない限りすべて売上に計上される．けれども，取り寄せ費用が品切れ費用に代わって発生する．今までの議論で言うと，品切れ費用の代わりに取り寄せ費用（**事後発注費用**）になるだけである．またそれを含めた費用最小化の問題になる．

4.5.5 在庫水準の把握

今までの議論では在庫管理において，正確に在庫が把握されているということを想定している．しかしながら，現実には実際の商品がどれだけ在庫にあるのかという数字を把握できていない場合もある．あると思ったものがない，あるいはないと思っていたがあったというようなことがある．このような状況ではいくら管理方式を厳密に設計しても，その効果は期待できなくなる．むしろ，逆の結果も起こり得る．実際とは食い違う数字でやっていると思わぬ在庫過剰や品切れが発生し，パニックに陥る．

このような状況は後章で述べるサプライチェーンの問題に関わっている．在庫を把握できていないことが企業全体の供給体制に混乱をもたらして企業倒産に至るような場合もある．現在ではコンピュータで管理されているので在庫水準は正しいと信じるのは良いが，実際にはその保証はない．でたらめな数字がインプットされていることも多い．在庫量をコンピュータにインプットするときの遅れがあれば刻々需要が発生し，倉庫から出庫されている状況に対応できない．さらに勘定間違え，インプット・ミスも当然ある．このような基本的な状況が満足にできていない経営ではいかなる科学的な，コンピュータに支援された管理も効果がない．その意味で，働く人々の真面目で正確な行動はすべての経営管理の基礎になる．日頃の行動の質を向上させること，さらにはミスが出にくいような作業環境を構築しなければならない．優れた多くの企業は従業員がミスを犯しやすい状況をなくし，普通に働いていればミスが起こらない環境作りに多大な努力を払っている．このような地道な努力が科学的な管理の仕方の基本前提になる．

参考文献・資料

[1] 石油連盟統計, http://www.paj.gr.jp/html/statis/index.html
[2] 石油連盟, http://www.paj.gr.jp/html/qa/index.html
[3] 消防庁資料, http://www.fdma.go.jp/html/data/h10kasai.html
[4] 総務庁住宅・土地統計調査, http://www.stat.go.jp/data/jyutaku/1998/zuhyou/q0010000.xls
[5] Ackoff, R. L. and Sasieni, M. W., *Fundamentals of Operations Research*, Wiley & Sons, 1968.

[6] Hadley, G. and Whitin, T. M., *Analysis of Inventory Systems*, Prentice-Hall, 1963.
[7] Harris, F., *Operations and Cost*, A.W. Shaw Co., 1915.
[8] Wagner, H. M., *Principles of Operations Research: With Applications to Managerial Decision*, Prenctice-Hall, 1969.
[9] 詳しくは在庫に関する理論的文献を参照のこと。例えば，
前掲書[6]，あるいは，
①小山昭雄・森田道也『オペレーションズ・リサーチ』培風館，1995年。
②Zipkin, P. H., *Foundations of Inventory Management*, McGraw-Hill Higher Education, 2000.
など。
[10] Schonberger, R. J. and Knod Jr., E. M., *Operations Management: Customer Focused Principles*, Irwin/McGraw-Hill, 1997, Sixth edition.

5

サプライチェーン・マネジメント

　本章では，供給活動のつながりの管理を考える。これはサプライチェーン・マネジメントと言われている。サプライチェーン・マネジメントは基本的に，分業にともなって発生する経営課題を対象にすると言って良い。本章では，サプライチェーン・マネジメントに付随する基本的な概念および視点を考えるのが目的である。

5.1 サプライチェーン・マネジメントの意義

5.1.1 サプライチェーン・マネジメントとは

　サプライチェーンとは，企業が製品やサービスを顧客に供給するために必要なさまざまな活動（製品開発，原材料の調達，生産，貯蔵や在庫，輸送，受発注業務など原材料の源泉から最終消費者にいたるプロセスにおける物やサービスの変換に関わるすべての活動）がつながっている状態を指す言葉である。サプライチェーン・マネジメント（SCM）はそのチェーン・システムを設計し，作り上げ，システムの稼働を計画し，稼働状況を管理することである。その管理目標は当然，事業収益を高め，企業の存続を可能にする状態を作り出すことであって，一般的には経営成果を高めることである。

　SCMが経営の重要な側面であるという認識が近年急速に高まってきた。それは経営成果に大きな影響を及ぼすからに他ならない。アメリカにおけるある調査では，サプライチェーンをうまく行っている企業と平均的企業の間で，売上収入に占めるサプライチェーン関連費用の割合において相当の開きがあると報告されている。1997年ではうまく行っている企業の売上額に占める割合が6.3%であるのに対して，平均企業は11.6%にも達する。言い換えれば，その差は利益額そのものの差である[1]。しかしその差は費用の差であって，それ以外のメリットを考えるともっと大きな差となりうる。

　顧客が必要な物やサービスを必要なときに供給するというのは企業活動の本源的な機能である。それが不可欠であることはいまさら認識するようなことでもない。現代のSCMに対する注目の背後には，以下の2つの要因がある。

① **SCMを適切に行うことによる経営成果が大きい**

　市場が飽和し，売上がそれほど増加しない経営環境は，需要がそれほど増加せず，上下に振れることを特徴とする。そのような周期変動の環境では，経営は売上高の上下変動の下でも収益を堅持できる体制を築き上げることをより重視しなければならない。SCMはそのような経営を構築するうえで非常に重要な経営側面であるという認識が強まっている。前の章で述べたように，リードタイムが経営に及ぼす影響は大きく，業績基盤を左右する。競争が厳しくなるほどリードタイムにおける優位性が経営に大きな差異を生み出す。リードタイムはサプライチ

ェーンにおいて生み出され，規定される。その意味でもSCMにおける優位性が経営成果を高めるうえでの必要条件であるが，その水準が未だに企業間で違う。市場が着実に成長していく右上がりの需要環境ではその差異は隠されていた。多くの企業がこのSCMの課題を後回しにしてきた結果，その状況がなくなった成熟型市場環境でSCMの水準の差が経営成果の差になっていることを理解し始めたのである。

② 情報技術の進展

情報処理および情報ネットワーク技術が飛躍的に高まり，それらを利すことができるようになってきた。物的な供給活動が行われる場合には情報の流れが必ずその背後にある。顧客からの注文情報，生産指示情報，出荷情報などで物の動きが始まる。それらは切り離せない関係である。情報の流れと物的な供給活動は情報の流れをうまく処理し，管理することで後者に大きな影響を与えると同時に，物的な供給活動が情報の流れに影響するという相互の関係にある。特に，安価に，より多くの情報をより速く処理し，伝達できるという新たな能力がこの相互関係において大きな変革機会をもたらし，それによってSCMの効果も高まるという可能性を示唆している。SCMにおいて情報技術の進展が及ぼす影響が非常に大きく，情報技術がサプライチェーンにおけるさまざまな活動さらにはプロセスの変革を可能にしていることもSCMに対する一層の注目を喚起している[2]。

SCMを適切に行うことで経営成果も高まるという認識の背後には，既存のSCMそのものにまだ経営課題が多くあって，それらを解決することでより大きな成果が生まれるという理解が浸透してきたことも見逃せない。その根拠になっているのが，供給活動は無数の活動が逐次的につながっていて，それらのつながり全体を有機的に観る視点をもつことでそれらのつながりから生まれる成果をより大きくできるという期待である。リードタイムの規定要因を考えたときも，つながりということが大きな意味をもっていた。もっと端的に言うと，自社内外にかかわらないでそれらすべての供給に関わる活動を統合化する視点がSCMの基本にある。

経営で従来から言われてきたし，普通のビジネスマンであれば誰でも知っている知識，すなわち，システムの一部分を良くしても会社全体の成果向上に必ずしもつながるわけではないということが端的にあてはまるのがサプライチェーンである。全体として設計し，活動を計画し，管理する統合化の可能性は情報技術に

よって実現できるものとなってきたのである。

〈例5.1　有能な作業者の問題〉

　ある工場でトラクターを組み立てている。工程には30個の作業部署が縦列につながっている。各作業部署では1人の要員が作業にあたり、作業が終了すると次の作業部署へと渡す。各作業は約3分で終了するように設計されている。先頭の作業部署の要員Mは非常に有能で、同じ作業を2分で終了する。1時間で30個の作業をこなす。この要員は効率的には最も高い。彼は得意になって作業をこなしていく。他の29の作業部署では3分で作業をこなすとする。そこで問題が発生する。

　Mの次の作業部署におけるNは3分かかってその担当作業をこなしている。Mと比較すれば劣るけれども、それでもN自身は最高の効率で作業をしているのである。しかしながら、前の作業部署のMは1時間に30個終了して送ってくるが、次のNは1時間に20個しか作業を終えることはできない。そこで、Mの作業部署とこのNの作業部署の間には毎時間ごとに10個の仕掛品が溜まっていくことになる。この工場では1日8時間（480分）作業が行われ、1日160個（480/3）組み立てる計画で動いている。要員Mは320分（160×2）で全部の仕事を終えることができる。したがって、このMとNの間には、最大約54個の仕掛り在庫が溜まる。320分たった時点でNは約106個しか作業を終えていない。他方でMからは160個送られてきてしまう。Mが2分で終了せず3分でゆっくり仕事をすれば、そのような在庫が溜まらない。54個分の在庫を置いておくスペースを用意するのは無駄である。

　彼は最大限の効率を発揮する一方で、それだけの無駄なスペースを工場に必要とさせてしまう。要は、MとNの効率を等しくすることである。Mの効率を2/3へと低下させてもMとNの効率を等しくすることで工場全体とすれば良くなる。この話は工場内に限らない。工場から顧客までを考えると、多くの活動がつながっており、それらの活動間でこのようなことはよく起こる。

　Mが会社の外部の人間で、空いた時間があればさっさと帰って他の仕事ができる場合にはMにとって効率を落とすことには承服できない。近年、輸送を外部業者に委託したりすることがあるが、仮にMの仕事が輸送で、しかも外部の輸送業者であったとすると、簡単にNの効率に合わせるわけにはいかない。それでは他の会社から委託された輸送業務ができない。このように社外へと仕事を

委託する（アウトソーシングする）ことはそれによって安い料金を利用できて社内コストを削減することになるかも知れないが，使い方が適切でないと，上述の通り，別途の在庫維持費用を増やしてしまうように，全社的には費用が高まることにもなる。全体の仕事の流れを考える視点をもつと，このような問題に気づく。

5.1.2 サプライチェーン・システム

　サプライチェーン・システムは，供給活動に必要なさまざまなものが連鎖的につながったシステムである。図5.1はそれを要約的に図示している。

　供給は市場の人々がもつ何らかの欲求を満たすことである。その欲求を満たす既存の製品とかサービスを供給するシステムが一般的な意味でのサプライチェーン・システムである。ここでは狭義のサプライチェーン・システムと称しておく。製品やサービスとしては現存しないが，それを開発して将来供給できるようにする活動も現存する製品やサービスの供給活動の延長として存在する。それはここでは広義の意味でサプライチェーン・システムとしておく。そのときには開発業務が含まれる。広義の意味で考えると，企業経営そのものが究極的にはサプライチェーン・システムの設計，そこにおける活動の計画立案，さらに活動の運営および管理を目的としているということができる。

　サプライチェーン・システムは上のような機能（活動）の連鎖として見ることができるが，経営として問題になることは，それら機能が異なる組織ないし経営主体によって担われている場合にそれら部門や経営主体の利害関係を扱わなければならないということである。それは同じサプライチェーン・システムが図5.2のように描けることを意味する。

■図5.1　機能のつながりとしてのサプライチェーン・システム

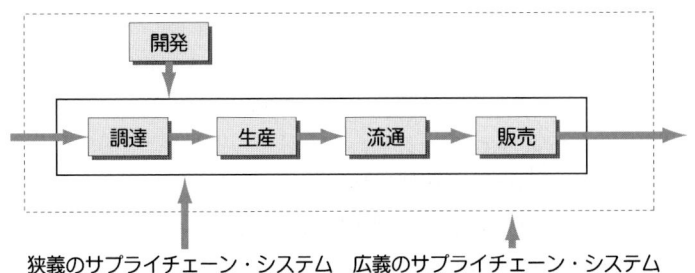

■図5.2　企業のつながりとしてのサプライチェーン・システム

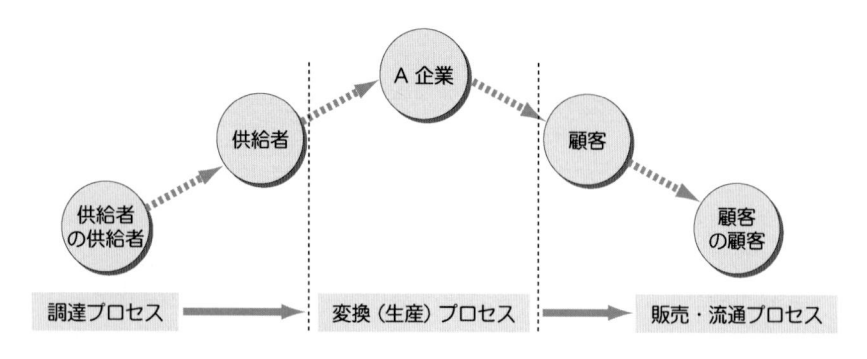

供給者の供給者 → 供給者 → A企業 → 顧客 → 顧客の顧客

調達プロセス → 変換（生産）プロセス → 販売・流通プロセス

　サプライチェーン・マネジメントは対象とするシステムとして現実にはさまざまなものがある。例えば，特定の企業について言うと，流通あるいは輸送のみを担うというような企業もあり，そのときには製品そのものに関わる原材料の調達とか生産加工などの活動は自社では行わない。狭い供給活動の範囲内で効果的なサプライチェーン・システムを作ることもサプライチェーン・マネジメントということができるのである。しかしながら，このような活動のつながりが機能して顧客に製品やサービスを供給できるような状況では，狭い範囲のシステムだけで十分な改善ないし改革効果を上げることは難しく，自社内で行っていない活動も考慮しながら全体としてより有効な成果を上げる努力が重要となる。先の例にあるようなことに気づくには，全体としてのつながりを見る必要がある。それがサプライチェーン・マネジメントの大きな課題である。

　サプライチェーン・マネジメントは，供給に関わるさまざまな活動からなるシステムをより効果的に設計し，活動を計画し，運営・管理するための知識体系からなる。その知識の基礎になることは，各々の活動の結びつけに関する考え方である。現実には無数のサプライチェーン・システムの形態があって，個別に必要なそのための知識が異なる。例えば，ビールなどの食品と半導体などの製品では製品の性質に依存して必要な知識は異なる。在庫しておく製品の劣化のスピードや劣化の意味合いは両製品で違う。しかしながら，他方で，一般的でいかなるサプライチェーン・システムにでも当てはまる知識もある。例えば物の動きに注目して見ると，動きを律する力学には共通性があって，どの製品にもあてはまる法則がある。先ほど例示した部分最適化の弊害も物の流れにともなう力学の結果と

して起こっている。

　本章でこれから考えようとするサプライチェーン・マネジメントの知識体系はこのような基本的な知識のみに限定する。実際のシステムの動きは人間の行動特性（ちょっと売れ行きが良い製品があったら来週には売れる保証はないのに売れると思い込んでより多く注文する小売店の行動など）や企業自身の政策（許される品切れ率に関する政策など），予期せぬ出来事（注文し忘れ，需要の急変，輸送事故など）が絡んできて複雑になる。しかしながら，それらによってどんな事態が起こるかを推測しておく必要があり，それが可能になるための知識がこれから考える基礎知識の意義である。

　e-コマース（電子商取引）という言葉を生み出した近年のウェブとインターネットをベースにする事業は，情報技術の進展が生み出した新しいビジネス形態として注目されている。しかしながら，アメリカにおける最近のそれら事業の多くの破綻を目のあたりにして，その事業形態自身がかなり見なおされる機運がある。注文だけ受けて製品は送らないなどの詐欺商法は論外として，破綻の多くは，収入の伸び悩み以外に，注文を受けても約束通り配送できない，配送してもそのコストが高くなること，逆に配送に気を配ると在庫を多く抱え過ぎることなどが挙げられる。それらはサプライチェーン・マネジメントの問題である[3]。

　サイバー市場だけで事業ができるということはない。注文を受けた製品やサービスを供給し，その代金を受領して初めて事業は完結する。サイバー市場のスピードに伍していける効果的なサプライチェーン・システムが背後に備わっていないと事業としては欠陥があると言わざるを得ない。ウェブを作成できれば事業ができるという幻想は危険である。ウェブ作成技術はほんの一部と考えたほうがよい。取引をきちんと完遂するためのサプライチェーン・システムを基礎にした情報技術の展開が必要である[4]。

5.1.3　サプライチェーン・マネジメントの視野

　サプライチェーン・マネジメントでは，さまざまな供給活動のつながりをうまく調整することが大きな焦点になっていることは述べた。その場合に重要なことは，マネジメントを行ううえでもつべき視野の広がりである。ここでは視野の広がりを表すものとして3つの基本的な統合次元に注目する。それらはマネジメントを行ううえでどれだけの活動を一体として（統合化して）考えるかということである。職能内統合，職能間統合，組織間統合というマネジメントの統合化の

次元である。

① 職能内統合

これは調達，生産，販売などの職能内における供給活動の調整を意味する。例えば，生産活動は工場内の活動がすべて含まれるが，加工工程であればそれを構成する切削，切断などの個別工程があり，それらの工程間で平滑かつ迅速な処理の流れを実現すること，さらに今度は加工や組み立て工程といった設備機器の配置や操業の仕組みが異なる工程間での物の流し方を同期化（シンクロナイズ，Synchronize）することなどが含まれる。そうでないと工程間には山のように仕掛在庫が積もり，生産活動が把握できなくなる。

調達や営業（販売）などの分野でも細かな複数の下位活動がそれぞれ構成要素としてある。例えば，販売で考えると，コマーシャルを流した時点でその製品が店に置かれていなければ顧客は失望する。販売促進と店舗での商品陳列が調整されないでばらばらでは上のようなことが起こる。売りたい一心で顧客に製品の納期を約束したのはいいが，存在する在庫は実は他の顧客向けに押さえられていて，結局は在庫不足（完成品在庫の管理は営業の管轄である会社は多い）となって納期に間に合わないことなども起こる。それら職能内の活動間での調整や意思疎通を行って，より平滑かつ迅速な操業の流れを作りあげることがマネジメントの課題になる。

② 職能間統合

製品開発，調達，生産，販売などの職能間での調整である。既存製品と新製品の転換がうまくいくこと（新製品を市場導入したときに前の製品の在庫がたくさんあるのはうまく行ったとは言えない），生産のスピードに合わせた原材料や部品の調達，販売のスピードと生産のスピードの同期化などを図ることである。販売が売り込みのプッシュをかけ，販売量が増えたのはいいが，生産が追いつかずに品切れが発生して販売機会を逸してしまうこと，さらにはせっかく急いで生産した製品が市場に送られてきた時点ではすでに需要が減退しているような状況では経営が悪化する。これは販売と生産の間で活動調整が不適切な証拠である。ウェブで受注して販売する電子商取引企業の前述の問題も販売と生産，販売と配送間の活動非調整の問題である。

新製品開発は新たな発展機会をもたらしてくれる可能性がある。しかしながら，他方で生産システムの変更，新たな販売チャネルと売り方の開発，既存製品の売れ行き低下が新製品によって起こることがある。それをよく理解しないとせっか

く新しい事業を創り出し，経営成果を高めるという期待を負った新製品が逆に経営を悪化させる原因になる。

このような他の職能や活動との事前的な調整や統合化をうまくできない場合には，企業が何か改革をすればするほど業績が低下することも予想できる。基本的には活動の因果関係を把握してそれら職能間，活動間の能力および活動内容のバランスをとることができる視野が必要になる。

③ 組織間統合

自動車でも，例えばトヨタ自動車や日産自動車など消費者が良く知っている自動車メーカーを考えると，それらの会社がすべて原材料から自分で作っているわけではない。必ず異なる企業（部品，鉄鋼，タイヤ，化学，繊維，ガラス，電気機器メーカーなど）と自動車作りのための原材料を供給してもらう関係を結んでいる。必然的にそれら供給者との供給活動の調整が大きな問題になる。

消費者は供給がどのようにされているかについては無関心であって，欲しい製品が欲しいときに，望ましい価格と品質で入手できれば良い。その供給を効率的かつ迅速に行うサプライチェーン・システムを作りあげるのはそれに責任を負うマネジメントの課題である。それら原材料を外部の供給者から得るのは最終的には費用の問題が大きい。

自社ですべての供給活動をすることの費用や労力を考えると消費者に満足な製品を供給できないからアウトソーシングする。これは供給活動の一部を他の企業に託すことである。しかしながら，その結果として納期が遅れ，不良品が増加して売上機会損失や消費者からの製品欠陥に関する不服（クレーム）が発生し，さらには納入が大きなロット（まとまり）でなされるので在庫費用が多くなる，リードタイムもかかるなどが起これば外部に委託する意味がなくなる。それは，サプライチェーン・マネジメントを行ううえで必要な視野が欠けていたためである。一昔前は物流業者が店舗に納品するときに，検品が終わるまで車を止め，ドライバーは検品の間はじっとしていて何もできないというようなことがあった。配送効率は悪化した。それを企業間で話し合って，無検品制度とした結果，輸送効率は高まることになった。これなどは組織間統合の視野をもった成果である。

サプライチェーン・マネジメントにおける上のような供給活動間調整の問題は，部分最適化と全体最適化の不一致の問題として知られている。

特定の個別供給活動がその与えられた環境だけで最もよい操業の仕方を考えて

も，企業全体の供給活動の成果を高めることには必ずしもならないのである。サプライチェーン・マネジメントは全体最適化の問題に常に挑戦していると考えても良い。**全体最適化を追求する姿勢が重要である**。例えば，現在は組織間でなかなか折り合いをつけられない事情があるときには改革を無理に実施できないが，折り合いをつけることでより大きな成果があげられることを認識していれば，時間経過の中で次第にその望ましい折り合いをつけることができる状況を互いに生み出す努力をし，最終的に改革が可能になることがある。

〈例5.2　誰にとってのより良い発注量？〉

いまA社とB社があって，A社からの発注に応じてB社が供給するような関係にあるとする。

A社は購入した部品を使って生産し，完成品を販売する。完成品の販売単価は3,000円である。この製品に使う部品の購入（納入）単価は1,000円，在庫コストは在庫製品単価の50%だけ年間かかる。

A社の販売部門は製造部門に対して生産注文するが，1回の発注によってその注文のために生産を準備する段取り費用が50,000円かかる。

他方，A社の購買部門はB社から購入するとき，発注コスト（輸送コストを含む）が35,000円かかる。完成品の需要は1日当たり平均で100個あり，安定的にその量が売れるものとする。他方，B社は他の会社からも受注している。A社の注文を受けて生産の準備などを行うのに，1回の注文に対して40,000円相当かかる。在庫維持費用に関しては，B社はA社に供給するだけでかからないとする。A社の最適な発注量はどれくらいだろうか。

1）A社の販売部門だけが自らの管理対象である費用を下げることを考える。その費用は完成品在庫の維持費用だけである。発注量を X_1，その年間総費用を TC_1 とすると，それは以下のようになる（4.4.2参照）。

$$TC_1 = (0.5) \times (3000) \times (X_1/2)$$

結果は明らかである。$X_1 = 0$ がベストである。けれども，$X = 0$ というわけにはいかないので，最低の $X_1 = 1$ となる。そのときにA社全体およびB社も加えた年間総費用 GTC_1 は，

5.1 サプライチェーン・マネジメントの意義

$$GTC_1 = [(50,000) \times (36,500/1) + (0.50) \times (3,000)(1/2)]$$
$$+ [(35,000) \times (36,500/1) + (0.50) \times (1,000)(1/2)]$$
$$+ [(40,000) \times (36,500/1)]$$
$$= 1,825,000,750 + 1,277,500,250 + 1,460,000,000$$
$$= 4,562,501,000$$

とてつもない費用になる。

2) A社の販売部門が製造部門の段取り費用を考慮して生産部門に対する最適な発注量をまず考える。そのときの管理視野にある年間総費用は発注量を X_2 とすれば，TC_2 のようになる。

$$TC_2 = (50,000) \times (36,500/X_2) + (0.5) \times (3000) \times (X_2/2)$$

そこで販売部門は経済的発注量公式を用いて最適な発注量を求める。製造部門に対する生産注文ロットの大きさ ($X_2{}^*$) は，以下のような式で求められる。

$$X_2{}^* = \sqrt{\frac{2 \times 50,000 \times 100}{(0.50/365) \times 3,000}} \fallingdotseq 1,560$$

そのロットで購買部門も調達するとすれば，A社，B社を通じたそのときの総費用（GTC_2）は，年間で考えると，

$$GTC_2 = [(50,000) \times (36,500/1,560) + (0.50) \times (3,000)(1,560/2)]$$
$$+ [(35,000) \times (36,500/1,560) + (0.50) \times (1,000)(1,560/2)]$$
$$+ [(40,000) \times (36,500/1,560)]$$
$$= 2,339,872 + 1,208,910 + 935,987 = 4,484,769$$

全体の費用は著しく減少する。

3) A社の調達部門と販売部門が一緒に考えて最も良いと思う経済的発注量 $X_3{}^*$ は以下の年間総費用 TC_3 を最小にする発注量である。

$$TC_3 = (50,000 + 35,000) \times (36,500/X_3) + (0.5) \times (4,000) \times (X_3/2)$$

①

それゆえ，①を最小にする X_3^* は，

$$X_3^* = \sqrt{\frac{2 \times 85,000 \times 36,500}{0.5 \times 4,000}} = 1,761$$

そのときの年間総費用は，上の GTC_2 で1,560を1,761としたときの総費用である。ゆえに，

$$GTC_3 = 4,351,857$$

4) 今度はA社およびB社両方の操業を考えたときの総費用を最小にするという管理視野をもったとする。そこで，GTC_2 において1,560をXで置き換えると以下のような式になる。

$$\begin{aligned} GTC_4 &= (50,000 + 35,000 + 40,000) \times (36,500/X) \\ &\quad + (3,000 + 1,000)(0.5) \times (X/2) \\ &= 125,000 \times (36,500/X) + (0.5) \times (4,000) \times (X/2) \quad ② \end{aligned}$$

上の式は，新たに発注費用を125,000円，在庫単価を4,000としたときの経済的発注量を求める式になっている。そこで，上の GTC_4 の経済的発注量 X_4^* は以下のようになる。

$$X_4^* = \sqrt{\frac{2 \times 125,000 \times 36,500}{0.5 \times 4,000}} = 2,136$$

そうすると，新たな最小の総費用 GTC_4^* は，②のXに2,136を代入して求められる。その年間総費用は4,272,003円になる。

さて以上の結果を考えると，1)のケースでは，まず販売部門だけが販売部門の負担費用だけで考えると，できるだけ少ない方が良い。したがって，最低の $X = 1$ がベストである。売れるときに1個をもっていれば良い。次の需要があるときにはまた1個を製造部門から取り寄せる。それではA社およびB社の会社全体の総費用は4,562,501,000円になるのでたまらない。

次に販売部門と製造部門が一緒になって考えると，2)のケースになる。これだけで大変な費用減少である（4,562,501,000円から4,484,769円）。次に，調達

部門のことを考えると3)のケースになる（4,484,769円から4,351,857円）。全体の総費用は減った。さらにA社とB社の全体を考えた4)のケースになると費用は今までで一番少なくなっている（4,351,857円から4,272,003円）。

このように管理視野を職能内から職能間，そして組織間と拡大して統合的に考えると，成果は次第に高まっていく。しかしながら，供給リードタイムが経営上で重要であるということで，それを短くするために現実にはロットをできるだけ小さくする方向（これが理解できない人は第3章を参照のこと）でサプライチェーンの努力がなされている。上の例では逆にロットを大きくする方が費用全体は減少していく。したがって，ロットを小さくするだけでは他方でそれによっても費用は増えるのである。費用が増えないシステムにすることがともなわなければ結果的には収益は下がっていくことは避けられない。

管理視野を広げることは，単にそのときの全体最適を確保することが目的だけではなく，サプライチェーン・システムを改革する努力として何をすべきかについて示唆を得ることが重要な目的である。

5.1.4　サプライチェーン・マネジメントの経営に対する貢献

サプライチェーン・マネジメントは経営に対して強い支援をする。今までの議論と重複するところもあるが，その意義を要約すると以下のようになる。

(1) 顧客満足の確保

顧客は欲しいものを，欲しいときに，必要なだけ，安く手に入れることができなければ不満である。ある人にクリスマスの贈り物をしようとウェブを通じて注文しても，送り先に12月24日までにつかなければ贈り物としての意義は著しく低下する。このようなサービスは顧客にとって最低である。あるいは，工場がある機械を購入注文しても，それが納品され，稼働できる時期が遅れると注文者の損害は目に見えて大きくなる。サプライチェーン・マネジメントは顧客を満足させるサービスを提供することにおいて最も重要な役割を果たす。具体的には納期遵守，不良品を納めないなどである。

品切れも顧客満足を低下させる。売上機会を逸したということだけでなく，それによって信用失墜をきたすことがある。小売店などでは特にそうである。行っても品切れがよくある店という感覚を顧客に与えることで，他の店にまず行くという行動を喚起してしまう。品切れたそのときの機会損失のみならず，将来の売

上機会の損失である。これでは営業力は次第に低下する。

上記以外にもいろいろな顧客満足を高めるうえで重要なサービスがある。クレーム処理の迅速さ，注文の時間的・数量的なしやすさ，注文したものが現在どのような状態にあるかがわかる情報の提供，配送頻度などがある[5]。

(2) より少ない資源投入で供給して利益を増やす

価格が同じであれば，供給活動において費やす費用が少ないほど利益がでる。生産，輸送，在庫保有，事務処理などの供給活動の費用効率性を左右するのはサプライチェーン・マネジメントである。例えば，100個売れるときには，100個生産すればよいわけであるが，サプライチェーン・システムの性質（例えば輸送手段のスケジュールから在庫をもたないと供給活動が行えないなど）によって120個作らないと100個を供給できないなどの事態も発生する。これでは同じ量を売っていても企業の利益には格差がうまれる。さらには輸送距離が長いとか，トラックなどの積載量がトラックの積載能力未満であると輸送費用は1個当たり高くつく。距離が長いために出荷された製品の品質上の劣化が起こったり，途中で損耗したりする可能性も高くなる。これらは信頼失墜も含めてすべて費用増加をもたらす。

(3) リスクを小さくする

作ったものがすべて売れることが望ましいけれども，製品はせっかく作っても売れないことがある。この売れ残りの問題は，品切れを出しても自社製品が欲しいのだからと平然としている企業はともかく，買いに来た顧客にはできるだけ供給できるようにしておきたいと考える企業では不可避である。サプライチェーン・システムがこれに強く関わっている。このようなリスクは売れるか売れないかわからない前から作らねばならないという状況があるため発生する。そのような状況はサプライチェーン・システムによって規定されるのである。

農業を考えると，ある作物がある年には高い値段がついたのに，翌年には作り過ぎて暴落することがよくある。それは作物を作るには半年とか1年といった時間がかかり，次の収穫後の市況を読みながら前もって作付けを始めなくてはならない事情があるからである。昨年高かった作物は皆が作りたくなるため供給過剰になる。投機的なリスクが入り込む。サプライチェーン・システムはその供給時間を規定するもので，その結果として事前的な資源の投入を要求する。ファッ

ション商品でもシーズン前に生産を開始する。夏物商品の場合で考えると，例えば気温が予想より下回ると売れ行きが期待に達しないこともある。作ったものはたとえバーゲンセールをしても同じ価値のお金に戻すことはできない。

供給では新製品も将来の供給である。新製品の市場導入が供給部品の遅れや設計と製造のミスマッチなどで遅れて，当初予想していた市場の動向とは異なる環境になっていることがある。また新技術をもった新製品がその間に他社から導入されて，遅れて出した新製品が設計当初の製品価値を失ってしまうこともある。それもリスクの一部である。優れたサプライチェーンはそのリスクを小さくする。

サプライチェーン・マネジメントの目的は上のような課題に備えてより良い経営成果をもたらすサプライチェーン・システムを設計し，活動を計画し，実際活動の運営と管理をすることである。それは経営の基礎的な条件を左右する。同じ製品，サービスを供給する企業間での格差の大きな原因になる。弱い，あるいは貧弱なサプライチェーン・マネジメントで競争しなければならないことは経営的に大きなハンディキャップを負うことを意味する。

(4) 市場情報の把握

サプライチェーンは市場へと供給するプロセスを担っているが，その供給と同時に，市場の需要を把握して供給者に正確な情報を伝達する役割も担っている。例えば，品切れは顧客がそれを教えてくれるのであれば良いが，実際には顧客は不満を抱いても黙って立ち去ることが多い。それら品切れは観察していない限り情報として把握できない。そのような品切れが多くあるときには，在庫が滞留していないという側面だけで供給がうまくいっていると評価できない。チェーンはいわば釣り竿のようなもので，市場の状態（水の中の状態）をその竿を通じて把握する役割をもっている。感度の良い竿は優れた竿という評価になるのと同じようにチェーンもそのような市場との関わり合いを正確に伝えることが望ましい。それによって市場を理解し，企業は次の改善を行える。過剰在庫も品切れ状態も市場と供給の遊離を引き起こす。サプライチェーンは本来的に重要な情報伝達機能をもっているのであるが，低質なサプライチェーンは壁のように市場と供給者を断絶させる怖さをもっている。言い換えれば企業が学習できない状況である[6]。これは事業を行ううえで致命的欠陥である。経営を決定的に不利な状況に追い込む。

以上のようにサプライチェーンはそれをうまく設計し，運営すれば事業におけるさまざまな側面で事業価値を増幅する，さらには競争優位を生み出す源泉である。

5.2 サプライチェーン・マネジメントの基本的問題

　現実のサプライチェーンでは無数の要因が絡んでくる。それらをすべて考慮した一般的な管理理論を構築することは難しい。そこでいくつかの基礎的な要因，それもサプライチェーン・マネジメントにおいて対象にする要因の中で重要な要因を考え，それを基礎にさまざまな現実のサプライチェーン・システムの特性を洞察することが重要になる。現実的なさまざまな細かな要因は，ここで述べる基本的要因との関わり合いを考えることでサプライチェーン・システムに対する影響や効果を検討すればよい。

　サプライチェーンにおける最大の問題はリードタイムである。リードタイムは一般的には「遅れ」として理解できる。リードタイムが経営に与える意味合いは第2章で議論した。リードタイムは単純に言えば活動に要する時間（所要時間）であるが，その所要時間は「遅れ」と解釈することができる。倉庫の荷役時間も，輸送時間も，生産時間も，計画を立案する時間も，情報伝送および処理の時間，そして新製品を開発する時間もすべて遅れという概念で括ることができる。それらの課業担当者はその課業の予定からの遅れを気にするけれども，会社全体から見れば予定からの「遅れ」だけが遅れなのではなく，時間がかかっていること自体がすべて遅れである。

　「遅れ」が経営において目標追求行動を阻害する。時間がかからない活動というのはほとんどない。活動の所要時間を短くするということは「遅れ」を少なくするということである。「遅れ」という言葉がもつ意味合いは良くない。リードタイムを「遅れ」と表現すると，リードタイムの意味を真剣に考えるようになる。自社のリードタイムは短いのでもうすることはないという言い方はできなくなる。そのリードタイムが短いかどうかは競争が決めることである。所要時間がプラスである限り，「遅れ」は存在する。

　サプライチェーン・マネジメントでは，2つの基礎的な課題がある。第1の問題は，「遅れ」はできるだけなくすということである。その場合に，人間の数や

5.2 サプライチェーン・マネジメントの基本的問題

機械台数を2倍にして「遅れ」をなくすことが適切であるかどうかも同時に考える必要がある。経営ではそれら資源を倍にして「遅れ」を短くしたことで万事うまく行くというわけではない。資源を倍にするのに要する費用と「遅れ」を短くすることによる経営成果の比較を行う必要がある。第1の問題については，おおよそのことは第3章において検討した。この問題では，「遅れ」を規定する要因を理解することがまず重要である。その理解のうえで経営に重大な影響を与える「遅れ」をできるだけ短くするようにシステムや活動の仕方を改善する。そこでは資源を倍にすることは前提にしていなかった。同じ資源投入量でも所要時間は違ってくることを示した。もちろん，最終的には純の効果（「遅れ」を短くしたことによる経営成果から「遅れ」を短くする資源投入（費用）を引いた純の効果）がプラスであることが問題であるが，できる限り投入資源はしないで考えるべきである[7]。

所要時間，すなわち遅れをなくすことでは第3章で述べたようなリードタイムの規定要因を理解し，余計な費用がかからないようにしながらリードタイムを短縮する努力が不可欠である。特にそこでは需要者から考えた余計な活動，換言すると需要者にとっての価値につながらない活動はできるだけなくしていくという考え方が重要になる。それは無駄をなくすという意味で費用を低下させると同時に，リードタイムの短縮に寄与する。これがトヨタ自動車のジャスト・イン・タイムというサプライチェーン仕組み作りの背後にある[8]。このような思想はリードタイムを短縮するのに歩くのではなく，走るという無理を強いるものではない。走らせるだけではいずれは疲れが出て，活動そのものの質が低下していく。

第2の問題は，遅れをなくすことは考えたとして，ある不可避な「遅れ」を前提にいかに最適なサプライチェーン活動を計画し，制御するのかということである。第2の問題は第1の問題とも関係する。この問題を考えることによってある「遅れ」を前提にサプライチェーンを設計し，制御する最も望ましいやり方を検討できるので，「遅れ」がもたらす最終的な企業成果への効果についても把握することはできる。その把握ができれば，新たな資源投入による「遅れ」の短縮がもたらす企業成果への効果も把握できる。後は資源投入とその効果の比較で後者が大きければ新たな資源投入も正当化できる。その意味で，本章では主に第2の問題を考える。

小売店の例（第2章の例2.1）を再度考えてみることで，「遅れ」に対する対応の問題のエッセンスを理解する。

〈例5.3　小売店在庫維持モデル1〉

例2.1の小売店で考える。毎日20着という売れ行きの衣料について，消費者の選択可能性を確保する意味で，40着（需要の2倍）を常に開店時間において取り揃えておくという店の政策があるとする。図5.3は毎日閉店後に売れた衣料についていたタグを勘定のときにもぎ，それを数えて売れた着数を卸売業者に注文する場合の店の在庫を示している。きちんと40着という在庫を維持している。発注したものは7日のリードタイム（遅れ）後に配送される。

需要が変動し始めた。平均20着の±25%分を限度として波のように変動する（サイン曲線）とする。そうすると，上の店の在庫水準は図5.4のように望ましい在庫数を中心に大きな周期を描き出す。

望ましい在庫数は需要の2倍となっているので，需要変動に応じて同じように動く。しかしながら，店の在庫はその望ましい水準に交錯はするがなかなか一致しない。品切れも起こり始める。店舗の在庫は少々歪な形状を呈するようになる。品切れが発生しているときには，在庫は低下したままで，需要が上昇局面になると回復していくが，望ましい在庫水準を大きく上回る。品切れが発生すると売れた着数しか注文しない仕入れのやり方をしているので，需要が大きくなっても追従した注文をしないからである。

図5.5は，1年経ったらこの衣料の需要がほぼ0になるケースを想定したときの店舗在庫の動きである（1日当たり20/365だけ減少）。望ましい在庫水準は需要に応じて減っているが，小売在庫は増え続ける。多くの企業が不景気になると在庫過剰になって経営苦境に陥るけれども，まさにその実態になっている。需要に応じた発注をしていてもこのようになる。

需要に応じて発注するのは，いわゆる**マーケット・プル方式**あるいは**引っ張り方式（プル方式）**と言われる発注方法である。この方法では需要が変動すると，期待した小売在庫を堅持するように機能しない。特に，需要の単調な増減（一方向で増えること，あるいは下がること）の状況では難しい。

図5.6は需要が1年で1.5倍に増える逆の状況での小売在庫の動きである（1日当たり10/365だけ増加）。品切れが発生し始めると，需要よりも売上数が少なくなる。注文は売上数だけ行うためにいつまでたっても需要には追いつけないで，小売在庫は望ましい在庫よりも低位で落ち着いてしまう（売上数と重なり合う）。要するに，売れた量だけを注文する引っ張り方式は，需要が増加していくと小売在庫は少なくなり，逆に需要が低下していくと，小売在庫は増えるというように

5.2 サプライチェーン・マネジメントの基本的問題　　179

■図5.3　一定需要20着の場合の在庫推移

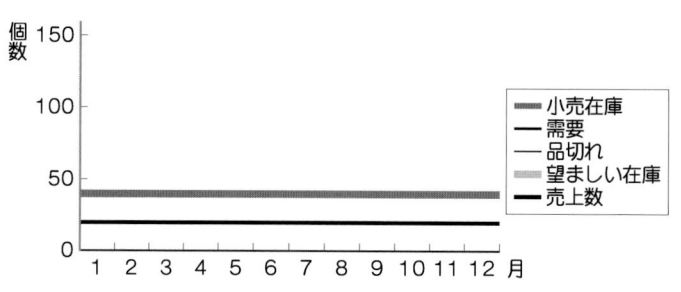

（注）小売在庫（2番目に太い線）と望ましい在庫（最も太い線）はこの状況では一致している。また売上数（3番目に太い線）と需要も等しい。横軸は月数で，縦軸は個数である。

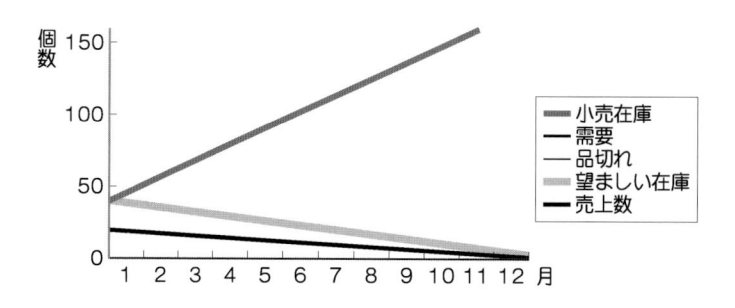

■図5.4　需要が±25％をピークに周期的に変化するときの在庫推移

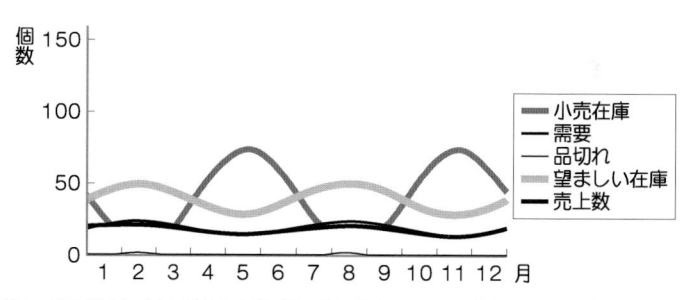

（注）図の横軸上で少し平らな山形（細い線）が出ているのは品切れ。その上部では需要と売上数（3番目に太い線）にギャップがある。

■図5.5　需要が1年で0となるときの在庫の推移

■図5.6　需要が1年で50％増加するときの在庫推移

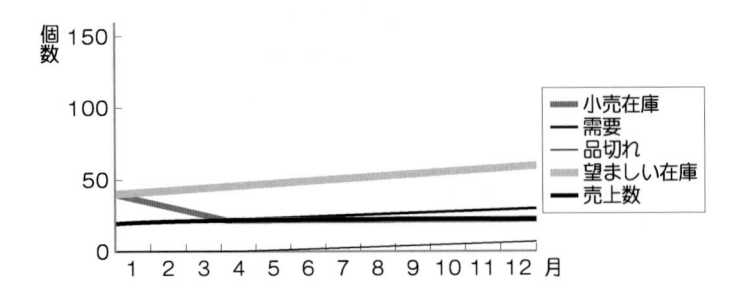

　期待とはまったく逆の店作りをしてしまうのである。世の中で期待されている割にその方式の成果は少ない。本来は需要量に応じて発注する方式ではあるが，この店は売上に応じて発注する方式である点に注意すべきである。需要と売上が一致する場合にのみ，期待した結果になる。

　これを単純に翻訳ミスとして片付けるわけにはいかない。元々，需要に応じて供給するという場合に，需要が掴めるのかという問題がある。売上は掴めるが，需要は現実には掴めない。このようなミスを避けるには，品切れを回避する必要がある。そのために在庫をもっと多く置くことである。それでは引っ張り方式を採用した意味がなくなるではないかということになるが，品切れをできるだけなくすということが引っ張り方式をうまく機能させるための基本前提であることを理解しておくべきであった。

　このような期待外れを増長させるのは，リードタイム，換言すると遅れである。売上となって在庫からなくなっていく分に対して在庫として供給される量は7日前に発注した量である。需要が変動していると，それら出て行く量と入ってくる量には差が生ずる。それが小売在庫を需要とは逆の動きをさせる。

　リードタイムを7日から1日に改善したとすると，**図5.7**のようになる。品切れがなくなり，望ましい在庫との乖離が減る。しかしながら，乖離が一方的に広がっていく傾向は変わらない（望ましい在庫との乖離が発生すると需要に悪影響が出るということはここでは考えていない）。

　以上のように需要が変動すると，管理の仕方が急に難しくなる。リードタイムあるいは遅れという現象を理解し，適切な管理方法を検討する必要がある。すべて引っ張り方式で片付く問題ではない。

■図5.7　リードタイムが1日となった場合の在庫推移

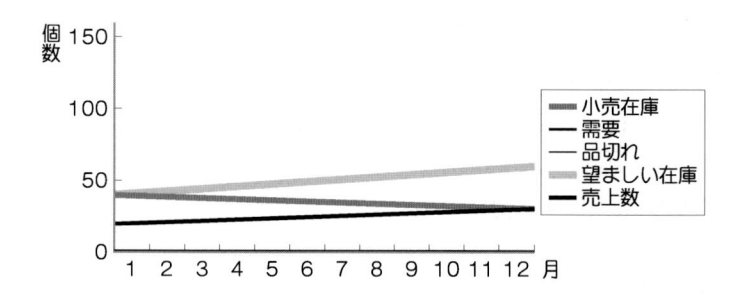

凡例：小売在庫／需要／品切れ／望ましい在庫／売上数

　サプライチェーン・マネジメントでは上の例でもわかるように，リードタイムを短くするという設計の問題と，リードタイムを変えられないという状況での運営を管理する問題がある。リードタイム短縮の問題は長期的に努力していかなければなかなか思うように到達できない。運営管理問題は，与えられたリードタイムの条件でより良いチェーンの動かし方を探るわけであるが，ひるがえってここにおいて養われた知見と能力がリードタイム短縮を含めた将来のより良いサプライチェーンを描くうえで重要であることも忘れてはならない。例えば，上の例では，引っ張り方式の特性を知って理想の店作りのためには在庫を増やさねばならないということを理解できると，その在庫は増やすにしてもそれほど増やさないで良い方法はないかと考える。その結果，まずはリードタイムを短くすることが良いということに気づく。両者は相互関係があって，どちらか一方で良いというものではない。

5.3　サプライチェーンの管理の基本原理

　サプライチェーンの管理においては，まずサプライチェーンの満たすべき成果基準を理解しておく必要がある。すなわち，管理では何が良いのかを判断する基準が必要である。

5.3.1　サプライチェーンの特性を評価する基準

　サプライチェーンでは現実には多過ぎる在庫や品切れがまず問題にされる。こ

れらは言い換えれば供給過多と供給過少である。企業が供給を本源的機能とする限り，これら2つの現象は基本的なサプライチェーンの欠陥である。しかしながら，実際の管理においては，リードタイムを考えないと，どれくらいが供給過剰か過少かは一般的には規定できない。言い換えれば，それらの水準が適切かどうかについては最終的な企業の存続可能性が関わる。存続可能性ということになれば，企業の長期的な収益性ということがサプライチェーンの良し悪しに関する判断基準になる。一時的な収益では判断ではない。長期にわたって企業の存続が社会的に可能な収益水準をまずは確保することが基準である。

収益性は投入資源当たりの収益として表現できる。いわゆる投資利益率である。それが社会的に容認される水準以上を長期にわたって堅持することが必要になる。そこでは，時間経過における売上高と費用の差（収益）が問題になる。それら両方に影響する要因でサプライチェーンに関わるものがサプライチェーンの評価基準になる。

売上高に関しては上で最初に述べた過少供給が要因になる。欲しい人が供給を受けられないことは致命的である。現在の売上機会を失うだけでなく，将来のそれも失う可能性がある。それ以外には，以下のような要因が売上に関係する。

(1) 品　質

品質にはいろいろな規定の仕方がある。よく言われる品質の意味合いとしては，基本性能，基本性能以外の付随特徴，耐久性，信頼性，適合性（仕様通り），審美性，サービスのしやすさ，知覚された品質（感覚的に良い）などがある[9]。いわゆる欠陥品とか不良品は適合性の不備にあたる。

狭義のサプライチェーンが関わるものとしては，製品の破損などの問題がある。それは上述の意味での品質を損なうことである。その多くは物理的な側面で関係する。開発などを含んだ広義のサプライチェーンで考えると評価情報の把握や，製品の設計活動まで立ち入るので，サプライチェーンは上のほとんどの品質作りに関係する。その場合には良いサプライチェーンは消費者が評価する良い品質作りに貢献するということができる。

(2) 供給（配送）時間

入手するまでの時間が短ければ顧客は現在の状況に適切な購入ができる。入手するまでの時間が長いほど，注文する側がより先の将来のニーズを予想しなけれ

ば注文できない。それは顧客にとって不便である。この要因はサプライチェーンにより強く関わっている。配送する時間がそれにあたる。多くの企業が現在,サプライチェーンにおけるリードタイムを短縮する方向で努力を強化している。その意味で,配送にかかる時間を短くすることは注文者である顧客にも大きなメリットで,その価値評価は高くなる。

(3) 価　格

価格は通常は供給に要する費用以上に設定しないと事業としては成り立たないということを考えると,サプライチェーンはそれに要する費用として,外部からの調達費用,生産に要する費用,輸送や在庫に要する費用,そして広義では製品などの開発費用などを含んでいる。それらは価格の最低限度を規定する。サプライチェーンにかかる費用が多いほど,価格も高くならざるを得ない。安い価格は売上に直接的に影響するのでサプライチェーンは価格と関係が強い。

(4) 柔　軟　性

注文した顧客が注文内容を変更すること,あるいはキャンセルすることはよく起こる。それらに対して応ずることができれば顧客にとっても助かる。問題はそれに応じても供給する自社として大きな損害を被らないことである。まだ生産していないときにキャンセルされてもさほど大きな問題にはならない。生産スピードが速ければ,ダメージとなるキャンセル時点を納期に近づけることができる。それは顧客に対してより長いキャンセル可能な期間を提示できるので顧客も評価する。このように,柔軟性はサプライチェーンが関わる大きな売上要因である。

費用に関しては上述の過剰供給は費用を直接的に押し上げる。品切れは機会費用であるが品切れ費用をもたらす。それ以外には供給のために投入された資源(供給活動に投入された原材料,人数,設備,情報システムなど)が費用を左右する。過剰供給や過少供給がなくても,それら資源投入が多過ぎれば収益性が損なわれる。それゆえ,費用の多くをサプライチェーンの活動が規定することになる。企業の製造費用などを含めると,サプライチェーンに関わる費用は全体の費用の80％以上には達する。

サプライチェーンの成果を測る尺度(基準)は最終的には企業の収益性への貢献である。言い換えると,投入資源の価値当たりの収益ということができる。しかしながら,現実にはサプライチェーンの評価基準としては費用が中心的である

と考えられていることが多い。それは売上高が一定という仮定に基づく基準である。それは、上述のような売上高への貢献を具体的に把握するのが難しいということと無関係ではない。

　品切れ率を低めること、品質を良くすること、配送時間を短縮すること、価格を安くすること、柔軟性を高めることが売上高に貢献することは推察できても、どれだけの需要になって跳ね返ってくるかを予測しながらサプライチェーンの活動の設計と運営の仕方を検討することは難しい。そこで、それらはサプライチェーンの改善の間接的効果として別途考え、与えられた条件の中で最も効率的な、換言すると投入資源当たり最大供給能力をもつサプライチェーンの設計と運営を検討することを中心的な課題にするというアプローチである。本章でもそのような考え方に基づいて考えていく。それは便宜上のことだけでなく、サプライチェーンを管理するうえで必要なサプライチェーン・システムの反応特性をまずは理解するという目的のためである。そのような理解のうえで初めて資源投入当たりの収益性という基準で検討することも可能になる。

5.3.2　サプライチェーンの管理原理

　サプライチェーンの管理では発生する需要に応じていかなる供給の仕方をしたら効率的かということがまず問題になる。例5.3では需要の変動がある場合には引っ張り方式ではうまく行かないこともあることがわかった。

　需要に応じていかなる供給をしたら良いかという問題は実は第4章において述べた在庫管理がそれに対する考え方をすでに示唆している。需要に応じてどれだけの在庫を備えておくべきかをそこでは解説した。その設計では、費用をできるだけ小さくする在庫のもち方あるいは管理の仕方を考えたが、そのときに問題になった要因は、許容品切れ率、供給リードタイムおよび在庫チェックの間隔、そして需要の水準であった。

　サプライチェーンは供給活動のつながりであるが、それは輸送活動であろうと、生産活動であろうと、計画立案業務であろうと、サプライチェーンの基本的管理問題から言えばそれら活動には時間がかかるという事実だけが重要で、究極的にはサプライチェーンを活動時間のつながりと考えることができるのである。サプライチェーンの長さは供給時間という尺度で定義できるのである。したがって、在庫の理論をベースに考えるとサプライチェーンの原理も理解しやすくなる。許容品切れ率を一定の与件（与えられていて動かせないもの）とすると、後はいか

5.3 サプライチェーンの管理の基本原理

に費用の少ない供給の仕方をすれば良いかという問題が在庫管理問題であったが，サプライチェーンの基本的な思想も同じである。

先ほどの例5.3では単に需要に応じて注文するというだけで，在庫理論で考えていた枠組みを無視していたのである。そこでもう一度，在庫理論に基づいて例5.3を検討してみる。

〈例5.4 小売店在庫維持モデル2〉

供給リードタイムは7日であった。さらに，毎日発注で，毎日配送を前提にしていたので定期発注方式を援用して考える。そこで定期発注方式の要素で考えると，発注間隔 $t = 1$ である。そうすると後1つの要素で発注の目安 S を決める必要がある。その水準はリードタイム（L）と発注間隔の和の間に発生する需要に備えるように決める。そこで，例の数値を使うと，以下の水準になる。

$$S = (L + t) \times (需要) + 2 \times 20$$

上式の最後の 2×20 は小売在庫として置いておきたい在庫（平均の2倍の量）であったので，S に加えたものである。S そのものは，リードタイムと発注間隔の和の時間中の需要に備えるもので，2×20 までは含んでいない。安全在庫はまずは0とみなし，できるだけ現時点の需要を反映するために需要の平均値の代わりに現在の需要で置き換える。店舗の発注の仕方は，売れた量を発注するのではなく，S と（小売在庫 + オン・オーダー量）の差を発注するように変える。

まず需要が周期的に25％変動する場合の在庫推移は図5.8のようになる。望ましい在庫に近づいてその水準を維持しようとする動きを認めることができる。図5.4と比較すると良くなっていることが歴然としている。また需要が1年で消失

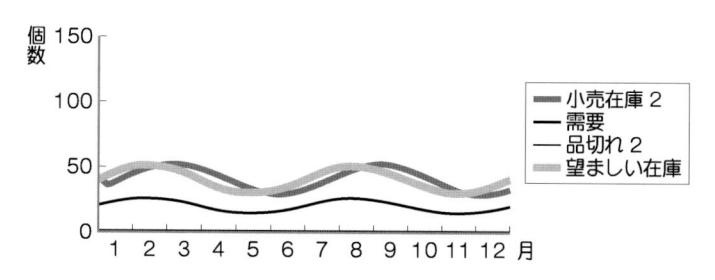

■図5.8　需要が±25％をピークに周期的に変化するときの在庫推移

■図5.9　需要が1年で0となるときの在庫推移

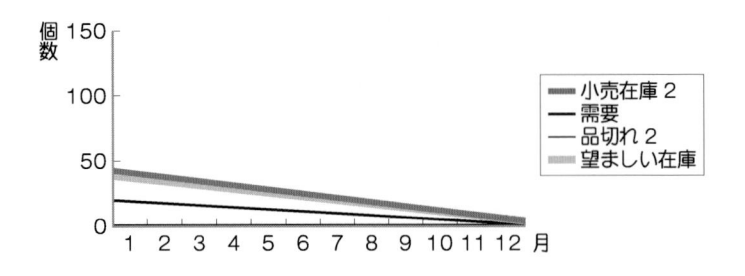

■図5.10　需要が1年で50％増加するときの在庫推移

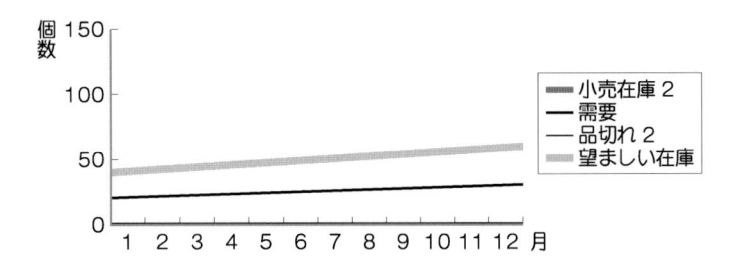

するように低下する場合には，図5.9（図5.5と比較）のような在庫推移になる（図5.6と比較）。望ましい在庫にフォローして減少していく。図5.10は需要が1年で50％増加する場合の推移である（図5.6と比較）。これもうまく望ましい在庫を維持している。管理的には先ほどよりもはるかに改善されている。

　このような発注方法はある一つの重要な示唆を与えてくれる。それはこのサプライチェーンに付随する遅れに相当する必要量があって，それを常に満たすように発注するという考え方が重要だということである。この店では，リードタイムが7日で，発注間隔が1日である。それゆえ，どうしても8日分は在庫をもっていないと需要に応じられないということになる。その8日分の在庫は，小売在庫とオン・オーダー量の和に相当する。毎日発生する需要量だけその8日分から引かれる。それを埋め合わせるように発注量を決める。それによって，必要な S が常に維持されるようになる。

　引っ張り発注方式では，8日分の需要に備えるために必要な量 S を発注時に無視しているので，S との乖離を埋めるための発注をしないということである。も

5.3 サプライチェーンの管理の基本原理

ちろん，Sの水準を適正にしなければならず，その適正なSを予測するという問題は残る。例5.4ではSを求めるのに需要情報をそのまま使うという都合の良い考え方をしている。実際にはその需要情報は実質リードタイム（第2章参照）がプラスである限り，誤りを含む可能性が高い予測値を使用せざるを得ない。しかしながら，ここではまずはサプライチェーンの運営管理では，リードタイムをベースにしたチェーンに存在すべき適正供給量というものがポイントになること，それとの乖離で供給の仕方を決めていくべきことの重要性を指摘しておく。

　水道の蛇口をひねったときに必要な水の量を使えるのは，家庭までの水道管内に水があるからである。そこでサプライチェーンが需要に対して供給する場合に，「ある水準」は在庫としてサプライチェーンの中に貯えておくことが不可欠である。その「ある水準」以上に在庫があるとそれを過剰在庫と言う。逆になければ過少在庫と言う。適正な水準はその「ある水準」のことである。それがSに相当する。以下ではこの適正な「ある水準」在庫のことを**適正在庫水準**と呼ぶことにする。

　通常，うちの会社は在庫が0であると言うことがあるが，注文後に生産を開始し，最初から完成品在庫をもっていないという意味ではありえても，在庫は0ということは絶対ない。見込み生産では安全在庫分が多いということだけである。需要があってからすべての生産を開始する完全受注型生産でも，いつ手渡すかについては契約している。それが半年後であったとする。その場合には，半年先の需要に応じて生産していることと同じである。需要量が判明していることが一般的な見込み生産とは異なるだけである。生産を開始し始めると仕掛り在庫という形で発生する。見込み生産と完全受注生産の違いは，需要がわかっていないか，わかっているかの違いであって，リードタイム（供給するのに要する時間）とそれに対応して必要な在庫という関係はどちらの場合にも成立する。

　サプライチェーンの管理では，適正在庫水準を理解し，サプライチェーン内の在庫をできるだけそれに近い水準に維持することがポイントである。例えば，まとめ生産をする場合には，在庫は増える。それはそのような操業をすると最終的な費用が安くなると判断するからである。その場合には適正在庫水準が高くなることになる。現在ではまとめ生産のメリットはあまりないという認識が一般的になりつつある。しかしながら，それが最終的な収益性という観点で実際にそうなのかを確認する作業が前提になることを述べておく。

5.3.3 サプライチェーンにおける適正在庫水準

　サプライチェーン・マネジメントではまず今まで述べた適正在庫水準の確認から出発する。今，毎日1個の需要がある製品を考える。その製品が顧客の手に渡るまでの時間（リードタイム）を丸5日かかるとする。その5日には生産する時間，運ぶ時間，作り方を練る時間（計画時間），必要な資材を調達する時間などサプライチェーン上の，その製品を供給するのに必要な活動すべての時間を含んでいる。毎日1個顧客に手渡す必要があるので，サプライチェーン内の適正在庫水準として5個分の原材料，仕掛品の在庫がなければならない。すなわち，適正在庫水準は以下の式で表される。ただし，製品は完成したら即納品であるとする。したがって，完成した製品の在庫は勘定しない。

> **適正在庫水準 ＝（リードタイム）×（1日の需要量）**

　しかしながら，これだけの量をもっていれば良いのかというとそれは違う。すなわち，5日間供給には要するので，仮に1日を区切りとして5つの段階にサプライチェーンを区分けしたとする。それは図5.11のようになる。そのとき，適正在庫水準5個というのは，顧客から一番近い最終日（段階5）の段階に1個分，順に左の段階にそれぞれ1個ずつあるということである。もちろん，5日目にすべて5個分あっても良い。段階ごとに1という数字が図ではふってあるが，それはそこにあるべき最低の在庫数（所要在庫数）を意味する。

　ここで2つの点に注意する。第1は，適正在庫水準は5個ということ，第2は，5つの段階にある在庫の和が5であれば良いというのではなく，段階5から段階1までがある所要在庫数の条件を満たすべきだということである。まず各段階の在庫はその段階が対応する日までの需要量の累積からその段階より後の段階の累積在庫量を引いた分だけは在庫が最低なければならないということである。例えば，段階3からは3日後の需要に対応する。3日後までの需要量の累積は3個である。その3から，段階3より後の段階にある在庫の累積量（図5.11では2個である）を引くと，1個になる。それゆえ，段階3には1個以上の在庫がなければならない。

　段階5に5個の在庫を置いたとすると，後の段階の在庫は0でも良い。しかしながら，段階5に5個の在庫を置くと，もし万が一，需要が1個もないという事態になると，それら5個はほとんど完成品に近く，売れないものはただ同然になる。しかし，図5.11のような在庫配置にすると，段階1とか2の仕掛品

■図5.11　サプライチェーンの5段階における在庫

```
→ 段階1:1 → 段階2:1 → 段階3:1 → 段階4:1 → 段階5:1 →
```

は他の製品へと転用できるかも知れないし，あるいは段階4や5における活動はしないで良い。済んだ活動の費用は取り戻せない。このサプライチェーンの末端の顧客が店であったとする。そのときには段階5は輸送活動かも知れない。その店に輸送して売れないとなるとどうするかと言えば，廃棄せずに他の店へと持っていくことがある。けれども，その店舗間輸送という余計な費用がかかる。したがって，図5.11のように許される限り，段階1の方に在庫としてもつべきである。

〈例5.5　ある会社のサプライチェーンの適正在庫水準〉

会社Gは，ある製品に関して図5.12のようなサプライチェーン活動を行っている。

簡単化のため，活動間の移行時間は0であると仮定する。需要は曜日によって異なる。月曜日から日曜日までの需要量は表5.1のようになっている。

この企業のサプライチェーンにおける適正在庫水準を検討してみる。まずサプライチェーンにおける全リードタイムを考える必要がある。図5.12に書かれてある数字はその活動に要する時間であるが，問題はそれがいくつ処理するときの所要時間かということである。そこでこの問題ではそれに関して単純化の仮定を加

■図5.12　G社のサプライチェーン活動のつながり

```
原材料調達 → 加工1 → 加工2 → 輸送1 → 組み立て → 輸送2
  5日       2日     3日      2日       1日       1日
```

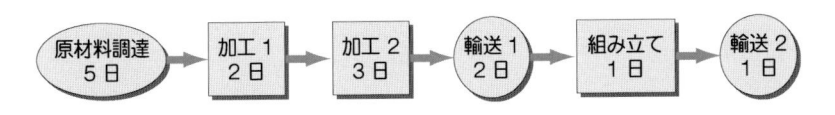

■表5.1　需要（個数）

曜日	月曜日	火曜日	水曜日	木曜日	金曜日	土曜日	日曜日
需要量	70	90	80	70	80	120	100

■表5.2　各活動段階における保有すべき在庫

日	原材料調達 (5)	加工1 (2)	加工2 (3)	輸送1 (2)	組み立て (1)	輸送2 (1)
1 (月曜日)						70
2 (火曜日)					90	
3 (水曜日)				80		
4 (木曜日)				70		
5 (金曜日)			80			
6 (土曜日)			120			
7 (日曜日)			100			
8 (月曜日)		70				
9 (火曜日)		90				
10 (水曜日)	80					
11 (木曜日)	70					
12 (金曜日)	80					
13 (土曜日)	120					
14 (日曜日)	100					
最低在庫量	450	160	300	150	90	70

(注)　活動の括弧内の数字は所要日数。また最低在庫量は各活動段階における最低の在庫。各セル内の数字は需要量。

える。すなわち，上の所要日数は，日当たりの需要の範囲でそれだけかかるとしておく。最低は月曜日と木曜日の70個，最高は土曜日の120個である。この範囲内で上の日数だけかかるとする。現実には活動内容によって異なる。例えば輸送であるが，200個でもトラックを増やせば1日で済ますことはできる。他方，定期船を使っているときには，1隻以上の船を同時に使えないので，載せきれない分は次の便になって倍以上所要日数がかかるということもある。生産でも同じである。必ずしも生産量の倍数で所要日数が変わるというわけではない。現実の状況を踏まえた所要日数の想定が必要である。

　このサプライチェーンでは所要日数は14日である。最後に輸送した製品は即販売という場合を考える。そこで，図5.11における段階として図5.12の6つの活動を当てはめる。そうなると1日の区切りで段階が移行するわけではない。

　表5.2は行にこれからの14日間，列に各段階をとって各段階の最低の在庫水準を求めるためのものである。1日目は月曜日からとする。

　適正在庫量は，このサプライチェーン全体では最低在庫量を横に加えていった

ものである，それは1,220個になる。これはこれからの14日間を考えているときの適正在庫量である。1日ずつ日数が経っていくと上の数字も原材料調達活動の一番下の行に月曜日の70が入って数字が上に1つずつずれていく。さらに，これから先の需要なので需要の推定誤差，すなわち，ばらつきが発生するので上の最低在庫に安全在庫が加わっていく。

要するに，与えられた需要とリードタイムの条件で，サプライチェーン内の適正在庫水準が決まる。管理では，上の各段階において確かに最低在庫が存在するようにしなければならない。これがサプライチェーン・マネジメントの管理における基本的な原理である。言葉では単純であるが，実際には大きな問題が2つある。

第1は，適正在庫水準の決定である。この問題はサプライチェーン全体のリードタイムがわかり，単位時間（リードタイムを測る単位時間と同じ時間）当たりの需要の水準が検討つけばその水準は検討がつく。しかしながら，需要水準を推定することは簡単ではない。またリードタイム自体がよく把握されていないような状況もある。そのような要因が加わると適正在庫水準もわからない。したがって，需要とリードタイムを，サプライチェーンの管理上から安定的にするということも重要な経営課題になる。

第2は，各段階において上のような最低在庫水準をいかにして確保するのかということである。適正在庫水準だけを堅持しても駄目で，各段階での最低在庫水準を確保することがなければ，供給は不規則になるし，需要者の信頼を失墜させる。この問題は，図5.12で示したような各活動が異なる会社で遂行されている場合には非常に難しい問題である。利害が異なるとますます難しくなる。それぞれの主体（会社）がサプライチェーン管理の原理を理解し，各段階の適正在庫水準を堅持する協力体制がなければ難しい。それぞれが勝手な思惑で行動するとサプライチェーンは企業の命取りとなるような動きをしてしまうのである。次の章で各段階間の流れに関する制御の問題を検討する。

5.4 事業盛衰とサプライチェーン・マネジメント

　事業が成長することは企業にとって望ましいので，需要が旺盛になってくると生産をフル稼働させて供給量を増やし，販売機会損失をできるだけ避けたい。不幸に事業が減退してくると被害はできるだけ小さくしたい。サプライチェーン・マネジメントの優劣はこのような期待を実現する能力を左右する。需要の変化は避けられない。事業では開始時点の需要を維持し続けることはあまりない。増えていくか，減っていくか，あるいは増加と減少を反復するかのどれかというのが一般的である。その変化に対する適応が事業の盛衰を左右するポイントとなることは非常に多いのである。それはサプライチェーンの適応問題と言うことができる。

　事業開始と共に好調な需要に迎えられたけれども，供給対応を間違ったために一転して倒産する事例も多いのである。そのときの難しさは，供給能力増強とサプライチェーンのプロセス設計および運営にある。コンピュータ・メーカーのように新技術が次々と出ては消えていく中で事業存続を行うのは難しい。単に技術だけの問題ではない。例えば事業を創立して急成長を遂げたが，品切れを続出させ，慌てて供給を増やし，落ちた需要を販促で補うというように供給の仕方を誤ったある会社は3年で倒産した。これはリードタイム，すなわち遅れということによって適応できなかった普遍的なサプライチェーンの不適応例である[9]。

　サプライチェーン全体のリードタイムが6カ月であるとする。原材料調達から完成品の出荷までの時間遅れである。この場合には，市場が成長してきたという情報で増産に踏み切っても，実際に増産したものが市場に届くのは6カ月先である。それまでは現在の在庫水準以上の販売ができない。需要を完全に充たすことはできない。緊急増産するには外に生産委託するいわゆるアウトソーシングになるが，この間に合わせのサプライチェーンにおいて上で述べたような段階ごとの在庫の適正維持を含めた管理ができるかと言えばそれは難しい。市場のクレームを増大させる製品品質上の問題も発生しかねない。

　逆に，需要が減退してきたときには，気づいて減産する決定を下してもその効果は6カ月後に現れる。これから6カ月の供給については変えようがない。需要は今日から減るが，サプライチェーン中の活動は続く。生産を中止することも

できるかも知れないが，その影響はサプライチェーンにおいて活動する主体に大きな被害となって及ぶ。

製品のライフサイクルが短くなっていくと，6カ月の間に成長と衰退が来てしまう可能性もある。上の2つの問題がほぼ同時に6カ月内で起こるのである。その場合には，長いサプライチェーンと，サプライチェーン・マネジメントのまずさが重なると大変な経営問題になる。

サプライチェーン・マネジメントは事業の最終的な収益性を大きく左右する。安定した需要が長期間続く場合には図5.3に示したように，サプライチェーンのパフォーマンスは安定させやすい。しかしながら需要が変動し始めると，突然大変な費用増を招いて需要水準から期待する収益を達成できない事態になる。事業をほとんどコントロールできなくなるリスクが発生する。

サプライチェーン・マネジメントは，事業経営では最も重要な側面である。サプライチェーン・マネジメントという概念が出てきてそれほど長くはない。需要が右上がりの単調増加の経済が終焉したときと概念に注目が集まり始めたときが時期をほぼ同じくする。需要が単調増加から周期的変動となる時期である。それはサプライチェーン・マネジメントの弱さから発生する上述の問題が起こる可能性を示唆している。それゆえ，企業はサプライチェーン・マネジメントに注目し始めたと考えることができる。

しかしながら，サプライチェーンにおける理論的意味合いを正確に理解しているならば，そして事業の収益性を持続的に維持したいと考える経営者であればこのような不幸な経験をする前からサプライチェーン・マネジメントに取り組んでいるはずである。サプライチェーン・マネジメントの水準はその企業の経営の質をそのまま反映しているのである。

参考文献・資料

[1] Coyle, J. J., Bardi, E. J. and Langley Jr., C. J., *The Management of Business Logistics: A Supply Chain perspective*, South-Western, 2003, Seventh edition, p. 16.
[2] 情報技術の視点からSCMを考える文献も少なくない。例えば，ビジネス・プロセス変革では，

Davenport, T. H., *Process Innovation: Reengineering Work through Information Technology*, Harvard Business School Press, 1993.（卜部正夫他訳『プロセス・イノベーション』日経BP出版センター，1994年）

SCMでは，

Handfield, R. B. and Nichols Jr., E. L., *Introduction to Supply Chain Management*, Prentice-Hall, 1999.（新日本製鐵EI事業部訳『サプライチェーン・マネジメント概論』ピアソン・エデュケーション，1999年）

[3] Fram, E. H., "E-commerce survivors: Finding value amid broken dreams", *Business Horizons*, July-August, 2002, pp. 15–20.

[4] Porter, M. E., "Strategy and the Internet", *Harvard Business Review*, March 2001, pp. 63–78.

[5] Christopher, M., *Logistics and Supply Chain Management*, Pearson Education, 1999.（田中浩二監訳・e-Logistics研究会訳『ロジスティックス・マネジメント戦略』ピアソン・エデュケーション，2000年）

[6] Meyer, C., *Fast Cycle Time: How to Align Purpose, Strategy, and Structure for Speed*, The Free Press, 1993.

[7] 大野耐一『トヨタ生産方式』ダイヤモンド社，1992年。

[8] 大野耐一，前掲書。

[9] Garvin, D. A., *Managing Quality: The Strategic and Competitive Edge*, The Free Press, 1988.

[10] Senge, P. M., *The Fifth Discipline: The Art & Practice of The Learning Organization*, Currency and Doubleday, 1990.（守部信之訳『最強組織の法則』徳間書店，1995年）

6

サプライチェーンの制御

　第5章で考えたサプライチェーンの管理原則の知識を踏まえると，供給時間に対応して，サプライチェーン内で確保すべき量が決まる。すなわち，サプライチェーンの全体で1週間の供給時間がかかると，そのサプライチェーン全体に1週間分の在庫がなければ平滑な供給はできない。サプライチェーンはチェーンという言葉があるように，さまざまな活動あるいはそれを担う主体のつながりになっているのが普通である。サプライチェーン全体における確保すべき量は決まっていても，現実の問題としてそれら活動主体がそれぞれどのように製品の流れに関わるかということがある。言い換えると，それぞれの活動が製品をどのように通していくかということである。上流から下流（市場）に向かって水を流すように流せばよいのか，下流側の主体のシグナルに応じて流せばよいのか，またシグナルの出し方はどんな方法あるいはルールに基づくのかなどが実際の供給では問題になる。本章ではサプライチェーンにおける制御（コントロール）の仕方について考える。

6.1 サプライチェーンの制御

前章でサプライチェーンの管理上の問題として，サプライチェーン全体における標準在庫水準の把握と，サプライチェーンに含まれる諸活動の間で必要な在庫を堅持させることの2つの問題を指摘した．本章ではそれらの第2の問題を主に検討する．

複雑化を避けるため，前章の例5.5より若干単純化されたサプライチェーンを例にして考える．

〈例6.1 3つの活動のサプライチェーン〉

K社のサプライチェーンは図6.1のように3つの活動から成りたっている．各活動の後の在庫は，次の活動に移行するための在庫（仕掛在庫）とみなすことができる．活動2在庫とは，活動1は終了し，活動2ができる状態であるが活動2はまだ未着手の状態にある物の在庫である．

この例では製品がサプライチェーンの供給（加工も含む）活動で費やす時間は14（= 8 + 4 + 2）日である．製品はサプライチェーンを14日かけて流れて，15日目の需要に応ずるようになる．図6.2は供給活動とそれにともなう供給量の動きを図示している．

製品が見込み供給を必要とする場合，すなわち顧客が製品をいきなり買いに来て，なければ買わないという製品であれば，ある日の需要に対しては，前日に完成した製品を渡せることを仮定すると，その日の14日前から活動1を開始しなければならない．黒く塗りつぶした四角は15日目に発生した需要量を表している．また右上がりの斜線の四角は最後の活動3にある量を示す．市松模様の四角はその前の活動2のそれである．網目模様の四角は最初の活動1中の量である．横軸は日数を表し，そこの目盛は1日を意味する．

まず，15日目の黒い四角で表された需要に対してはその日の朝に存在する在庫をあてがう．その在庫は斜線模様の最後（斜線模様四角の左から3番目）の四角である．また，活動2の市松模様の最後にある四角（市松模様四角の左から4番目の四角）は，活動3の13日目の活動にあてがわれるもので，需要に対する在庫と同じように13日目の朝には活動2を終えた状態で存在していなけれ

6.1 サプライチェーンの制御

■図6.1　K 社のサプライチェーン活動のつながり

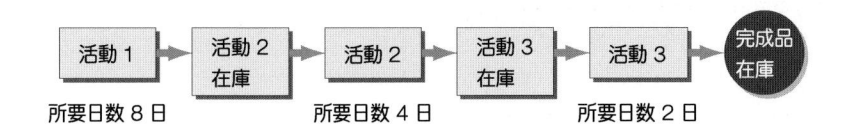

活動1 → 活動2在庫 → 活動2 → 活動3在庫 → 活動3 → 完成品在庫

所要日数8日　　　　所要日数4日　　　　所要日数2日

■図6.2　活動のリードタイムが14日の場合における供給活動推移

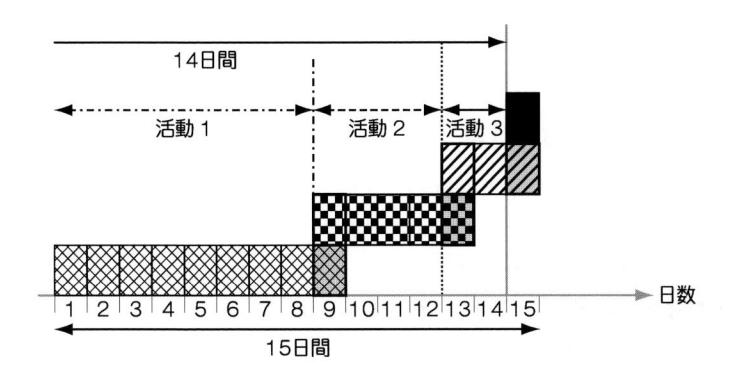

ばならない。その量は活動3の最初（13日目）の活動量になる。したがって，量として勘定するときにはどちらかだけを勘定しなければならない。活動1の最後の網目四角も同様に，9日目の活動2のために用意されているものである。勘定上では活動2における最初の市松模様の四角の量と重なるためどちらかだけを勘定する。

なお，それぞれの活動1, 2, 3における最後の四角を除いた四角はそれぞれの活動の仕掛中になっている量で，これらはそれぞれの活動が未完了の量（後の活動から見ればオン・オーダー量）に相当する。

図6.2では，太い枠の輪郭をもつ網かけの四角の量が各活動における完成品である。それ以外の影つきなしの四角は後の活動にそのまま渡すことはできない未完成品である。それらは後の活動から見るとオン・オーダー量になる。

サプライチェーンの中に存在していなければならない，各活動の完成品（網かけ四角の量）とオン・オーダー量の和の在庫量は図6.2でわかるように，15日分の需要量である。網目模様四角が9つ，市松模様四角が5つ，斜線模様が3つ

である。ただし，上述のように活動1の最後の網かけ四角（その日に活動2を行える量）と活動2の最初の四角（その日に活動2を施す計画量）は同じなので1つとして計算し，活動2の網かけの最後にある四角と活動3の最初の四角も1つとして計算するので，15個の四角が実質的にこのサプライチェーンの中に存在していなければならない量になる。すなわち，15 = 9 + 5 + 3 − 2である。この量は14日の供給活動のリードタイムに，当日の需要分に対応した1日を加えた15日間の需要を供給できる量が必要になる。言い換えれば，14に加えられる1はサプライチェーンの活動が1日単位で動くためである。そこで，以下の公式が成立する。

> チェーン内にあるべき量（適正在庫量）＝（総リードタイム＋1）×（需要量）　①

　上では需要が毎日一定量だけあるという仮定をしている。現実には，黒く塗りつぶした四角に対応する実際の需要は判明していない。それゆえ，斜線，市松，網目模様の四角の量が実際の需要量と等しいという保証はない。そこに現実のサプライチェーンの難しさが出てくる。しかしながら，確定であろうと，不確定であろうと，供給活動量は決定しなければならない。それゆえ，たとえ推定値であっても，15日分の需要（と思われる）量をサプライチェーンの中に保有していなければ供給活動は不可能になる。したがって，理屈としては①は需要がわかっていようといまいと成立する。需要がわからない場合には，推定した需要量をあたかも確定需要のようにみなして計画しなければならない。

　問題はサプライチェーンの中で，需要に間に合うように，しかも効率的に（費用をできるだけ少なくして）流す仕方である。その場合に①のチェーン内在庫を堅持するということ，そしてそれぞれの活動において適切量だけ保持することがポイントになる。以下ではその方式を考えていく。

6.1.1　プッシュ方式（Push system）

　プッシュ方式とはサプライチェーンの最初の活動1から供給すべき量を押し込んでいき，活動1が終了すれば次の活動2へとできあがった量を送り出す方法である。事前の活動から送られてきたものに対して次の活動がその担当機能を施し，終わればその後の活動に送り出す。

〈例6.2　プッシュ方式モデル〉

　例6.1のチェーンでプッシュ方式を採用することを考える。活動1から売れる量を投入していく。本来は予測値を入れるべきであるが，ここでは売上量を活動1から投入することを仮定する。今，単純化のためにまず毎日100個の確定需要があると仮定する。また，需要は15日目から発生すると想定する。したがって，K社は今日から毎日100個の供給活動を活動1から行っていけば，最初の100個が14日目には完成して，15日目の需要に間に合う。

　需要がすべてわかっているときには①は確実に判明する。すなわち，毎日一定の100個の需要を想定しているときには，①の需要量のところに100個を代入すればチェーン内にあるべき量は決まる。1,500個になる。

　図6.3では，各活動後の在庫（活動2在庫，活動3在庫，完成品在庫）の推移と需要の推移が示されている。これらはすべて等しい100個になる。すなわち，需要が確定の100個，顧客に渡せる段階の完成品在庫も各日の操業開始時点では100個なければならず，活動2在庫（活動1終了段階の在庫），活動3在庫（活動2終了段階の在庫）も同様に100個なければならない。それゆえ，在庫と需要がすべて等しく，一本の線として重なる。

　図6.4ではチェーン内にある（オン・オーダー量を含む）在庫量（チェーン内総量）の推移を示している。

　日の操業終了時点では1,400個の量がチェーン内に存在する。活動2在庫，活動3在庫，完成品在庫に活動1，活動2，活動3の仕掛在庫が加算される。すなわち，100 + 100 + 100 + 700 + 300 + 100である。翌日始業前に100個活動1に100個を投入する。

　この動きは確定需要100個という状況における最小限度の供給活動である。もっと在庫をもっておくという考え方もあるが，確定需要が毎日100個あるという

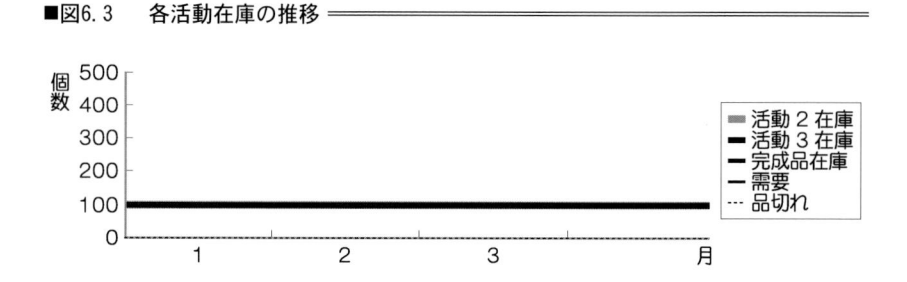

■図6.3　各活動在庫の推移

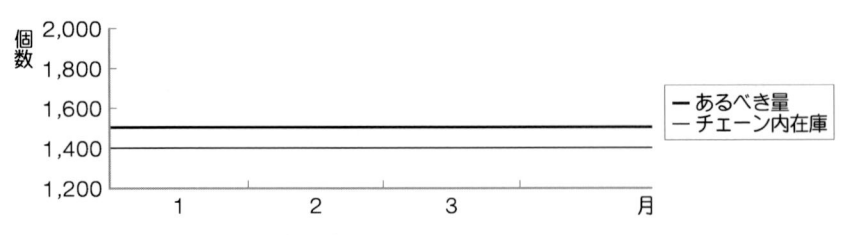

■図6.4　チェーン内にあるべき量と実存量（プッシュ方式）

場合にはそれは供給過多（無駄）である。

　需要が確定ではない場合には，活動1から押し込んでいった量と，実際の需要の間に相違が出るので，完成品在庫のところで変動が発生し，さらには品切れも起こり得る。需要を平均値100個，標準偏差20個の正規分布と仮定する。その需要のパターンでは平均値が100個なので活動1から押し込んでいく量をそれに合わせて一定の100個とした場合には図6.5(1)のような在庫推移になる。ただし，安全在庫はもたないとする。

　当然，活動1に押し込んだ量と実際需要と異なる可能性が出てくる。その場合には品切れが発生し（一番細い下にある小さな波形），完成品在庫が変動する。しかしながら，活動3よりも前の在庫，すなわち，活動2および活動3在庫では，100個入って，100個出ていくために変化しないで横方向に一定の推移を示す。完成品在庫のところでのみ実需と推定需要の差がすべて現れる。現実にもプッシュ方式が問題とされるが，その理由は最終段階の顧客に手渡せる完成品在庫が図6.5(1)のように大きく振れることである。川上から押し出されてくる一定量100個よりも市場に出ていく量が少なくなると**過剰在庫**になる。この例ではその過剰部分は後の平均以上の需要増に供給されて減る。

　買い手は品切れの場合に待たないという仮定をすると完成品在庫は0より小さくなることはないので，完成品在庫は営業開始時点では最低が100個である。100個未満の需要の場合には100個に達しない部分はすべて完成品在庫に積み増していく。言い換えれば，毎日0以上の量が積み上がるが，0より大きくなる確率は50％なので，図6.5(1)のように100個よりも多い量で推移する。その多い完成品在庫が品切れを少なくする。需要量の平均値を目指して操業しても，プッシュ方式では，完成品在庫の変動は避けがたい。この場合には，チェーン内在庫の平均値は1,442個で，平均品切れ率が0.5％である。

　同じプッシュでも，活動1から入れ込む量を平均値の100個ではなく，売れた

■図6.5(1) 需要が平均100個，標準偏差20個の正規分布で変化する場合の在庫推移。投入量は平均値の100個とする。（プッシュ方式）

■図6.5(2) 需要が平均100個，標準偏差20個の正規分布で変化する場合の在庫推移。投入量を売れた量とする。（プッシュ方式）

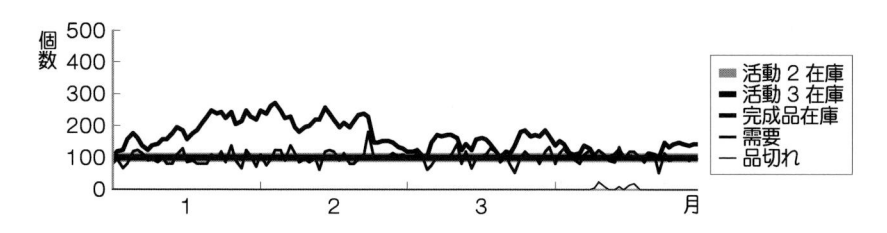

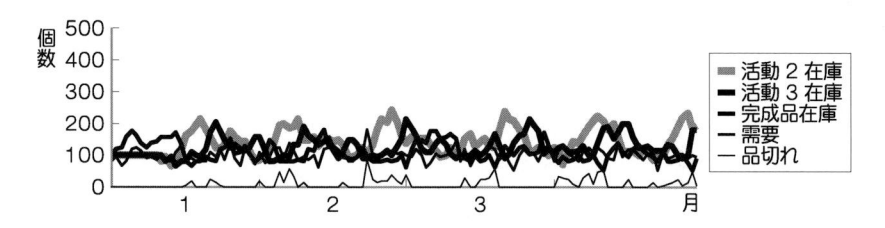

量を入れ込む場合には状況は変化する。図6.5(2)がそのときの在庫変動である。

活動1から入れ込む量を平均値100個ではなく，売れた量にすると，投入する量は日々異なる量になるし，各在庫における流入と流出量が一致しなくなるので，図6.5(2)のように各在庫が変化する。完成品在庫だけが膨らむことはない。しかしながら，チェーン内にある量は売れた分（在庫がチェーンから減った分）を補充していくので一定値を維持する。この場合のチェーン内の総在庫量の平均は1,409個，しかしながら品切れ率は8.4％へと増加する。品切れが多くなるのは，完成品在庫が一定量100個を投入していったときに比較して平均量が低下し，需要変動に追従できない水準に落ち込む確率が多くなったからである。

6.1.2 プル方式（Pull system）

プッシュ方式は活動1から供給した量をそのまま完成品在庫のところまで押し出していく方式であったが，これと正反対の考え方をするのがプル方式である。それは需要に応じて活動3が稼働し，その稼働量が川上へと要請量となって遡る方式である。例6.2と同じ需要状況で考える。

〈例6.3　プル方式モデル〉

　確定需要100個が毎日発生する場合を想定する。このような場合には，100個を活動3から完成品在庫へと供給するように稼動し，供給した量を活動2へ供給してくれるよう要請する。最初から各在庫点に後の活動からの供給要請に応えられるように必要な量だけはまず置いておくことが必要になる。すなわち，完成品在庫，活動3在庫，活動2在庫には次の活動がすぐにその活動を施すことができるような状態の製品を100個は置いておかねばならない。確定需要100個の状況では結果はプッシュ方式と同じになる。

　毎日一定の確定需要100個の場合にはプッシュ方式とプル方式との差は認めることはできない。20％の変動のばらつきが需要に加わった状況でも，平均需要量分100個を要請し続けると結果はプッシュ方式とは同じ結果になる。まずそれが図6.6(1)である（プッシュ方式の場合における図6.5(1)と比較せよ）。ただし，安全在庫はない。

　結果的に，プッシュ方式と違いはない。同じ100個を活動1から押していくか，活動3から引くかの違いだけである。

　次に売上量を引いていく，いわゆる売れる速度で引くようにすればどうであろうか。その結果は，図6.6(2)である。在庫水準はプッシュ方式に比べて低位安定性が増している。チェーン内総量の平均は1,415個となる。平均品切れ率は4.6％になる。

　チェーンに供給する量が一定の場合（例えば，需要の平均値を入れる）には両方式には違いが出ない。売れ行きに応じて供給する場合には，需要が変動すると両者には違いが出る。プッシュ方式は営業終了時点で売れた量を活動1から入れるのに対し，プル方式は同じ量を活動3に注文し，その量を活動3から2日遅れで供給してもらう。したがって，プッシュ方式の場合の方がプル方式よりも完成品在庫の回復はより遅れる。なぜなら，売上として出て行った量と等しい量が完成品に供給されるのはプッシュ方式では活動1のリードタイムだけの遅れに活動2，活動3のリードタイムがさらに加算された遅れで供給されるからである。第2章で述べたように，リードタイムは在庫における流入と流出のずれを大きくする状況を生み出し，それが品切れを出す完成品在庫の落ち込みの原因になる。

　図6.7(a)はプッシュ方式の場合の完成品在庫水準を規定する売上と活動3の量の推移，図6.7(b)はプル方式の場合のそれらを比較として示している。それ

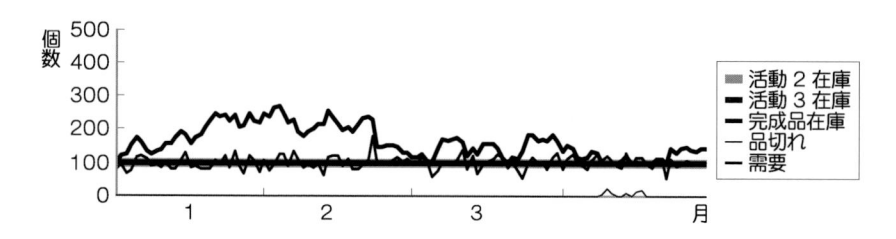

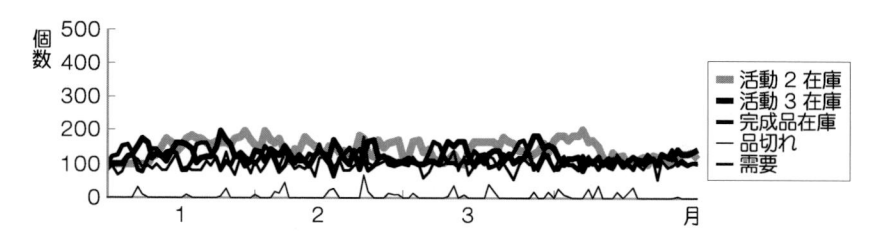

■図6.6(1)　需要が平均100個，標準偏差20個の正規分布で変化する場合の在庫推移。投入量は平均値の100個とする。（プル方式）

■図6.6(2)　需要が平均100個，標準偏差20個の正規分布で変化する場合の在庫推移。投入量を売れた量とする。（プル方式）

■図6.7　プッシュ方式とプル方式の完成品在庫を規定する売上と活動3の推移

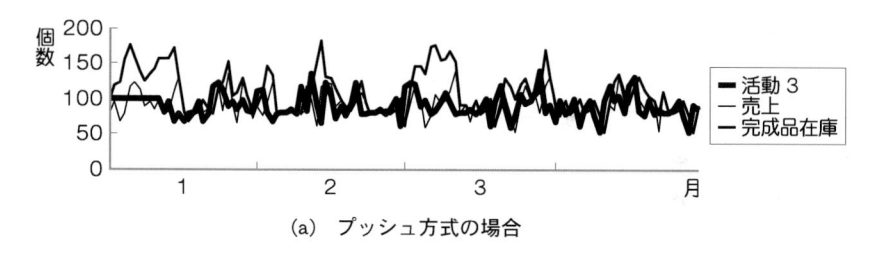

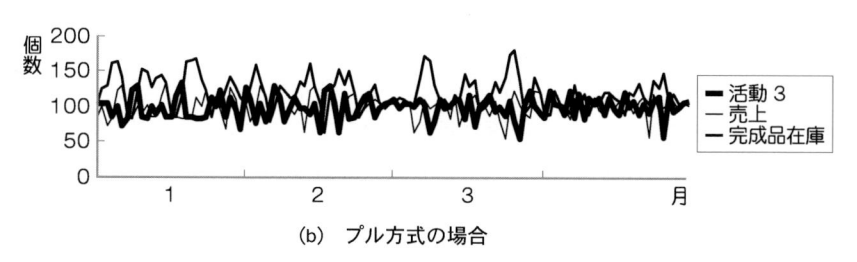

(a) プッシュ方式の場合

(b) プル方式の場合

ら2つの量の推移のずれが大きいほど完成品在庫水準の変動が大きくなる。プッシュ方式の場合の方が完成品在庫の下方向への変動が大きい。

さて，今見てきたプッシュ方式とプル方式の比較をすると，プッシュ方式が単純に在庫を増やすという一般的な理解は正しくないことがわかる。確かに，プッシュ方式では流入量以上には流出量は増えないし（流入量 ≧ 流出量），プル方式では逆に，流入量は流出量以上にはならない（流入量 ≦ 流出量）。したがって，プッシュ方式が在庫増加を招き，プル方式が在庫を抑制する性質をもっている。問題は，それぞれの方式を適用するときの状況である。需要変動を考えずに一定の投入を続けるとプッシュ方式は在庫過剰をもたらす潜在可能性が高い。しかし今の例のように，例えば平均需要量を投入するなどの運用をすれば両者には差は出ない。ただプッシュ方式における一つの弱点は，市場に接する完成品在庫において，チェーンのリードタイムが長いと変動をプル方式よりも大きくする可能性があって，それが品切れや過剰在庫の原因になるということである。

プッシュあるいはプル方式では，本質的に各在庫の管理主体が，前から送られてきた量，あるいは後（市場に近い方）からの要請量をそのまま流すという想定をしていた。ここで管理主体とは，各活動を担う者のことである。例えば，活動1を担う主体は，活動1の量を決め，それに応じた供給（生産）活動を行う。活動1の主体はその供給活動と活動2在庫の管理を行う。

上で想定していた流し方は，プッシュ方式では，例えば，活動1の管理主体が需要推定に基づいて供給量を決め，その量に応じて生産（供給）活動を行い，完了した量を活動2在庫に送り込む。その量が翌日に活動2へと送られる。プル方式では，活動主体1は，後の活動主体2から要請された量だけの生産（供給）活動を行い，活動2在庫に完了したものを送る。それは翌日に活動2に送り出される。

このような流し方とは別に，各管理主体が固有に判断して要請し，供給するという方式も考えることができる。特に，サプライチェーンに介在する活動主体が別の組織（企業）に属するような場合には，それら主体が独自に判断して必要な量を後に供給してもらう可能性が高い。例えば，プル方式では卸売業者であれば，小売業者からの注文に応じてメーカーに発注する量は独自に判断することも十分考えることができる。その場合には小売業者から受注する量と，メーカーに発注する量は一致するとは限らない。そこにサプライチェーンにおける挙動の複雑さ

が発生する。メーカーが流通している量を把握できない場合には生産量も適正かどうか判断できない状況が生まれる。問題はチェーン内におけるリードタイム，あるいは遅れが存在することによってよりややこしくなる。

例えば，ある商品が売れ筋になったとする。そうすると，卸売業者は何を心配するかというと，その商品が確保できるかということである。メーカーは市場からの注文（小売業者からの注文）が増えて欠品気味になるとその商品を卸売業者に割当配分することになる。卸売業者は現在ではなく将来の売れ行きを期待してその商品をより多く確保するような注文をしてしまう。すべての卸売業者がそのようなことをするとメーカーは増産を一生懸命しようとする。リードタイムだけ遅れて市場に商品が送られて来ると実需要の水準をはるかに超えた供給になって，一気に在庫が膨らむ。それを避けるために安売りに走る。せっかく売れ筋になっても安売り合戦に突入してその商品に対する市場の反応は冷え込む。結果はその商品の寿命が尽きることで終わる。

このような状況はサプライチェーンにおいて頻繁に起こることで，ヒット商品と判断されるとその寿命を短命化するように動く怖さを有している。優れたサプライチェーン・マネジメントはこのような問題を最小限に抑制するためにも必要である。このような現象については後の節で述べる。本章では，各主体が独立に判断して供給要請を行うような状況において，本来的にどうあるべきかを考える。

6.1.3 独立方式

今までは各々の活動が一つの流れとして管理されていたが，供給活動ごとに管理を行うという形も考えられる。これを独立方式と呼ぶ。ここまで述べたものと同じ例で考える。

〈例6.4　独立方式（適正在庫堅持）モデル〉

まず図6.2の構造と式①をよく理解しておく必要がある。図6.2では異なる供給活動が3つある。そこで，それらの活動を各々が独自の判断で行うことを考える。その場合には，活動主体1はその活動中の在庫（オン・オーダー在庫）と活動2在庫の管理を担う。活動主体2は活動2中の在庫と活動3在庫の管理を担当する。そして活動主体3は活動3中の在庫と完成品在庫を管理する。問題は各主体がその担当活動量をどのように管理すれば良いのかということである。

図6.2を次に再録しておく。

■図6.2の再録

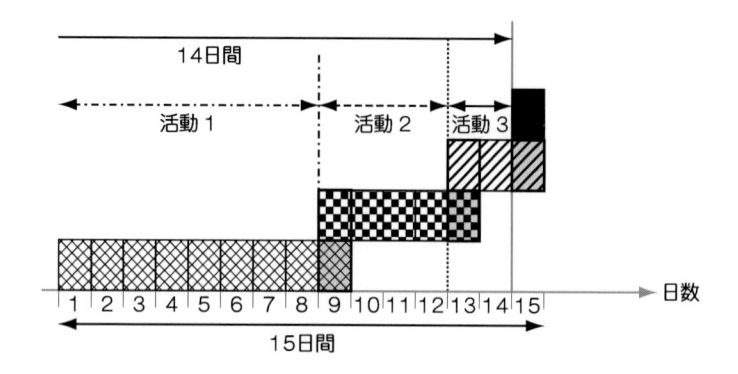

　この図で網目模様の四角を管理するのが活動主体1，市松模様の四角を管理するのが活動主体2，斜線模様の四角を管理するのが活動主体3である．図では，四角が4段重ねになっている．問題は下から3段である．最下段の9つの四角を確保することを目指して管理するのが活動主体1である．また下から2段目の5つの市松模様の四角を目指して管理することが活動主体2の管理目的である．最後の活動主体3は3つの斜線模様四角を確保する管理を行う必要がある．

　そこで，各活動主体あるいは管理主体はそれぞれの仕掛および活動後の在庫について，①式の量を確保するように供給決定を行う．活動主体1は，9（＝8＋1）日分の需要を保有すべく供給量を決める．また活動主体2は，5（＝4＋1）日分の需要を満たすべく供給量を決定する．そして最後の活動主体3は，3（＝2＋1）日分の需要を満たせるように供給量を決めるのである．すなわち，各主体は，現状の在庫水準（オン・オーダー在庫＋後主体が活動を施せる状態になっている在庫）と上の理想在庫水準のギャップをなくすように供給量を決める．例えば，活動主体1は供給量決定時点では，以下のように供給量を決める．

活動主体1の供給量
　＝ max.(0, 理想在庫 − 活動2在庫 − 活動1オン・オーダー在庫)
　＝ max.(0, 9日分の需要に相当する在庫 − 活動2在庫 − 活動1オン・オーダー在庫)　②

　すなわち，ある日の操業開始時点で，そのときの活動2在庫と活動1のオン・オーダー在庫の和が理想在庫（9日分の需要量）よりも少なければその少な

■図6.8　独立方式の場合における各活動終了後在庫の推移

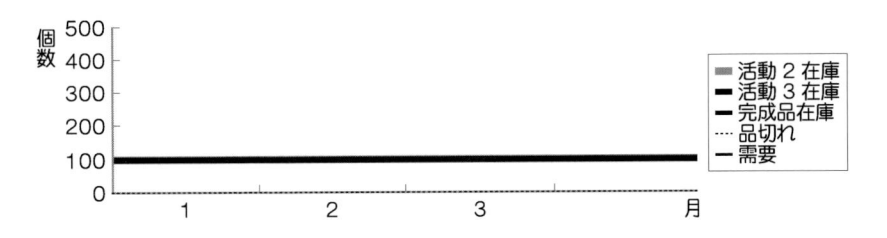

■図6.9　チェーン内にあるべき量と実存量（独立方式）

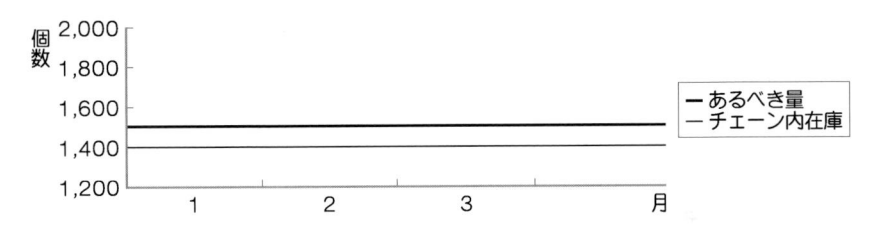

い分だけ供給量を投入する。もしも少なくなければ投入しない。

　他の主体も同様にその理想在庫に応じて供給量を決定する。確定需要100個の状況で各活動終了後の在庫の推移とオン・オーダー在庫を示したものが**図6.8**と**図6.9**である。結果はこの状況ではプッシュ，プル方式とまったく同じである。

　各主体が自分の理想在庫を堅持するように行動するこの方式は確定需要下において数字的に同じ結果をもたらすが，需要が変動しはじめるとそれぞれの違いが出てくる。それは供給量の決定の際に供給する主体が何を基準に決定するかの違いがあるからである。この方式では他の方式と異なって最初から各活動段階の主体が独自に理想在庫を掲げている。プッシュ方式では前から送られてきた量，プル方式では後の活動が要請する量を送り出す。

　需要が20％の変動をきたすときには，プル方式と同様の品切れが発生する。**図6.10**は**図6.8**に対応するそのときの各活動終了後在庫である。

　この場合の平均品切れ率は4.6％，チェーン内の平均総量は1,415個である。各在庫水準はその前の活動のリードタイムに応じた変動をするが，チェーン内では落ち着いた動きをしている。

　独立方式において安全在庫を導入して品切れを防止することを考える。それぞ

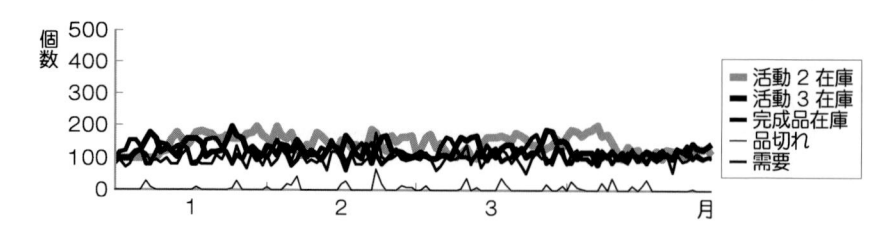

■図6.10 需要が平均100個，標準偏差20個の正規分布で変化する場合の在庫推移。（独立方式）

れの活動にともなうリードタイム中の需要の変動（標準偏差）の2.33倍（許容品切れ率1％）を理想在庫に加えることになる。同時に各活動終了後在庫（活動2在庫，活動3在庫，完成品在庫）の初期値にもその活動のリードタイムに応じた安全在庫を置く。その結果が**図6.11(a)**である。品切れはなくなるが，全体的に在庫水準は膨らむ。**図6.11(b)**および**(c)**は安全在庫を加えたときのプッシュ方式，プル方式の在庫推移である。ただし，これら2つの方式では売れた量を供給することを想定している。それぞれの方式のパフォーマンスを見ると，各活動終了直後の在庫とオン・オーダー在庫（仕掛在庫）を加えたチェーン内在庫と品切れ率の平均値について計算すると，独立方式では1,723個と0.04％，プッシュ方式では1,723個と0.9％，プル方式では1,723個と0.04％である。それほど差はないが，数字的には品切れと在庫水準のバランスで，独立方式とプル方式が同じで，プッシュ方式よりも優れた結果になっている。現在の状況では独立方式とプル方式は同じ結果をもたらす。しかしながら，両者は違う。そのことは後述する。

また**図6.12**の**(a)(b)(c)**はチェーン内にあるべき量と実存量，活動段階ごとの確保量を3つの方式について比較している。なお，活動段階ごとの確保量とは，各活動後の在庫とその活動中の仕掛在庫（オン・オーダー量）の和のことである。それらがすぐ後の活動からの注文要請に応えられない場合には品切れとなるし，それよりも多過ぎると過剰在庫ということになる。例えば，段階3における確保量は，完成品在庫と活動3の仕掛在庫の和であるが，それはどのくらいあることが望ましいかは以下のように規定できる。

■図6.11　安全在庫を置いたときの3つの方式の各活動終了後在庫の推移

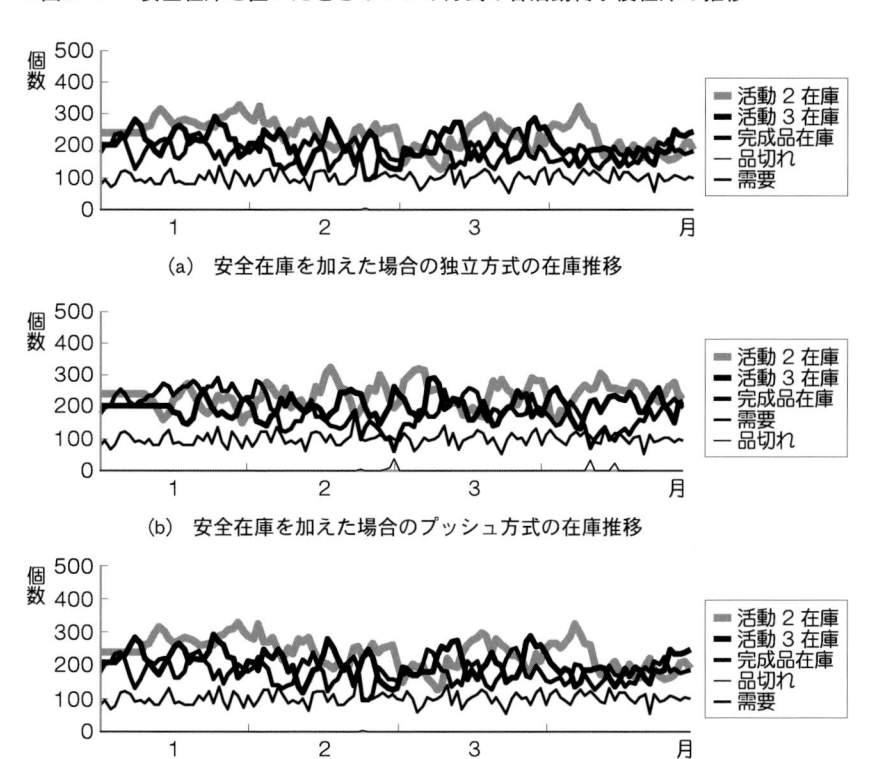

(a) 安全在庫を加えた場合の独立方式の在庫推移

(b) 安全在庫を加えた場合のプッシュ方式の在庫推移

(c) 安全在庫を加えた場合のプル方式の在庫推移

> 段階3のあるべき量
> ＝（活動3のLT＋発注間隔）×（確定需要）
> ＋（安全在庫係数）×$\sqrt{活動3のLT＋発注間隔}$×（1日の需要の標準偏差）
> ＝$(2+1) \times (100) + 2.33 \times \sqrt{3} \times (20) = 380.7 \fallingdotseq 381$

チェーン全体では，例えば，活動1と2においては過剰在庫状態で，活動3では品切れ状態ということもありえる。それは何で測るかと言えば，各活動段階における確保量が上で定義したようなあるべき量と比較して多過ぎるか，少な過ぎるかということが基準になる。このような過剰さ，過少さはチェーン内におけ

■図6.12　安全在庫を置いたときの3つの方式のチェーン内にあるべき量と実存量

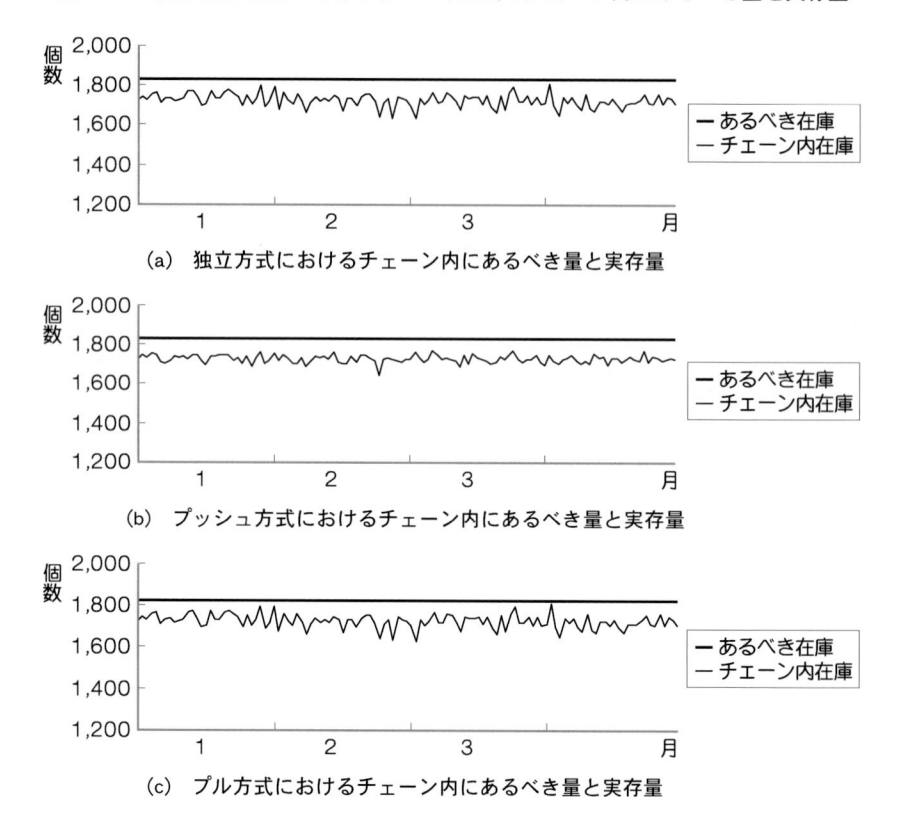

(a) 独立方式におけるチェーン内にあるべき量と実存量

(b) プッシュ方式におけるチェーン内にあるべき量と実存量

(c) プル方式におけるチェーン内にあるべき量と実存量

るスムーズな供給が行われない場合に発生する．いわゆるチェーン内の滞留現象である．図6.12ではチェーン全体の在庫量の適正さを判断できる．

　日末の時点では，あるべき量より翌日営業開始前に入ってくる供給量程度少ない状態が適正である．それから言えば，どの方式も破綻はない．

　他方，図6.13では各段階における確保量の適正さを評価する．特に，市場と直面する最終段階，すなわち活動3段階における確保量（第3段階在庫量）がそこにおける適正量と比較してどうかを見るために図ではそこにおけるあるべき量を一緒に示している．プッシュ方式はあるべき量よりも下回る部分が大きい．特に，2月末，4月中旬あたりの確保量の落ち込みが品切れにつながっている．他

■図6.13　安全在庫を置いたときの3つの方式の活動段階ごとの確保量

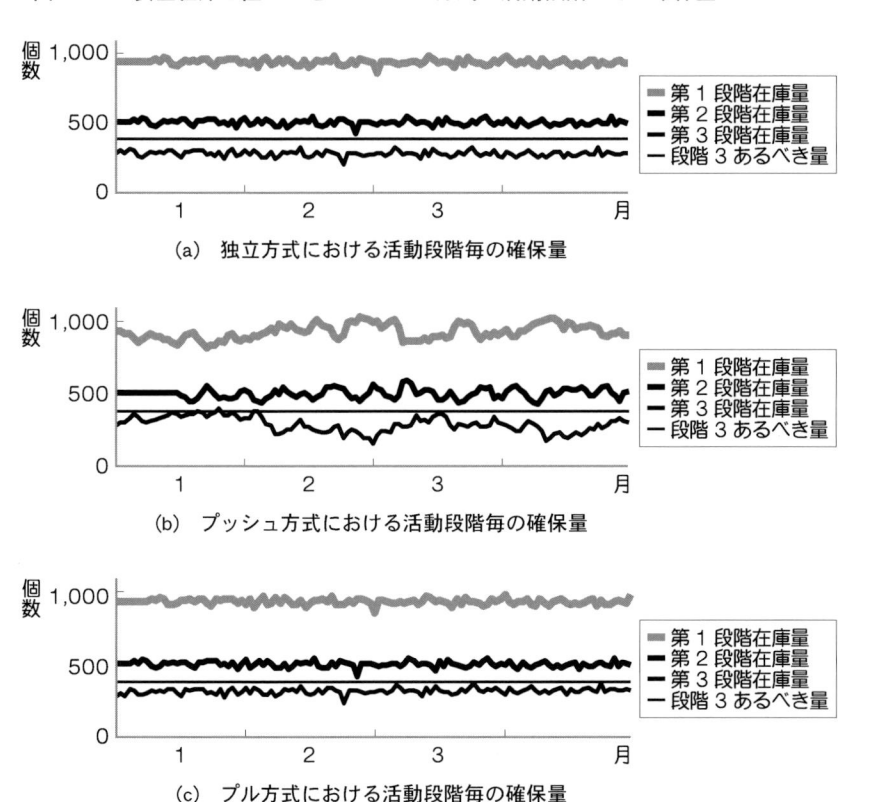

(a) 独立方式における活動段階毎の確保量

(b) プッシュ方式における活動段階毎の確保量

(c) プル方式における活動段階毎の確保量

の方式では問題はない。したがって，品切れの発生もほとんどない。

　結論的に言えば，今の状況ではプル方式は独立方式と変わらない結果をもたらす。需要が構造的に変化しない限り独立方式と同じような結果をもたらすのである。それは売れた量を引っ張る場合には，**適正確保量**に戻すような行動をするからである。すなわち，適正確保量から少なくなった分を補充する方式だからである。しかしながら，適正確保量を明示的に意識しているわけではなく，適正確保量自身が変化していくとそれとのずれが発生するようになる。

6.2　3つの方式の比較

　3つの方式の違いは，先述のように供給する量の決定においての違いであると述べてきた。プル方式では原則的に売れた量に応じて供給する仕方を前提に考えてきた。しかしながら，プル方式は，市場側から供給すべき量を要請する点に特徴があり，プッシュ方式はチェーンの最初の段階から送り込むところに特徴がある。したがって，引っ張るか，押すかの違いが重要である。しかしながら，望ましい供給の仕方という観点に立つと，どれだけ供給するかという点では本質的な違いがあってはならないのである。すなわち，（リードタイム + 1）の期間中の需要に応ずるという①の意味合いをチェーン全体および各活動段階において遵守するべきである。これだけはチェーンの中にないと供給できない事態が起こるのはどの方式でも同じである。最後の独立方式はこのチェーン内のしかも各活動段階で必要な在庫を確保することを目的に供給量を決める方式で，理論的には最も好ましい。そこでプッシュ方式，プル方式の特性をそのような視点から要約してみる。

6.2.1　プッシュ方式の特性

　プッシュ方式では，活動1から押し込む量を決める場合に，需要の平均値または売上量とした。その問題点は，押し込む量を決めるときに，チェーン全体および各活動点の適正在庫量を考慮していないことである。

(1)　チェーン全体の適正在庫量の考慮

　需要が変動し始めると活動1から入れ込む供給量適正水準を検討しなければならない。その適正水準はサプライチェーン全体を見て適正な水準とならなければならない。その適正な水準とは式①で規定された量である。それをもう一度書いておく。

$$\text{適正な水準} = (\text{供給リードタイム} + 1) \times (\text{需要})$$
$$= (\text{供給リードタイム} + 1) \times (\text{平均需要}) + \text{安全在庫} \quad ③$$
$$\text{安全在庫} = (\text{安全在庫係数}) \times (\sqrt{\text{活動1供給リードタイム} + 1}$$
$$+ \sqrt{\text{活動2供給リードタイム} + 1}$$
$$+ \sqrt{\text{活動3供給リードタイム} + 1}) \times (\text{需要の標準偏差}) \quad ④$$

6.2 3つの方式の比較

ここで，安全在庫は各活動段階において用意されると考えている．したがって，各活動段階のリードタイムに応じて定義される．チェーン全体では，（安全在庫係数）× $\sqrt{\text{全体のリードタイムの和}+1}$ ×（需要の標準偏差）で良いが，各段階で後活動からの要請に応じないといけないことを考慮して④のように定義するわけである．安全在庫係数は1％の許容品切れ率に対応する2.33とする．また需要は正規分布で近似でき，平均需要は100個，需要の標準偏差は20個である．正規分布以外の場合にはその分布に関する適切な平均値や標準偏差を考慮する必要はあるが，この点に関してはここでは立ち入らない．数字を当てはめると③は以下のようになる．

$$\text{適正な水準} = (14 + 1) \times (100) + (2.33) \times (\sqrt{9} + \sqrt{5} + \sqrt{3}) \times (20)$$
$$= 1{,}500 + 309.8 \fallingdotseq 1{,}810$$

またその③の水準と比較するチェーン内で現在確保している量は以下のようになる．

> **チェーン内確保量**
> ＝ 各活動の完成品在庫 ＋ 各活動におけるオン・オーダー(仕掛在庫)量　⑤

今まで想定してきたプッシュ方式は活動1から押し込む量を単純に需要の平均値あるいは売れた量としていた．その結果，③については明示的にはまったく考慮していない．言い換えれば，③と⑤のギャップには無関心であった．しかしながら，売れた量を押し込む場合には，チェーンから出て行った量を押し込むわけであるから結果として常に③に戻そうということをしていたことになる．すなわち，売れて③より低下した量をチェーンに入れ込んでいたのである．（図6.12(b)を参照のこと）

需要の平均値を押し込む場合には，図6.14(a)のようになる．安全在庫を加えているので平均チェーン内在庫は1,777個と増加する．押し込む量を売れた量とした場合には，1,724個であった．

図6.14(b)はそのときの在庫変動を示し，品切れ量は出ていない（押し込む量を売れた量とする場合の在庫変動を示す図6.11(b)を参照のこと）．需要の平均値を押し込み続けると，チェーン内の適正量（あるべき量）を超えるような場合も出てくる．需要が減ったときにも一定の平均値100個をチェーンに流し込むからである．

■図6.14　プッシュ方式で押し込む量を需要の平均値とする場合

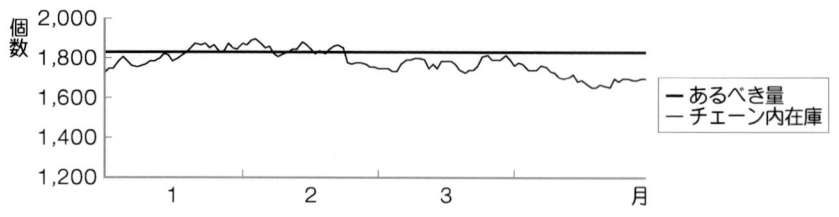

(a) 押し込む量を需要の平均値とした場合のチェーン内にあるべき量と実存量

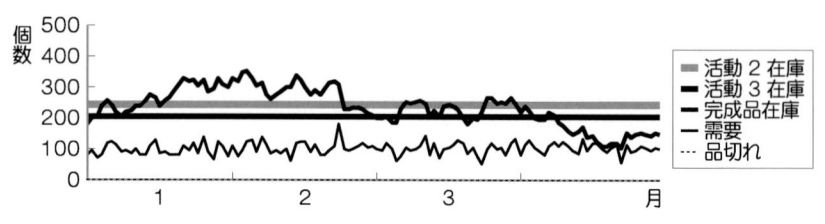

(b) 押し込む量を需要の平均値とした場合の活動後の在庫量の動き

　売れた量を押し込む場合には，チェーンから出て行った量を押し込むわけであるから結果として常に③に戻そうということをしていたことになる。すなわち，売れて③より低下した量をチェーンに入れ込んでいたのである。（図6.12(b)を参照のこと）

　プッシュ方式ではチェーン全体の適正在庫量を無視することの影響は売れた量を流し込む場合には存在しない。流し込む量を売れた量以外の水準にするとチェーンの適正在庫量からの逸脱が起こりやすくなる。その逸脱がチェーンにおける過少在庫あるいは過剰在庫を引き起こす。図6.14(a)の場合にチェーン内の在庫は増加気味である。それが品切れを減らした理由であるが，在庫は過剰気味である。

(2) 活動段階の適正在庫量の考慮

　各活動段階において確保しておくべき量もチェーンの成果を考える場合には重要である。特に市場と直面する段階における適正確保量の堅持，なかんずく完成品在庫の堅持（1日の平均需要に1日の安全在庫分を加えた量）は不可欠である。活動3における適正確保量は③，④においてリードタイムを活動3のそれに置き換えて定義できる。すなわち，

6.2 3つの方式の比較

> 活動 3 段階の適正な水準 ＝（活動 3 の供給リードタイム ＋ 1）×（需要）
>
> ＝（活動 3 の供給リードタイム ＋ 1）×（平均需要）＋ 安全在庫　⑥
>
> 安全在庫 ＝（安全在庫係数）×（$\sqrt{\text{活動 3 の供給リードタイム ＋ 1}}$）
> ×（需要の標準偏差）　⑦

数値例では，

活動 3 段階の適正な水準 ＝ (2 + 1) × (100) + 2.33 × ($\sqrt{3}$) × 20 ＝ 381

　需要の平均値を押し込む場合には，最後の第 3 段階における確保量に実需と流し込む量のギャップによる変動がしわ寄せされる．その結果，変動が大きいと完成品におけるもつべき量，すなわち，1 日分の平均需要とその安全在庫分の和より下回ることも出てくる．それが品切れにつながる．

　売れた量を押し込む場合には，チェーン全体の適正在庫量の堅持は結果的にできていたが，平均需要を押し込む場合と異なり，段階的には，すべての段階における確保量が変動する．したがって，平均需要を押し込む場合と同様に，特に肝心な活動 3 段階における適正在庫量の堅持には破綻がくる可能性がある．流し込むのは活動 1 からである．それが活動 3 の段階に来るまでには 13 日間（12 日＋ 1 日の発注遅れ）の遅れが出る．完成品在庫になると活動 3 の 2 日のリードタイムがさらに加わって総計 15 日間の遅れとなる．完成品在庫の振れは完成品の適正在庫を逸脱する危険性，特に下回る危険性をはらんでいる．このことは一定の需要平均値 100 個を押し込む場合でも同じであるが，100 個というのは需要減少期には在庫過剰となって完成品在庫に溜まるため，品切れは売れた量を押し込む場合に比較して少なくなる．

　完成品在庫における変動は結局，チェーンのリードタイムに応じた供給遅れのなせるわざである．これはチェーンの始点から押し込んで，その量を段階ごとに同じ量だけ動かしていくようなプッシュ方式の基本特性である．段階ごとに前から来た量と後段階へと流す量を必ずしも一致させないで良いという方式にすると，それはプッシュ方式とは異なるものになる．すなわち，各段階で判断して流すということになって，それは独立方式である．

　最終的に，顧客の需要を逃したくない，あるいは彼らへの供給を必ず行うということを遵守しようとするとプッシュ方式では完成品在庫における適正在庫量を

死守するということになり，それは活動1から押し込む量をあらかじめ増やすという行動になって現れる．それが需要の変動とチェーンのリードタイムに比例してチェーン中途における在庫変動を大きくし，結果的にチェーンにおける過剰在庫状態を引き起こすのである．その結果を見て，過剰在庫がプッシュ方式の問題として一般的に吹聴されることになる．しかしながら，それは潜在性の問題であって，必然的結果ではない．

6.2.2 プル方式の特性

プル方式でもプッシュと同様にチェーンおよび段階ごとの適正在庫量の堅持という問題を考える．

(1) チェーン全体の適正在庫量の考慮

活動3から引っ張る場合に，引っ張る量が需要の平均値であるときには，結果はプッシュ方式と同じになる．チェーン全体の適正量を上回る場合や下回る場合がある．

売れた量に応じて引っ張る場合には，品切れは無視するが，定められた適正量は維持する動きは保持できる．

(2) 活動段階の適正在庫量の考慮

引っ張る量が平均需要量の場合には，プッシュ方式とやはり変わらない．売れた量を引っ張る場合には，活動3段階におけるオン・オーダー量に完成品在庫を加えた確保量を一定にする．他の段階でも同じに一定を保つ．この点で，各段階で確保量が変動するプッシュ方式とは違いがある．プル方式は各段階における在庫を安定化させる．

6.2.3 3つの方式の相違：適正確保量への適応能力

今までの状況では少なくともプル方式と独立方式の違いはほとんどない．それは適正在庫量が変化する場合を考慮していなかったからである．需要は変化する．したがって，今度は平均需要100個自体が周期的にも変化する場合を想定して考える．周期的ではなく，一方向での変化の状況，例えば成長し続ける，あるいは減少し続ける場合も考えることはできるが，結果は以下で述べる差異がさらに拡大するだけである．

6.2 3つの方式の比較

〈例6.5 プッシュ方式の適正確保量への不適応モデル〉

今度は，一定であった平均需要100個が60日の周期でプラス，マイナスの方向に30％の変化をする場合を考える。需要の標準偏差はその動く平均の20％となる。

図6.15(a)，(b)，(c)はその場合の在庫の推移とチェーン内にあるべき量，実存量，各活動段階における確保量の動きを示している。明らかに，在庫は増加し，変動幅が拡大する。チェーン内の在庫の平均は1,730個に若干増え，品切れ率の平均は4.3％へと増える。需要の平均値が一定の場合にはそれらは1,723個と0.9％であった。在庫の振幅が拡大することが大きな違いである。また，チェーン内のあるべき量は動いているにもかかわらず，チェーン内の在庫は無頓着に横ばい

■図6.15　需要の平均値が周期的に変化する場合の状態（プッシュ方式）

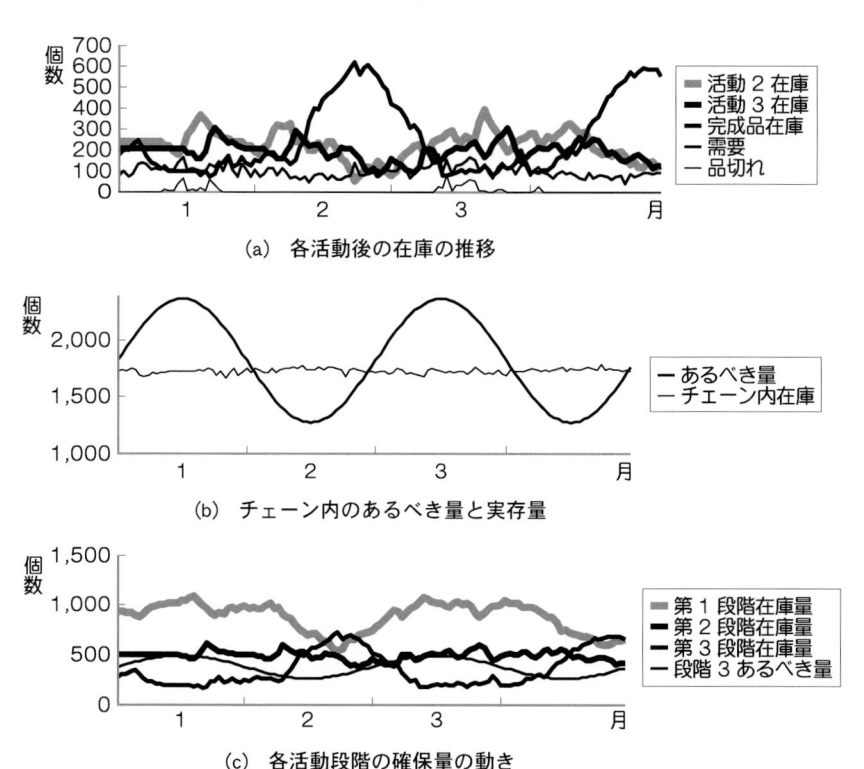

(a) 各活動後の在庫の推移

(b) チェーン内のあるべき量と実存量

(c) 各活動段階の確保量の動き

でそれに追従しようとしない。ただ売れた量だけをチェーンに活動1から投入し続けるという行動がそのまま現れている。各活動段階における確保量も変動幅が拡大し、その結果品切れが増える。在庫も増えるが品切れも増える。

需要は明らかに変動が増すので、売れた量はそれを追従する。しかしながら、図6.15(a)からもわかるように、チェーン内の総量はあるべき量に遅れをともない、しかも量的に十分な追従はできていない。品切れが増えても、「売れた量」を投入するだけで、結果的には品切れは無視して売れた量だけを投入していることになるわけでその追従は十分でないことは明らかである。

独立方式の場合の結果は図6.16(a)、(b)、(c)に示している。チェーン内の在庫の平均は1,727個、平均品切れ率は0.1％である。(a)に関してはやはり変動は増しているが、大きな影響はない。(b)では明らかにチェーン内にあるべき量に

■図6.16　需要の平均値が周期的に変化する場合の状態（独立方式）

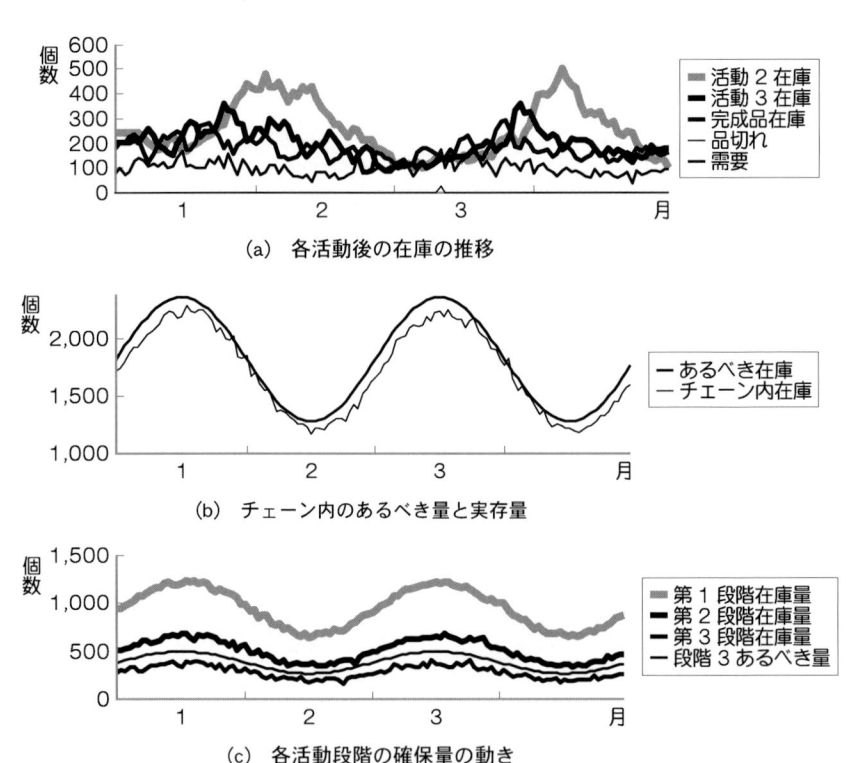

(a) 各活動後の在庫の推移

(b) チェーン内のあるべき量と実存量

(c) 各活動段階の確保量の動き

追従した動きを示している。また(c)においては各段階において安定した，需要変化に適応した動きを見せている。特に，活動3段階におけるあるべき量への追従は優れていて，これが品切れを回避させている。

このように独立方式では，需要の動きに対してチェーンにおいて確保すべき量を適応させ，それと現状とのギャップを埋めるような供給体制になっている。これが他の方式と決定的に異なる特徴である。

〈例6.6　プル方式の適正確保量への不適応モデル〉

プル方式で同じように，需要平均値が周期60日で30％変化するような場合について考える。図6.17(a)，(b)，(c)は上と同様のプル方式の場合の3つの図で

■図6.17　需要の平均値が周期的に変化する場合の状態（プル方式）

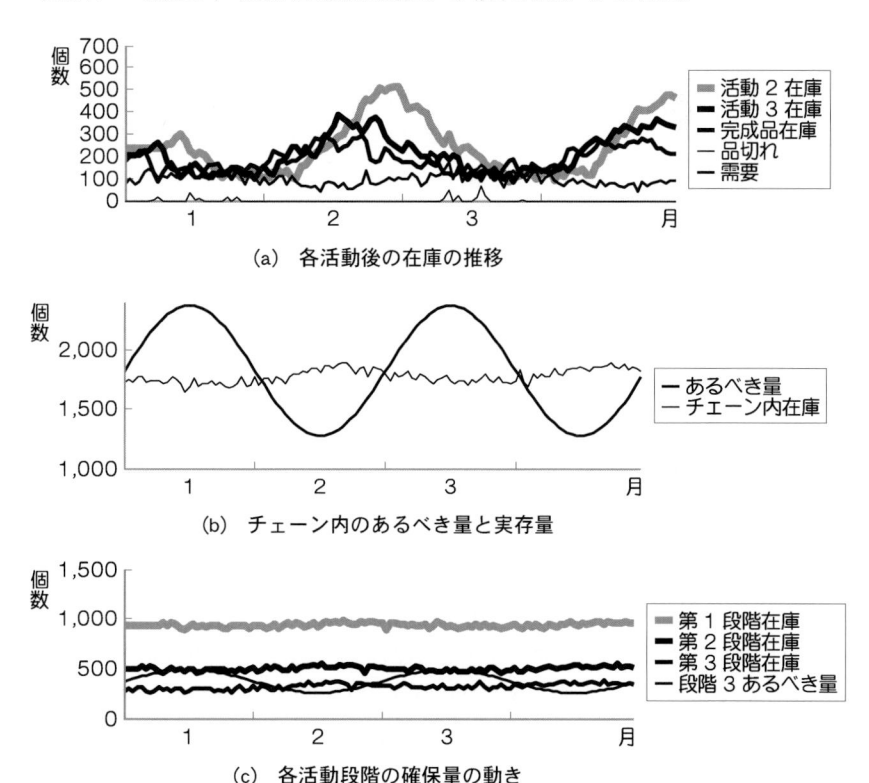

(a)　各活動後の在庫の推移

(b)　チェーン内のあるべき量と実存量

(c)　各活動段階の確保量の動き

ある。

　結果はプッシュ方式と同じように大きな変化を見せる。まず在庫の変動幅は増加する。チェーン内のあるべき量と実存量はプッシュ方式と同様に乖離が見られる。チェーン内のあるべき量への適応はプッシュ方式と同様に,「売れた量」を追うだけのために遅れと量的不十分さを露呈している。各活動段階における確保量に関してはプッシュ方式ほどの振れはない。引っ張ることによって各活動のリードタイムだけの遅れで流入量と流出量を一致させる行動をとっているからである。それは品切れへの対応力におけるプッシュ方式との違いをもたらす。チェーン内の総量の平均値は1,777個と多くなる。品切れ率の平均値は1.8%とプッシュ方式よりも低いが,独立方式より高い。

　プル方式が在庫をプッシュ方式よりも多くもつようになるのは,売れた量をチェーンに入れるという同じやり方をするけれども,品切れ率が低くて,売れた量が多ければチェーンに引き込む量も増えるからである。品切れ率はプル方式の方が低い。品切れが低いのは,前述したように売れた量に対応してチェーン内の在庫量を活動3から早く市場方向へと引っ張るからである。図6.17(a)と図6.15(a)を比較すると,プル方式の方が需要の波形により近い。それは需要への対応がプッシュ方式よりも良いことを意味する。

　独立方式とプル方式を比較すると,前者が実際の需要の変化を適正確保量にいち早く反映させ,それとの乖離を埋める適応力が高い。プル方式は需要が増加時期および減少時期でも売れた量を通じてしかチェーンへの供給量を調整しない。

　需要の特性値（平均値や標準偏差）変化への適応性の観点で独立方式は他の方式よりも高い能力がある。プッシュ方式とプル方式では,需要量をいち早くチェーンに引き入れるため,プル方式の方が適応性は高い。

6.3　チェーンの制御を乱す要因1：供給リードタイムの変動

　サプライチェーンの制御に関する基本的な考え方は今まで述べてきた。しかしながら,実際にはチェーンの中で予想もしないことが起こる。それがチェーンの成果を左右する。チェーンで不適切な制御が行われているときには,チェーン内には在庫がたくさんあるのに,市場では欠品が発生するなどの奇妙な現象が起こる。チェーンのどこかの活動段階においてとてつもない在庫が積みあがるのに他

の段階においてまったく供給が途絶え,品切れが続出するのである。以下ではそのような問題を引き起こす要因を考えてみる。

今までの議論ではリードタイムは一定という仮定をしてきた。しかし現実には前述のように,輸送の滞りなども起こる。リードタイムは第3章で述べたように,いろいろな要因によって規定される。基本的には,以下の式で決まることは第3章でも述べた。

$$\text{供給リードタイム(日数表示とする)} = \frac{\text{供給しなければいけない量}}{1\text{日当たり供給可能量}}$$

分母の1日当たりの供給可能量は,結局は供給能力のことである。それとどれだけ供給しなければならないのかという2つの要因によってリードタイムは決まる。急に需要が増えたとしても,予定したリードタイムでは供給できないことが出てくる。それは1日当たりの供給可能量が工場の設備能力,輸送能力によって制約されているので,それを越えた需要量はどうしてもリードタイムが長くなる。

機械やトラックの故障,渋滞,品質不良などはこの1日(単位時間)当たりの供給可能量が急激に減少することを意味する。またいろいろな製品を同じ工程で作っていると,それぞれの製品の加工をするときに切替え準備で加工作業を中断する(段取り)ことも起こる。それは生産時間そのものが少なくなることを意味し,単位時間当たりの供給可能量が減る。また活動間を移動するときのロットの大きさを変えることによっても,第3章で述べたように供給時間が変動する。

いま,ある量 Q という加工要求が来て,それを完成するのにかかる時間を考えると,上の式の分子がその要求量である。現在,加工するのに1日当たり X 個完成できるとすると,所要時間は以下のようになる。

$$Q\text{を供給するのに要するリードタイム} = \frac{Q}{X}$$

〈例6.7 リードタイム・モデル〉
現在,ある工場の生産活動では,製品Aを完成させるのに所要加工を5つの活動段階に分けている。それぞれの活動段階では1日当たり10個の加工ができる。需要は1日当たり平均10個,標準偏差2個という正規分布になっている。

■図6.18　リードタイム・モデルの供給システム

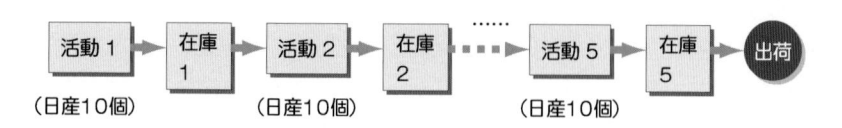

活動1 → 在庫1 → 活動2 → 在庫2 → …… → 活動5 → 在庫5 → 出荷
（日産10個）　　（日産10個）　　　　　（日産10個）

そのときにはこの工場の供給リードタイムはどうなるだろうか．図で表すと図6.18のようなシステムである．1日当たり完成できる製品Aの個数は理論的には10個である．

このシステムは，受注した量（需要量）を活動1から流し込んで出荷までプッシュしていく方式で稼動しているものとする．供給しなければならない量は，現在受注して加工中にある量である．それは受注してまだ加工過程に入っていない量，加工中の量，そして完成してまだ出荷していない量の総和である．この段階で新しく受注したものが渡せるのは，上で定義した供給しなければならない量がすべて終了した後である．そこで，供給しなければならない量を出荷完了するまでの時間が今受注したものに関するリードタイムになる．したがって，以下のように計算できる．

$$\text{供給のリードタイム} = \frac{\text{現段階で供給しなければならない量}}{1\text{日当たり供給可能量}}$$

図6.19は需要が1日当たり平均10個，標準偏差が2個という正規分布で発生するときの，リードタイムの動きを示している．

細線（リードタイム2）は，稼動能力が1日10個で期待通りに工場が稼働したときに予想できる供給リードタイムになる．太線（リードタイム1）は，1日当

■図6.19　稼動能力の変動がリードタイムに与える効果

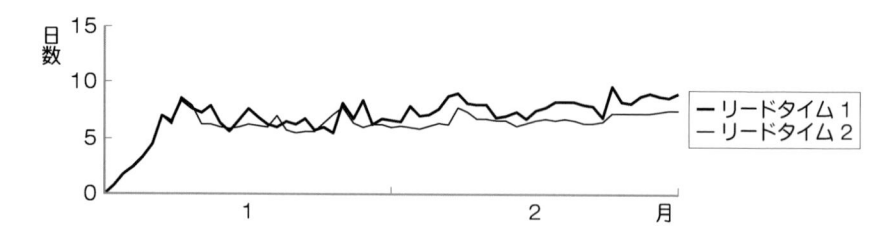

たり各活動の稼動能力が平均値10個，標準偏差1個でばらつく場合の供給リードタイムの動きである．実際の稼働ではいろいろな現象，例えば機械の故障とか作業者の体調不良，あるいは欠陥品の発生などによってその日の加工可能な量は違うのが普通である．ここでは60日間の操業を仮定している．

図6.20では現段階で仕掛中の在庫量（システム内総在庫量）の推移を示している．細線が工場の各活動が10個毎日加工できる場合，太線が標準偏差1個で生産能力が変動するとした場合の結果である．

稼働能力が変動する場合には，次第にリードタイムが長くなっていく．それは能力が低下し供給しなければならない量（システム内在庫あるいは滞留量）が増えていくためである．稼動能力変動がシステム内在庫を増やしてしまう理由は，各活動間に存在する稼動能力のギャップのためである．そのギャップは後活動と前活動の稼動能力ギャップである．そのギャップは2つの場合がある．

① 前の活動の稼動能力 ＞ 後の活動の稼動能力： この場合には，両活動間に在庫が滞留していく．
② 前の活動の稼動能力 ＜ 後の活動の稼動能力： 前の能力以上は流れないので両活動間では在庫はなくなるが，システムから流出していく量は前の活動の低水準にとどまるためにシステム内在庫は予定よりも増えていく．

要は，活動間の能力ギャップはシステム内在庫を増やすように働くのである．

図6.21は稼働能力が変動する場合の活動2（太線）と，稼動能力が変動しない場合の活動2（区別するために活動22とする．細線）の水準の動き，また**図6.22**は次の活動3に関して稼動能力が変動する場合（太線）としない場合（細線）の推移を表している．また，**図6.23**では，活動2と活動3の間にある在庫の水準について，稼動能力が変動する場合と，変動しない場合について比較している．この在庫水準は，毎日以下のように規定される．

■図6.20　加工中の量（オン・オーダー量）の推移

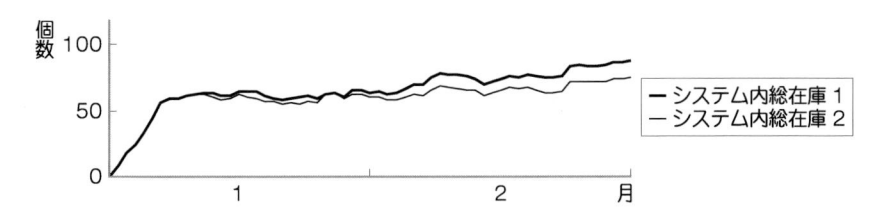

■図6.21　稼動能力が変動する場合としない場合の活動2の動き

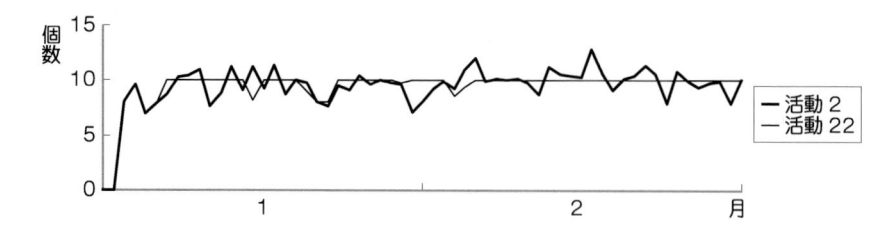

■図6.22　稼動能力が変動する場合としない場合の活動3の動き

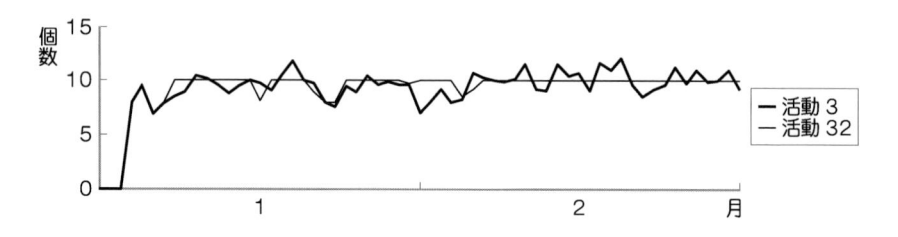

■図6.23　稼動能力が変動する場合としない場合の活動2後在庫の動き

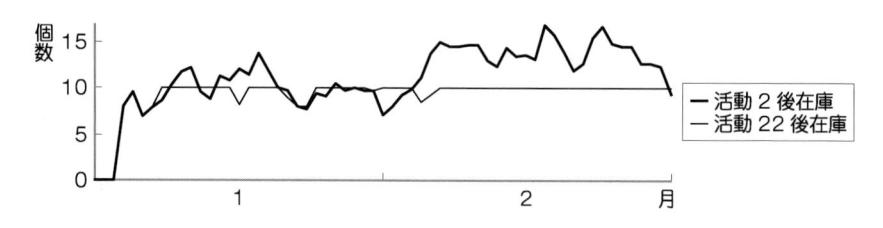

> ある日の操業終了後における活動2後の在庫
> ＝その日の操業前在庫量＋（その日の活動2の水準－その日の活動3の水準）

　このように決まる在庫の水準は，右辺の第2項の，活動2の水準から，後の活動3の水準を引いた差だけ変動していく。したがって，稼動能力が変動する場合としない場合の各々で図6.21の活動2の水準から，図6.22の活動3の水準を引いたギャップが図6.23の在庫の変動を生み出すのである。

　稼動能力が変動しないと活動2と3の差はないために，それに対応した活動2

6.3 チェーンの制御を乱す要因1:供給リードタイムの変動

後在庫(図6.23では活動22後在庫にあたる)は安定的である。稼動能力が変動するときには,図6.21の活動2の水準と,図6.22における活動3の水準のギャップは変動する。それが図6.23の活動2後在庫(太線)のような大きな波打つ在庫をもたらすのである

需要量と工場の1日当たりの可能供給量に応じてリードタイムは決まる。その場合に,現実には注文量も1日当たりの可能供給量のどちらも変動する場合があって,リードタイムはそれに応じて変動する。問題は,システム内にある未出荷量の水準である。これが多くなると供給リードタイムは長くなる。これを多くする要因を制御しなければならない。この例では,注文量の変動をなくすことは難しいので,工場の稼働可能な時間は必ず実際に使えるようにすることによって3つの図で表されているようなパフォーマンスの差異を生み出すことができる。これは管理能力の差である。需要が同じ,稼働能力も理論的には同じでも,後者の変動を抑制する能力の差が成果を左右する。

この例では生産活動における稼働能力の変動がもたらす供給リードタイムへの効果を考えたが,輸送,荷役作業などにおける能力を実際に稼働できる水準が与える影響も同様に考えることはできる。それらの活動が予定より遅れるとサプライチェーン(システム)内の滞留在庫が増加し,供給しなければならない量が増えることになって,リードタイムも長くなるわけである。

リードタイムが変動すると,サプライチェーン内にあるべき量が変動することになって,制御が難しくなる。ある想定したリードタイムを前提にチェーンを制御することになるが,その前提にしたリードタイムが変動すると当初想定した供給のあるべき姿が妥当性を失うことになる。例えば,4日で届くと思っていたものが,届かなくなる。車を運転していて,日頃の体験でこれだけステアリングを切ればこれだけ曲がるという期待が裏切られると車を運転するのが難しくなるのと同じである。

マネジメントは行動を計画し,それに基づいて行動し,実際に行動が計画時に描いていた通りの成果をもたらすように管理(制御)することである。サプライチェーン・マネジメントも同様で,計画と行動という2つの側面を扱わねばならない。理論的に把握していたリードタイムは計画のベースになる。そのリードタイムが予定通りに実現しない場合には当初の計画通りの行動を続けているとまったく異なる成果になってしまう。サプライチェーン・マネジメントをうまく行うには,計画通りに動けるシステムを作りあげるということがまず不可欠である。

そのためには，活動に従事する人々，活動のシステム，手順（プロセス）自体が期待通り動くようにするという地道な努力が不可欠である。

6.4 チェーンの制御を乱す要因2：ブルウィップ効果

ブルウィップ効果（Bull-whip effect）とは，牛の尾の動くように例えたサプライチェーンにおける重要な現象をいう。システム・ダイナミックス（System dynamics）という分析手法を開発したマサチューセッツ工科大学のフォレスター（J.W. Forrester）がその分析手法によってサプライチェーンを解析して見つけた効果である[1]。当初は名をとってフォレスター効果と呼んでいた。尾の根元を少し動かすだけで，尾の先端は大きく振れる。鞭もそのように動く。サプライチェーンの根元というのは，最終市場である。そこでの少しの変動が最も先端，すなわち製造者まで増幅されて大きな変動となって現われる。これはサプライチェーン制御の失敗である。

企業経営ではなく，経済学でも消費市場における変動よりも，生産者における生産変動の方がその振れ幅が大きいことは観察されていた[2]。アメリカの消費財メーカーのプロクター・アンド・ギャンブル（Procter & Gamble）が同社の最も売れている商品であるパンパース（Pampers）の小売レベルにおける需要の振れと比較して卸段階からの注文の振れは大きく，メーカーがその商品のために使う原材料をその供給者に注文する量の振れはさらに拡大していることを発見した。同社はこれをブルウィップ効果と呼んだ。またヒューレット・パッカード（Hewllet-Packard）ではその商品のプリンターで同じような現象に気づいた。小売レベルでのプリンターの需要，卸から同社への注文，同社内におけるその商品に使う集積回路部品事業部への注文を比べると，次第にその注文量が大きく振幅していたのである[3]。

このような効果はサプライチェーンにおける注文の増幅がチェーン内を川上方向に遡るにつれて増幅することを意味する。それは適正と判断しているチェーン内の在庫水準から乖離する程度が高くなることを示唆している。このような乖離はビジネス状況でなくても手軽に実験して確認できるビールゲームという研修用ゲームがある[4]。

サプライチェーン制御ではそのような乖離を生み出す要因の存在が問題になる。

6.4 チェーンの制御を乱す要因2：ブルウィップ効果　　**227**

ブルウィップ効果をもたらす要因として需要予測の不安定さや頻繁な変更，注文をロットで行う，価格変動，需要が逼迫したときの供給割当あるいは供給不足の不安などが指摘されている[5]。要は適正な在庫水準から逸脱する注文が問題になるわけで，以下では不適正な発注をもたらす3つの要因を考える。

6.4.1 適正な発注方式の忘却

今までの議論では，サプライチェーンにおけるリードタイムに応じて適正なチェーン内の在庫確保量を定め，それを堅持するように各主体が発注することがポイントであった。すなわち，適正在庫水準とオン・オーダー量を含めた現有在庫量の差を発注することが発注における適正なルールであった。そのルールを忘却することが現実にも起こる。先の例で考える。

〈例6.8　ブルウィップ・モデル1〉

先の例6.4における独立（適正在庫堅持）方式の場合で考える。そこでは，平均100個，標準偏差20個の正規分布をする需要を想定していた。また各主体，すなわち，活動1, 2, 3を担う主体がそれぞれのリードタイムに合わせて適正在庫を堅持するように発注する行動をしている。例えば，活動主体1は以下のような発注方式に基づいて発注を活動主体2に対して行っていた（②式の再録）。

> 活動主体1の供給量
> = max.(0, 理想在庫(適正在庫) − 活動2在庫 − 活動1オン・オーダー在庫)
> = max.(0, 9日分の需要に相当する在庫 − 活動2在庫 − 活動1オン・オーダー在庫)

そこで今，このオン・オーダー在庫にある係数 α をかける。適正な発注はオン・オーダー量を差し引いて注文するときで，それは $\alpha = 1$ の場合である。他の主体（活動主体2および3）も同様にする。$\alpha = 1$ の場合の各活動後在庫（活動2, 3, 完成品在庫）の推移は**図6.24**のようになる。また各主体の発注量のばらつき（各主体間ではなく，主体ごとの発注量の標準偏差）は**図6.25**に示されている。縦軸がばらつきの大きさを意味する。高い水準にあるほどばらつくことになる。これらを見ると各主体の在庫も発注量もそう変わらない。

ここで，各主体が $\alpha = 0.5$ とした場合にはいかなる結果となるだろうか。**図6.26**は**図6.24**に対応した各主体の活動後在庫の動きである。非常に大きな変動を生み出している。

■図6.24　各在庫水準の推移（$\alpha=1$ の場合）

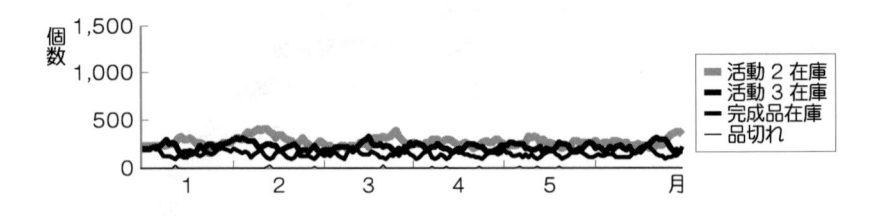

■図6.25　主体ごとの発注量のばらつき（$\alpha=1$ の場合）

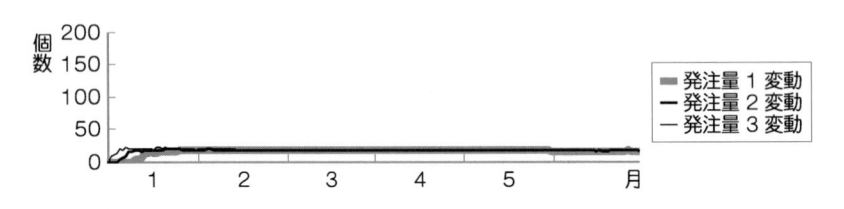

■図6.26　各在庫水準の推移（$\alpha=0.5$ の場合）

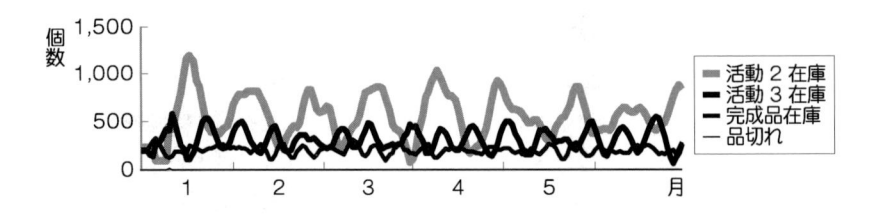

　3つの主体の在庫水準同士を比較すると，チェーンの市場に接する在庫（完成品在庫）が一番小さく，チェーンの入り口の在庫（活動2在庫）の動きが最も大きい。すなわち，市場に近い在庫からチェーンの入り口へと近づくにつれて在庫変動の大きさが拡大していくことがわかる。これがブルウィップ効果である。

　図6.27には各主体の発注量のばらつきが図6.25（$\alpha=1$ の場合）に対応して示されている。

　縦軸がばらつきの大きさを表す。したがって，活動1の主体の発注量が一番大きく変動している。その注文量が1回の注文ごとに大きく変化する。明らかに主体3からチェーンの前段階に行くほど発注量のばらつきは大きくなっている。α の大きさを0にしていくほどその違いは大きくなる。0にするというのは，

6.4 チェーンの制御を乱す要因2：ブルウィップ効果

■図6.27　各主体の発注量のばらつき（$\alpha=0.5$の場合）

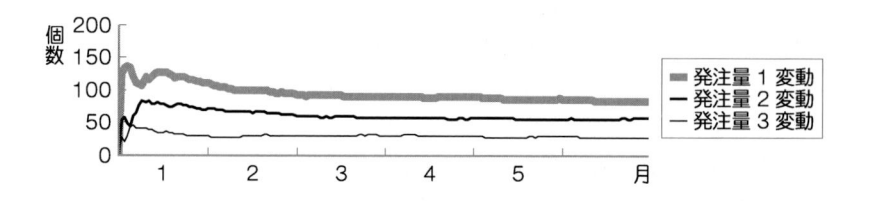

■図6.28　チェーン内在庫とあるべき総在庫（$\alpha=0.5$の場合）

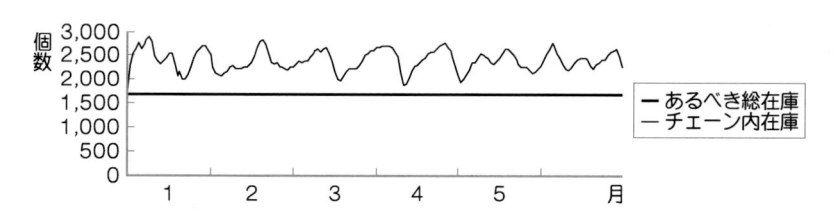

各主体が発注してまだ到着していない量を発注するときに完全に無視するという意味である。

図6.28にはこのチェーンにとって適正な総在庫（1,681個）をはるかに超えてしまったチェーン（システム）内在庫の水準が示されている。

要するに，各主体が適正な発注をしなかったところに問題がある。問題はそのような行動を起こす原因である。例えば，急に需要が増え始めたとする。その場合に，当初描いていた発注の公式（例えば②）でやっていると，品切れが発生する。そこで発注主体はこの先の品薄を予想し，オン・オーダー量を知っていても，それらが少な過ぎるのではないかと焦りを感じる。そこで適正な在庫水準との差を発注することを忘れ，さらに発注量を増やすような行動をとる。それはαを1未満にする行動と同じである。もし需要増加が一時的であれば，あるいは見込んだ需要ほど伸びないと過剰在庫となってチェーン内に滞留する。

原因は活動主体3（市場に接する主体）が市場の需要のちょっとした増加に刺激されて前の主体（活動主体2）に対して市場の実需を知らないままより多くの発注をしてしまう行動である。換言すると，需要者の注文以上に活動主体3が活動主体2に注文をしてしまう。その行動が活動主体2と活動主体1に同様の波及をする。安定したサプライチェーンが一瞬にして過剰在庫チェーンへと変貌を遂げる。注文のリードタイムが長くなるとこの傾向は一層強まる。注文して届

くまでの時間が長く，前の発注量を忘却する程度も大きくなる。需要が高まると，生産が追いつかずリードタイムも長くなってさらにその傾向を助長する。需要が増え続けているとこの効果が誘引されやすい。

各主体が，需要が多少増えても②の式に基づいて発注をすれば，**図6.24**と**図6.25**のような安定した操業は期待できた。確かに，②の公式で使う真の意味で適正な在庫水準を現実に把握するのは難しい。実際に，不適正な在庫水準を②で想定してしまうと確かに品切れや在庫過剰は発生する。しかしながら，②の適正在庫水準とされているものが，実際には不適正であってもこの②に基づいて発注さえしていればブルウィップ効果は避けることができるのである。各主体の恣意的な発注が問題の原因である。

図6.29は平均需要の推定値として1日当たり90個という誤った需要水準を想定したときの在庫の推移である。2つの**図6.29(a)**と**(b)**は，前者が $\alpha = 1$，後者が $\alpha = 0.5$ の場合である。実際には正しい平均需要は90個ではなく，100個である。**図6.24**の場合（平均需要を100個としている正しい場合）よりも多少品切れが増えているけれども，在庫水準を見るとブルウィップ効果は認められない。他方，**図6.29(b)**はブルウィップ効果が発生している。

パニック状態が発生しない場合にもブルウィップ効果は発生しうる。それは各

■図6.29　平均需要を90個と見誤った場合の在庫推移

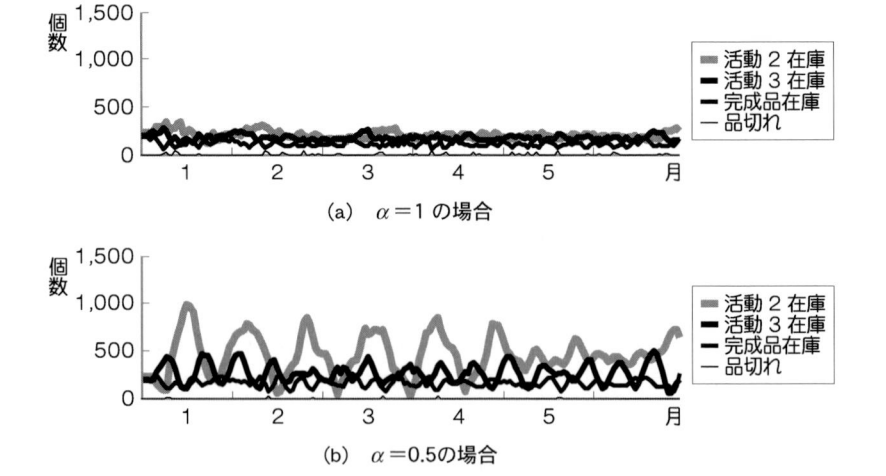

(a) $\alpha = 1$ の場合

(b) $\alpha = 0.5$ の場合

主体が適正在庫水準を決めるのに必要な需要の推定に関する要因である。それを次に考える。

6.4.2　需要推定の頻繁な変更

　単調に需要が伸び続けている場合やその逆の場合に需要推定値をその方向に合わせて修正し，適正在庫水準を決め直すことはここでは問題にしない。成熟経済あるいは市場では単調増加あるいは減少せずに需要が上下に変動することはよくある。そのような場合に，チェーン内の適正在庫を決めるのに使う需要推定値についてそれに合わせて頻繁に上げ下げを繰り返すことはブルウィップ効果の原因になる。

〈例6.9　ブルウィップ・モデル2〉

　今，ある企業が毎日の需要が平均値100個，標準偏差20個で近似できる需要に直面している。供給活動は2つで図6.30のようなチェーンになっている。括弧内の数字は，活動に要するリードタイムである。

　現在，各主体は②式の発注ルールで工程的に前にある活動主体に対する発注行動をしている。リードタイムは図6.30の3日，5日を適用する。問題は適正在庫水準を決める需要推定値である。各主体が適正在庫水準を決める場合に平均を100個，標準偏差を20個として決めていると，各主体の在庫（活動1在庫と活動2在庫）の推移は図6.31のようになる。それらの標準偏差は図6.32のようになる。ここではブルウィップ効果は認められない。例えば，この場合の活動主体1，2の理想（適正）在庫水準は，

$$活動主体1の理想（適正）在庫水準$$
$$= (3+1) \times (100) + (2.33) \times (\sqrt{3+1}) \times (20) = 494$$
$$活動主体2の理想（適正）在庫水準$$
$$= (5+1) \times (100) + (2.33) \times (\sqrt{5+1}) \times (20) = 715$$

■図6.30　2つの活動からなるサプライチェーン

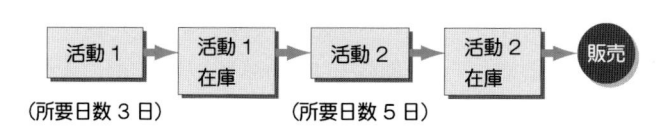

活動1 → 活動1在庫 → 活動2 → 活動2在庫 → 販売
（所要日数3日）　　　（所要日数5日）

■図6.31　平均需要を100個，標準偏差20個を適正在庫水準の設定に使った場合の在庫推移

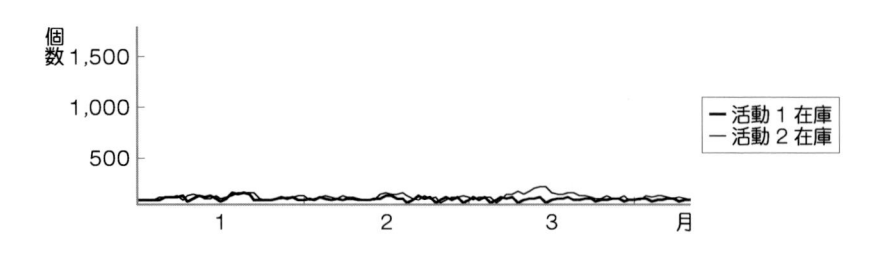

グラフ（活動1在庫／活動2在庫）

■図6.32　在庫水準のばらつき（標準偏差）

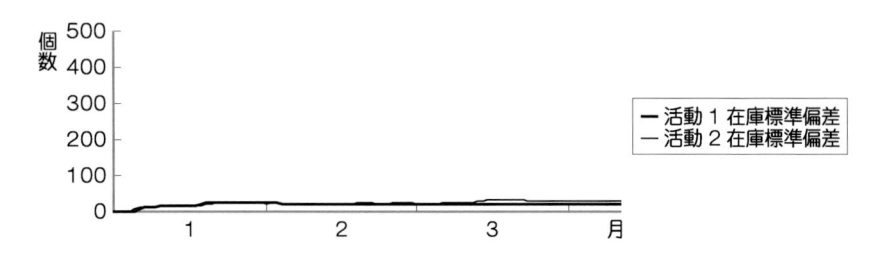

グラフ（活動1在庫標準偏差／活動2在庫標準偏差）

　主体1は494から現有在庫（活動1在庫とオン・オーダー量の和）を引いた量か，0のどちらか大きい方を注文する。主体2は715から現有在庫量を引いた量と0の大きい方を注文する。100日間のシミュレーション結果では，ブルウィップ効果は認め得ない。それら在庫水準の時間経過にともなう標準偏差によって在庫水準の変動の大きさを表すとすれば，その変動は図6.32のようになる。在庫変動は主体間で大きな差異はない。

　次に活動主体2が毎日の需要を需要推定値として考え，標準偏差は無視して以下のように適正在庫水準を決めたとする。

> 活動主体2の理想(適正)在庫水準 ＝ (5 + 1) × (需要水準)

　上式では適正在庫水準は需要の動きに応じて修正される。主体1はそのまま平均値を100個，標準偏差を20個として適正在庫水準を決めているとする。そのときには，各主体の在庫とその標準偏差は図6.33および図6.34のように変化する。明らかに主体1の方の在庫変動が主体2を上回る。程度が弱いがブルウィッ

■図6.33　主体2が需要を適正在庫決定に使う場合の在庫推移

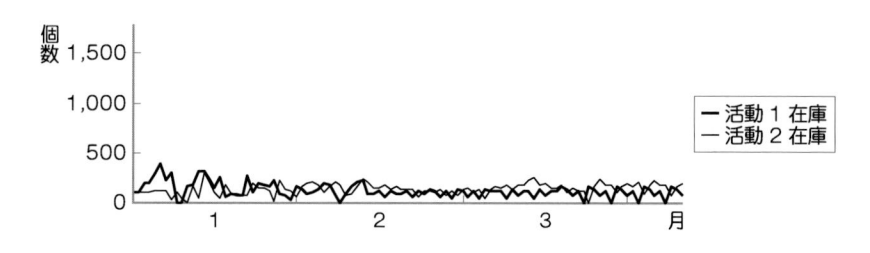

■図6.34　在庫水準の変動（標準偏差）

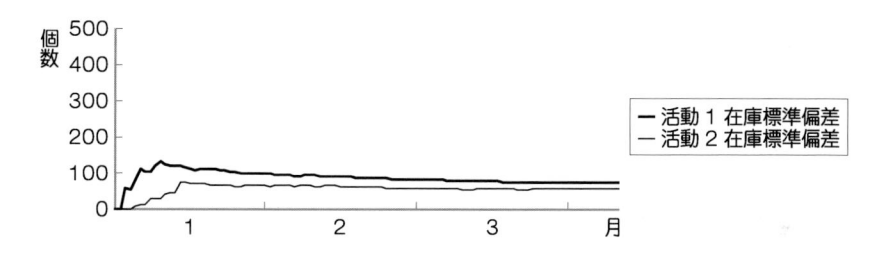

■図6.35　主体1が主体2からの発注情報を適正在庫決定に使う場合の在庫推移

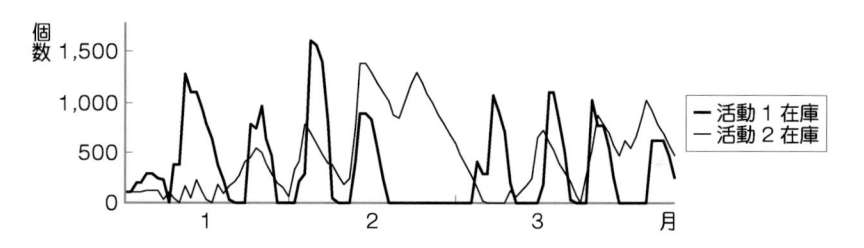

効果が現れる。

　今度は，主体2は需要情報をそのまま使い，また主体1は主体2からの発注情報をそのまま適正在庫水準の決定に用いる場合を考える。その結果として**図6.35**と**図6.36**にそれぞれの在庫およびそれらの変動，すなわち標準偏差の動きを示しておく。主体2だけの発注ルール変更に比してブルウィップ効果が大きく現われている。

　適正在庫水準を頻繁に上下することは，結果として発注量がオン・オーダー量

■図6.36　在庫水準の変動（標準偏差）

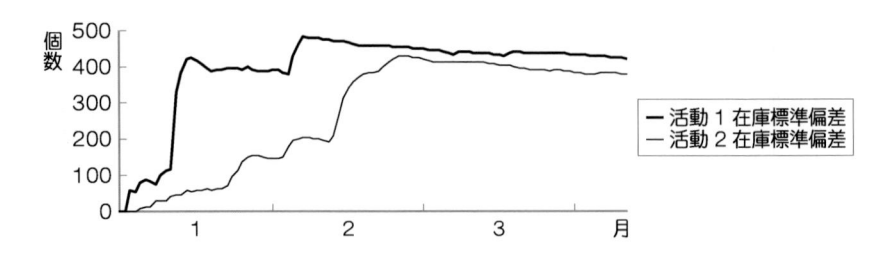

を無視するのと類似した結果を生み出す．発注の基準になる適正在庫量自身が変動するので，いくら発注ルールは堅持しても結果としてはブルウィップ効果を生んでしまう．

　需要の変動が大きくなると各主体はその適正在庫を決めるときに用いる需要推定値に苦しむ．そこでより適正な推定値を常に改訂することは望ましいように考えられるが，そのことが逆にチェーン内に混乱をもたらし，ブルウィップ効果を発生させる．ブルウィップ効果を避けるには少々の品切れや過剰在庫は気にせず，適正在庫水準を固定化してそれに基づいて適正発注ルールに固執することである．さらにチェーンのパフォーマンスを上げるためには結局，需要水準を安定化させることが重要であることがわかる．

　ブルウィップ効果は，最終的には各活動主体が受注した量（その主体の後の主体からの発注量）と発注した量を比較したときに，後者のばらつきが大きい場合に発生する．各主体の在庫水準は流れ出る量と流れ込む量の差異が大きいほど大きく振幅する．ある主体の在庫に流れ込む量とはその主体が発注した量であり，流れ出るものとはその主体がチェーンの後の主体から受注した量に対応する．需要が変動する場合，供給リードタイムがプラスであると当然，ある特定時点で流れ出る量と流れ込む量は等しくないのが普通である．その差が在庫の振幅になる．その点については第2章で述べた．

　受注量と発注量のばらつきが後者の方が大きいことは，流れ込む量の振幅が流れ出る量の振幅より大きいことを意味する．図6.37と図6.38は，それぞれ，例6.8におけるサプライチェーンの活動主体1と2の受注量と発注量の推移を示す（$\alpha = 0.5$）．

　両図とも，それら主体から見たときに太い線が発注量，細い線が受注量を表す．

6.4 チェーンの制御を乱す要因2:ブルウィップ効果　235

■図6.37　主体1の発注量と受注量（主体2の発注量）の差

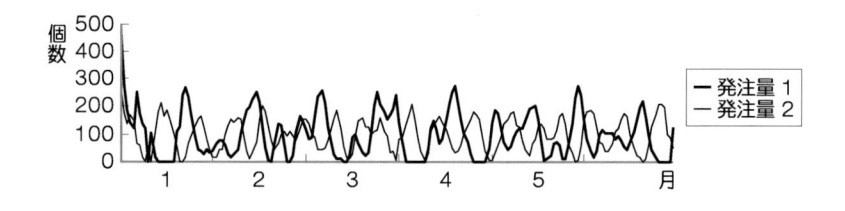

— 発注量1
— 発注量2

■図6.38　主体2の発注量と受注量の差

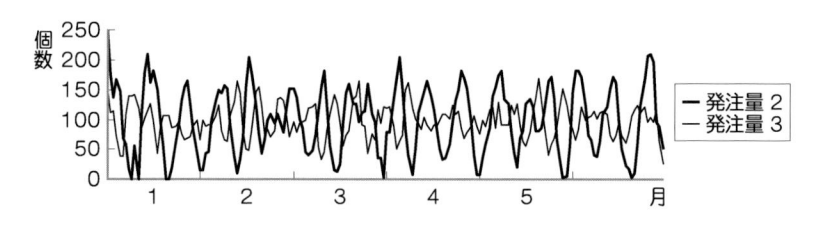

— 発注量2
— 発注量3

■図6.39　主体3の発注量と受注量（需要）の差

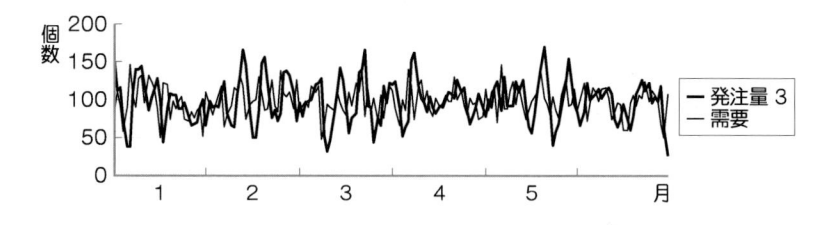

— 発注量3
— 需要

すなわち，言い換えれば太い線は流入量で細い線は流出量である。太い線が細い線よりも高いところでは在庫が増加する局面で，逆の場合は在庫が減少する局面である。したがって，太い線が細い線よりも高い部分で2つの線に挟まれた面積が在庫量になる。面積が大きいほど在庫も高くなる。活動主体1と2を比較すると，明らかに太い線が細い線より高い部分で2つの線で挟まれた面積が前者，すなわち，図6.37の方が大きい。言い換えれば，主体1の在庫の量は主体2のそれよりも大きく増減することがわかる。

図6.39は主体3の発注量と受注量（需要量）の推移である。太い線が発注量で細い線が受注量である。それらの線に挟まれた面積は主体2のそれよりも小

■図6.40　主体1の発注量と受注量の差

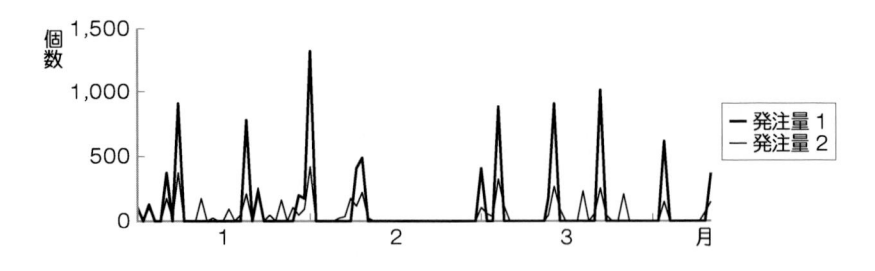

■図6.41　主体2の発注量と受注量の差

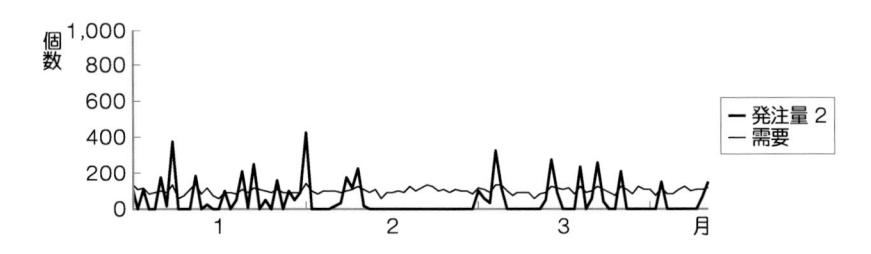

さい。すなわち，在庫は主体1,2,3という順序で少なくて，変動の大きさも小さいのである。そこで**図6.26**のような各主体の在庫水準における振幅の差異となって現われている。

　図6.40は，例6.9のサプライチェーンにおける活動主体1の発注量および受注量の動きを各々示している（受注量そのものを需要推定とする場合）。

　また**図6.41**は主体2の発注量と受注量である。

　波形が例6.8とは異なるが，同様に発注量（主体1にとっては流入量となる。太い線）と受注量（主体2からの発注量で流出量になる。細い線）を比較すると，発注量が受注量を上回る期間について両線に挟まれた面積は主体1の方が2よりも大きい。それが，**図6.35**のような両主体における在庫水準の差となっている。

　ブルウィップ効果はチェーンにおけるリードタイムが長くなるほど大きくなる。それはリードタイムがチェーンの理想（適正）在庫水準を決めるからである。②式でわかるように，リードタイムが長くなると理想在庫水準も高くなる。例えば，需要情報を置き換えると，リードタイムが長いチェーンほど理想在庫が高くなる，あるいは低くなる程度は大きい。それは受注量以上に発注量のばらつきを大きく

6.4 チェーンの制御を乱す要因2：ブルウィップ効果

することを意味する．オン・オーダー量を無視するような発注行動においても，オン・オーダー量がリードタイムに比例して多くなることを考えると，無視する量はリードタイムが長いチェーンほど多くなる．すなわち，理想在庫水準を越える部分がより多くなるのである．それは発注量が受注量よりもさらに大きく振れることを意味する．したがって，リードタイムが長いチェーンを抱えることは，ブルウィップ効果をさらに大きくする危険性を内包していることである．

ブルウィップ効果を回避するには，結局，受注よりも発注の振れを大きくしないことが重要になる．すなわち，受注した以上の発注の仕方を誘発することを回避することが重要である．それは換言すると，需要水準を安定化させて発注者が需要は大きくなるという思惑をもたないようにすることがポイントになる．チェーン内の適正在庫水準を結果として上回るような発注を抑制するということである．もちろん，需要が次第に成長していくような場合にはあらかじめ成長を見込んだ発注増量を図ることは必要である．その場合でもブルウィップ効果は発生する．それは製造業者に対してより大きな在庫変動をもたらす．しかしながら，それでも発注した分は売れるのであればまだ良い．

問題は流行商品や製品の寿命が短命化している場合，さらには基本的には需要規模は時々の変動があってもある水準で落ち着いている場合である．このようなときに需要を急激に増やすこと，あるいは無理やり喚起させて発注増量を刺激するとブルウィップ効果は資源の過剰投入（リードタイムの長期化を避けるための生産能力や輸送能力増強，さらには流通在庫設備の拡大など）を招くだけでなく，売れなくなった不良在庫も莫大に抱えさせるという悲劇をもたらす可能性がある．長いチェーンでしかもその間に多くの主体を介在させている場合には一層その危険性が高まる．

そのような危険性を抑制するための需要安定化（需要変動を小さくする）対策としては次のようなことが例として挙げられる．

① 需要の無用な変動を引き起こさない

強引な販売促進や時々の値引きは需要変動の原因になる．放っておけば来週発生する需要を今週発生させるような販売促進は，来週の需要を今週にもってくるだけである．来週の需要は減少し，週間の需要の乖離を引き起こす．わざわざ需要の波を立てているだけである．

世界一の小売業企業のウォルマート（Wal-Mart Stores）が「毎日が低価格（Everyday low price）」というスローガンを立てているが，それが賢明な方式で

ある。同社は在庫が少ない,優れたサプライチェーンを構築していることで知られている。1970年代から80年代にかけての販促指向の戦略は,価格の乱高下と需要変動をもたらし,消費財および食品業界における生産者から小売までの疲弊と非効率を生み出しただけであった。ウォルマートはこのようなブルウィップ現象に苛まれる状況から脱すべく,供給者であるプロクター・アンド・ギャンブルやアパレル・メーカーなどと連携してサプライチェーンの改革を行った。プロクター・アンド・ギャンブル[6]は1985年以降,小売企業と連携してメーカーである同社が小売企業の在庫管理を担当して自ら補充する預託在庫（Vendor managed inventory, 略称VMI) 方式の導入などサプライチェーン・マネジメントの刷新を行ってきた企業である[7]。ウォルマートは安定的低価格政策を堅持しつつ,それら提携を通じてQR (Quick response) とかECR (Efficient consumer response) などの概念で特徴づけられるリードタイムが短い効率的かつ効果的サプライチェーン・マネジメントを構築してきた。それが同社の事業発展に大きく寄与してきたのである。

　バーゲンセールもそれが例えば,月末に決まって行われると,消費者はその期間をあてにするような行動をする。したがって,月間でも月末に需要のピークが来る歪な需要パターンになる。そのときにサプライチェーン内の主体の発注行動を変化させるわけであるが,いろいろな商品をそのようなバーゲンセールで売っていると最終的には主体の間で発注方式における混乱が生まれ,いつのまにか誰も決められた発注方式を無視し始める。常日頃から競争的な性能,価格,品質,納期を持続していれば安定した需要は期待できるし,それによって収益性も維持できる。売り方や販促だけで需要を確保するようなやり方を続けているといつかはブルウィップ効果によって経営の破綻をきたす。

② リードタイムを短くして需要の集計化ができるようにする

　耐久消費財のような場合に注文を受けてから生産する方式も検討すべきである。このためには生産などのリードタイムを短縮することが必要になる。また短時間で生産できれば,ある期間の需要を集計し,毎日の出荷量をその平均値で行うこともできる。例えば,10日間の需要を集計して10日で除した出荷量は均一にできる。その均一な出荷量が需要に該当する。さらにまた,需要をインターネットなども含めて早期に把握することも集計化のためには有効になる。注文を集計化する余裕をそれによって得る。

③ 製品の独自性（差異性）を高める

市場において自社製品の独自性を高め，それを評価してくれる安定した需要を引き寄せる。価格競争や訴求競争に巻き込まれる必然性を小さくすることである。

このような要件を考えると，ブルウィップ効果はしっかりした製品作り，リードタイムの短いサプライチェーン構築などの基礎的な事業力強化努力をしない企業において現れる現象であることが推察できる。

6.4.3 ロット発注

まとめて発注することはリードタイムを長くすることと同じである。毎日発注は発注間隔が1日になるが，1週間の需要をまとめて発注すると1週間に一度の注文になる。それは総リードタイムを長くする。

チェーン内のあるべき量は，チェーンのリードタイムに応じて決まる。リードタイムには発注間隔が含まれている。その発注間隔通りに発注すると，チェーン内にあるべき量はその発注間隔を想定済みなので問題はない。ブルウィップ効果は，チェーン内にあるべき量を上回る量をチェーンに入れ込むメカニズムが働く場合に起こる。発注をまとめて行うことがブルウィップ効果につながるのは，想定された発注間隔よりも長い間隔で発注して実質的なリードタイムが想定したものより長くなってしまい，その長くなったリードタイムに応じて決まるチェーン内にあるべき量が本来の発注間隔におけるあるべき量よりも多くなる場合である。

毎日発注を想定しているときには，チェーン内にあるべき量は，(注文リードタイム＋1) という総リードタイムに備える量である。しかしながら，発注者が自分で月1回の発注と決めていたとすると，彼の考えるあるべき量は（注文リードタイム＋30）という総リードタイムである。それを目標とする発注量は当然毎日発注を想定している場合よりもチェーン内在庫を多くする。したがって，毎日発注を前提としたチェーンにおけるあるべき量をはるかに上回る量をチェーンに入れ込む発注になるわけである。

要は，単なるまとめ発注自体が問題というのではなく，その発注の背後にある発注間隔がチェーンの本来の設計において想定されているものと等しいか否かが問題である。1週間に一度のバーゲンセールを行う慣習を維持しながら，他方で毎日発注を想定するチェーンを設計するということが問題になる。

ロット発注の問題は，サプライチェーンを設計する場合に大きな課題を示唆している。すなわち，チェーンにおける総リードタイムとそれに応じて決まるチェーンにあるべき量についての理解をチェーンの構成主体が共有しているかどうか

ということである。発注間隔もその総リードタイムの一部である。まとめて発注することが自分にとっては都合が良いとしても，注文に応ずる側では想定した発注間隔に基づく注文にするようになっている。その食い違いが予想外のチェーンの挙動になるわけである。

6.4.4 ブルウィップ効果に対応する方法

ブルウィップ効果の原因をいろいろと探ってくると，それへの対応も仕方も考えることができる。それらは以下のようになる。

① チェーンにおける確保すべき量に関するコンセンサスをもつこと

このことは言い換えると，チェーンにおけるリードタイム，発注間隔，需要水準についての理解をチェーンの構成主体が共有していることである。発注行動がブルウィップ効果の原因になるが，それを適正な行動にするにはまずチェーンおよびチェーンの各段階における望ましい確保量を確認してもらうことが必要になる。これが理解されていなければ適正な発注行動は期待する方が無理である。

② 需要を安定させること

需要の変動は不可避であるが，それをむやみに刺激して変動させることは回避できる。競争上それが無理という場合，それは競争上の基準，例えば，品質，配送の速さや正確性，価格，サービスなどにおいて差別化できるほどのものになっていないからである。それらの差異を創り出すことがまず重要になる。それは製品開発，生産，配送までのサプライチェーンのプロセスが競争者よりも秀でていないと差異を創り出すことはできない。

③ 需要推定の改善

これは②とも関わる。競争力のある製品の需要推定はかなり精度高くできる。競争者の行動によって需要が撹乱されている可能性が高いからである。真の強さがある製品の需要は大きな変動はしない。需要変動は変動であって本来的に不規則である。平均値と標準偏差の区別はしておくべきである。平均値をまずは把握し，変動は安全在庫によってカバーする。平均値を把握しておいてそれに基づきチェーンの適正確保量をまず把握することが重要で，変動につられて推定値を頻繁に動かすことは危険である。

平均値の動きは傾向的なので把握しやすい。それに基づきながら，チェーンにおける適正確保量を適応させていく。

チェーンの主体，例えば小売業者やメーカーなどがそれぞれの予測値をもち寄

って綜合（合成）化することも予測値を改善する手立てになる。これは前出のウォルマートとその供給者間で行われ，成功していると言われている**共同計画・予測・補充システム**（Collaborative, planning, forecasting and replenishment，略してCPFR）に取り込まれている[8]。このことは予測精度そのものが高まるという効果と同時に，各主体が需要について見込みを一致させることから来るブルウィップ効果を回避するという成果も含まれていると考えることができる。

④ **市場の需要情報を各主体が知ることができるようにする**

市場の需要に合わせて各主体がそれ自身で確保すべき量を計算できるようにする。後工程にあたる主体からの注文情報を需要情報とすることは各主体が適正な注文行動をしていない限り危険である。重要なことは，需要推定値を各主体に勝手に解釈させないようにすることである。

また市場情報を共有することも意味がある。各主体がその直の後工程からの注文情報を用いて需要推定するのではなく，小売レベルにおける市場情報をチェーンの各主体が共有して共通の需要推定値とする。適正確保量を市場情報に基づいて設定することができる。しかしながら，これについても条件がある。適正確保量そのものの整合性をとることができても，発注行動そのものが適正発注を遵守しなければ意味がない。言い換えれば，市場情報は同じものをもっていても，それを解釈するときに各主体が主観的に行い，発注量を適正確保量となるように行動しないのであればブルウィップ効果はなくならない。

⑤ **リードタイムは短く**

サプライチェーンが長いリードタイムであるとオン・オーダー量を失念するといった不適正な発注行動を誘発しやすくなる。また確保すべき量が増えることで発注の自由裁量性によるそれからの乖離の大きさも拡大する可能性を抱え込む。需要変化に対してチェーンとしての適正確保量を適応させることも難しくなる。

⑥ **ロット発注を誘発する仕組みをなくす**

本来想定されている発注間隔よりも長い発注間隔で注文することによるロット発注はそれを行う理由があるために行われる。輸送費用が高くつく，あるいは頻度が少ない，バーゲンセールなどを定期的に行う，数量割引をする，決済期日を固定化することによる支払い猶予を最長化する行動の誘発（例えば月末日から30日以内の支払いという制度では各月の初日に注文することで支払い日を60日後にすることができるので，各月初日にまとめて注文する行動を誘引する）や最低購入単位数の設定[9]などはロット発注を喚起する。

6.5 ジャスト・イン・タイム（JIT）・システム

「必要なものを，必要なときに，必要な場所へ，必要な量だけ供給する」ことを標榜するJITシステムは今では世界的に知られた制御方式である。JITシステムそれ自体は本来的に生産活動を中心として開発されてきたものである。その概念そのものを実践する場合に必要な条件を整えることの重要性，さらには製品開発までジャスト・イン・タイム性が重要になっている昨今の状況では供給活動全体を包括する概念になりつつある。言い換えると，現在ではJITは経営姿勢あるいは哲学に及ぶ広い概念になっている。最少資源で最大の収益あるいは生産性を達成する経営としてアメリカではリーン（Lean）・システムという名称で呼ばれる[10]。

戦後の日本とアメリカの（1人当たりの）生産性は1：9という格差があって，その格差を解消しなければ日本企業は国際的にもやっていけないという認識がJITを考案するきっかけになったと言われている。JIT考案にあたっては，その格差はムダをなくすことで相当解消できるという考え方があった。そのムダの最大が作り過ぎということで，それは過剰在庫に端的に現れる[11]。

作り過ぎの背後には，過剰な設備や人員がある。それら過剰な設備や人員は需要規模を見誤る結果として起こることもあるが，日々の生産が必要量以上作る仕組みになっていれば必然的に過剰設備や人員になっていく。それゆえ，まずは生産（供給）量を制御する方式に着目しなければいけないという認識がJIT制御という発想の源になっている。

本節では制御方式としてのJITに焦点を合わせる。JIT実現のための条件については関連する限りは触れるけれども，経営としてのJITに関しては他の文献に譲る[12]。

6.5.1 作り過ぎと適正供給量

「作り過ぎ」は適正生産量（供給量）から上への乖離である。そこでまず適正生産量（供給量）についての確認が必要になる。それは以下のように定義できる。供給するという意思決定の間が1日間あるとする。

6.5 ジャスト・イン・タイム（JIT）・システム

■図6.42　サプライチェーン

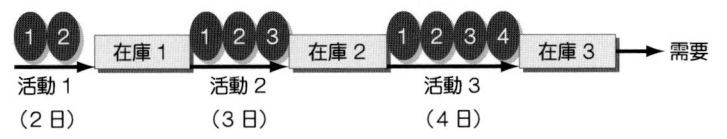

（注）活動の下の括弧内は活動に要するリードタイム。番号付きの楕円形は1日当たりの活動を意味する。

$$\text{現在時点で供給すべき量}$$
$$= \text{現在時点でサプライチェーン内にあるべき量} - \text{現在時点の既供給量} \quad ⑧$$

ただし，現時点でシステム内にあるべき量 =（総リードタイム + 1）×（単位時間当たり需要量），現在時点の既供給量 = 現有在庫量 + 注文済み未入荷量（オン・オーダー量）である。安全在庫はここでは省略する。単位時間当たり需要量は推定値であるが，見込み供給では多くは生産計画量になる。

これはJITであっても同じである。供給するのに要するリードタイム（発注間隔は含んでいる）中の発生する需要量分は，備えておくべき在庫である。それと現在確保している量の差だけは供給しなければならない。したがって，JITでは在庫は不要というのは基本的な間違いで，生産する，あるいは供給するのに時間がかかれば（時間0ということは基本的にはあり得ない），その時間分は供給できないので必ず在庫は必要である。

今，検討しているサプライチェーンが**図6.42**のようなものであるとする。

品切れなく供給するメカニズムは以下のようになる。まず需要が毎日100個あることを仮定する。現在が操業を開始する時点とする。品切れを起こさないためには，まず在庫3に100個なければならない。それが本日の需要にあてがわれる。活動3では，供給に4日かかる。図の楕円形のものが1日当たりの活動量（この例では完成品100個に相当する仕掛量）を意味する。活動3の楕円形4に入っている量が本日の活動対象になる。またそのすぐ左の楕円形3には活動3における本日行う3日目の活動対象が入っている。楕円形2には2日目の活動対象量がある。また活動3の楕円形1は在庫2にあるものを活動対象とする（在庫は活動ではなく置いた状態である）。

活動2の楕円形3には本日行う活動2の3日目の活動対象が入っている。楕

円形2には同様に2日目の活動対象が入っている。楕円形1は1日目の活動対象として在庫1にあるものが活動対象となる。

活動1の楕円形2には活動1の2日目の活動対象がある。楕円形1には1日目の活動対象がなければならない（その前の在庫が省略されているので，楕円形1にあるものとする）。

そこで，現在時点（本日の始業時点）では，どれだけの量がこのサプライチェーン内にあるかを計算すると，完成品1,000個相当の仕掛量である。（リードタイム総計＋1）×100，すなわち，10×100個である。この量は需要が毎日100個あるという状況で適正なシステム内の量である。これよりも多いならば「供給し過ぎ（作り過ぎ）」である。また少なければ「供給不足（作り足らない）」ことになる。

さらにその1,000個は今述べたような各活動と在庫に配分されていることが望ましい。例えば，完成品在庫3にすべて1,000個を置いた配置である場合には，需要が毎日100個という条件が不変であれば供給量としては問題ないが，経営的には早く作り過ぎということになる。早く作るべき何らかの理由（例えば原材料が安かった）がなければ意味はない。需要が突然変わってしまえばその1,000個のある割合は売れないものになる可能性がある。そのようなリスクは少ない方が良い。また資金的にも作る費用が早くかかってその回収（売上）は先になるので不利である。

このような状況では適正供給量をさらに低めるには（もっとリーンな操業にするには），結局のところ一番効果的なことはリードタイムを短くすることである。

6.5.2　サプライチェーンにおける制御の焦点

システムの制御とは，システムの状態を適正な（意図した）状態に維持することである。その制御はどのように制御するかということが問題である。このサプライチェーンにおける制御は図6.43に図示している。

本日の需要量は在庫3の量から供給する。図では需要量が多く，需要量と供給可能量の差（実線両方向矢印）は品切れである。明日の需要（推定値）は本日の活動（生産）量（活動3の楕円形4）から供給される。それ以降の需要は活動3の楕円形3よりも右の四角で表された供給量があてがわれる。このサプライチェーンでは，総リードタイムが9日間なので，すでに本日を含めた10日先までは供給量は決まっている。

■図6.43　供給システムの制御

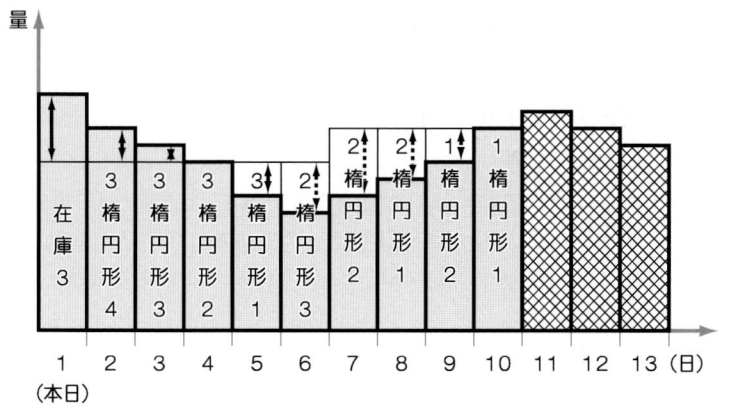

（注）　太い線の四角は需要量，細い線の四角は供給量を示す。網目の太い線の四角は総リードタイムより先の需要量を意味する。供給量の四角における表記で最初の数字は図6.42の活動番号である。これら楕円形の時間軸上の配置はあてがわれる需要に対応している。例えば，活動3の楕円形3には完成2日前の状態のものがある。したがって，順当に活動をこなすと，2日後（3日目）の需要にあてがわれる。それゆえ3日目の需要に対応した位置に置かれている。実線の両方向矢印は品切れ，点線のそれは過剰供給を表す。

このようなサプライチェーンで制御することの意味を考える。それは2つの事柄を検討することである。それらは，以下の決定を考えることである。

①**各活動における活動量：**　例えば，活動3の楕円形2は本日どれだけの量をこなすかについて考えると，そこにある量しか高々こなせない。したがって，需要が高まっていることを予測すると，その最大限をこなす。しかしながら，5日目の需要にあてがわれるであろう活動3の楕円形1の量は，もし，そこにある量すべてをこなすならば，5日目になったら完成品は在庫として残ることになる。活動2の楕円形3についても同様なことが言える。完成品在庫をできるだけもたないとすると，それらの活動は推定需要に合わせて少なめにしておくことが望ましい。

②**11日目の需要への対応（活動1の楕円形1に新たに入れる供給量）：**　11日目の需要に関してはまだ供給量を決めていない。言い換えれば，このサプライチェーンには取り入れていない量についての決定である。これを決定する場合には，5日目から9日目まで需要が落ち込む時期に活動を控えたので仕掛在庫が

それぞれの活動ポイントにおいて残っている。したがって，それら在庫からあてがうことも考慮して本日新たにサプライチェーンに取り込む供給量を控えることも考えるべきである。

このような状況からまず言えることは，これから先の10日間の供給については，全体の量は既存なので制御不能ということである。その期間においては，各活動における活動量を調整し，それによって需要対応を図ると共に，チェーン内における量的配置を需要に合わせて適性にするということだけがその期間で制御可能である。チェーン内の全体量の調整は，チェーンに入れ込む活動1の1日目の活動（活動1の楕円形1）量で対応する。1日当たりでは全体の量の約10％くらいずつの調整幅になる。チェーンの総リードタイムが長いほど，1日当たりで調整できる割合は減っていく。

供給量の制御ではリードタイムというものがいかに制御の可能性を狭めるかが理解できる。制御間隔1日を含めた10日間というリードタイムの長さによって，10日間はチェーン内の在庫量は変更できない。「必要なときに，必要な量」を供給するには，制御がより可能なリードタイムに短縮していくことが望ましい。

6.6 制御の仕組み

供給制御を行う仕組みを考える場合には，2つのことが焦点になる。第1は制御間隔，第2は各活動主体に活動する量をどのようにして知らしめて実施させるかということである。

6.6.1 制御間隔

制御間隔に関しては，上の例では1日を制御間隔と仮定していた。その間隔は変化させることは可能である。例えば，間隔を1週間とすると，今度はチェーン全体の適正在庫量を決めるときには（総リードタイム＋1）の1の代わりに7が入る。さらに供給量を制御するときには7日分の需要を束ねて供給量を計画するという刻み方になる。逆に半日に短くすると，半日単位に調整することになる。

制御間隔は，供給する仕組みの柔軟性によって規定される。例えば，ロットを

5日分の需要量くらいにすることが生産技術的あるいは手順的には望ましいということであれば，制御間隔を5日より短くすることはできない。したがって，ロットを小さくできるならば，制御間隔もそれに応じて短くできる。供給量を適正な水準に制御するということでは制御間隔を短くする方が望ましいことは明らかである。

　JITにおいては，「必要なときに，必要な量」を供給するわけであるが，「必要なとき」は需要者が判断する。その場合に，制御間隔が短い方がより「必要なとき」に近いときに対応できることは明らかである。1週間をその間隔にとれば，需要者の「必要なとき」は週刻みで判断されてしまうことになる。例えば，月曜日ごとに制御する場合，火曜日の需要者は翌週の火曜日まで制御対象から外される（待たねばならない）。この制御間隔のことを**タイムバケット**（Time bucket）と呼んでいる。

　理想的にはできるだけ制御間隔が短くできる生産あるいは供給の仕組みを構築していかねばならない。その意味では，段取り時間の短縮はロットを小さくできるのでより短い間隔の制御が可能になる。段取り時間短縮はJITの創始者であるトヨタ自動車が追求してきた努力の一つである。さらに1個流しと言われるロットが1個の仕組みになると最も短い制御間隔が可能になる。

6.6.2　制御の実施方法

　第2の各活動の活動量を適正な量として実施させるための制御方法には基本的に3つある。

(1)　集中制御方式

　この方法では，その管理者がすべての活動主体に対して（例えば始業直前に）同時にその日の，あるいはある時間間隔中の活動量を指示する。コンピュータを利用することができる現代ではこのような制御は可能かも知れないが，それが利用できない時代には非常に難しい制御の仕組みである。例えば，活動1と2が相当離れた場所にある状況や，電話連絡をする場合の電話をかける必要人数を考えるとわかりやすい。

(2)　プッシュ方式

　第2の方法は，各工程（活動段階）で適正と考える量を後工程へと押し込む

■図6.44　プッシュ方式制御の区切り

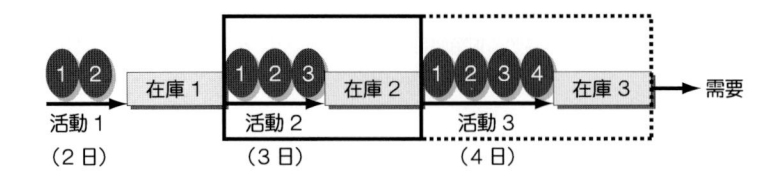

活動1（2日）→ 在庫1 →　活動2（3日）→ 在庫2 → 活動3（4日）→ 在庫3 → 需要

方式である。先に述べたプッシュ方式である。生産計画（第9章で取り上げる）などで決められた量を各活動主体がこなし，自分の活動が終了すると次の工程に供給する。各活動主体は決められた時間内に指示された活動量（生産あるいは加工量）をこなして次の活動（工程）へ送り出せば良い。その場合に，各主体にある種の判断をさせて活動量（送り出す量）を決めさせるような自律分散型の方式にすることもできる。当初の生産計画の通りにいけば問題ないが，機械の故障や需要の予期せぬ変動などの理由で臨機応変な供給をしなければならない場合には，自主的に判断して適応行動ができる自立分散型の仕組みが必要になる。その場合には各活動主体が「適正供給量」を合理的に判断するメカニズムを付与する必要がある。それは結局，⑧式で定義される適正在庫量を把握することに帰着する。

図6.42に戻って考える。図6.44は図6.42をプッシュ方式制御の場合における対象プロセスの区切りを入れて書き直した図である。例えば，活動1の主体は，活動2のために供給する。そこで，活動2の段階でどれくらいの量がなければならないかを判断する。その制御対象状況は太い実線の四角で囲まれたプロセスの状況である。制御間隔を1日と仮定し，⑧式の考え方を適用すると，活動2であるべき量は（3＋1）×（1日当たり需要量）である。そこで活動2における3つの楕円形と在庫2にある量の和（実存量）を，活動2にあるべき量から差し引いた分だけ補充してやれば良いことがわかる。現時点は本日中に活動1が供給する量を決める段階だから本日分の需要量は引いてやるわけである。その結果，本日の操業終了段階では，また元のあるべき量に戻っているはずである。要するに，あるべき量と実存量が一致していれば本日の需要量分だけを送るということになる。

次に活動2は活動3に対して供給する。活動1と同じように考えて制御対象プロセスは点線の四角で囲まれたプロセスである。そこであるべき量は（4＋1）×（1日当たり需要量）となる。それから，そこにおける実存量を差し引いて活

動3へと送る量を決める。そのときの制御対象プロセスは点線の四角で囲まれた部分である。最後に活動3は需要量に合わせた活動量をこなす。

いわゆる預託在庫（VMI）はこのような方式で運営される。それは，供給者（例では活動主体1）が需要者（例では活動主体2）の必要量を保つように需要者の在庫を管理し，供給する仕組みである。近年この方式は広く浸透してきている。従来，活動主体1が施した活動量（生産量）を活動主体2へとそのまま供給する粗いプッシュ方式では，（活動主体2の活動水準が低いと）活動主体2に在庫が滞留していくような状況が起こるので，それを避けるために次に述べるようなプル方式，すなわち活動主体2（需要者）が活動主体1（供給者）に対して供給すべき量を指示する方式がとられるようになる。しかしながら，そのためには活動主体2は自分自身の在庫管理をせざるを得ない。それが費用的にも高くつくし，煩雑と考えると上述のVMIになる。

(3) プル方式

「必要なときに，必要な量」を供給するJITは基本的にはプル方式で制御する。これは各活動主体が前工程にある活動へ必要な量を取りに行く方式である。前工程は後工程がもっていった量を考慮しながら自身の適正活動量を決める。もっていった後工程でも，もって行かれた前工程でもそれ自身の「適正」なる活動水準を決めるための基準をもつ必要がある。

図6.45ではプル方式における各活動主体の制御対象の区切りを示している。適正な活動水準の決定においては，やはり⑧式の基準が重要である。そこで，各主体は自らの活動において保有すべき量を（その活動のリードタイム＋1）×（1日当たり需要量）（制御間隔は1日とする）とし，それを常に保持するように前工程へと足らない分を取りに行く。例えば，活動主体1は太い実線の四角で囲まれたプロセスが自身の制御すべきプロセスである。そこでの望ましい量，すなわち，（2＋1）×（1日当たりの活動2からの需要量）が保有すべき量となる。それと保有している量（楕円形1と2，および在庫1にある量）の差をその日の活動量とする。ただし，在庫1の量は，活動2の楕円形1にある量と等しい。それらが一致しているときには，その日の活動2からの需要量を満たすように活動量を決める。活動主体2は点線，活動主体3は一点鎖線の四角で囲まれたプロセスが各々の制御対象になる。活動主体2の在庫2は活動主体3の楕円形1の量と同じである。

■図6.45　プル方式制御の区切り

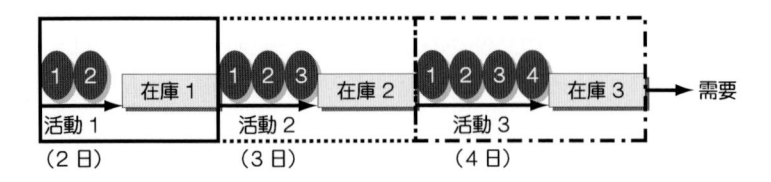

```
┌─────────────────┐ ┌───────────────────┐ ┌─────────────────────────┐
│ ①② → 在庫1    │ │ ①②③ → 在庫2    │ │ ①②③④ → 在庫3    │ → 需要
│ 活動1           │ │ 活動2             │ │ 活動3                   │
│ (2日)           │ │ (3日)             │ │ (4日)                   │
└─────────────────┘ └───────────────────┘ └─────────────────────────┘
```

各活動主体が品切れ状態（後工程が取りに来たときに欲しい量だけ渡せない）で事後的に渡す状況でない限り，各活動主体は後の活動主体がもっていった量だけ活動を行う．

適正在庫量の維持では，定期発注方式あるいはロット生産を前工程が行っているときには定量発注方式などを使う．これはプッシュ方式でも同じである．ただし，プッシュ方式では，ある工程の適正在庫を管理する者は前工程の者になるが，プル方式ではその工程の者になる．

6.6.3　供給活動制御の手段としてのカンバン

JIT方式ではそこで使われる制御の道具として**カンバン**と供給活動（加工，輸送，組み立てなど）の単位を規定する容器が有名である[13]．カンバンというのは供給活動を行うことを指示する手段（メディア）である．最も有名なものが，欲しい物が何でどれだけ欲しいかを書いてある（多くはビニールでカバーされた）カード形状をした書類である．容器はそれに供給（仕掛）部品を入れるもので1つの容器に入れる個数は20個とか30個など目的に応じて決められている．カンバンと容器は組み合わされることで巧妙な情報システムとして機能する．

〈例6.10　カンバン方式による制御〉

図6.45のチェーンでカンバン方式の運用を考える．図6.45の活動主体3では在庫3にある量と4つの楕円形にある仕掛品（加工中）の量を加えたものが，（リードタイム＋1）×（1日当たり需要）に等しい量あることが望ましい．

今までの例の状況においては，100個を活動3で生産するのに4日かかることを想定してリードタイムを4日としていた．さらに前工程，すなわち活動主体2に対して供給を要請する間隔が1日ということで上の望ましい量を規定していた．活動3（工程3）と活動2（工程2）の間の供給をカンバン方式で制御するこ

6.6 制御の仕組み

とをまず考える。

例では，活動3と2の間は輸送時間がほぼ0で近接しているようになっている。すなわち，活動3から必要量を活動2に取りに行き，すぐにそれを引き取って戻って来ることができる状況である。そこでまず，カンバンと容器によって活動3における状態を把握し，活動を制御できれば良い。

その望ましい量を活動3において確保しておくためには，その量に対応した**カンバン枚数**と**容器の容量**（収容可能な個数）を規定する。それは以下の式で規定する。

$$\frac{カンバン}{枚数} = \frac{確保するべき量}{容器の収容可能個数} = \frac{(リードタイム+1)\times(単位時間当たり(日)所要量)}{容器の収容可能個数} \quad ⑨$$

制御間隔（活動3が活動2に供給要請する間隔）が半日であれば⑨の1が0.5となる。ここでは1日が制御間隔とする。

容器の収容個数を100個とすると，⑨から求められるカンバン枚数は5枚になる。カンバン1枚が容器1個に対応して付されると，容器数も5個になる。まず，カンバンと容器が活動3の状況を反映することが必要である。それらカンバンや容器は目で見ることができる。その確認によって活動状況がわかって適切な制御ができることが望ましい。カンバンと容器の取り扱いによって物の動きを制御するわけであるから，それは物の動きとカンバンおよび容器の対応関係をつける必要がある。

そこで最初に活動3の世界において存在するはずの物の個数とカンバンおよび容器の対応関係をつける。現在，活動3で存在するはず（べき）物の総量は500個である。したがって，1枚のカンバンに100個が対応するとすれば，ここのシステムにおける物と対応関係をつけるには5枚のカンバンが必要である。容器カンバンと100個入り容器が常に一緒に動くようにしておくと，この100個が容器に入れる個数を意味し，5個の容器が必要になる。このような取り決めを行うと，1枚のカンバンによって100個の動きが制御できる。

活動3にあるべき500個について，その100個が1単位（1個の容器）にカンバン1枚が対応して付される。そのうち，100個が需要として在庫3から市場へと出荷されると，それに付されているカンバン1枚と1個の容器が空く。そこでそれを持って活動2に取りに行く。その空の容器と引き換えに100個詰まった容器を貰う。持っていったカンバンを，今度はその一杯詰まった容器に付け替え

ておく。その一杯詰まった容器とそれに付け替えたカンバンを持って帰る。カンバンと容器を一緒にして活動3の生産活動の始点に置いてその第1段階の加工を始める。この動きがカンバンの仕組みになる。

　容器が50個収容ということにすると，今度は10個の容器と10枚のカンバンになる。この場合には，おおよそ半日が制御間隔になる。活動3の在庫3から50個出荷されるたびに，活動2から50個を引き取る。容器の収容個数を少なくしていくと制御間隔もそれに応じて狭まる。よりきめの細かな制御になる。

　需要量が1日100個よりも多くなると，活動3でもつべき量は当然それに応じて増える。⑨で求めるカンバン枚数は分子が多くなるので増える。しかしながら，トヨタ自動車ではリードタイムを短くしてカンバン枚数は増やさない方向で努力する。

　今度は，例の状況をさらに現実的にする。すなわち，活動3と活動2が地理的にも距離が増し，活動3から引き取りに行って戻って来るまでにもっと時間がかかるような状況である。活動2が社外の別会社によって遂行されているような場合には，活動2から活動3まで来るのに数時間あるいは数日ということが当たり前になる。このような状況では活動3と活動2の間で引き取るための別の仕組みをもつことになる。また引き取りに行くのではなく，供給者（活動2の主体）に持って来てもらうことになる。

　活動間の距離が離れると，今度は生産を指示するカンバンと供給を指示するカンバンに分けて考えることになる。あるいは活動2が大きなロットで生産し，活動3が小ロットで生産する（例えば組み立てで1個流しになっている）場合である。このような乖離は距離というよりも，活動3と活動2の間で引き取りに時間がかかるということでもある。要するに，活動間の移送のリードタイムがかかってくるわけである。

　活動間の距離があると，生産と引き取りの活動を区分けすることが望ましい。そのときのチェーンは図6.46のようになる。活動3においては，2つのカンバンの流れができる。太い点線矢印の流れは引き取りカンバンの流れである。また活動3の生産の流れを制御する生産指示のためのカンバンが太い矢印の流れである。

　このようなシステムになると，活動主体3は引き取りカンバンと生産指示カンバンの両方を制御する。引き取り活動の立場で考えると，図6.46の在庫3から活動3で生産されているスピード（時間当たりの生産個数）で活動3へ引き

■図6.46　活動間の区切りにおける引き取り活動

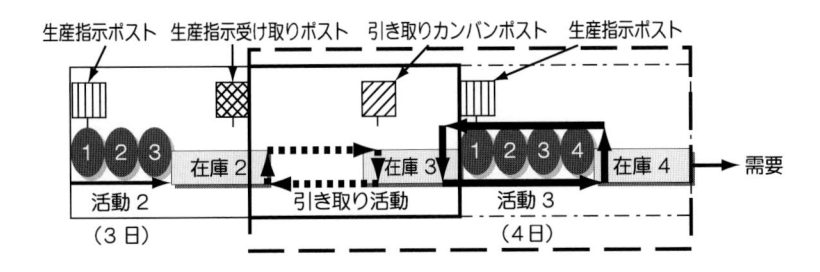

取られていく。それが引き取り活動主体にとっての需要になる。また活動2から引き取るのに時間がかかる。それを引き取りリードタイムとすると，引き取り主体が引き取りカンバンと空の容器を活動主体2に持っていき（示し），その空の容器が一杯に補充されて戻って来るまでの時間が引き取りリードタイムになる。したがって，引き取りに要するカンバンの数は，以下の⑩で表される。

$$\text{引き取りカンバン数} = (\text{引き取りのリードタイム} + t) \times \frac{\text{単位時間(日)需要}}{\text{引き取り容器1個の収容数}} \quad ⑩$$

ただし，t は引き取りに行く時間間隔。引き取りのリードタイムと同じ時間単位で測られている。

例えば，単位時間需要が1日当たり100個，引き取りのリードタイムが2日，t を1日，容器収容数を100個とすると，必要な引き取りカンバン数は3枚である。活動3の生産指示カンバンは先ほどの5枚である。そこで活動3のシステムは，5枚の生産指示カンバンの各々が5日に1回転する生産サイクル（太線の矢印の動き）と，3枚の引き取りカンバンの各々が3日に1回転する引き取りサイクル（太い点線の矢印の動き）が同期化するように動いて活動3全体の生産が進行するプロセスを内包することになる。もちろん，先ほど述べたように，カンバン枚数は容器の収容個数の大きさによって変化し，制御の時間間隔もそれに応じて変わる（その収容数を単位時間需要個数で除すことで制御間隔が決まるので，収容個数は制御間隔と結びついている）。もっと頻度高く制御しようとすると，収容個数を減らし，カンバンと容器数を増やすことになる。

引き取りのプロセスを記述する。まず空の容器と引き取りカンバンポスト（図6.46の右上がり斜線模様の箱）に入っている引き取りカンバンを，引き取り（ト

ヨタ自動車ではミズスマシと命名されている役割）担当者がある時間間隔ないしある枚数溜まったら取り出して引き取り容器1個に1枚そのカンバンを付して在庫2の所に引き取りに行く（活動主体2が持って来る場合は，それが在庫3に持って来た時点で示す）。取り出すタイミングはあらかじめルールとして決めておく。

在庫2の場所でその空の容器を置き，そこにあるすでに一杯収容された別の容器を在庫3へ持ち帰る。そのときに一杯収容されているその容器に付されている生産指示カンバン（このカンバンは活動主体2が自分の活動2の指示をするためのカンバン）を外して**生産指示受け取りポスト**（**図6.46**では網目模様の箱）に入れる。

持って行った空の容器に付していた引き取りカンバンを，持ち帰る容器に移し変える。それを持ち帰って在庫3へと置く。活動3の生産活動をする主体は**生産指示ポスト**（**図6.46**では縦線模様の箱）にある生産指示カンバンを取り出して生産活動を開始するが，そのときに在庫3に置かれていた加工すべき部品が一杯収容されている容器から取り出すわけである。その容器に収容されていた部品すべてを工程1（活動3の楕円形1）に流し終わると，そこに付けてあった引き取りカンバンを外し，引き取りカンバンポストに入れておく。次に引き取りに行くときにはそのポストからそこに入っている引き取りカンバンを取り出す。

活動主体2は活動主体3と同じように，生産指示受け取りポストに入っている生産指示カンバンを適時取り出して活動2の最初の生産指示ポストに移し，その生産指示ポストに移されたカンバンを取り出して活動2における生産活動を開始する。生産指示カンバンを取り出して実際の生産指示とするタイミングは適正な，例えば適正ロットになったら取り出すというようなルールに基づいて決められる。

活動主体3から市場へと出荷される量が減ると，活動3の生産指示カンバンの回転が落ちてそこの生産活動のテンポも低下する。そうすると，活動3の引き取りカンバンの回転速度は落ち，活動2から引き取る量も減る。それが活動2にそこにおける生産指示カンバンの回転の低下を招いて活動2自体の活動の速度も落ちる。活動3から出荷される量が増えると（需要増加）今とは逆のことが起こって回転が早まる。

なお，**図6.46**で広い間隔の太い破線で示されている四角は，活動3と2の間に引き取りリードタイムが2日加わった場合の活動3主体の管理範囲を示す。

その範囲は総リードタイム6日（活動3の4日に引き取りリードタイムが2日加わる）のプロセスである。結果的に，活動3で用いられる引き取りカンバンと生産指示カンバンの枚数は合わせて，制御間隔を引き取りおよび生産指示が各々1日とすれば，8枚になる。それは結局，リードタイム8日（活動3の4日＋引き取りの2日＋生産指示間隔1日＋引き取り指示間隔1日）の新しいプロセスにおいて存在すべき量を確保する供給活動となることを意味する。

このチェーンにいるすべての活動主体はカンバンの動きにその供給スピードを適合させることができる。日常的にはそれら活動主体は細かなデータを参照することなしに，カンバンの動きでその行動を律することができる。

現実には図6.46にある活動がいろいろな種類の生産システムになっているので，カンバンの運営方式はそれに適合させることになるが，原理的には今まで記述したように動く。

6.7 JITシステム運営の要件

最後にJITシステムが適切に動くための条件を考えてみる。そこでは次のようなことがポイントになる。

①**予定通りに工程が動くこと：** チェーンにあるさまざまな活動がきちんと動いて初めて全体がリーンな（在庫が最低必要限に抑制された）状態で供給できるので，品質不良，機械故障，働く人間のむらのある働き具合などが起こるとたちまち全体の供給が途絶える。そのために多くの安全在庫を抱えることになってリーンな状態は実現できなくなる。JITにする意味がない。そこで，品質管理活動，機械やシステムの予防保全，働く人間の訓練および作業環境の整備などが付随的に行われなければならない。

②**需要が安定すること：** 大きく変化する需要パターンでは，確保しておくべき適正量自身が変化し，さらにカンバン枚数や容器数が足らなくなってしまうことや，生産スピードを過度に上げ下げする事態が生ずる。それは供給活動の無理を招くし，それを避けようとすると多くの安全在庫を保有する，あるいは生産能力を余計にもつ必要性を招く。JITで稼働する意義はなくなる。

③**段取り時間を短縮する：** 生産能力を過剰にもたないで，いろいろな製品種類

を1つのチェーンで供給することは経営的要請として珍しくない。その場合には供給能力あるいは生産可能な稼働時間を無駄がないように使う必要性が増す。そこで製品種類ごとに必要な段取り時間は極力なくすことが重要になる。段取り時間があることで，ロットを大きくし，制御間隔を長く取らざるを得なくなるし，さまざまな生産の仕方を採用せざるを得なくなる。それは各活動が相互にテンポの異なるものとなって活動間の違いに対応するための調整問題が大きくなる。それをなくせば，JITは組み立て流れ作業のように活動間の継ぎ目なしに最低在庫を実現する仕組みとして機能できる。

④リードタイムの短縮： ③とも関わっているが，生産や輸送にかかるリードタイムが短くなることで，活動間の結びつきを短絡できる。例えば，引き取りカンバンと生産指示カンバンという2種類のカンバンや引き取り活動なども必要でなくなる。あるいは活動が互いに遠隔地に散在するとJITの本来の狙い，すなわち，「必要なときに，必要な量」を供給するという状況を実現する難しさが増す。またサプライチェーン全体のリードタイムが長いことは本来的に図6.42で示したように需要に対する追随を難しくする。

しかしながら，上に挙げたような要件は，これらはJIT供給システムに限らず，サプライチェーンにおける効率性を実現するための要件でもある。

参考文献・資料

[1] Forrester, J. W., *Industrial Dynamics*, Productivity Center, 1961.
[2] 例えば，
  ①Krane, S. D. and Braun, S. N., "Production Smoothing Evidence from Physical Product Data", *Journal of Political Economy*, Vol. 99, No. 3, 1991, pp. 558–581.
  ②Kahn, J. A., "Inventories and The Volatility of Production", *American Economic Review*, Vol. 77, No. 4, 1987, pp. 667–679.
[3] Lee, H. L. and Padmanabhan, V., "The Bullwhip Effect in Supply Chains", *Sloan Management Review*, Vol. 38, Issue 3, 1997, pp. 231–240.
[4] ゲーム自身はシステム・ダイナミックス学会（System Dynamics Society）を通じて購入することができる（http://www.systemdynamics.org/）。日本語の解説に関しては，黒野宏則「ビールゲーム」島田俊郎編『システム・ダイナミックス入門』日科技連出版社，1994年，

pp. 171-176。または，Senge, P. M., *The Fifth Discipline: The Art & Practice of The Learning Organization*, Doubleday Currency, 1990.（守部信之他訳『最強組織の法則』徳間書店，1995年）

[5] Lee, H. L. and Padmanabhan, V.（前掲論文）

[6] Clark, T. H. and McKenney, J. L., "Procter & Gamble: Improving Consumer Value through Process Redesign", Westland, J. C. and Clark, T. H. K., (eds.), *Global Electronic Commerce: Theory and Case Studies*, MIT Press, 1999, pp. 197-220.

[7] Schonberger, R. J. and Knod Jr., E. M., *Operations Management: Customer Focused Principles*, 1997, Sixth edition.

[8] Aviv, Y., "The Effect of Collaborative Forecasting on Supply Chain Performance", *Management Science*, Vol. 47, No. 10, 2001, pp. 1326-1343.

[9] Gattorna, J. L. (ed.), *Strategic Supply Chain Alignment: Best Practice in Supply Chain Management*, Gower Publishing Co., 1998.（前田健蔵・田村誠一訳『サプライチェーン戦略』東洋経済新報社，1999年）

[10] Womack, J. P., Jones, D. T. and Roos, D., *The Machine That Changed the World*, MacMillan Pubkishing, 1990.（沢田博訳『リーン生産方式が世界の自動車産業をこう変える』経済界，1992年）

[11] 大野耐一『トヨタ生産方式』ダイヤモンド社，1992年，第50版

[12] 例えば，

①Fujimoto, T., *The Evolution of a Manufacturing System at Toyota*, Oxford University Press, 1999.

②藤本隆宏『生産システムの進化論』有斐閣，1997年。

③Johnson, H. T. and Bröms, A., *Profit beyond Measure: Extraordinary Results through Attention to Work and People*, The Spieler Agency, 2000.（河田信訳『トヨタはなぜ強いのか』日本経済新聞社，2002年）

④小川英次編『トヨタ生産方式の研究』日本経済新聞社，1994年。

[13] 門田安弘『新トヨタシステム』講談社，1991年。

7

サプライチェーンとボトルネック現象

　サプライチェーンが生産のための資材を調達する活動，生産活動，荷役活動，輸送活動，販売活動などのさまざまな活動のつながりになっていることは第5章で述べた。それらつながりを適切に設計し，計画し，そして制御（コントロール）する活動が狭義のサプライチェーン・マネジメントである。そのような活動をある需要に対して投入資源を最少にする仕方で結びつけるサプライチェーンが優れている。

　その場合にチェーン内で淀みを作ることが大きな問題になることは第6章で述べた。本章では，そのような淀みを作り出す重要な要因としてボトルネックという現象を考える。ボトルネック現象は，すでに今までの議論で現象として出てきているが，ここで改めて考える。なお，ボトルネック現象は開発までも含んだ広義のサプライチェーンあるいは経営全般においても起こる現象である。しかしながら，本章では狭義のサプライチェーンを中心に考える。

7.1 ボトルネック現象とは

ボトルネックは文字通り，瓶の首を意味する。通常は瓶の首は他の部分と比べて細くなっている。細いということはそこの部分で出口が狭まって流出量が少なくなる。水の流れを考えると，理論的には後からの圧力が増して，時間当たりの流出の勢い（速度）は増すが，サプライチェーンではそのような自然の圧力はない。出る量はネックの太さによって規定される。

〈例7.1　ボトルネック・モデル1〉

3つの活動がつながった単純なサプライチェーンを考える。それは図7.1のようになっている。

現在，原材料在庫にある製品の1,000個分の資材が在庫として現存する。今，3つの活動に関する1日当たりの処理能力は各々10個である。このときには，1,000個すべて完成するのにどれくらいの時間がかかるだろうか。図7.2はそれを示している。各活動は1単位処理するたびに後の在庫に置く。次の活動はその在庫されたものの処理にかかるとする。すなわち，活動が次の活動へ送り出すロットサイズを1とする。1,000個分を供給し終わる時点は図7.2の完成品在庫1が1,000個になるときである。したがって，所要時間は完成品在庫1が1,000個になるまでの経過時間（横軸の長さ）になる。この計算方法はすでに第3章で述べた。もう一度この例にあてはめて下に書いておく。

ロットが L のときの総生産時間 $= 1,000/10 + L/10 + L/10$　　　①

①で，この例では $L = 1$ である。またすべて能力は1日当たり10個なので，1,000個完成するまでの時間は，100.2日になる。

次に，活動1の能力が1日当たり10個，活動2のそれが8個，活動3のそれが12個になったとする。そのときには，1,000個を完成させる時間は図7.3のようになる。

この図では在庫22（活動2在庫であるが，能力を変えたので区別する意味で22としている）が大きく発生している。まず所要時間は，①が以下のようになる。

7.1 ボトルネック現象とは

■図7.1 単純なサプライチェーン

■図7.2 1,000個を生産するときの所要時間

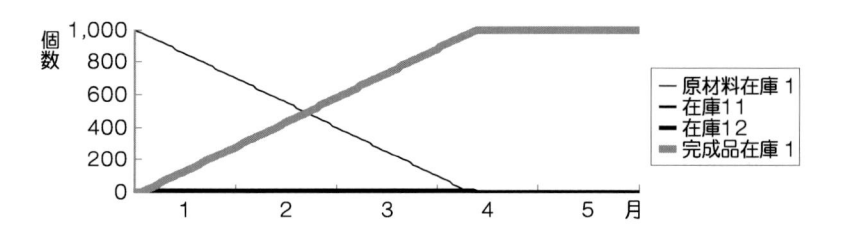

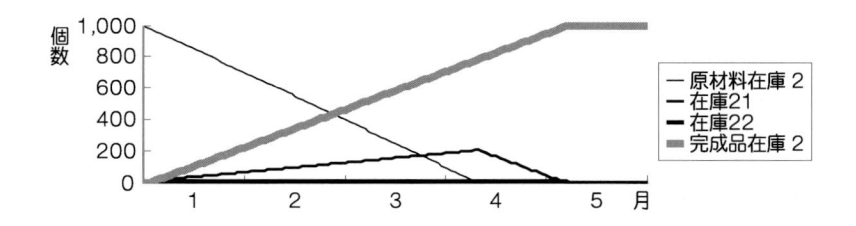

■図7.3 活動の1日の能力が，活動1が10，活動2が8個，活動3が12個になった場合の1,000個の所要時間

$$\text{ロットが } L \text{ のときの総生産時間} = 1{,}000/8 + L/10 + L/12 \qquad ②$$

すなわち，所要時間は，125.283日と長くなる。これは新たな能力バランスでは，能力8個という活動2の能力がチェーン全体の流量を規定してしまうからである。すなわち，125日という数字は1日当たり8個で処理したときの所要時間である。①では10個であった。

さて，ここでの最大の問題は，活動2の能力が1日当たり8個の処理能力で，活動1が10個というバランスである。これでは活動1が1日10個というスピードで仕上げても，活動2が1日8個というスピードなので，全体としても1日8個というスピードしか出ない。また活動2の前の在庫として2個という遅い分

だけ1日当たり積み上がっていく。これがチェーンにおける淀みである。淀みは時間当たりの流量が少なくなるために起こる。供給能力の低下を意味し，供給時間がよりかかることになる。

ボトルネックは活動2の能力である。他の活動よりも能力が低いところがボトルネックになって能力の低い活動の前に滞留を引き起こす。すべて能力が等しい図7.2では滞留在庫は発生しない。

ボトルネックは結局，サプライチェーンではチェーンの供給スピードを左右する能力のことである。それは，特定の機械，工程，輸送，荷役システム，あるいは働く人々の能力格差などいろいろな要素が該当しうる。問題はそれらの能力が他の要素の能力よりも小さいことである。特に，複数の活動が逐次的につながっているサプライチェーンや生産システムなどの場合に，そのつながりにおけるある特定活動2の単位時間当たりの能力がその直後にある消費者に近い活動3からの単位時間中の要請量よりも小さい場合，あるいはその直前にある活動1から送られてくる単位時間中の供給量よりも小さい場合にその活動2がボトルネックになる。

しかしながら，つながった活動の間でそのような能力のアンバランスがあっても，もし期待した成果が実現できればボトルネックには気づかない。例えば，例7.1において，1,000個を顧客に渡すのが130日先であれば，125日強のリードタイムは顧客からすれば満足である。活動2がボトルネックであるという事実はそう問題にならない。活動2の現在能力でも十分に顧客を満足させていると考え勝ちである。そこに経営上の罠が存在する。

例えば，現在注文してくれる顧客は130日でも仕方ないと考えているだけで，120日にリードタイムを短くすると他の顧客も注文してくれるということも考えられる。その場合に120日までリードタイムを短くすると，注文量は増える。そのときには明らかに活動2の1日8個というボトルネック能力が問題である。1日8個という能力の低さがあるために120日にすることができないからである。このように，現在の市場の需要を現在水準に留めているのが活動2の能力であるということも言える。

このように考えると，ボトルネックを知るということは経営改善にも重要なことである。能力のアンバランスがボトルネックの背後にあるわけであるが，それが経営的に問題を生み出す。その問題は2つある。

7.1 ボトルネック現象とは

① 供給のための資源投入の無駄を生む

例7.1の活動2が1日当たり8個の処理能力で他よりも低い場合に，活動1と2の間に在庫が多く積み上がる結果になる。この積み上がった在庫は無駄である。また，活動1がその在庫の積み上げに気づいて活動2のペース（1日8個というペース）に合わせるとその積み上げ在庫はなくなる。しかしながら，活動1が1日当たり活動2よりも2個分多く加工できるので，その2個分の能力は使われず，無駄になる。どちらにせよ無駄を生む。

② 市場の限界を定めてしまう

活動1と3が過剰能力をもちながら，市場の需要量を活動2の能力が規定してしまう。市場の需要量はいろいろな要因で規定されるが，その一つとして現在の活動2の低い能力が該当する可能性がある。現在の競争では納期の速さは優位性をもたらす大きな要因である。

能力のアンバランスがなぜ起こるかを考えると，例えば活動2を利用したいと考えたときに，その利用したい量が可能能力以上になってしまう状態になるからである。能力はできるだけバランスさせたいと多くの経営者は考える。しかしながら，利用の仕方によってアンバランスが顕在化する。生産計画の例で考える。

〈例7.2 製品ミックスの問題〉

今，営業からの要請で，製品ⅠとⅡを1日当たり20個，30個作る生産計画を立案したとする。両製品の生産では共に2種類の機械AとBを用いる。それぞれの製品がAとBを利用する時間は，製品Ⅰを1個作るのにAを10分，Bを8分使う。また製品ⅡはAを7分，Bを12分使う。Ⅰを作っていて次にⅡを作るとき，あるいは逆にⅡを作っていて次にⅠを作る場合には，60分の段取り時間が機械AとBでそれぞれ必要になる。機械はそれぞれ1日当たり480分利用できるとする。

1日に両製品を作ると仮定すると，段取りで最低60分は機械を休止することになる。そこで両機械の利用可能時間は420分になる。結局，Ⅰを20個作るには，AとBの機械の利用時間はそれぞれ200（= 10 × 20）分，160（= 8 × 20）分になる。一方，製品Ⅱを30個作るには，AとBをそれぞれ210（= 7 × 30）分，360（= 12 × 30）分使う。そこでAとBの総利用時間は，410（= 200 + 210）分，520（= 160 + 360）分である。この場合には，機械Bがボトルネックになる。利用可能な時間420分を100分も越えてしまっている。したがって，現在の

生産能力では，1日で製品Ⅰを20個，Ⅱを30個作るという生産計画は実施が難しい。

ボトルネック現象は，さまざまな供給活動の能力がアンバランスであるときに発生する。そのアンバランスはいろいろな理由で生まれる。例えば作る製品の種類が変わっていく一方で，生産する設備や人員がそれに応じて変化できない，あるいは設備や人員の稼働可能な水準が時間経過に応じて変化する，さらには各製品に対する需要の割合が変化するなどがあると起こる。生産システムやサプライチェーンを最初に設計する場合にはバランスするように当然考えるけれども，上に述べたように当初の供給あるいは生産システムの設計仕様が適切さを欠く状況が時間経過と共に発生するのが現実である。

ボトルネックはサプライチェーンのみならず，あらゆるところで当てはまる広い概念である。ボトルネックはものごとを行うときに課される制約（Constraint）とも解釈できる[1]。上の例では，物理的な生産能力であったが，本章の冒頭で述べたように，技術開発力，生産計画立案能力，働く人々の働く意欲，動機，資質，さらにはチームワーク能力など目に見えにくい要因がボトルネックにもなる。例えば，新製品を市場に今年のクリスマス商戦に間に合うように導入する計画があったとする。新製品開発自身は10月には終了していたのに，製造上の問題があって市場に製品が出荷できるようになったのは翌年の1月末になってしまい，商機を逸するという問題は現実によく起こる。この場合には，製造工程の調整活動能力がボトルネックになる。要約的に言うと，多くの経営のゆきづまりはある種の資源がボトルネックになるために起こる。

プロジェクト・マネジメントの第3章の例3.4で考えたプロジェクト・マネジメントにおいて，プロジェクトの完了時間はクリティカル・パスという活動のつながりで規定されることを述べた。そのクリティカル・パスはプロジェクトの完了時間を規定するという意味でプロジェクトのボトルネックということになる。そのパス上の活動を速めない限り（能力を向上させない限り），プロジェクトの完了時間は短くならない。この場合には，特定の能力や要因ということではなく，クリティカル・パス上の活動能力すべてがボトルネックに対応する。

ボトルネックは計画した，あるいは期待した成果が実現することを妨げる。その意味で経営はボトルネックとの戦いという形容もできる。しかしながら時間経過と共に製品種類が増え，さらに個々の製品の仕様変更を行い，他方で収益性を

確保するために設備はできるだけ増やさないで多くの機械をいろいろな製品の生産のために共有して使うなどの状況が出てくると，ボトルネックが一体どこにあるのかはわからなくなってくる。

サプライチェーンで考えると，そのチェーンには異なる企業の活動も加わることがある。例えば，部品を別会社に生産委託する（アウトソース）場合もあれば，輸送は輸送会社に委託することもある。同じ企業内でも，異なる工場で部品が生産されてそれをまた別の工場で組み立てる複雑な流れになっていることもある。それらの流れは比較的固定化された設備やシステムによって律される。他方で，市場の変化に対応するためにさまざまな製品を新たに開発し，また大小のモデルチェンジを行う。そのたびに市場の需要はまた変化する。供給者と市場は相互作用下にある。そのような場合には，たとえ生産システムやサプライチェーンを構成活動の能力がバランスするように設計していても当初の設計仕様が想定する状況とは異なる状況が生まれ，どこかの構成活動の能力間でアンバランスが発生する。その結果，ボトルネックは至るところで発生する。その結果として供給のための投入資源の無駄が生まれ，さらに供給能力の低下によって市場の限界を自ら設定していくことになる。必死に供給していても収益性が次第に低下する。それらボトルネックから生まれる問題を克服することがサプライチェーン・マネジメントにおける，あるいは経営における大きな課題の一つである。

7.2 ボトルネックと価値創造

ボトルネックはボトルネックではない経営資源の無駄を生み出し，また新たな市場創造の機会を喪失させる原因になると前節で述べた。無駄は価値が0であると考えることができるので，ボトルネックは結局，本来ならば創造できる価値を抑制しているものと解釈できる。本節ではボトルネックによって潜在的に失われる価値の大きさを評価する問題を考える。

〈例7.3　例7.2におけるボトルネックの評価〉
例7.2では2つの機械とそれらを使って作る2つの製品の生産計画におけるボトルネック問題を考えた。そこで，ボトルネックであった機械Bの評価を考える。生産計画では製品Ⅰを20個，製品Ⅱを30個毎日作ることになっていた。し

かしながら，機械Bが利用できる時間が420分で，生産計画を実施するとその利用可能時間420分を越えてしまい，実際上生産計画は実施できない。このような場合に，機械Bが妨げている利益機会を評価することが重要になる。

製品Ⅱは1個作るのに機械Bを12分使う。そこで，12分余計に機械Bを使えるようにしてやると，さらにⅡを1個作ることができる。製品Ⅱの1個当たりの利益を6万円とすると，機械Bを12分使えることの評価額は6万円になる。24分使えるようにすると2個作れるので12万円である。最終的には機械の利用可能時間を100分増やすと生産計画の30個をすべて作ることができる。しかしながら，それよりも多くしても利益は出なくなる。30個よりも多く売れる状況であれば機械Bの利用可能時間を増やしても利益は増加する可能性はあるが，30個しか需要がないときにはそれ以上増やすことは意味がない。今度は需要量が利益を増やす機会の制約になる。

現在の生産計画では，機械Bの評価は12分当たり6万円である。この評価額はⅠを20個，Ⅱを30個毎日作るという前提での評価額である。したがって，この6万円は，機械Bだけは正規の480分だけでなく，残業して動かすことのメリットを判断する目安になる。残業代は1時間当たり正規の就業時間のそれよりも50％程度高くなるとする。例えば，正規の就業時間内における1時間当たりの労務費を2,500円とすると，追加費用増は1時間当たり1,250（＝2,500×0.5）円である。100分（約2時間）働くと2,500円増加になる。2人必要であれば5,000円になる。また残業労務費以外のその他の追加費用が2時間残業で15,000円かかるとすると，最終的には残業して機械Bを稼働させることのメリットは，機械Bの稼働時間が100分増えると製品Ⅱを9個作れるようになるので，52（＝6×9－2）万円である。

残業以外に，機械Bの製品切替えにともなう段取り時間の1時間を短縮することも一つの考え方である。段取りに1時間も現状はかかっている。段取りを20分でできるようにすると，それだけで40分機械Bを稼働できる。したがって，残業時間を60分追加すると機械Bの利用可能時間は製品Ⅱを30個生産できる長さになる。労務費以外の追加費用も半減すると仮定すれば，機械Bの残業による稼働の経営的メリットは5万円に増加する。ただし，段取り時間短縮のための費用は知恵で実現できたので実質的に0であると仮定しての話である。

ポイントは機械Bの追加的稼働時間の評価額6万円を知ることである。機械Aはそれが0である。なぜなら，機械Aは稼働時間が余っている。したがって，

機械Aは現状ではそれを追加してもその稼働時間は何も価値を生まない。ボトルネックである機械Bに当面は工場の利益創造が依存しているのである。この稼働時間を何とか増やさない限り利益増加は見込めない。

〈例7.4　ガソリンステーション・モデル〉

あるガソリンステーションでは、4つの給油機がある。人件費、光熱費と水道代の基本料金、設備の減価償却などを加えた1日当たりの固定費が20万円かかる。さらに変動費は1ℓ（リットル）の1回の給油当たり3円かかる。ガソリンの仕入れ値は1ℓ当たりで75円である。したがって、1ℓ当たり78円の変動費がかかることになる。ガソリンの価格によってお客の数は変化する。おおよそ、価格P（1ℓの価格）に対して売上量Q（ℓ単位）はこのスタンドでは以下の式で表すことができるとする。ただし、単純化するため、ガソリンの種類はレギュラーだけであると仮定する。例えば、1ℓ当たり95円にすると、20,000ℓ売れる。1台当たり平均25ℓ給油するとすれば、800台のサービスができる。

$$Q = 210{,}000 - 2{,}000P \qquad ③$$

このステーションにおける利益πは以下のように計算できる。

$$\pi = QP - 78Q - 200{,}000 \qquad ④$$

そこで、③を④のQに代入すると、利益πはPだけで表される。すなわち、

$$\begin{aligned}\pi &= (210{,}000 - 2{,}000P)P - 78(210{,}000 - 2{,}000P) - 200{,}000 \\ &= -2{,}000P^2 + 366{,}000P - 16{,}580{,}000 \qquad ⑤\end{aligned}$$

図7.4はガソリン価格に応じた利益の動きを表している。ただし、価格を1ℓ当たり120円にすると途端にお客が0になることを仮定している。利益が最大になるのはおおよそ91.5円のときである（理論的に最大利益を与える価格を求めるには、⑤をPで微分した導関数を0とおいた方程式を解けばよい。すなわち、導関数＝$-4{,}000P + 366{,}000$なので、$-4{,}000P + 366{,}000 = 0$を$P$について解く）。利益は164,500円となる。③式の右辺のPに91.5を代入すると、売れるガソリン量は、27,000ℓである。1台当たり平均25ℓを給油すると仮定すると、このステーションは最大利益を達成するには1,080台の車に給油することになる。この最大利益は何の制約もない場合に実現できる。

■図7.4　ガソリン価格と利益の関係（横軸が価格）

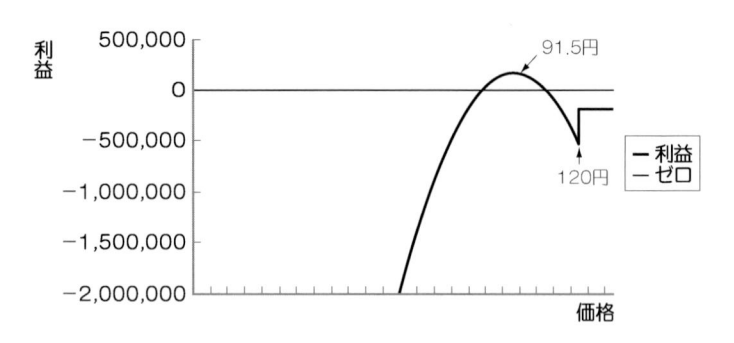

　このステーションは営業時間が14時間で，現在4人が働いている。1台当たり1人が窓拭きサービス，給油，代金徴収などのために5分かかっている。昼夜を問わず時間当たりの需要台数が一定であると仮定すると，このステーションがサービスできる1日当たりの台数の限界は，672（= 14 × 4 × 60/5）台である。その場合，上の最大利益の達成が難しくなる。1,080台の給油を前提にしているからである。今のままでは，672台分しかサービスできない。明らかにボトルネックは従業員数にある。そこでボトルネックの評価の問題が発生する。

　もしあと1人増やして分業体制をうまく編成したうえでサービス時間を減らすことができればサービスできる台数は増えると予想できる。ボトルネックの評価という意味は，現在ボトルネックになっている従業員をさらに1人追加したならば増やすことができる利益を求めるということである。

　現在サービス可能台数は672台である。そのときの売上量は，16,800 ℓ である。利益はそのときの価格である。91.5円という最大利益をもたらす価格は27,000 ℓ の売上を可能にする。16,800 ℓ しか売らないのでいいのであれば，もっと価格を高くした方が良いことは明らかである。そこで，表7.1に価格を96.6円（サービス可能台数672台のときの売上量をもたらす価格）から91.5円まで動かしたときの①から計算した売上量，台数，そして利益額をまとめて示しておく。

　表7.1では現時点のサービス能力672台分に応じた売上量は16,800 ℓ で，それは価格96.6円で達成できる。それゆえ，91.5円に下げる必要はない。そこで追加1人当たりによってサービス力がどれだけ改善できるかを評価する。1人を雇うとうまく分業体制を組めば，1台当たりのサービス時間が4分にまで減らせるとする。そうするとサービス可能台数は840台（1台当たりの売上量は25 ℓ として

7.2 ボトルネックと価値創造

■表7.1　価格，売上量および利益の動き

価格	売上量 (ℓ)	台数	利益額	価格	売上量 (ℓ)	台数	利益額
96.6	16,800	672	112,480	94.0	22,000	880	152,000
96.5	17,000	680	114,500	93.5	23,000	920	156,500
96.0	18,000	720	124,000	93.0	24,000	960	160,000
95.5	19,000	760	132,500	92.5	25,000	1,000	162,500
95.0	20,000	800	140,000	92.0	26,000	1,040	164,000
94.5	21,000	840	146,500	91.5	27,000	1,080	164,500

いる）にまで上がる．そのときの売上量は**表7.1**より，21,000 ℓ である．672台サービス可能な現状から比べると利益は34,020（= 146,500 − 112,480）円増加する．それゆえ，現状では，従業員1人当たりの価値は34,020円になる．その追加1人当たりの従業員に支払う賃金がそれよりも低ければ採用すべきである．アルバイトであればアルバイト料以上の十分な利益増加額である．

追加1人がサービス時間を1台当たり3分まで下げることができたとすると，サービス可能台数は1,120台まで増える．そのときの増加利益は，先に求めた最大利益との差になる．すなわち，52,020（= 164,500 − 112,480）円になる．これ以上サービス力を高めて売上量を増やしても利益は高くならない．

ボトルネックを克服するには，そのボトルネックが成果実現をどれだけ妨げているかを確認する必要がある．そうでないとボトルネックを解消しても最終的な成果が下がることもあり得るからである．例えば，上の例でもサービス時間を4分にしても増加利益があったし，ボトルネック解消の費用（追加従業員への支払い額）を上回る利益増加も期待できた．

ボトルネックの評価は通常は，ボトルネックになっている資源（上の例ではサービスを行う従業員）の追加1単位がもたらす潜在的な利益増加額によって行う．これを**潜在価格**（Shadow price）と言うこともある[2]．表にある価格はいわゆる市場価格であるが，潜在価格は意思決定者がその固有の保有資源環境において評価する資源の価値で，意思決定のための価格と言っても良い．潜在価格は意思決定者が最も合理的に意思決定している場合のみ判明する．またその意思決定者以外はその額はわからない．この潜在価格あるいは潜在的利益増加の評価額の定義を下にもう一度書いておく．

> ボトルネック資源の評価額＝ボトルネック資源の1単位の追加による利益増加額
> 　　　　　　　　　　＝ボトルネック解消の効果

　従業員を増やしていっても，その潜在的利益増加額が常に等しく実現するとは限らない。上の例でも，追加1人の従業員によってサービス能力が1,080台を越えると，利益増加はなくなる。ボトルネック資源を増やしていくと，利益も同じように増え続けるわけではない。したがって，ボトルネックの評価は投入資源の水準に応じて常に行っていないと経営改善にはつながらない。

7.3　ボトルネックへの対処

　ボトルネックは経営に対して投入資源を過剰にし，価値創造機会を失わせる負の働きをする。ボトルネック現象を克服することが経営にとって最大の課題である。ここではサプライチェーンや生産プロセスにおけるボトルネックの対処の仕方を検討する。

　ボトルネックは例7.1で考えたように，供給のリードタイムを規定する。サプライチェーンや生産システムではリードタイムは非常に重要な働きをする要因である。そこで，対処を考える前に，リードタイム概念についてもう一度整理しておく。

7.3.1　リードタイムとボトルネック

　ボトルネックとリードタイムの関係を考える。

〈例7.5　ボトルネック・モデル2〉

　今，ある製品Aが図7.5の流れで作られる。括弧内は各活動の1個当たりを処理する所要時間である。なお，原材料在庫に所要供給量相当分があると仮定する。したがって，原材料の調達の時間はリードタイムには含まれない。活動は原材料在庫から送られてきた原材料を所定の時間で仕上げ，次の活動へと送るように進められる。

　製品Aを1個完成するまでの時間（リードタイム）は，活動間を移動するときの時間および待ち時間がないとすれば20分である。それが最短のリードタイ

■図7.5　製品 A の完成プロセス

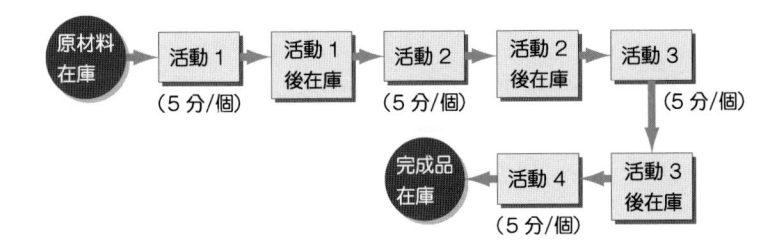

原材料在庫 → 活動1 (5分/個) → 活動1後在庫 → 活動2 (5分/個) → 活動2後在庫 → 活動3 (5分/個) → 活動3後在庫 → 活動4 (5分/個) → 完成品在庫

ムである。

活動1が原材料加工，活動2が部品加工，活動3が組み立て，活動4が顧客までの輸送で括弧内の数字が日数であるとみなせば，製品 A のリードタイムは20日ということになる。今，ある顧客が1個を注文したとき，その注文に対して最も速く完成品を顧客に届けるまでのリードタイムは20日である。また X 個の注文の場合で，活動間を移動するロットの大きさが L（$X \geq L$ を仮定）であれば，第3章の②式を適用して求めることができる。すなわち，第3章の②をこの問題に沿うように書くと以下のようになる。

> ロットが L のときの総生産時間（リードタイム）
> ＝ (X)/(ボトルネック活動3の単位時間の能力：10)
> ＋ (L)/(活動1の単位時間の能力：12)
> ＋ (L)/(活動2の単位時間の能力：15)
> ＋ (L)/(活動4の単位時間の能力：12)　　　　　　　　⑥

次に，活動の能力で考えると，各活動は，A を1個当たり5分で仕上げるので，1時間当たりの能力は12個である。活動1が何かの理由で10個しか1時間に作れなくなったとすると，所要時間は6分になる。それゆえ，リードタイムは21分になる。

実際のリードタイムを考えるときには，活動1から4までのプロセスの中に存在する製品（仕掛品）の個数が問題になる。すでに当該注文の前に活動1の前で待っている注文数があれば，その注文数が完成する時間に，当該注文が完成するまでの時間を加えたものが当該注文のリードタイムになる。活動1よりも後の活動（活動2, 3）にある仕掛数は原則的には当該注文のリードタイムには影

■図7.6　各活動後の在庫平均とそれらの和（総在庫平均）の推移

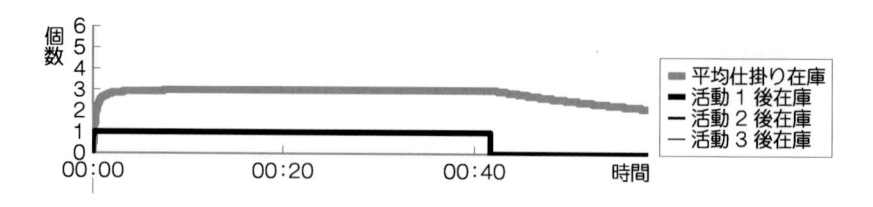

■図7.7　各活動後の在庫平均とそれらの和（総在庫平均）の推移

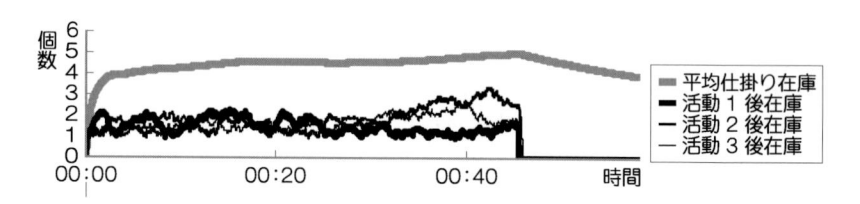

響しない。それら加工中のものは同じ速度で処理されていくからである。当該注文はそれらを追い抜かないからである。ただし，どこかの活動の機械が故障して加工が中断すると，中断時間分リードタイムは長くなる。

今，1時間当たりのこのチェーンの供給能力を考えると，それは12個である。ある活動の機械の故障が発生すると単位時間における完成数12個は実現困難になる。500個の受注量を図7.5のチェーンがこなすのに必要なリードタイムは2,515分になる。図7.6では，各活動後の在庫の平均水準と，それら在庫の総和を示している。各活動の能力が均一なので，すべての在庫水準が等しく平滑に推移する。

今度は各活動が上で定義した能力を毎分の最大能力とし，その能力がそれぞれ単位時間（分）当たりで20％変動する場合を考える。それは正規分布で変動する。ただし，故障など最大能力を下げる変動しか起こらないとする。したがって，実際には能力変化は正規分布にならない。

500個仕上げるためのリードタイムは理論的には⑥式で求めるが，分ごとに能力が変動するので⑥は実測のリードタイムとずれが出てくる。実際の500個を終了するまでのリードタイムは実測で2,760分に伸びる。

図7.7は図7.6に対応する在庫の推移である。リードタイムは約9.7％長くなる。

それは毎時12個（1個当たり5分）という能力よりも低い能力になる変動によってシステム内の在庫が滞留し，変動なしの場合と比較してチェーンを通過する時間が長くなるわけである。平均在庫（各在庫の和）が常時4個を超える（変動なしのときには3個）。

以上のように活動におけるボトルネックがリードタイムに影響する。当然，それ以外に第3章で考えたように，活動間を動くロットの大きさも影響する。これら2つの要因が効率的な供給では大きな管理要因になる。ボトルネックは理論的な活動の遂行能力だけでなく，それら活動で安定的な操業ができるかどうかによって左右される。現在，地味ではあるが，機械とか設備を期待通り稼働させるための保全活動が改めて見直されている。それは火災とか危険性などの安全性確保の問題だけでなく，経営の効率性あるいは収益性，そして顧客に対するサービス力などの面で大きな課題である。保全活動の不備は自然にリードタイムを長くし，企業の収益性を蝕んでいく。

7.3.2　ボトルネックへの対応

異なる供給活動が前後につながった形状のプロセス（工程）の制御では2つの管理上の課題がある。第1はチェーン内に確保しておくべき適正確保量の水準の規定である。そして第2は適正確保量をどのように供給するかということである。第2の課題では第6章で述べた供給方式の類型のどれを適用するかを検討する。すなわち，供給プロセスの始点から送り出していくプッシュ方式，終点（市場の需要）から引くように供給するプル方式，そして各活動が適性量を確保するように独立に決める独立方式の3種類を検討した。

ボトルネックは必要な量を供給しようとするときに，それができないという現象として理解できる。それは経営にとってハンディキャップとなる。需要水準がシステムの供給できる能力よりも低い場合には経営におけるボトルネックの存在は気づきにくい。図7.8はそのことを示している。システムのボトルネックによって規定される供給量は需要量Aよりも低いが，このときにはボトルネックは経営上で問題となる。利益機会を逸している。他方，需要量Bとの関係では，ボトルネックは問題にならないで，むしろ過剰能力である。したがって，以後の議論ではボトルネックよりも需要が高くなることがある状況を想定する。

■図7.8　ボトルネックと需要量

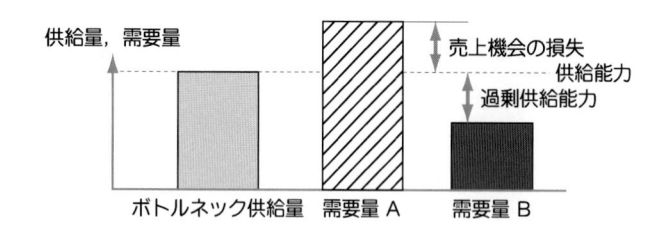

(1) システム内の適正確保量によるボトルネックへの対処方法

　第6章で紹介した3種類の方式における重要なポイントは，サプライチェーンにおけるシステム内にあるべき「適正確保量」を基準に考えることであった。その適正確保量を堅持するように供給量を決めるということである。このポイントはボトルネック現象を考慮するとどこが変化するのであろうか。

　適正確保量はその計算においては，⑦のように規定されていた。

　　　適正確保量 ＝ （総リードタイム ＋ 1）×（需要量）　　　　　　　⑦

　⑦において，需要量は当然であるが，チェーンにおいて要するであろうリードタイムがまず適正確保量の水準を決めることが明らかである。ボトルネックは，供給活動の中で最も供給能力が低い活動の能力である。もしそれが最初からわかっているのであれば，そのチェーンのリードタイムは⑦の中に反映されている。例7.1における活動2のように最初から能力が低いことがわかっていればリードタイムの計算はできる。その計算されたリードタイムが⑦に使われる。したがって，改めてそれ以上考慮する必要性はない。

　ボトルネックが厄介なのは，それが機械の予期せぬ故障であるとか，事故などによる予想しなかった供給能力の低下である。それはリードタイムを突発的に長くすることである。⑦で言えば適正確保量をその期間に備えて多くすべきことを意味する。その場合には，⑦の決定において需要の変動に備えるための安全在庫を考えたときと同じようにリードタイムを長めにして考慮することになる。しかしながら，そのときの問題はどれだけリードタイムが長くなるのかということである。もともと予期できないのであるならばそれに備えること自体が難しい。また，慢性的に図7.8の需要量Aのようなことが起こると，適正在庫量を高くしても，それを満たすように供給するということも難しくなる。ボトルネックがフル

稼働していればそれ以上の供給量は無理なので適正在庫を高めてもそれは達成不可能な水準である。需要が低くなってボトルネックに余力が出たときに初めて高められた適正在庫量まで補充する機会ができる。

慢性的な需要過剰であれば，システムの供給可能量を規定してしまっているボトルネックの活動ができるだけ中断しないようにすることが最も効果的になる[2]。ボトルネック活動そのものにおける機械故障や他の活動の中断によるボトルネック活動の強制的中断がないようにしなければならない。例えば，例7.5において活動1が止まってしまい，ボトルネック活動3に加工すべきものが届かないなどの状況である。活動1や2の中断は活動3の中断を招かなければ問題ない。すなわち，ボトルネック活動の中断さえなければボトルネックの供給量だけは常に需要の充足にあてがうことができる。

需要が変動してボトルネック供給量よりも少なくなるようなことがあって，適正在庫まで補充する機会があるときには適正在庫を調整して対応する可能性が生まれる。その場合に，何らかの供給能力のばらつきに関してのデータがあれば，それは事前に安全在庫と同様に考慮できるはずである。それは⑦において考慮することになる。これは供給量の変動になるが，需要の変動と同じように扱う。リードタイムのばらつきを考慮するということは，需要が集計される期間のばらつきを考えることである。それは需要量変動として扱えるが，リードタイムの変動は需要変動に直すと需要の標準偏差のルート倍で効いてくる。そのような形で考慮する。これら以外の，真の意味で予期せぬ出来事，例えば大地震や火災などのためのボトルネックに関する対処は客観的には難しい。

例えば，第4章の在庫理論で原油の備蓄量においてすでに説明したが，備蓄量も政治的紛争などに対する対処としては，原油の調達先を変えて新たな調達源泉を開発し，そこから調達するという緊急策を検討し，その対応がどれだけの時間でできるかを考慮してそれを基準に備蓄量を決めるという考え方がある。それを準用するならば，突発的なボトルネック活動を立て直す（機械の故障を直す，機械を入れ替える，新規設備投資を行うなど）のにかかる時間，さらには新たに外注して調達するのに要する時間などを考慮することになる。

(2) 供給量の調整による対処

適正在庫による調整は，チェーンの供給能力を規定しているボトルネック量が需要よりも慢性的に低い能力の場合には困難になる。高くした適正在庫水準を実

現する供給余力がないからである。他方で，図7.8で見たように，ボトルネックはその能力水準でチェーンの全体能力を規定してしまう。いくらチェーンの始点から供給量を増やしてもボトルネックでつかえてしまう。それがチェーン内に不要な滞留在庫を増やし，無駄な資源投入の原因になる。そこで，ボトルネック量に等しい量だけをチェーン内に送るということが無駄な滞留在庫を避けるための施策として考えることができる。滞る部分がないようにするわけである。図7.8で言えば，需要量Aに対してボトルネック供給量と等しい量を送り出すことである。需要量がBのように低いものであれば，ボトルネック供給量よりもさらに低い需要量Bと等しい量を送れば良い。例で考える。

〈例7.6 ボトルネック・モデル3（プッシュ方式）〉

　第6章の例6.1，K社のシステムを前提に考える。下に3つの活動のつながりを再度，書いておく。今度は各活動の能力制約が課される場合を考える。括弧内は日当たりの活動の最大処理能力である。需要は平均値100個，標準偏差20個の正規分布と，振幅20個のサイン曲線が0.5のウェイトで混ざった形で発生するものとする。

　そのチェーンはプッシュ方式で，売上量を活動1から流し込む。このチェーンの適正在庫量は，第6章の①で定義された量である。それも下に再録しておく。

> システム内の適正在庫量 =（総リードタイム + 1）×（需要量）
> 　=（総リードタイム + 1）×（1日当たり確定需要）+ 3つの活動における安全在庫の和　　⑧

　⑧の安全在庫で，例えば，活動1後の在庫の安全在庫は，安全係数を2.33とすると，下のようになる。

$$2.33 \times \sqrt{活動1のリードタイム + 1} \times （1日当たり需要の標準偏差）$$

■図6.1の再録　　K社のサプライチェーン活動のつながり

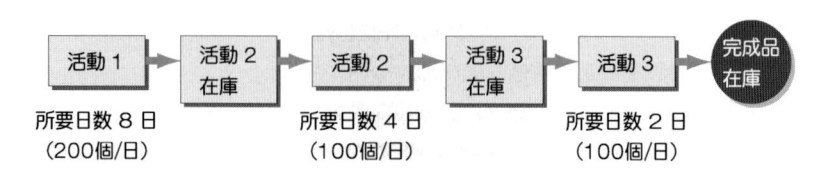

活動1	活動2在庫	活動2	活動3在庫	活動3	完成品在庫
所要日数8日 （200個/日）		所要日数4日 （100個/日）		所要日数2日 （100個/日）	

数字を入れると，活動1のリードタイム＝8（日），1日当たり需要の標準偏差＝20（個）である。厳密には需要の標準偏差は上記のように需要が標準偏差20個の正規分布と振幅20個のサイン曲線の合成なので平均値は100個であっても標準偏差は20個ではない。ここでは20個としておく。

リードタイムが上の8日というのは，各活動が能力通りに稼動できる状況である場合のリードタイムである（名目のリードタイム）。実際の稼働能力は機械の故障などによってそれよりも低下することがある。そこで，各活動の安全在庫は以下のように計算するようにしている。

各活動の安全在庫
$$= 2.33 \times \sqrt{\left(\begin{array}{c}\text{各活動の名目}\\\text{リードタイム}\end{array} + 1\right) \times \dfrac{\text{各活動の稼働能力}}{\text{各活動の最大能力}} \times \left(\begin{array}{c}\text{1日当たりの需要}\\\text{の標準偏差}\end{array}\right)} \quad ⑨$$

⑨の意味は，実際に稼動する能力が最大能力と一致するときには（名目リードタイム＋1）になるということである。もし稼働能力が最大能力の半分になると，（名目リードタイム＋1）の倍になる。⑧の定義で（総リードタイム＋1）×（1日当たり確定需要）の部分はそのままにしている。⑨のようなリードタイム変動を考慮した定式化では当然，総リードタイムも変動する。したがって，2.33という安全在庫係数は1％の許容品切れ率を想定しているが，実際には品切れは1％よりも高くなる可能性がある。さらに，標準偏差も厳密には20個よりも大きい可能性があるので，1％の許容品切れ率以上になる。

図7.9は需要の動きである。

図7.10は各活動能力が上記の能力がそのまま稼働できる場合の各在庫の動きを示している。平均品切れ率は2.5％，平均リードタイム（チェーン内の実際の在庫量とオン・オーダー量の和を1日当たりの平均売上数で除した数字の平均値。

■図7.9　需要の動き

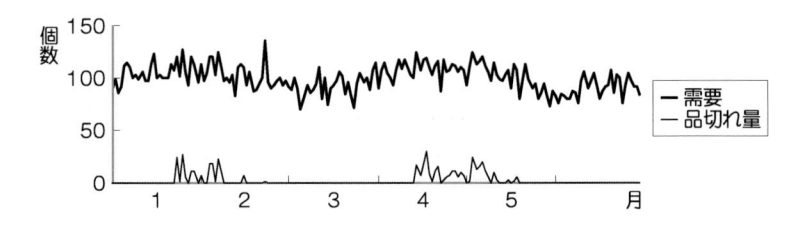

■図7.10　各活動が最大能力を完全稼動できる場合の在庫推移

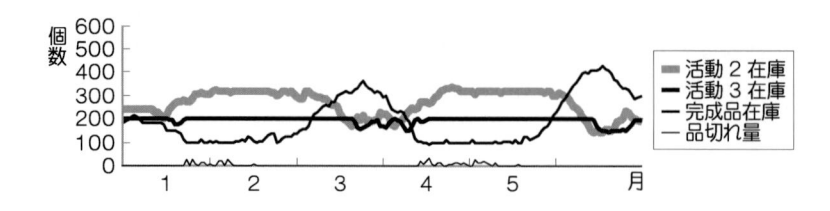

すなわち，今受注したものが現在のチェーン内を通過するのに要する時間の平均値のこと）は18.0日，さらに，図7.10に示されているそれぞれの活動の在庫の和である，チェーン内の活動後在庫の和である実在庫平均は656個，オン・オーダー量を含むチェーン内総量平均は1,728個という結果である。

　このような動きは，各在庫における流入量と流出量の差で規定される。それを確認するために，図7.11の(a)，(b)，(c)によって在庫2，在庫3，完成品在庫を規定する流入量と流出量のパターンを示す。例えば，(a)は在庫2の動きを生み出す活動1と活動2のパターンを示している。それらの量の時点ごとのギャップによってその水準が変化する。すなわち，在庫2の水準は活動1の量が活動2の量よりも多いときに増加状況になるし，逆に活動2の量が活動1の量よりも多いときには在庫2が減少局面になる。在庫2の変動が大きいが，それは需要が増加している局面では活動1から流し込む量が100個を超えるが，活動2の能力限界が100個なので活動2在庫で流入量（活動1）＞流出量（活動2）の状態が続くからである。それが活動在庫2の増加局面を生み出す。需要が減少局面になると活動1がそれに応じて100個を割り始め，活動2在庫の流入量が減少する。しかしながら，活動1のリードタイムのために活動2はしばらく100個を継続する。したがって，活動2在庫は減少する。

　活動2在庫の流入量と流出が一致する時期には横ばいの推移をする。これは需要が周期的変化をしていて，底の状態に至る前と直後で，さらには天井になる前とその直後で同じ水準になる場合があるためである。活動1と2の時間的ずれ（活動1のリードタイム）によって，需要が減少して底になるときに底の直前（活動2），底の直後（活動1），さらには需要が増加してピークになるときにピークの直前（活動2），ピークの直後（活動1）が近い値になる状態である。

　活動2と3の動きは両者共に能力が1日当たり供給量100個という状態なので

7.3 ボトルネックへの対処　279

■図7.11　各在庫を規定する流入量と流出量の動き

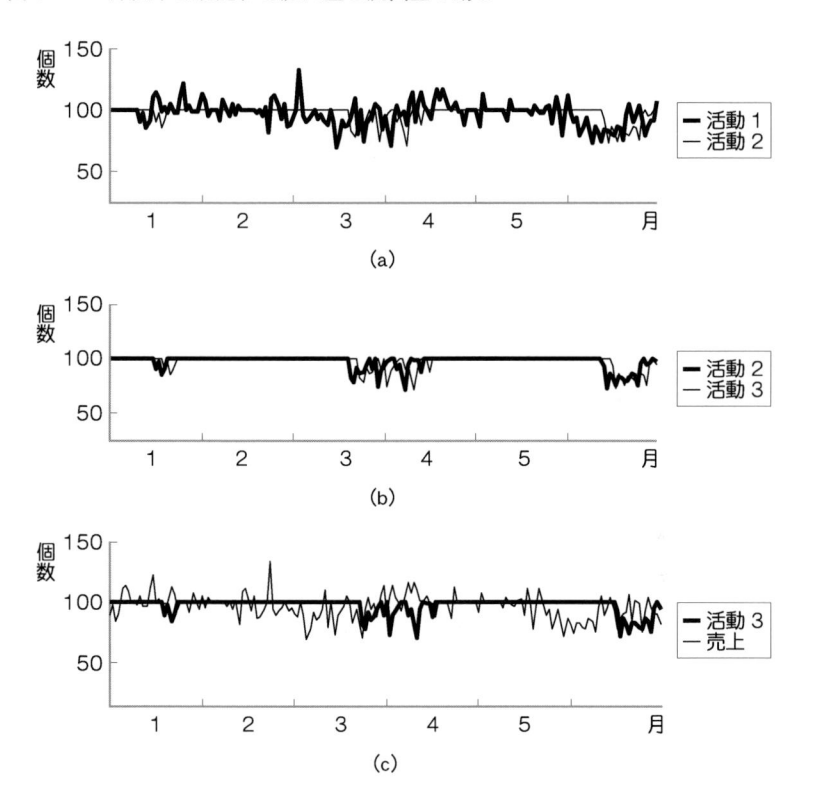

流入と流出はほぼ等しい状態を維持する(b)。3箇所の乱れは，活動2の低下（100個未満の供給量）が需要低下に応じて活動1のリードタイム遅れで発生する場合である。そのときに，100個未満で変動し，活動3在庫の流入（活動2）と流出（活動3）が等しくなくなる状態ができるので活動3在庫の乱れが発生する。

　完成品在庫(c)では需要が多くなって応じきれなくなると品切れが出て最大100個しか出荷できない。しかしながら需要減退期になると，前の活動が100個送ってくるので完成品在庫は増加し始める（2月末から3月にかけての(c)における売上と活動3の動きに注目）。逆に，在庫2では完成品在庫に送ってしまうので減少局面になる。

■図7.12　能力が変動する場合の在庫の動き

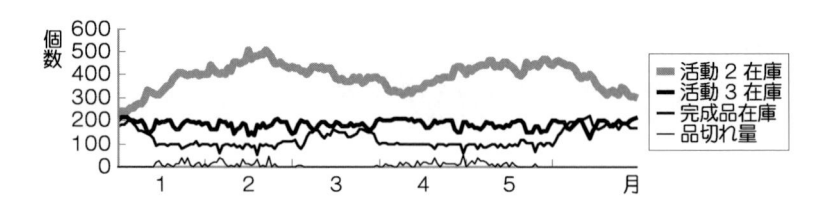

凡例：活動2在庫／活動3在庫／完成品在庫／品切れ量

■図7.13　活動1と活動2のギャップ

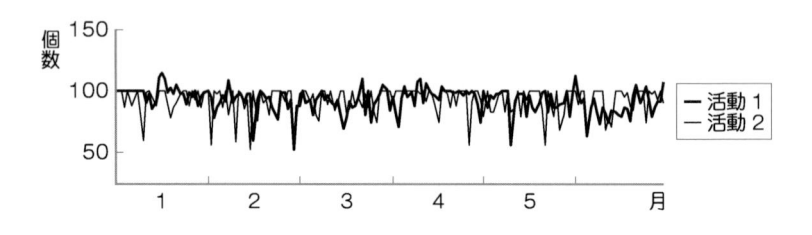

凡例：活動1／活動2

　在庫の変化は，結局，各在庫における流入と流出のパターンのギャップで起こる。そのギャップはこのケース（能力が最大能力で稼動できる）では需要の変動と100個という能力制約によって引き起こされたことになる。

　次に，各能力が最大能力を発揮できない場合を考える。ここでは，活動1については標準偏差が最大能力の5％の変動，活動2は20％の変動，活動3は5％の能力変動があると仮定する。その場合の変化は正規分布で発生するものとする。ただし，能力低下しかない。例えば，活動2の能力が110個という場合には100個で上限を設け，90個であればそのまま90個ということにする。したがって，最大能力以上の場合には最大能力が上限となる歪な形状になる。**図7.12**は各活動において上で述べたような能力変動が発生する場合の在庫の動きを示している。

　在庫，特に在庫2は増加する。活動2の能力低下がより大きく起こる想定をしているので，活動1に比して活動2の能力低下が大きくなる状況が出てくる。**図7.13**は活動1と2の動きを示している。活動2の能力低下が頻繁に起こるのでそれらのギャップがより大きく発生する。それが**図7.12**の在庫2の動きを生み出している。

　活動2の能力が落ち込む変動に応じて，活動2と活動3のギャップが起こる可能性が出てくる。在庫3にも変動が出現する。しかしながら，活動3在庫の

7.3 ボトルネックへの対処

■図7.14 活動2の最大能力が95個に下がってすべての活動に能力変動がある場合

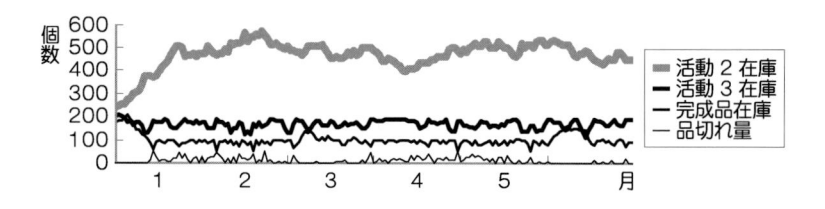

■図7.15 ボトルネックと等しい量を流し込む場合の在庫の動き

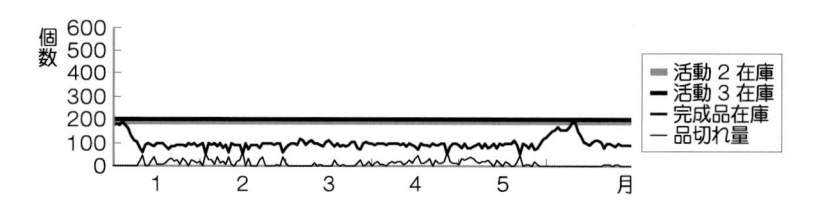

流入と流出はプッシュ方式では活動2の量が規定するので，変動幅は小さい。完成品在庫は需要によって流出が影響されるので，変動は活動3在庫のそれよりも大きくなっている。チェーンのパフォーマンスとしては，品切れ率は8.0％に上昇し，リードタイムは19.0日になる。実在庫は696個，平均システム内総量は1,729個に増す。能力低下はオン・オーダー量が少なく，処理しきれない在庫（活動後の在庫）の形で在庫増加を招く。

次の活動2の最大能力が100個から95個に低下し，先と同じ変動が各活動能力に付随する場合を考える。図7.14はそのときの在庫変化である。活動2在庫の水準はさらに慢性的に上昇する。しかしながら，その他の在庫は低位安定になる。活動2より後の在庫が，より落ち込む活動2の能力に応じて流れる量が少なくなるからである。活動3はその低い活動2の能力と同じペースでしか稼動できない。当然，品切れが増える。品切れ率は13.6％になる。リードタイムも19.9日へと長くなる。実在庫は735個，システム内総量は1,733個となる。

最後に，各活動の能力が変動するが（活動2の能力は95個），1から流し込む量をチェーン内の最も能力が低い水準に合わせて流し込むと，図7.15のように非常に在庫水準を低位，安定にできる。直接需要に接することで絶対流入と流出が等しくならない完成品在庫を除いて在庫は安定化する。しかしながら，品切れ率

は14.2％に若干上がる。リードタイムは18.4日へと低下する。実在庫は495個，システム内総量は減ってしまい，1,595個となる。プッシュ方式ではボトルネックに合わせた供給活動の制御が顕著な効果として出てくる。プッシュ方式は現実でも過剰在庫を生み出すことがその問題として指摘されているが，それはボトルネックによるシステムの撹乱が最も発生しやすいというところに原因がある。プッシュ方式では流し込む量の決め方が決定的に重要になる。

〈例7.7　ボトルネック・モデル4（独立方式）〉

例7.5と同じチェーンを考える。今度は，チェーンは独立方式で運営されているとする。すなわち，各活動主体の適正在庫量を目安に各主体がそれと現有在庫量（オン・オーダー量を加えたもの）の差を前の活動主体に発注するという方式でチェーンが動いている。各活動主体がそれ自身の適正在庫水準を維持するように前活動へと注文する。例えば，活動1における適正在庫水準は，下記の通りとなる。

活動1の適正在庫水準 ＝ (8 + 1) ×（需要の平均値）＋ 安全在庫　　⑩

安全在庫は⑨を各活動に当てはめて求める。⑩はリードタイムを活動1における8日とした場合である。

図7.16は，活動1から3までがそれぞれ1日200, 100, 100個という能力で問題なく活動している場合の各在庫の推移と品切れの推移を示している。

このときの品切れは下にほんのわずか発生する。平均品切れ率（売上に対する品切れ量の割合の期間平均）は2.4％程度である。当然，需要の標準偏差と予定通りのリードタイムに応じた安全在庫は各活動の在庫において保有している。許容品切れ率は1％を想定している。理論的な許容品切れ率より多いのは，今回は各活動が最大1日当たり100個しか加工できないことを想定したからである。需要はそれ以上になるので，予定した品切れ率よりも高い。また，リードタイムの平均値は17.9日になる。チェーン内に実存する在庫量の平均値は，629個，オン・オーダー量を加えたチェーン内総量の平均は，1,733個である。図7.17には需要と本状況におけるボトルネック量の動きを示している。

この独立方式では各活動主体が自分の活動に関する適性在庫水準を定め，それとオン・オーダー量を含めた現有在庫量の差を前の活動主体へと注文する。そこで，各活動主体は，自分の適正在庫水準からの減少分を発注することになるが，

■図7.16　各活動の能力が1日当たり100個のときの在庫の推移と平均品切れ量の推移

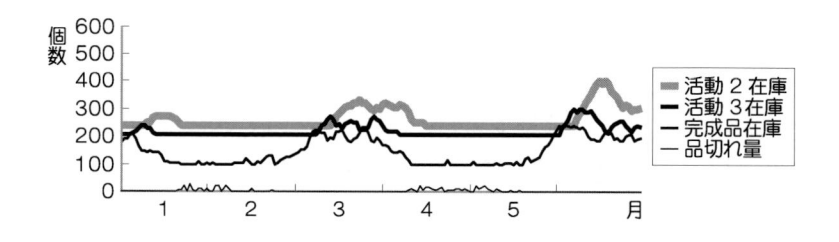

■図7.17　需要とボトルネック能力（100個）

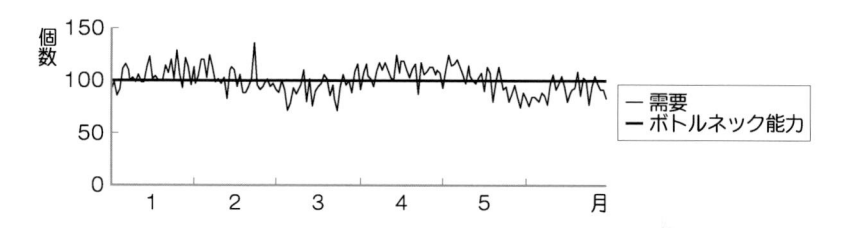

その減少分は後の活動主体からの注文に応じて送り出した量である．もちろん，各活動主体の適正在庫水準からのギャップに相当する注文量（品切れがないときには流出量に対応）とそれに応じて供給される入荷量（流入量）にはリードタイム分のずれがある．需要が高まっていく時期には安全在庫分を除いて100個以上は対応できないので，リードタイムだけのずれがあっても，100個の流入と流出が継続し，活動2と3の在庫は一定を維持する期間がある．需要が減る局面になると，流出量が少なくなって注文量は減るが，以前に注文した量は入り続けるので在庫は増加局面を迎える．

次に各活動の能力のばらつきが発生する場合を考える．例7.5と同様に，活動1と3は計画最大能力の5％の変動をし，活動2は20％の変動をすると想定する．その変動は例7.5と同様に，マイナス方向だけを考える．結果は図7.18で，図7.16に対応している．

能力の変動が入ると途端に始点の在庫（活動2在庫）は増え，しかも品切れ量も増加する．品切れ率は6.2％にまで増加する．またリードタイムの平均は18.9日まで伸びる．チェーン内の3つの在庫量の平均値は，560個である．オン・オーダーをその実存する在庫に加えたシステム内総量の平均は1,752個である．

■図7.18　各活動の能力が1日当たり平均100個で，変動するときの在庫

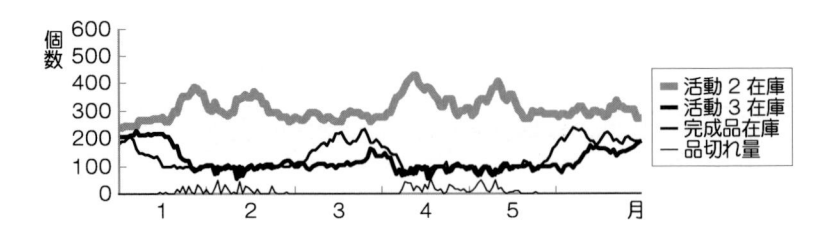

凡例：活動2在庫／活動3在庫／完成品在庫／品切れ量

■図7.19　需要とボトルネック能力

凡例：需要／ボトルネック能力

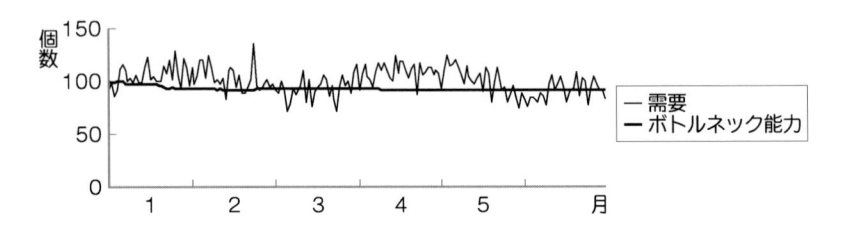

　図7.18では，特に活動2在庫の増加が目立つ。それは活動2の前にある在庫で，活動2の能力変動が20％と活動1よりもはるかに高いことが原因である。活動2がボトルネックになるので，在庫2では活動1の能力が大きいこともあって，流入量が流出量を上回る事態が頻繁に発生し，在庫2は増加する。需要が減少期に来て活動2から活動1への注文が減るとそれに応じて活動1の量も少なくなる。しかしながら，その少なくなった流入量よりも多い，前に受注していた量が出て行くので需要減少期には在庫2は減っていく。リードタイム分の遅れがそれを起こす。市場需要が減るときに在庫も減るという逆の動きになる。
　活動3在庫と完成品在庫は，需要増加局面では減り続ける。しかし，応じきれなくなると品切れを出しながら供給できる量だけ供給する。適正在庫水準を下回る分はその場合には一定になる（供給できる量しか市場に送り出されない）ので，発注量も一定になる。大きな能力変動にさらされている前活動（活動2）から供給される量は変化するので流入と流出が一致せず，在庫は変動する。しかしながらそれらは低位で安定的になる。需要が低下局面になると流出量は減って，流入量として以前の注文量が入ってくるので在庫は増加する。また，**図7.19**は需要量とボトルネック量の動きを示しているが，先の場合よりも各活動の能力変動

7.3 ボトルネックへの対処

■図7.20 活動2の能力が1日当たり95個に低下した場合の在庫の推移と平均品切れ量の推移。他の活動の条件は同じ。

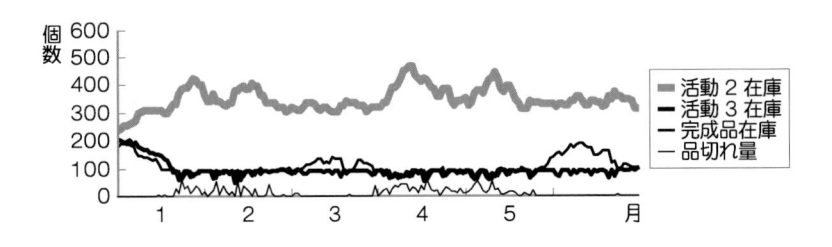

■図7.21 需要とボトルネック能力

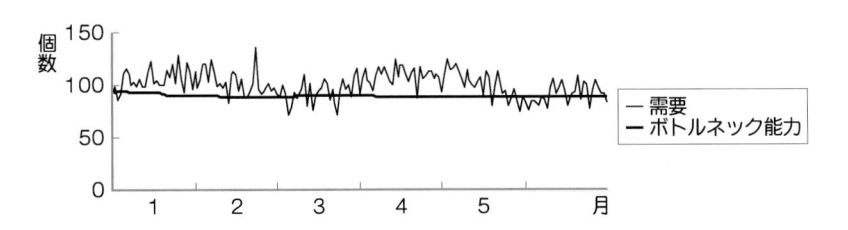

によってボトルネック量が変動し，低下していく。

図7.20は活動2の最大能力が100個から95個に落ち込む場合である。変動だけでなく最大能力が恒常的に95個になるときである。活動2の能力が定常的に落ち込む事態が発生し，在庫3と完成品在庫の流入量は活動2の稼働できる能力に依存して低下する。当然，出て行く量は需要に応じているので需要が増加局面では品切れをより多く発生させ，供給できる量は限界ぎりぎりで低位安定が続く。その水準が適正在庫水準より減った分に相当するので，発注量もそれに応ずる。在庫3の低位安定は流入と流出が低下した能力によって両方とも規定され，それらが等しい状態が続くためである。完成品在庫は需要量が流出を規定するため，需要が減った時期には増加する局面も出てくる。

品切れ率は9.6％に上がり，平均リードタイムは19.7日に悪化する。実在庫量は592個，システム内総量は1,764個まで増え，パフォーマンスは悪化する。需要とボトルネック量の動きは図7.21である。前よりボトルネック能力が需要よりも相対的に小さくなる。

ボトルネックによる在庫滞留の問題を軽減するために，各活動主体が加工でき

■図7.22　活動2の能力が1日当たり95個に低下した場合で，各活動がボトルネック量までしか加工してはならないという制約を課した場合の在庫の推移と平均品切れ量の推移。

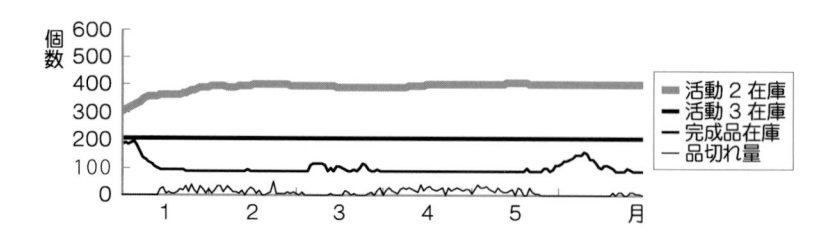

る量としてボトルネック量を上限とするようにした場合が，図7.22である。活動2の能力が最大95個で，しかもそれが低下する方向のみへ変動するという状況である。

　完成品在庫だけで需要の減少のピーク時期に増加する事態が発生するが，在庫は流入と流出をボトルネックに合わせて強制的に一致させられたので安定する。その結果，平均品切れ率は，9.5％とあまり変化ないけれども，リードタイムは19.0日，3つの在庫総量は695個，システム内総量平均は，1,705個である。能力が高い活動を無理やりボトルネック能力に合わせて抑えることで，滞留という現象は大きく改善できる。表7.2に例7.6（プッシュ方式）と例7.7（独立方式）に関しての結果を4つの状況に対応して一括してまとめておく。概してボトルネック現象に対しては独立方式の方がパフォーマンス悪化は少ない。

　リードタイムに関して説明をしておくと，これは現時点で受注したものがチェーンを流れ終わるまでにどれだけの時間がかかるかということである。ボトルネックに合わせた生産は当然，チェーンの単位時間当たりの供給量を低めることである。それゆえ，特定の注文についてのリードタイムを考えると，リードタイムは短縮するわけではない。例えば，プッシュ方式で活動2の能力が95個になって，ボトルネック量しか流さない制御をしない場合（ケース3）とボトルネックに合わせて流す場合（ケース4）を比べるとリードタイムはケース4の方が短くなっているが，例えば，1,733番目の注文という特定の注文のリードタイムを考えると，ケース3が長いわけではない。ケース4ではチェーン内にある在庫は1,595個である。したがって，需要の1,764番目ということになると，それよりも後の注文である。それゆえ，その注文についてはケース4のリードタイムより

■表7.2　4つのケースのパフォーマンス比較

ケース ＼ 成果	平均品切れ率（％）	平均リードタイム（日）	3つの在庫の総量平均（個）	チェーン内総量平均（個）
1. 各能力が完全稼動	2.5 2.4	18.0 17.9	656 629	1,728 1,733
2. 各能力が変動	8.0 6.2	19.0 18.9	696 560	1,729 1,752
3. 活動2能力95個かつ変動	13.6 9.6	19.9 19.7	735 552	1,733 1,764
4. ボトルネックに適合：ケース3ベース	14.2 9.5	18.4 19.0	495 694	1,595 1,705

（注）　各行の上段数字はプッシュ方式で，下段は独立方式の場合の結果。

も長くなる。

　問題は，ケース3は同じ需要パターンに対して1,733個もシステム内に入れてしまっているということである。ケース4は1,595個だけである。しかもケース3は品切れ量が多い。言い換えれば，同じ供給をするにしても，ボトルネックを放置しておくと，より多くの資源を投入してしまうということである。すなわち，長いリードタイムのシステムと同じ供給パターンをしてしまうことになっていることが問題になる。

　品切れに関して言えば，このチェーンのシミュレーションでは，リードタイムの長期化に対して自動的に安全在庫を増やすようなルールを入れてある（⑨式を参照）。ボトルネック量に合わせた供給ではすべての活動点でリードタイムが通常よりも長くなるので安全在庫が増やされるのに対して，各活動が自分自身の能力一杯に操業するという前提ではその活動における安全在庫はその能力で供給できると考えるので増やされず，他方でチェーンを流れる量は他の活動におけるボトルネックによって能力一杯の場合よりは遅くなる。それが品切れの差になる。要するに，滞留が増えて流れる量は実態として遅くなるのに，各日の能力一杯に稼動している場合には⑨のルールでは安全在庫は増えないのである。最初からすべての活動でボトルネック量に合わせて稼動する場合にはたとえ能力がボトルネック以上の活動においても安全在庫を増やすという対応をすることになる。

　ボトルネックはチェーンのパフォーマンスに大いに影響する。能力の変動や低

下は両方式でシステムのパフォーマンスを悪化させる。望ましいことは，ケース1のように，能力が均等に堅持されることである。そのためには，各活動の能力が計画通りに，支障なく発揮できるようにする経営努力が重要になる。例えば，保全活動のように事前に機械などの故障の発生を防ぎ，発生したらいち早く修復できる努力である。

　不幸にもボトルネックが発生した場合には，最も効果的な対処方法はボトルネック能力に合わせた量をチェーン内で流すことである[4]。それによって滞留在庫をなくすことができる。その結果，チェーン内を通過する時間が短くなってリードタイムが短縮する。両方式とも，ボトルネックに合わせた方がシステム効率は良くなる。けれども現実には，ボトルネックがチェーンのどこで発生するかわからない。比較的安定的であれば，ボトルネックの前に多くの滞留在庫が発生するので見つけやすい。チェーン内の活動のあちらこちらでボトルネック現象が発生するときには上のような制御も簡単ではない。

　プッシュ方式でも，独立方式でもボトルネックがどこで，どれだけ能力が減るのかについてあらかじめわかった状況であることが望ましい。しかしながら，現実にはそれを知ることは困難である。そのような事態に対してプル方式制御は構造的に優れた特性をもっている。次の例で考える。

〈例7.8　ボトルネック・モデル5（プル方式）〉
　チェーンの構造は例7.6と同じである。活動の能力条件は，外部から調達するチェーンの始点における能力が1日最大300個，その後工程の他の活動については100個を仮定する。需要条件も同じとする。今度のチェーンはプル方式によって運営されているので，売上量を活動3から引くように供給する。

　図7.23は各活動が1日の処理能力100個で支障なく操業できている場合の在庫と品切れの推移である。各在庫は低位で安定的に維持される。品切れは出ている。平均品切れ率は10％である。リードタイムは14.95日で計画値（14日）に近い。実在庫量の平均値は412個である。オン・オーダー量を含むチェーン内の平均総量は1,383個である。在庫の推移を見ると，チェーンの始めの在庫（活動2在庫）の振れが認められるが，全体として安定した動きである。完成品在庫は需要との接点なので，振れが頻繁に発生する。在庫の乱れ（増加）があるのは，需要が（サイン曲線の）減少局面にある場合である。在庫が平らになっているときは需

■図7.23 活動1の能力が1日当たり平均300個，活動2の能力が同100個，活動3の能力が同100個で平均値どおり能力が機能するときの各在庫および平均品切れの推移（プル方式制御を仮定）

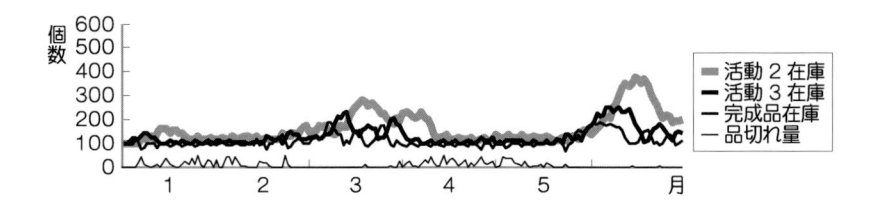

■図7.24 活動1の能力が1日当たり平均300個，活動2の能力が同100個，活動3の能力が同100個で，その能力の標準偏差がそれぞれ平均能力の5％，20％，5％で変動するときの各在庫と品切れの推移

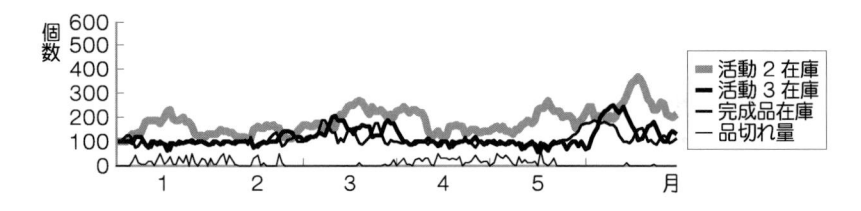

要が増加局面のときである。そのときに品切れが発生する。しかしそれらはプル方式では発注において考慮しない。

次に，活動における最大能力は100個であるが，稼動能力の変動が加わる場合（活動1が能力の5％，2が20％，3が5％の変動）結果が**図7.24**のようになる。平均品切れ率は13％に上昇し，リードタイムは15.36日である。実在庫は413個，チェーン内総量は1,389個になる。それほど増加しない。活動2の能力変動が最も大きいので，活動2の能力低下の程度は活動1のそれよりも大きくなる。それゆえ，活動1の後の在庫（活動2在庫）が増える。プル方式であっても，リードタイムがある場合には，発注した量がそのリードタイムだけ遅れて供給される。そのため同時点における在庫から出る量と入る量は乖離する事態が起こるからである。したがって，在庫の滞留現象はプル方式であっても逃れられない。能力の落ち込みがより大きく起こる活動2の後の在庫（活動3在庫）は安定的であるが，減少する局面もある。それは活動2の能力低下が大きいので，供給減少を引き起こすからである。

■図7.25 活動2の平均能力だけが同95個まで減少し，その他の条件は図7.24と同じ状況での各在庫と品切れの推移

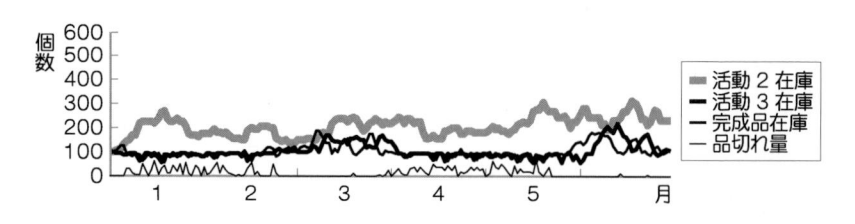

■図7.26 図7.25と条件はすべて同じで，すべての活動がボトルネック能力と同じ水準で操業する場合の各在庫と品切れの推移

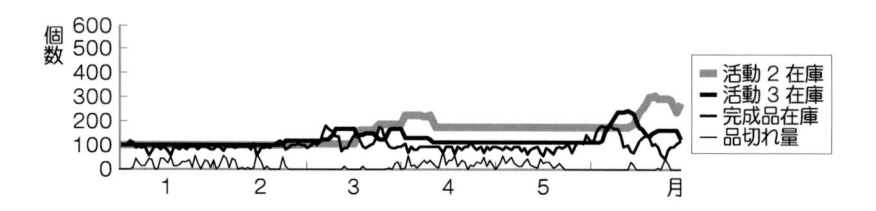

　次に活動2の能力が100個から95個に低下し，しかも変動がある場合について考える。その結果は**図7.25**である。平均品切れ率は16％にまで上昇する。リードタイムは15.95日に増え，実在庫量とチェーン内総量は，それぞれ417個，1,396個へと若干増加する。在庫の推移パターンは在庫2において滞留が増える分だけ多くなるが，**図7.24**の場合とさしてパターンは変わらない。

　最後にボトルネック制御をする場合を**図7.26**に示す。平均品切れ率は18％，平均リードタイムは16.07日となる。実在庫量は383個に減るが，システム内平均総量はあまり変わらず1,399個である。各在庫は流入と流出を強制的に合致させられるので一定を持続する。

　表7.3はプル方式のチェーンのパフォーマンスをまとめている。同じチェーン状況で方式が異なる**表7.2**の結果と比較すると，在庫量が少ないことがわかる。これはボトルネックによる在庫の滞留現象が少ないことのゆえである。この状況では在庫2の変動がチェーン全体の変動に大きな影響を与えるが，その在庫2の前の活動1が受注する量は常にその後の活動2の量と一致する。活動2は活動1によって規定される。したがって，ボトルネックがあっても，それよりも

■表7.3　プル方式における4つのケースのパフォーマンス比較

状況＼成果	平均品切れ率（％）	平均リードタイム（日）	3つの在庫の総量平均（個）	チェーン内総量平均（個）
各能力が完全稼動	10	14.95	412	1,383
各能力変動	13	15.36	413	1,389
活動2能力95個	16	15.95	417	1,396
ボトルネックにあわせた操業	18	16.07	383	1,399

前の活動がボトルネックに合わされることになる。それが**表7.3**と**表7.2**のシステム内総量の違いになる。しかしながら，滞留現象がなくなっても，今度は品切れが増えるので結果的にシステムのパフォーマンスは悪くなる。プル方式では品切れが発生しやすいが，それはボトルネック現象によって一層より顕在化する。

　現実によく起こることであるがボトルネックがどこで発生するかわからない場合には，プル方式によってチェーンを運営することでチェーン内の不測の在庫滞留現象はある程度は避けることはできる。その反面で，品切れ率が高くなる性質を潜在的に抱えている。そこで安全在庫を多くもつことになるが，それは最終的にはチェーン内在庫を増やす意味になる。

　ボトルネックはチェーンの運営でやっかいな問題である。供給能力が需要よりも大きい場合には気づかないが，需要の方が供給能力を上回るようになるとその途端にボトルネックの問題が顕在化する。チェーン内にあるすべての活動がまったく同じ能力であれば，それらの能力を同時にすべて同じだけ増加させない限りボトルネックの問題は解決しない。それらの活動の能力がアンバランスであると，一番小さい能力がボトルネックになる。その能力を他の能力と同じにすることが望ましい。しかしながら，現実にはそのボトルネックがどの活動かを把握することが難しい。

　ボトルネック活動の前に在庫が滞留するという現象をともなうとわかりやすいが，各活動が日常的にいろいろな要因でその能力を変動させるときには特定の活動をマークするだけでは十分でない。そのような場合には，保全活動のようにすべての活動を常にベストの状態で稼動できるようにしておく日常的努力がまず不可欠である。

　保全活動のような活動によるボトルネック問題の最小化とは別に，ボトルネッ

ク問題に対してその影響ができるだけ少ないシステムにしておくということも重要な取り組みの一つである。以下ではそのような要因のうち需要変動の効果を検討する。

7.4 ボトルネックによるチェーンへの負荷を増長する需要変動

ボトルネックは需要との関わりでまず発生する。すなわち，需要とチェーンの能力の大小関係で顕在化する。その意味で，需要が大きく変動する場合には，チェーンの供給能力との大小関係は変化し，ボトルネック問題の原因になる。

〈例7.9 ボトルネック・モデル3，4，5の再使用〉
例7.6における状況をそのまま想定する。需要変動が今まで標準偏差が需要の平均値の20％と仮定してきた。今度はそれが35％になるとボトルネックによるチェーンへの負荷がどれくらい高まるかを考える（サイン曲線も半分の割合で含まれているので需要の周期的振れもそれだけ大きくなる）。ただし，平均値はこ

■表7.4　需要変動が拡大したときの3方式のパフォーマンス

成果 ケース	平均品切れ率 (%)	平均リードタイム (日)	チェーン内総量平均 (個)
各能力が500	1.6	17.9	1,727
各能力が200, 100, 100	4.6 2.5	21.7 18.0	1,973 1,728
各能力が5%, 20%, 5％変動	9.2 8.0	22.5 19.0	1,971 1,729
活動2能力95個かつ全能力変動	13.4 13.6	23.3 19.9	1,974 1,733
ボトルネックに適合	14.4 14.2	21.2 18.4	1,790 1,595

(a) プッシュ方式

(注)　第1行目は，需要変動が20％の場合で，各能力が500個処理できる場合（ボトルネックが発生しない）の結果で，標準になる。各行の上段数字は需要変動が35％の場合，下段が20％の場合。

7.4 ボトルネックによるチェーンへの負荷を増長する需要変動　293

れによっても変化しないで100個である。プッシュ，プル，独立の各方式において需要の変動拡大がいかなる影響を与えるかを示したものが**表7.4(a)(b)(c)**である。

表7.4からは，需要変動の大きさがもたらす効果を認めることができる。能力制約が事実上ない場合の標準ケース（各方式の表の第1行目，すなわち能力が

■表7.4　需要変動が拡大したときの3方式のパフォーマンス（つづき）

ケース＼成果	平均品切れ率(%)	平均リードタイム(日)	チェーン内総量平均(個)
各能力が500	0.0	17.5	1,725
各能力が200, 100, 100	4.3 2.4	18.6 17.9	1,742 1,733
各能力が5%, 20%, 5%変動	7.4 6.2	19.5 18.9	1,759 1,752
活動2能力95個かつ全能力変動	9.8 9.6	20.1 19.7	1,767 1,764
ボトルネックに適合	9.4 9.5	21.7 19.0	1,752 1,705

(b)　独立方式

ケース＼成果	平均品切れ率(%)	平均リードタイム(日)	チェーン内総量平均(個)
各能力が500	5.5	14.5	1,388
各能力が200, 100, 100	9.8 5.4	14.9 14.5	1,382 1,390
各能力が5%, 20%, 5%変動	12.6 10.2	15.3 15.1	1,388 1,400
活動2能力95個かつ全能力変動	16.1 16.2	15.9 15.9	1,395 1,465
ボトルネックに適合	17.9 16.6	16.0 16.0	1,399 1,413

(c)　プル方式

すべて500個で変動しないケース)と比較すると,まず活動の能力制約がついてくると品切れ率は低下する。さらに需要変動が20％から35％に上昇すると,それはさらに悪化する。

　在庫水準を見ると,プッシュ方式では需要変動が大きくなるとさらに在庫は増加する。リードタイムは長くなる。独立方式ではそれほど増えず,逆にプル方式では減少する。このような反応は方式によって異なる。

　プッシュ,独立,プル方式のボトルネック現象との関わりについて考えると,ボトルネック現象が発生すると,最も影響を受けるのはプッシュ方式である。品切れも増加し,需要変動の拡大がもたらすボトルネック現象による在庫が増える。しかしボトルネックに合わせた供給をすることで在庫増加への対応ができる。この制御が最も効果的なのがプッシュ方式である。

　他方,プル方式では在庫が増加する影響はほとんどない。その代わり品切れが増加する。需要が増えても,ボトルネック能力以内でしか供給しないからである。その意味で,ボトルネックがどこで発生するか不明の場合にはプル方式では在庫増加,特にチェーン内のボトルネック活動より前にある在庫の滞留を防ぐことはできる。しかしながら,品切れは無視したまま供給するので,チェーンがスムーズに流れていると安心していると,品切れが多く発生していたという事実に気づかない可能性もある。この無視する品切れが多くなるため,発注量も売上量の低下によって減少し,チェーン内の在庫も減る。

　独立方式は品切れもほどほどに抑制し,需要変動によってプッシュほど増えたりしない。各活動在庫において適正在庫を堅持するという姿勢が破綻を防ぐ。独立方式は状況に応じて常に適正在庫ということを基準に供給していくので,需要が35％も変化してもそれに応じた供給体制を築く。プッシュやプルは売れた量によって需要を判断し,チェーンにどれだけあるべきかについては考慮しない。

　もちろん,現実には需要を予測し,それに応じて適正な供給計画を立案し,供給していくわけであるが,プッシュ方式やプル方式では実際に各段階にて受発注しながら出荷,入荷管理をする人々にとっては適正在庫という概念を意識した行動は忘れがちになる。それゆえ,**表7.4**のような事態が起こる可能性も高い。

7.5 ボトルネックへの対応の考え方

ボトルネックの問題は現実には避けて通れない問題である。これによる問題をできるだけ小さくするには，事前対応と事後対応がある。言い換えれば，ボトルネックによるチェーンへの負荷そのものがあまりかからないようにすることと，ボトルネックを制御するという二通りの対応策がある。

(1) ボトルネックの事前対応
ボトルネックに対する事前対応の考え方としては以下のようなものがある。
① 十分な供給能力を保有すること
ボトルネックを制御する場合には供給能力を需要に十分に応じることができるくらいに備えることが最も技術的には容易である。しかしながらそれは設備を往々にして過大に保有することを意味し，経営的には最も苦しい。トヨタ自動車がフォードを観察してそのことを危惧し，ジャスト・イン・タイム方式（プル方式）を考えたことは有名である。不況にも強い経営体質にするためには容易とは言っても過大な設備投資は避けたいのも事実である。

需要が成長し，その水準が安定的に見込めるような場合には能力をその水準にまで上げることは必要である。ただし，その場合でも後で述べるような保全活動やリードタイム短縮などのような資源を無駄にしないための方策を徹底的に実行したうえで能力拡張は行うべきである。例えば，20％の生産性向上という場合に，現在1日当たり100個を100人で生産できていたとすると同じ人数で120個生産できるようにするのではなく，83人で100個生産できるようにすることが重要である[5]。このような合理化を基礎に能力拡張を考えることがなければ他社よりも不況に強い経営体質は築けない。
② 能力の稼動能力を高めること
設備をせっかくもっていながらそれらが故障などで稼動できる時間が減るとそれはさまざまな活動間の能力ギャップをもたらし，ボトルネック現象を引き起こす。一番能力が低い能力にまですべての活動が実質的にペースを落とすことになる。実質的という意味は顧客から見たときに供給力が低下することである。実際には顧客になかなか渡せない過剰在庫としてシステム内に留まることになる。ロ

ボットなども故障が発生しやすく,稼働率が問題になる。人間の作業能力も同じことが言える。機械などの保全活動,人間のスキルアップ,作業自体の簡素化,輸送方法の工夫(トラックの点検,配送順路や配送時間の工夫)などさまざまな稼働率向上の施策はある。黒子的な活動であるが,収益性に非常に貢献する活動である。安定的な稼動能力を実現することは基礎的な経営努力である。

またボトルネックは能力低下であるが,さまざまな製品が同じ輸送あるいは生産プロセスを経る場合に発生する。例えば,ある製品を生産しているときには他の製品は生産できない。そこに段取り時間がかかると故障ではないが稼動可能生産時間が減るということで能力低下も発生する。計画的に稼動していればまだ良いが,途中でお得意客の特別注文が入ってきたなどによってその製品を計画に割り込ませて作る場合には,生産するはずであった製品にとってはボトルネック現象そのものになる。したがって,計画通りに行うということはボトルネックを避けることにも通ずる。

③ 需要のむやみな変動は避ける

需要水準を安定的に高くすることは望ましいが,同じ需要水準で変動を起こすのはボトルネック現象の引き金になる。普通ならば十分な供給能力があっても,需要の波を大きくすると需要以下に供給能力が落ち込む事態が生まれる。週末の定期的なバーゲンセール,不規則かつ過度な広告宣伝などはわざわざ顧客のロット購買を誘って翌日や翌週,あるいは翌月の需要まで先取りし,その反動で買わない時期が続く。それは変動を引き起こすだけである。人が来るからそのときに売るというよりもそれが慣習化して顧客もそれに合わせるという結果の方が多い。他社がやるからということで行うこともあろう。しかしながらそうであれば不規則に価格を下げず,あるいは思いついたように宣伝広告費を投入するのでなく,最初からできる限り価格を引いておけば良い。多くは過剰在庫を処分するためであるかも知れないが,慢性的な過剰在庫自体が今までのボトルネック現象への対処を含むサプライチェーンの管理がいい加減であったためであることも多い。制度的とはいえ,それは悪循環に近い。

④ サプライチェーンの強化

ボトルネックがどうしても避けられない場合には,チェーンの耐久力を高め,運営方式をあらかじめ検討してボトルネック現象による問題を抑制する備えをしておくことも重要である。チェーンの耐久力で言えば,まずチェーンの遅れ(リードタイム)を極力短くしておくことがポイントである。需要が絶えず成長し,

あるいは安定化しているときにはリードタイムの長さということはほとんど意識しない。問題となるチェーンにおける在庫滞留は在庫の入出量のギャップが原因である。そのギャップは需要が水準は安定しても変動が大きくなる経営環境では注文から到着までのリードタイムが長いほどより大きくなる可能性が高い。

リードタイムが定まっても、チェーンの運営方式についても検討しておく必要がある。今までの分析例でもわかったように、例えばプッシュ方式はボトルネックの発生に対して弱さをもっている。プル方式はその点では過剰在庫を避ける特性を内包している。しかしながら他方で品切れを容易に出しやすい。独立方式はちょうど両者の中間的な特徴を備えている。これらの方式から状況に適したものを選択することが重要になる。

(2) ボトルネックの事後対応

ボトルネック現象が発生した段階で採りうる手段としては以下のようなことがある。

① ボトルネックの量に流量を合わせる

ボトルネックはチェーンを流れる流量を規定するもので、そのボトルネックの量に合わせた流し方しかできないことに留意し、それに合わせた流量を流すことがボトルネック現象を軽減する最も良い方法である。それ以上流すと必ず滞留在庫が発生し、需要に対応して必要な量以上の供給をしてしまうことになる。

② ボトルネックの能力量は極力発揮できるよう維持する

ボトルネック量以上は流せないわけなので、できる限りそのボトルネック量は流せるようにすることである。それはボトルネック活動そのものがそれ以下に能力がならないようにすること、さらには他の活動が稼動できなくなった場合の流量低下を防ぐことである。後者は安全在庫によって備えることを意味する。したがって、ボトルネック能力以上の流量をチェーンに流すことは避けるべきであるが、その安全在庫分は補充できるように他の活動の水準は上げることも必要になる。このような方法はドラム・バッファー・ロープ（Drum buffer rope ; DBR）という考え方で提唱されている[6]。要するに、チェーン内の適正在庫水準として考えることになる。あらかじめ予想できるボトルネック現象であればそれも可能である。しかしながらそれが予想できない状況では難しい。また絶対的に需要水準が高く、供給能力が低いときにはそのような対応をする余裕もない。ボトルネック活動のダウンを避けることがせいぜいである。

③ ボトルネック活動の能力向上

ボトルネック活動を引き上げることでチェーン全体の供給能力を増すことはできる。ボトルネック活動がどれかを明確にできていないとこれは難しい。ボトルネック活動が判明していてその能力を引き上げるときに問題となるのは，その能力アップ（例えば新規に機械を買い入れるなど）のためにいくらまで資金を投入できるかということである。ボトルネック能力を引き上げることで見込める利益向上分が資金投入の上限で，それ以内であればボトルネック能力を高めることは経営的に正当化できる。ボトルネック能力の追加1単位当たりのもたらす価値という概念が把握されている必要がある。

以上のような施策は経営の広範囲な活動に関わることで，ボトルネックという現象に対処するには全社的な視点で供給活動に対する認識と姿勢を問い直す必要がある。サプライチェーン・マネジメントはその担当者だけの問題ではない。多くの問題がここに集約的に現れてくる。解決には全社的な視野が必要になる。

参考文献・資料

［1］ Goldratt, E. M., *Theory of Constraints*, North River Press, 1990.
［2］ このことは制約つき最適化問題の基本的知識である。例えば，
　　　茨木俊秀・福島雅夫『FORTRAN77最適化プログラミング』岩波書店，1991年。
［3］ Goldratt, E. M., *The Goal*, North River Press, 1992, Second edition.（三本木亨訳『ザ・ゴール』ダイヤモンド社，2001年）
［4］ Goldratt, E. M., 1992，前掲書。あるいは日本語の解説書としては例えば，
　　　①稲垣公夫『米国製造業復活の秘密兵器 TOC 革命』日本能率協会マネジメントセンター，1997年。
　　　②今岡善次郎『サプライチェーン・マネジメント』工業調査会，1998年。
［5］ 大野耐一『トヨタ生産方式』ダイヤモンド社，1992年。
［6］ Goldratt, E. M., 前掲書，1992。あるいは稲垣（前掲書）。

8

サプライチェーンの仕組みと能力の構築

　供給するにあたっては，まずいかなるチェーンを通じてどれだけの量をどのように供給するかをあらかじめ検討し，適切と判断できるチェーンの仕組みと能力を設計・構築し，その構築されたチェーンを枠組みとして日々の供給活動を計画し，実践することになる。この問題は供給計画の策定という一般的な言い方で括ることはできる。そこでは当然，それらの計画と実践の適切性を判断する基準が必要になる。それらの基準は企業の都合ではなく，顧客や社会の評価がまず重要なポイントになる。それらの評価が企業の業績，すなわち収益などを規定していく。今までの議論では，チェーンという仕組みとその運営において成果を左右する要因を検討してきた。そこでは供給の対象となる需要量はある種のパターンで与えられ，それに応ずるという状況を想定し，チェーンの機能的特性を理解することが目的であった。本章ではそれらを踏まえながら，サプライチェーンの仕組みと能力を構築するための論理について考える。

8.1 供給計画の体系

供給計画とは，供給活動の計画のことで，需要に対応してどのような供給活動をしたら最も顧客や社会的評価を勝ち得ることができ，しかも供給活動にともなう投入資源量（費用）を小さくして企業としての収益性を高めることができるかを検討するための計画活動である。

供給活動を計画するとき基本的には2つの問題がある。第1の問題は，どのような供給能力をもつべきかということである。第2は，定めた供給能力の範囲内で需要を満たすのにいつ，何をどれだけ生産し，供給すれば良いのかという供給活動の運営問題である。本章では第1の問題を考えるが，供給計画の包括的な概要を知るために例で供給計画を考える。

〈例8.1　ラーメン屋さんの開業〉

今，屋台のラーメン屋さんを開業することを考える。その場合にまず考えるべきことは，何を道具として備えるかということがある。屋台は自分で引いていくことを考えると，屋台は1台しか引けないので1台となる。その屋台はどんな仕様にしたら良いだろうか。引きやすく丈夫で大きくかつ軽量なものとなると費用が当然増える。月々の月賦で支払う額が多くなる。

次に椅子の数はどうであろうか。立って食べてもらうというのも一案であるが，現在のお客は足腰が弱いからそれは止めるとすると，その椅子数は重要な決定である。屋台の大きさが決まれば，屋台から離れたところに設置するわけにはいかないので屋台の長さに応じて決まる部分がある。椅子の大きさ（幅）を40センチとすると，隙間を考慮して4つ置くとする。そうすると一度にお客が食べることができる人数は4人になる。もっと詰めれば5個は置けるかも知れないという場合に，その決定はどういうようにすれば良いのだろうか。まず費用がかかる。次に椅子を運ぶために何か他のものを犠牲にしなければならないかも知れない。麺の数，スープあるいは他の食材を減らす必要があるかも知れない。窮屈で食べにくいという点もある。しかし，5人のお客が同時に来たら座ってもらえる。5人が同時に座っていたら，5人分を作らないといけないので少々時間がかかって待ってもらうかも知れない。考えることがいろいろ多い。

8.1 供給計画の体系

　他には誰かに手伝ってもらうかどうか，コンロやレンジの数や大きさ，他の什器の種類と大きさ，食器の大きさやデザインそして数（これは営業後でも変えることはできるがある部分は揃えていなければならない）などさまざまなものについても考えることになる。それらに凝れば高くなる。

　肝心なのは，いかなるメニューを出すかということである。ラーメンであることは決めていても，いろいろなメニューはありうる。種類を増やすか，限定するかという問題は恐らく最初に決定しなければならない。後でそれらを変化させていくことは可能であろうが，メニューによって揃える食器，什器あるいは椅子などの設備が異なることがあればその限りにおいて考えておくべきメニューの問題はこの段階で検討しておく必要がある。以上は供給能力に関する決定事項である。

　これらはいったん決定するとそれに要する費用は固定化する。使わなければ売却して損しなければ問題は少ないけれども，現実にはただ同然で処分するのでまるまる損する。手伝ってもらっていた人がいれば，丁寧に御引取りを願うわけで精神的にも苦痛である。さらに，これらの供給能力はどんなお客にどれだけのラーメンを食べてもらえるかを基本的に規定してしまうであろうし，料理する技術とあいまって屋台とか食器の特徴がラーメン屋さん全体の特徴を左右する。そこに供給能力の計画問題の難しさがある。

　このラーメン屋さんが開業すると今度は作り方，麺や他の食材の種類，量について決定しなければならない。作り方について言うと，どの食材をあらかじめ料理しておき，どの食材を顧客が来たときにどう調理するかという手順，助けがいる場合には分業の仕方が該当する。これは店ができてからの供給活動計画の問題である。これによって時間当たりどれだけのお客に応ずることができるかとか，お客が実際に評価することになるラーメンの特徴，味，衛生状態などを規定する。お客が少なくて余ったらそれらは大部分廃棄処分しなければならないだろう。逆に食材の量が少なかったらお腹をすかして飛び込んで来たお客に失礼になる。これらは試行錯誤を続けて改善していくことが重要になるが，供給能力と同様，あるいはそれ以上にラーメン屋事業の最終的な収益性を左右するほど重要な問題である。

　供給能力問題と供給活動計画問題は上のようにはっきりと分けてそれぞれを別々に考えることが難しい側面がある。事後的に相互に変化させていくこともできるからである。それゆえ，現実にはそれぞれいったん決めたら最後まで変化させられないというわけではないが，少なくともそれぞれの問題にはある種の適切な

■図8.1　サプライチェーンと需要の関わり

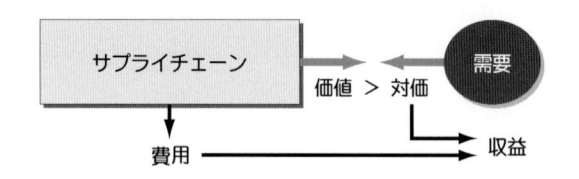

順序がある。活動そのものが技術的に動かせない順序があるし，やり直すのに余計な資源投入が付随することも多い。例えば，いったん什器や食器を買ったらすぐに買い替えるのは無駄が多い。その順序を間違えると状況に応じて供給活動を変化させ，調整しづらくなって評価の低い，事業としても満足できない供給活動になってしまう可能性がある。

　事業では顧客に物やサービスの供給を行い，対価を受け取る。その対価から供給活動に要した費用を引いてその差がプラスであればまがりなりにも事業は成立する。費用は供給活動に要する設備・情報システムや人間にかかる費用，原材料を購入する費用，電気代や水道代のようなユーティリティにかかる費用，資金を借りていればその資金にかかる利子などすべての支出を指す。また廃棄物などが社会に別の問題を引き起こし，それが対策費用となって実質的な供給活動に上乗せされる支出を招く。これは近年大きな費用項目となりつつある。
　対価は主に顧客から受け取る収入である。収入から上の支出を差し引いて利益が出る。それから税金（法人税）を支払い，株主がいれば彼らに支払う配当金をさらにそれから引き，やっと企業に留保できる利益になる。
　物やサービスを供給する活動がサプライチェーンを構成する。そのチェーンと需要の関わり合いを事業の視点から見ると図8.1のようになる。
　チェーンが生み出すものは顧客から評価した価値と，チェーン活動に要する（社会的費用を含めた）費用である。価値が物やサービスの価格（対価）以上であれば顧客は提供された物やサービスを購入する。
　ここで経営的課題は，3つある。それらは，
①いかなる価値を製品あるいはサービスに付与するのか。
②時間当たりどれだけの供給ができるようにするのか。
③供給活動そのものの設計と実施

①と②は先に述べた供給能力の問題である。③が供給活動の運営問題に対応する。本章では①と②を考える。

8.2 製品またはサービスに付与する価値

8.2.1 価値創造と価値のトレイド・オフ

どのような製品あるいはサービスを提供するのかという問題は製品政策あるいは多角化，さらには新製品開発と言われている。この問題に関しては本書が直接的に対象とするものではない。これは市場のニーズや技術的なシーズに基づいて発案されるものである。しかしながら，事業として考えると，この問題は必ずしもサプライチェーンの前にあるものとは考えることはできない。

企業が新製品やサービスを事業として検討するときには，それができる技術をもっている，あるいはその技術が利用可能かということをまず考える。しかしながら，可能な事業としての可能性について言えば，サプライチェーンが関わることも多い。

第1章で紹介したフェデラル・エキスプレス，デル，アマゾン・ドット・コムはいずれもサプライチェーンにおける優位性で事業を成功させた。まずフェデラル・エキスプレスは1971年に郵便事業と内容的には同等であるが別の事業として宅急便事業を開始した。この事業を支えるのは背後のサプライチェーンである。現在ではほとんどの旅客航空便でも採用されているハブ・アンド・スポーク・システムと呼ばれるハブ空港を基点としてネットワーク状に航空路線を張り巡らす仕組みが航空便を使うことの高価性の克服を可能とし，その事業を採算ベースにのせた[1]。パーソナル・コンピュータのデルも1984年に事業を開始した後発のパーソナル・コンピュータ・メーカーであるが，その背後のサプライチェーンとインターネットを基点として世界一のシェアを獲得した[2]。書籍販売事業でインターネットおよびサプライチェーンによって成長してきたアマゾン・ドット・コムも1995年に事業を開始した新事業であった[3]。創業者が東海岸のニューヨークから正反対の西海岸シアトルへと移り住んだのは，インターネットを通じた販売をするための情報システム開発と，自社在庫がない本を取り寄せるうえで好都合な世界一の書籍倉庫が近くにあるというサプライチェーンに関わる理由からである。それが同じ時期に出てきた同じタイプの競争者に勝った理由であ

るという[4]。

　まったくこの世に存在しないという場合に，それは純粋に製品やサービス固有の技術が存在しないという場合と，それらを事業として実現する術がないという場合がある。サプライチェーンは後者の意味で新事業に関わっている。上記のような近年に始まった事業はそのサプライチェーンの開発が事業の可否を左右するものである。そのような視点で見ると，この世にはまだ新事業の対象はいくらでもある。音楽メディア，出版，飲食そして一般の販売業などはその宝庫のように見える。

　そのような新規事業も含めて，事業の特性あるいは価値の視点が重要になる。その価値作りにおいて購買や製造プロセスを含めたサプライチェーンは重要な役割を果たす。既存の製品やサービスを眺めるとき，そのサプライチェーンの違いが製品やサービスの価値の違いを生み出していることも多いことに気づく。それは事業の意図として認識されると**差異化あるいは差別化（Differentiation）戦略**という言葉で呼ばれる。

　車で言えばフェラーリなどは典型である。手作りのプロセスをいまだに踏襲し，通常の車の値段よりも1ケタ以上異なる車として差異を創り出している[5]。同じ車とは言え，買い手にとっては一般の車とは別物である。また一般の車でも会社間では事業の成否には差異がつく。それも顧客から見たときのある種の価値の差異が創り出す。

　先に挙げたアマゾン・ドット・コムなどの新しい事業はインターネット絡みの技術発展がベースになって次々と考案された。その華々しい登場によって**ニュー・エコノミー（New economy）**などの言葉で新たな経済環境を表現することが流行った。そのような事業はe-コマースと呼ばれている。またその事業形態が新しいのでビジネス・モデルというような概念を創り出した。しかしながら，e-コマースの多くは第1章で述べたように破綻していった。結局，価値が顧客によって評価されないものが少なくなかったのである。その理由としてそれら事業創始者の多くがバック・オフィスの仕組みについて十分に検討していなかったことが挙げられている[6]。**バック・オフィス**とは端的にはサプライチェーンの仕組みである。購買者に約束の期日までに商品を届けられないという初歩的ミスで信用を失墜した。

　航空券などの余った切符をオークションでかける仕組みを事業として考え出し，自らビジネス・モデルを考案し，またビジネス・モデルのコンサルタントとして

8.2 製品またはサービスに付与する価値

有名なジェイ・ウォーカー（Jay Walker）は e-コマースが生み出す価値として情報，エンターテインメント（娯楽），利便性，節約性の4つを挙げている。そのうち，特に e-コマースでは利便性と節約性がポイントになるとしている。そのバランスをうまくとることが e-コマースで生き残る秘訣という[7]。従来の事業よりもその2つの点で優れることが既存事業を上回るための条件であるとする。

e-コマースに限らず，製品やサービスの価値は事業を続けていくうえでは決定的に重要である。製品やサービスの価値は伝統的には Q（Quality，品質），C（Cost，費用，Price，価格），D（Delivery，納期），A（Accessibility，利用可能性または入手の容易さ）などの尺度によって測られてきた。ここで，品質とは，うたわれている，あるいは要請されている仕様に合っているかという適合品質以外に，経済的および技術的な耐用性（長く使える），主要機能に関する性能（パーソナル・コンピュータであれば演算スピードとかメモリーサイズなど），追加的または周辺的特性（主要機能とは別の周辺的特徴，パーソナル・コンピュータではオプションの豊富さなど），**信頼性**（ある期間における故障の少なさ），修繕のしやすさ，**審美性**（センスの良さ），認知されている品質（**名声**，**評判**など）などを含んだ広い意味の製品の**魅力度**である[8]。費用あるいは価格は顧客の負担度を意味する。納期は顧客に手渡すまでの時間で短いのが普通は良い。利用可能性は入手あるいは利用するうえで便利が良いことを言う。D とも共通する。

これらの価値は事業を行うに際して目標として掲げるのは誰でも可能であるが，実際に価値を実現するときに難しい問題に直面する。基本的に上で挙げたような価値は，どの価値も低いよりは高い方が良いことは明らかである。したがって，どの価値も高くしたいというのは本音である。それにもかかわらず実際に難しいのは，それら価値の各々についてどれくらいの水準が良いのかという判断をしなければならないということである。その背後にはある価値を高くしようとすると，他の価値が犠牲になるという**トレイド・オフ**の問題がある。

上で挙げたような価値のほとんどの部分が最終的にはサプライチェーンのさまざまな機能の働きの過程で付加される。例えばデザインなどでは，卓越したデザイナーの存在だけでなく，まずはそれを製造する技術や技能があるかどうかによって左右されることも多い。曲面を多くもった自動車の全面の窓ガラスはそのような曲面でも歪みなく見ることができる丈夫なガラスを製造できる能力が重要である。より高精度な機械を作るときにも高い技能者と温度差のない作業場が必要

■図8.2　費用と価値のトレイド・オフ曲線

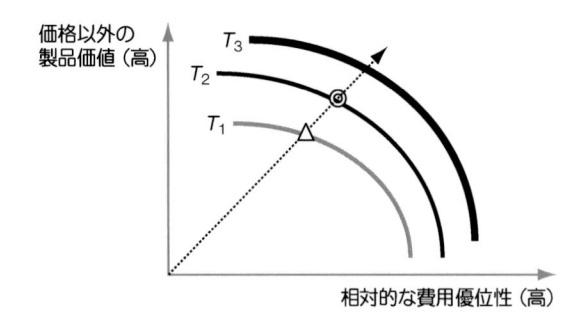

[図: 縦軸「価格以外の製品価値（高）」、横軸「相対的な費用優位性（高）」。原点から外側にふくらむ3本の曲線 T_1、T_2、T_3 が描かれている。T_2 曲線上に◎、T_1 曲線上に△が示されている。]

である。故障の少ない製品あるいは仕様通りの製品を納期も短く，価格を抑制して作るには設計と同時に，リードタイムが短く，品質管理が行き届き，無駄の少ない製造プロセスが望ましい。

　価値を付加するにあたってはそれに適したサプライチェーンの活動を作り上げる必要がある。その場合に問題になることは，ある特定の価値，例えば審美的品質を上げるには，費用も余計にかけなければいけないというトレイド・オフの存在である。審美的な品質を良くするには良い材料を使わないと難しいとか，時間をかけてじっくり作るプロセス，あるいは高い技能の持ち主を雇うという意味である。そうなると審美性と費用は両立することは難しくなる。そこでその高品質の製品を提供するというときにはそれに適したサプライチェーンをもつことになって今度は安い製品を作るということが難しくなる。そこにサプライチェーンを構築する難しさが生まれる。

　例えば，ポーター（Michael E. Porter）はトレイド・オフという概念を提示している[9]。彼の図に加筆修正を加えて示すと図8.2のようになる。

　横軸に費用，縦軸に価格以外の製品価値をとったときに，費用優位性と製品価値の間には一方を高めると他方が低くなるというトレイド・オフ関係が成立し，それが図の原点から外にふくらみをもった曲線のように表現できる。図では3本の曲線があるが，それぞれがトレイド・オフ関係を意味する。これらの曲線のどれかにある限り，それぞれの上で費用と価値の組合せを決めなければならない。たとえば，◎の企業は T_2 の曲線上で費用と価値の組合せを決める。その曲線上を動くとわかるように，動きに応じて費用と価格は決まるがその動きでは必ず費用優位性が下がれば価値は上がる，あるいは価値が下がれば費用優位性は上がる

という関係をともなう。△の企業は T_1 の曲線上にあると，その曲線上で同じようなトレイド・オフ関係に伏する。

しかしながら，◎企業は△企業から見ると，価値も高く，費用も安い（費用優位性が高い）ので自社と同じトレイド・オフ関係にはなっていない。端的に言って，△企業は◎企業よりも競争上で弱い。両社ともトレイド・オフ関係にはあるが◎企業はより高次元のトレイド・オフ関係ができる位置にある。◎企業は曲線 T_2 上で価値と費用の間のトレイド・オフをしなければならないが，△企業は T_1 の曲線上でそれらの間のトレイド・オフをする。競争的には◎企業のトレイド・オフは優位なところでのトレイド・オフである。△企業はその T_1 曲線に留まり続ける限り，競争上で常に弱者の地位に甘んじなければならない。しかしながら，T_2 の曲線まで適切に経営を行えばトレイド・オフなしに上がって行けるはずである。点線矢印の方向で上昇する。

◎企業の位置する T_2 と△企業の T_1 の差は何から生まれるのかと言えば，サプライチェーンの優劣差である。ポーターによれば価値連鎖（Value chain）の優劣差[10]である。T_1 から T_2 へのシフトを可能にするのがポーターによれば戦略になる。限界の T_3 がどこにあるかはまだ誰も予測できない。絶えず右上方向にトレイド・オフ曲線はシフトしていくと考えていた方が良い。T_1 や T_2 に留まり続ける限り競争から脱落していく。

T_1 に留まり続け，事業成果も頭打ちになると多くの企業は別の事業を手がける。しかしながら，大きな問題はその別の事業において再度 T_1 と同様なトレイド・オフの水準に留まって，その事業の市場が大きく競争も厳しくなると再度競争的に不利になって別の事業に動くという放浪生活を送る結果になる可能性も高い。T_1 から T_2 へと移行する経営の論理と経験を欠くからである。

トレイド・オフはサプライチェーンにおけるある種のボトルネックを克服できないということで生まれる。そのボトルネックは供給量のボトルネックだけでなく，購買，開発，供給（製造から販売までの活動）の質，スピード，費用における向上を妨げるボトルネックを含む。それらのボトルネック克服のために，自社内や供給者間の活動連携およびコラボレーション強化をより鳥瞰的視野から行うことが重要になる。品質，納期，費用，入手可能性などを規定するサプライチェーンのプロセスの有効性を飛躍的に高める仕組み，能力そして運営方法が構築されねばならない。

御題目としての価値ではなく，実現できる価値が事業経営では問題になる。そ

の価値はサプライチェーンにおけるさまざまな活動を経て実現する。価値を実現する仕組みや運営方法を着実に構築していく企業がその事業においてリーダーになる。

8.2.2 価値創造とサプライチェーン

　価値を創造する場合にトレイド・オフをより高次元でできる仕組みを可能にするのはサプライチェーンである。以下では同じファッション業界において抜群の業績を持続してきた2つの会社の事例を紹介する。

〈例8.2　ファッション・アパレルの製造・販売会社ザラ（Zara）[11]〉
　市場変化が激しく，競争者も無数のファッション業界において抜群の業績を操業以来続けている会社がスペインのザラ（Zara）である。Zaraはインディテックス（Inditex）グループの中心的事業であり，Inditexは創業が1963年で，創業者はガオナ（Amancio Ortega Gaona）である。彼は1963年に女性のパジャマの製造業者として創業したが，顧客は衣料問屋であった。彼は1975年にZaraという小売店舗を開業した。その契機は大手の問屋による大量キャンセルであった。変化も激しい市場で直接売っていない事業の悲哀とリスクを感じ，小売業まで一貫した事業プロセスを指向するようになった。
　ZaraはInditexグループの売上高で76%を占める事業である。顧客はファッションに敏感な比較的若い層である（女性ものが売上の60%を占める）。競合者としてはギャップ（Gap）などがある。Inditex自体はその他に市場セグメントごとにいくつかの異なるブランドによる事業を統括する本社である。Zaraの店舗は人通りの多い繁華街で，著名なサイトに立地する戦略をとっている（日本では6店現在あるが，最近では原宿の表参道にオープン）。Zaraは現時点で44カ国，600店舗で営業している。
　図8.3は近年の売上高と税引き前利益を示している。
　これらの数字は同業競争者と比して抜群である。対売上税引き前利益率は図8.3の期間中で98年から2002年まで14.1%，14.3%，14.1%，15.2%，16.6%と微増しており，さらにその前の95年から97年までそれぞれ13.5%，12.6%，15.7%，さらに1991年には14.3%である（1997年以前はユーロではなくペセタによる計算）。この10年間事業規模が拡大するにつれて利益率を高い水準を維持しながら増やしている。規模の不経済はまったく関係ない。

■図8.3　Zaraの5年間の売上高と税引き前利益額

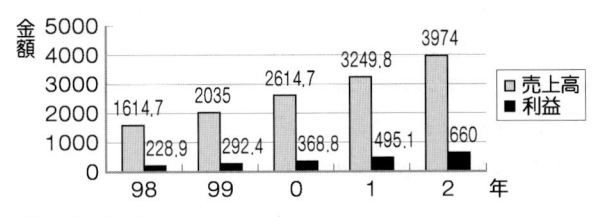

（グラフ：単位は100万ユーロ）
- 98年：売上高 1614.7、利益 228.9
- 99年：売上高 2035、利益 292.4
- 0年：売上高 2614.7、利益 368.8
- 1年：売上高 3249.8、利益 495.1
- 2年：売上高 3974、利益 660

（注）単位は100万ユーロ。

　このような好業績の持続が何によって支えられているのかを考えるとサプライチェーンにおける卓越性である。後発であるだけにより競争的なポジションを獲得するためのサプライチェーンを最初から意図して構築してきた。Zaraの広告費は対売上高比で他社の1/10以下である。店舗設計と口コミがZaraの訴求手段である。またZaraという名前で勝負しない。センスが良くて、着たい服がリーズナブルな値段でいつもその店にあるということで集客することを政策の背後の哲学にしている。

　店舗面積は平均的には$1,000m^2$以下で、それほど大きくはない。店舗内は商品をむやみに置かず、スペースをゆったりとさせて満足できるものをゆっくり選べることを意図したデザインにしている。置ける商品が少なくなるが、それはコンビニエンス・ストアと同じ論理のサプライチェーンでカバーする。すなわち、商品アイテム数は減らさず、一つ一つの商品数を少なくする。それはリードタイムが短いサプライチェーンでなければできない。

　サプライチェーンはまず商品設計から始まる。Zaraのデザイナーは100名程度と言われている。はっきり把握できないのは、デザイナーでもいろいろな業務に関わった仕事をするので線引きしにくいからである。本社の隣にあるビル内にはいくつもの大きな部屋（ホール）がある。そのホールにはデザイナー、マーケット・スペシャリスト、バイヤーがそれぞれホールの一部を陣取った形で同居し、ホールのセンターに大きなテーブルや雑誌が置いてある場所を設け、いつでも彼等が顔を付き合わせて相談できるようになっている。彼等はチームとして行動する。

　デザイナーにはチャンピオン・デザイナーはおらず、彼らはチームとして働くことを会社は期待している。デザイン・アイデアは業界のフェア、ディスコ、ファッション・ショー、雑誌などからヒントを得るが、重要な情報ソースは直接顧

客と接する店舗からのフィードバック情報である。ファッション・ショーにはZaraのデザイナーが押し寄せ，陣取ることは有名になっている。

　マーケット・スペシャリストの仕事は店舗との密接なコンタクトを保ち，店長と売上，注文，新商品，その他について打ち合わせをし，相談しあいながら店舗における業務を支援することである。店長は注文する前にマーケット・スペシャリストと話し合うことが非常に重要であることを認識しており，依頼できる存在になっている。バイヤーは調達と生産を担当し，新しい商品作り，供給能力の確保，そして日々の供給活動において要の役割を果たす。デザイナー，マーケット・スペシャリスト，バイヤーの3者が三位一体となったチームでデザインから日々のオペレーションまで関与する点がZaraの特徴である。

　デザイナーが手書きで描いたデザインはそれができた段階でそれら3者が討議し，評価を行う。この段階はZaraとしての全体的なある種のデザインのスタイルを創り出すうえで重要な段階となっている。この段階の後にCAD（Computer aided design）によってデザインする。その場合には繊維の特性や色とデザインの適合性をチェックする。この段階で素材の選択を行う。それが終わるとサンプルを作る段階になる。それは同じホール内にいるベテランの高い技能をもった縫製者によってそこで作られ，作る段階における問題点を明らかにし，デザイナーと再度合議して解決する。同時にその商品の生産の可能性や収益性もチェックする。

　サンプル・ロットを作り，いくつかの店舗でテスト販売する。マーケット・スペシャリストと店長の密接な連携で売れ行きの良さを確認すると数日内に本格的生産に移行し，全世界の店舗にいっせいに送り出される。販売開始後に売れ行きの過程で商品の手直しが望ましいことがわかるとそれはこのチームの仕事である。チームは新商品のデザインから店舗での実績売上に応じて既存商品のデザイン修正の両方を行う責任を負っている。

　本格的生産を支えるのが狭義のサプライチェーンである。Zaraはその商品の半分は22カ所の，本社の周辺にある自社工場で製造する。その場合の縫製工程はカッティングした後ですべてほぼ専属の外部業者に外注する。当然，Zaraにおける生産計画に遵守することがそれら外部業者に要請される。商品の残りの半分は外部の供給者に依存している。それらの多くは近接のスペインやポルトガルにある供給者で，30％くらいはアジアの供給者に依存する。アジアにおける生産は基本アイテムだけでその地域で生産した方が良いことがわかっているものに

8.2 製品またはサービスに付与する価値

限られている。内外製の判断基準は，価格（費用），納期，品質である。自社内に基準を満たすものがないときには外製する。中でも迅速性は不可欠の基準である。

素材については，内製分について子会社と外部の供給者から購入する。その半分以上は染色しないで購入する。自社で染色工場を所有している。需要変化に迅速に反応できるようにするためである。外部供給者から購入量は非常に少ない。特定の供給者への依存度を減らし，迅速な納入を確保するためである。

すべての作られた商品はZaraの所有する流通センターを経由して店舗に送り出される。商品にはすでに価格のタグなどは付されてセンターに送られてくる。価格タグは各国で売られるので通貨表示は一緒に印刷されている。それを顧客が見ると，各国でどんな価格で売られているかすぐにわかる。公正感を顧客に与えることができる。流通センターは自動化した迅速な処理ができるセンターになっている。センターの通過時間は1日を十分に切る。そこでは店ごとに仕分けされ，ヨーロッパにおける店舗には24時間，アメリカの店には48時間，日本には48-72時間の注文リードタイムで送られる。

店舗では注文は週2回で，締切りは厳格で，遅れは許されない。店舗への供給量はシーズンが進んでいくに応じて増える点で競争者と異なる。例えば，秋・冬物に関して言うと，シーズンの当初（7月下旬）は他の競合者より半分以下の量しか店に置かず，シーズンのピークに逆に他社より倍は置く。Zaraはシーズンの推移に関して，より信憑性のある需要情報に合わせた供給ができるからである。天候異変による需要見込みの違いにも適合できる。その結果，定価で売れる商品割合はZaraでは他社よりも30％近く多い。これは速いサプライチェーンがなければ不可能である。

2-3週間売れない場合には売れ残りとなって，他店に輸送するか，本社にもちかえられる。この割合を10％以内に保持することを目的としているが，実際には本社に帰ってくる割合はほとんど無視できるくらいである。結局，Zaraにおける最終デザインから売上までの時間はゆうに1カ月を切る。長くて30日という商品回転であれば，実質的には収入と支出のズレはマイナスになりうる。すなわち，支出より収入の方が早く，運転資本が0で事業が行えることである。これが高収益の大きなポイントである。

Zaraのサプライチェーンはより高いトレイド・オフを可能にしている。同じ

衣料でも良いセンスと低価格というように両面で競争者と商品力には差がつく。それは背後により密接に連携された商品開発までを一体とした迅速かつ効率的なサプライチェーンが構築されているからである。次に紹介する事例は日本の企業である。やはりファッションというものに取り組む事業であるが，両者には共通点も多い。

〈例8.3　イビサ（IBIZA）[12]〉

　イビサは2003年に吉田オリジナルから改名した皮革バッグの製造・販売業を営む企業である。その業績はこの不況下および安い輸入品や外国の高級ブランドとの厳しい競争の中で経常利益率20%を持続してきた。その業績はファッションにも左右される業界では達成しえないものである。

　その経営はヒット商品などの言い方で事業の成功をうんぬんするようなものではない。同社の経営の基底には常に顧客価値あるいは顧客満足を優先した基本的姿勢がある。それがお客様（同社では「お客様」という言葉しか用いないので以下でもお客様とする）からの高い評価を持続して勝ち得ている事実の背後にある。まさに価値創造を追求してきたのである。それは同社を訪れたときに廊下や部屋で初めて会う従業員のお客様に対する挨拶にも見事に反映されている。御題目の顧客満足あるいは顧客価値創造では終わることなく，お客様の価値創造に徹するように構築されてきた人間の働きのプロセスとそれを支えるシステムが合体したサプライチェーンが事業の成果として結実している。

　イビサの社長，吉田茂氏は1965年に吉田商事という皮革を仕入れて売るという仲買業を開始した。彼は小さな（個人）仲買業の厳しさを経験し，苦しむ状況でスペインに旅行したときに偶然スペインのイビザ島においてめぐりあった手作りのバッグに魅了され，それをきっかけに皮革バッグ事業に入っていった。皮革の卸しを続けながら自ら作った手作りバッグが評判だったので，バッグを作り続けた。しかしながら，問屋を通すことで自らが心を込めて作ったバッグが安売りされる悲哀を感じ，お客様と直接接することができる直販という方式を取ることになる。前述のZaraが直販できないために経験した悲哀と通ずる。店は，作って売る店・青山イビサという名前で1974年にオープンした。

　同社の製品作りは材料である皮革の購買から価値創造が始まる。同社の製品コンセプトは皮革がもつ自然の風合いをベースにしているからである。高級ブランド品を含めてほとんどの製品は製品の均一性を優先して皮革の個体や部位などの

固有の違いを排除する油性ラッカー上塗りを最初から行うので，一定の品質さえあれば皮革の購買にそれほどこだわる必要はない。そのような処理は皮革バッグの意義を薄めることになる。同社は水性染料で染色加工するので，環境にも優しく，皮革の傷も含めた固有性を製品の価値へと変換できる。

皮革の購買は社長自ら行う。外国に年に2, 3回は直接出かけて皮革を仕入れる。皮革業者との親密な関係を築くことができ，いろいろな良い情報を入手できる。皮革の作り方やその背後の思想，作られる環境などの情報も入手し，お客様にも知らせることで製品の価値を理解してもらう。高価で，かつ生き物の命を絶って得る皮革は無駄なく，できるだけ長く使ってもらって初めて別の意義ある価値に転化する。ここにはエコロジカルな価値についての配慮もある。このような考え方が同社の製品作りの根底にある。

商品のデザインは社長自らも行う。デザインはデザイナーのアイデアが重要であるが，そのデザイン段階で材料の皮革をいかに有効に使うか，お客様の要望，購入費を抑制するためにジッパーや留め具などの購入品の共通化ができるようにすることなども大きな影響を与える。また社内における年1回のバッグコンクールには従業員すべて参加できる。彼らは作り方を知らない場合には生産担当者から習う。営業から総務部門まですべての職場の人間がバッグ作りの基礎を習得できる。また優れたものは報奨され，商品化の対象にもなる。

お客様とのコミュニケーションは重要なプロセスである。購入したお客様は会員として登録し，現在は105万人以上に達する。40歳以上の女性が中心である。データベースにはいつ，どこで何を購入したかという購入履歴や購入してもらった製品の生産履歴なども登録されてクレーム処理やリメイク，修繕にすぐに応じられるようになっている。累積購入額が1,000万円を超える会員が14名もいるという。

お客様とのコミュニケーションは店舗におけるそれは除くと，製品作りのプロセスを見学し，場合によっては自ら体験できる機会を設ける工場見学ツアー，新作バッグの紹介や皮革の説明会，さらにはお客様同士の交流を狙いとした触れ合いパーティ，バッグの修繕，手入れ，管理の相談会と店頭にない商品の紹介などを行うイビサ・フェアなどを通じて常に緊密な関係を築いている。また店が閉鎖される（デパートなどにある店はデパートが閉鎖されればなくなる）とお客様が不便になるのでそれを補完する出張お手入れ会なども行う。これらはすべて交流と同時に，重要な情報収集の場である。それらを通じてさまざまな社員がお客様

と直接接し，商品作りに活かしていく。心の交流をするために，年2回ヨーロッパに皮革購入で出張するときに，はがきを持っていき，2万人のお客様に出張先から挨拶状を送る。はがきだけで80 kgにもなる。

　狭義のサプライチェーンについても新たな改善を次々と加え，皮革からお客様による購買までの時間が最短になるようにしている。また需要についても自社が掌握できる売り方を維持することによってサプライチェーンへの負担を軽減する。問屋を通さない直販体制はすでに述べたが，売上高の多かった専門小売店への卸しを制限するという大きな決定を平成9年に売上高が53億円というピークになった直後に行っている。これは押し込みベースの売り方になってきたことへの反省である。社内的にも営業主導になって対立を生み始めた。さらに専門店経由の売上高のパターンを見ると売上の変動が激しく，それは無理な売り方をしている証である。本来的に同社の製品はそのような変動する市場向けではない。それはさらに生産などに対しても無理な負担を課してくるようになる。第7章でも見たように，需要変動はサプライチェーンにおけるボトルネック現象による問題の原因である。このチャネルと決別して売上高は20%低下したが，それが真の需要水準と考えることができる。しかしながら，この売上高ダウンは収益性には影響しなかった。現在では皮革から店舗に並ぶまでの時間は2週間強である。また店舗において一定期間のうちに売れなかったものは他の店舗に持っていくか，作りかえる。結果的には本当の売れ残りは0に近い。

　生産プロセスでもリーン性を追求する。最大ロットは40個に留める。いわゆる多品種少量生産である。規模の経済は働かないようなロットである。しかしながらそれに対して別の手当てを行う。例えば，皮革を切断する金型の費用はロットが40個であれば固定費希釈が無理でどうしても高くついてしまう。金型は1つのデザインで最低は10-15個，多くて30-40個が必要である。そこで業界で初めてウォータージェット・カッターをフランスから購入し，プログラミングによって皮革のさまざまなパターンのカッティングが金型なしで行えるようにした。この仕組みは金型の物理的管理や廃棄上の問題をなくし，さらにデザインも自由度を広げた。

　バッグに使う留め金やジッパーは購入する。その場合にやはり小さなロットは経営的に不利になる。そのような場合には同じ留め金やジッパーに共通化し，それによるデザインへの拘束性はデザインの工夫でカバーする。例えば，同じ長さのジッパーでも曲線を描かせればデザインの違いは出せる。このような工夫はい

8.2 製品またはサービスに付与する価値

わゆるマスカスタマイゼーションでは基本的な努力である。ファッションを相手にしていてもこのような基本は踏む。

材料の歩留まりについても社長自ら高めることを要求する。高価な皮革が無駄に使われることは収益性を著しく損なうだけでなく，生き物であった皮革は大切に扱うという前述の製品化の基本姿勢にも反する。いろいろな皮革をデザインに無駄なく活かし，同時に価値を上げることはデザイナーの大きな役割である。

生産工程間は非常に近く，セル方式を採用している。物作りの場で何が起こっているかは従業員が相互に把握できる近さである。

サプライチェーンにおいては，最新の情報技術によってお客様，商品デザインや生産現場の従業員，店舗，管理者間でコミュニケーションがより濃密に，効果的かつ迅速にできる仕組みにすることが図られてきた。それはまだ進化している。それによって，さらに一貫性を増した動きが全社的により速く，効果的にできるように補強されつつある。

まずお客様とのコミュニケーションを深化させる仕組みの構築である。新商品の案内やクレームあるいは修繕に関するコミュニケーションを雑誌，郵便や電話あるいはファックスで行うには限界がある。会社と店舗を結んだビデオ・コンファレンス・システム，ビデオ・フォンなどの導入が行われてきた。これによって新商品案内は本社と結んでも行えるため，店舗になくてもお客様がこれらのシステムを通じて理解でき，購入に結びつく。わざわざ本社から担当者が出向かなくても案内ができる。修繕やクレーム処理では非常に有効で，実物と同等の情報量に基づいて判断できるため会社として迅速な対応ができる。

次世代の情報技術もすでに導入しようとしている。高速，ブロードバンドの光ファイバーATMネットワークはお客様との距離を一層短縮するだけでなく，社内のさまざまな業務に携わっている人々間の相互理解や連携を高めることが期待されている。職能間，デザイナーと店舗，店舗と本社などのコミュニケーションをより高め，より緊密な関係で業務を行い，成果を上げる情報共有を可能にする。

これらの新技術の導入によって成果を実際に高めるには，その前に会社の人々は良い仕事をしようとする意思と動機をもっている必要がある。そうでなければ猫に小判になる。社長自ら情報システムの意義を理解し，導入する決定を行う背景にはこういうプロセスで仕事をしなければならないという経験と実績に裏づけられた信念があるからである。それにもっと近づく可能性があることがわかれば

すぐに迷わず導入する。

　同社の経営はお客様の価値を最大にするという方向ですべてのサプライチェーン活動を配列している。情報の歪みをできるだけ抑え，するべきことを全社的に速く，有効かつ効率的に達成する仕組みを構築する努力をし続けて来たのである。

　創造する価値を明確に認識し，それに最も適合したサプライチェーンを構築し続けることが事業の業績を持続するうえで不可欠である。以上の２つの企業はサプライチェーンを一貫して価値創造に有効になるように構築してきた。そこにおける共通点は，顧客が手にとって実際に満足する製品作りを追求していることである。そのために，データよりも顧客との直接的相互作用から得るより正確かつ適切な情報を重視し，それに合わせて購買，商品デザイン（開発），生産，販売までのサプライチェーンにおけるいろいろな活動がうまくかみ合い，迅速に無駄を最小にして動けるサプライ・プロセスを作り上げることを工夫し続けている。刻々変化する業界でこの仕組みが効果を発揮する。需要自体も価値評価の安定確保によって安定化し，サプライチェーンにとっても良い結果をもたらすという好循環を生み出す。

　このような努力は不況下においても安定した業績を上げる経営を可能にする。トヨタ自動車はJITというサプライチェーン構築からスタートし，他社を寄せ付けない業績を上げてきたが，さらに現在ではグローバル15（世界の市場占有率15％確保）というスローガンの下で，グローバルなスケールで供給者，職能，流通までの全サプライチェーンを一貫した，開発から販売のプロセスの効率と効果を高めようとしている[13]。

　アパレル産業のワールドが卸売業という業態の不安定性から脱却し，安定した好業績を持続する体制になってきたが，それはSPARCS（Super, Production, Apparel, Retail, Customer Satisfaction）という小売と製造を一貫して最短に結びつけるサプライチェーンの時間をかけた構築であった[14]。同社は平成10年から14年までのこの５年間，対売上経常利益率は常に５％以上を持続し，安定的である。

　しまむらは最寄り衣料商品アイテムを中心としたチェーン小売業態である。埼玉県という限られた商圏の中でもっと大きな競合チェーン店舗よりも安定した業績を上げてきたが，その背後には中国と店舗を最短で結ぶサプライチェーンが存在する。同社が標榜する「小売りは技術」という考え方を体現しているのが市場

の動きを敏感に把握し，それを最短で的確にフォローするサプライチェーンの仕組みである[15]。店舗では，店員の創意工夫を常時取り入れながら作るマニュアルに基づいて高い水準での均質なオペレーションと販売に専念してもらい，本社が商品選定，発注，店舗納入，店舗間輸送，什器管理まですべて行い，物の流れは同社のほとんど自動化された流通・仕分けセンターを核として1日で完結する。同社もワールドと同じこの5年間，大手小売りチェーンの業績不信を尻目に，対売上経常利益率を5％以上常に堅持している。サプライチェーンにおけるスピード豊かな，効率的な流れが，より的確な商品開発や選定を行う状況を可能にし，無駄のない，供給者からも信頼される供給ベースを築くことができる。

　優れたサプライチェーンを有する企業は安定した業績を持続できる点に特徴がある。このようなサプライチェーンは変動する市場をも御することができる経営体質へと変換でき，市場の動きに対して適切な対応ができるスピードを経営に付与する。

　これらの企業はまず自社が追求する価値とサプライチェーンの関わりを適切かつ明確に理解し，価値追求を最も効果的に行えるサプライチェーンを構築するための絶えざる努力を継続してきた。このような努力ができると新しい価値を夢ではなく実現する経営を指向できる。既存の事業で良い業績を上げることができるので，無理な新規事業には手を出すことも要らない。次の事業に対してじっくり準備できる。他社よりも高次元の競争力を実現できるサプライチェーンによって手がけた事業を自社のものにしていく経営が可能になる。

8.3　供給能力の決定

　供給能力の決定は企業が需要に応じることができる限界を定める。この決定は企業におけるいろいろな決定の中でも最も難しいものの1つである。その難しさは，需要量の変化と競争者の行動によってもたらされる。問題としては過剰供給能力による問題と過少供給能力の問題に分けることができる。

　どちらに転んでも企業としては厄介な問題になる。さらにそれらの結果はたとえ需要水準と供給能力を適合させることができても，時間経過と共にどちらかの問題に転化していく可能性がある。需要の変化が大きな要因であるが，それがなくても発生する可能性がある。それは競争者との競争の結果で起こる。適正と判

断した供給能力が，競争相手が強くなって市場のシェアを失うことで結果的に過剰供給能力になる場合，逆に相手よりも多くのシェアを確保した結果，過少供給能力になるという場合があるからである。

結論的に言えば，供給能力の問題は，ある時点での適正な決定で済むというものではないのである。ずっとその適正さを持続するという努力が不可欠である。

8.3.1　過剰供給能力と過少供給能力

(1) 過剰供給能力と過少供給能力の問題

過剰供給能力（以下では過剰能力と略す）は，それに付随する固定費による収益性の悪化という問題を引き起こす。**固定費**とは，供給量の水準にかかわらず課される一定の費用のことで，設備や備品の減価償却費，光熱費や通信費（電気やガス，水道，通信の料金は契約すれば固定的に課される料金部分と使用量に応じてかかる費用がある。固定費は前者の部分），解雇などができない場合の人件費や労務費，（解約しなければ）保険料，機械などの定期的な保守費，施設の賃貸料などがある。これは供給能力を大きくすると多くなる費用である。

供給活動にはそれ以外には**変動費**がある。これは供給量の増減に応じて増減する費用である。原材料費などは典型で，それ以外には供給活動が低下したらそれに応じて減らすことができる人件費や光熱費，通信費などがある。固定費と変動費の和が供給活動にかかる総費用である。

それに対して売上収入があって，それから総費用を引いて利益が出る。そこでこれら収入と費用を図示すると**図**8.4のようになる。縦軸にお金の額，横軸に供給量をとる。売上収入と総費用の差が利益である。売上収入と総費用が等しくなる点を損益分岐点（Break-even point）と言い，そのときの供給量を損益分岐供給量と言う。この量は文字通り，利益が出るか，損失が出るかの分かれ目の量でこれ以上供給しないと損失となる。なお，変動費が最初は逓減的に増加し，ある点から今度は逓増的に増加するのは，最初の頃は**学習曲線効果**（作る技能が向上して工数低減や材料の歩留り率が向上するなど）とか，購入品の数量割引（たくさん購入すると購入価格を低くしてもらえる）などのために1個当たりの変動費は低下する効果が効くことを想定しているからである。逓増の状態は，供給量が増加していくと能力が手一杯になり，時間当たりの賃金が割増される残業時間の増加や供給者の供給能力限界から来る同様の原材料の購入費用アップなどが効いてくることを意味する。

8.3 供給能力の決定

■図8.4 損益分岐表

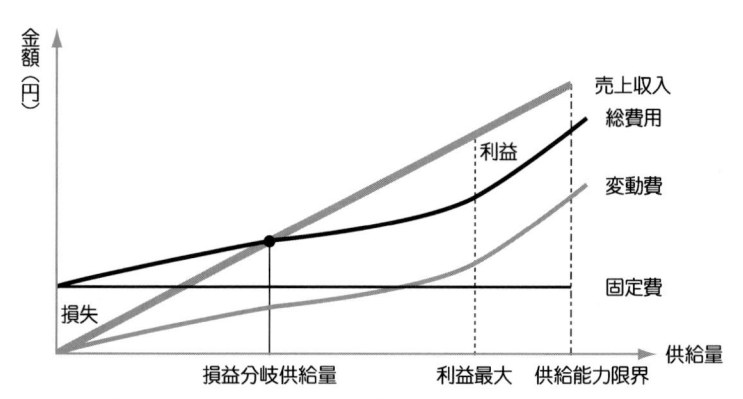

(グラフ：縦軸 金額（円）、横軸 供給量。売上収入、総費用、変動費、固定費の線が描かれ、損益分岐供給量、利益最大、供給能力限界の点が示されている。利益と損失の領域が示されている。)

（注）縦に引かれた一点鎖線がこの会社の供給能力限界を表す。

　この図では，利益最大供給量のところで操業することが望ましい。現在の供給能力における最適な供給水準である。これよりも下の供給量のところで現実には操業している状態が続いていると過剰能力である可能性がある。逆に利益最大供給量よりも多い供給量が日常的であれば過少能力ということができる。どちらに転んでも，利益が減少する。しかしながら，過剰能力のところで操業していると，損益分岐点に過少能力の場合より近いので利益が損失に突然転化する可能性がより高い。不況に弱い体制である。

　過少能力はその心配は少ないが，逆に市場が伸びている場合には利益がそれと伍して増えない。費用も増加し，需要にも応じられない心配が出てくる。これは売上機会の損失を招く。配送も納期通り行えない事態が発生し，顧客の信用を失墜させる。市場におけるシェアも低下して市場における競争上の地位低下，例えば市場におけるプレゼンスの低下をきたし，費用競争力の低下によって価格力も低下する恐れがある。企業は収益性低下以上にこの状態を極度に嫌う。

　供給能力は常に事業の命運についての基本的な問題に影響する。企業はこれら過剰能力，過少能力の問題を考慮して供給能力の適切性を確保しなければならない。

(2) 過剰供給能力と過少供給能力の発生

　過剰能力か過少能力かは，基本的には供給すべき量によって影響される。供給

すべき量は，市場の全需要にしめる自社の**市場占有率（シェア）**によって決まる。それゆえ単純に市場需要に対応しているわけではない。シェアが増減すれば，需要が同じでも供給すべき量は増減する。シェアが各社一定であるときに，供給すべき量は需要の増減と同じように変化する。

　企業にとって最大の問題はシェアの変化である。シェアが1％でも変化すると，母数の需要量が多ければ供給すべき量も大きく変動する。シェアは先に述べたように市場に対して提供する製品の価値やサービスに大きく左右される。確実にシェアを伸ばすことができる企業は能力問題も取り組みやすい。計算可能性が増す。それが不安定な企業は供給すべき量の変化に翻弄されやすい。その変化に応じて収益性の変動も大きくなる。

　過剰能力は供給すべき量を過剰推定することから発生する。過剰推定は結果であって最初から過剰推定をしようとしているわけではない。供給能力を増やそうという動機がその背後にある。極度に単純な例で考える。

〈例8.4　能力拡張のエスカレート〉
　2つの企業が同じ市場で競争している。それぞれの企業はシェアを半分ずつ分け合っている。これらの企業は市場が50％くらい拡大すると考えている。当然能力を拡張したい。拡張すると今まで拮抗して渡り合ってきたので拡張した能力に応じてシェアを分ける可能性があると考えるのが心情である。そこで仮に3つの案を考えたとする。すなわち，現在の能力が100という供給能力があるとする。両企業にとっての拡張案は150，200である。そこでそれらの案に対応して市場で確保するシェアは能力に応じて分け合うと仮定する。今まで対等に競争してきたので供給能力で決まると考えるわけである。**表8.1**は各案に対応したシェアの結果である。

　このような結果を推定したときに，各社はどのような決定を下すだろうか。いわゆるゲーム理論の世界であるが，もし最悪の結果だけを考えてその中でも一番ましな結果を求めると，それは両社が供給能力200をもつという決定に行きつく[16]。

　A社の側から言えば，能力100の場合の最悪はシェアでは0.33，供給量では100である。次に能力を150にすると，最悪はシェアが0.43，供給量が125である。最後に供給能力を200とすると最悪シェアは0.5，供給量は150である。したがって，経営者とすれば能力を200とすると最悪の中での最も良い結果を確保できる。

■表8.1　2つの企業の供給能力に応じたシェア

B社＼A社	能力 = 100	能力 = 150	能力 = 200
能力 = 100	(0.5, 0.5) (100, 100)	(0.4, 0.6) (100, 150)	(0.33, 0.66) (100, 200)
能力 = 150	(0.6, 0.4) (150, 100)	(0.5, 0.5) (125, 125)	(0.43, 0.57) (129, 171)
能力 = 200	(0.66, 0.33) (200, 100)	(0.57, 0.43) (171, 129)	(0.5, 0.5) (150, 150)

(注)　上段数字はシェア，下段数字は数量である。ただし，市場は全部で現在200ある。将来は50％アップなので300になるという想定をしている。

現在よりもシェアも供給量も悪化することはない。保守的な姿勢を堅持することによってシェアも供給量も今より悪くなるのは絶対いやということになる。

　このように事業が成長するという場合にはどうしても競争者に先んじて能力を拡大する動機が強まる。上のような同じ時点での意思決定以外に，先んじて大きな供給能力を築き上げ，競争者がそれを見て能力拡張を躊躇させるためである。その場合，競争上の有利性をまずは確保するのが最優先で，市場が縮小して収益性が損なわれる可能性があるとまでは考えない。そのときになれば何とか小さくすれば良いという理屈にも支援される。これがいわゆる事業再編，すなわちリストラである。成長が終焉するとリストラに走るというのが一般的な姿となりがちである。過剰能力は事業が成熟して成長が止まる頃に発現するが，実際には事業の成長段階を経て来た結果として起こる。他方，過少能力は事業が成長しているときに発生しやすい。

　しかしながら，先にも述べたように，競争では常に競争者と同じ競争水準を持続できるというわけではない。以上のような事業の市場の成長とは別に，競争によって不利になった結果として起こる場合も多い。それは供給能力の水準についてのもっと立ち入った考察によって解決するべきものである。

8.3.2　適正供給能力の確保

　適正供給能力を考える前に，まず供給能力を拡大あるいは縮小したときの一般的な問題を損益分岐表によってもう一度考えておく。

　図8.5は供給能力を拡大したとき（L で表す。太めの実線表示）と縮小したと

■図8.5　能力を変えたときの損益分岐表

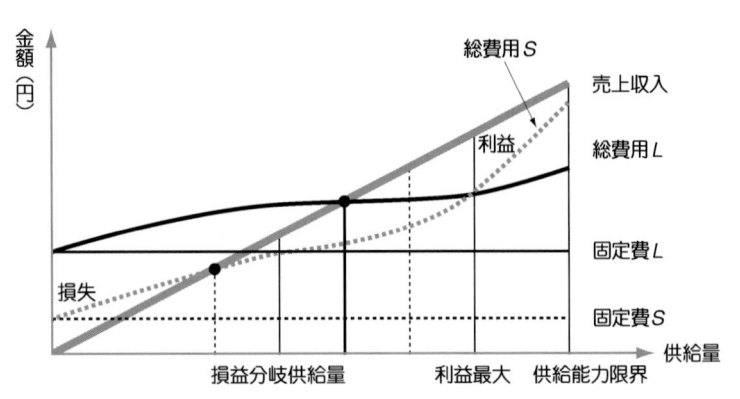

(注)　細い縦実線が前の能力時の損益分岐点，利益最大供給量，供給能力限界を表す。L は供給能力を拡大した場合，S は縮小した場合の固定費と総費用である。

き（S で表す。太めの点線表示）の損益分岐の変化である。供給能力拡大は生産設備や物流システムを拡大し，固定費は上がる。それら固定設備の充実で供給スピードが高まると同時に単純作業の機械化などで1個当たりの変動費は下がることを想定して描いている。また能力限界が上に引き上げられるため，供給量が相当上がらないと変動費が逓増状態にならないので逓増状態になる供給量が多くなって右側へ動く。

逆に能力を低下させると今度は固定設備も小さくなり，機械化よりも人間による手作業も多くなる。それゆえ，スピードが落ち，変動費も1個当たりが上がることを仮定している。変動費が逓増状態になる供給量も低位になって図では供給量が少ない左側の方からすでに逓増状態になるように描かれている。

損益分岐点は供給能力が高くなると右側にシフトする（太めの縦実線の位置）。図8.4のときの損益分岐供給量（細めの縦実線の位置）よりも右になる。他方，供給能力を低下させると前の損益分岐供給量より左側に動く。利益が最大になる点も供給能力を低めたときには前の供給能力の場合に比べて左側になる。供給能力を高めると前の供給能力のときよりも右側になる。図8.5では前の供給能力限界の供給量を越えてもまだ利益は増えそうである。

供給能力を拡大するときの怖さは，損益分岐供給量が高い水準になるために，需要が落ち込んだりすると供給能力が低い場合よりも需要がそこまで早く来てし

8.3 供給能力の決定

■図8.6 優れた供給体制の損益分岐表

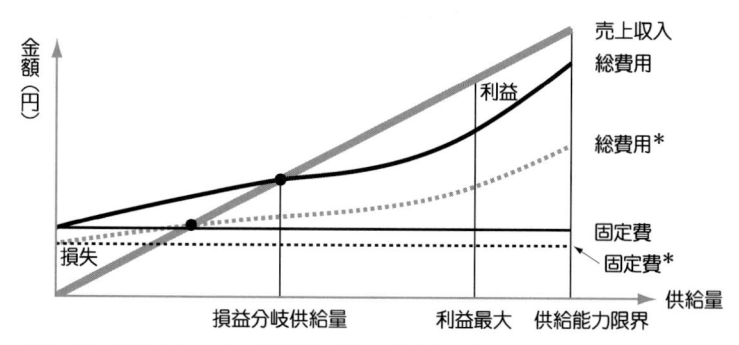

（注）細い縦実線が前の会社の損益分岐供給量，利益最大供給量，供給能力限界を表す。

まうということである。それは供給能力が低い企業よりも早めに赤字に転落することを意味する。他方で，能力縮小はその問題は軽減されるが市場の成長には追従できないという情けない事態になる可能性をはらむ。

どちらに転んでも嫌な状態は一般的にはどの企業も避けることはできない。そこでこのような一般的問題に直面して悩む前に，図8.6のように，同じ状況でもより優れた状態を実現することを検討すべきである。それはより有利な固定費用と変動費用を実現し（*を付して区別する），同じ供給に応ずるにしても需要の変動に対しても余裕をもって臨める供給体制にしておくことである。

実線の費用の企業は図8.4の企業である。点線の費用の企業は同じ供給能力でもより低い固定費用とより低い変動費用を実現している企業である。この優位な企業は能力を減らさずに損益分岐点を低めにできる。また同じ供給量でも利益は増加している。このような状態は優れたサプライチェーンを構築することによって実現する。

第7章までに考えてきたように，設備投資を抑制しながら人手を増やさずにリードタイムを短縮し，供給スピードを上げ，より優れた受発注方式の仕組みを実践して過剰在庫や在庫変動を減らし，サプライチェーンにおいて営まれるさまざまな活動の能力ギャップの発生によって起こるボトルネック問題をできるだけ回避し，需要の乱れを制御するなどのサプライチェーン・マネジメントを実践することでこのような他社よりも優位な状況を実現する。このような優れたサプライチェーンは供給量の変動（市場需要の増減）にも耐えて利益を他社より多く確

保できる。

　このような優れたサプライチェーンは「リーン」（Lean）サプライチェーンと言われる[17]。これは日本の自動車産業の競争力を分析した結果，日本の優れた自動車製造企業のサプライチェーンの仕組みを総括した形容詞である。スピードが速く，効率的なサプライチェーンである。このようなサプライチェーンを構築することはいかなる事業でも事業を競争的に持続させるうえでは基本的要件である。しかもその限界は誰も指摘できないし，情報技術の進歩を取り入れつつ，この長い不況下でその努力の必要性はより強く認識されている。

　同じ供給能力であっても図8.6のようにサプライチェーンを優れたものにする努力が弱いといかなる事業に出ても競争がある限り，満足できる成果を達成し続けることは難しい。他社よりもいかにそれを高く成し遂げるかによって，同じ事業に従事していても価値をより高い水準で実現し，収益性の違いを生み出し，他社よりも高い給料を従業員に支払い，かつ次の技術開発を行う余裕をより多く創り出すことができる。このような経営の質を備えることがなければ供給能力の決定は常にギャンブルに等しいリスクを覚悟して行わねばならない。

8.4　供給能力適応戦略

　供給能力は市場の動向に応じてたとえサプライチェーンがリーンであっても検討しなければならない。図8.7は供給能力を供給すべき量の変化に適応させる仕方についての例示である。太い実線が供給すべき量の推移，太い点線が供給能力である。実線よりも上に能力があるときには過剰能力，下にあるときには過少能力ということになる。

　能力が階段状に上がっていく理由は，設備などの拡大や新規に雇用するときにかかる費用のためである。それらを廃棄すると廃棄のための費用が別途かかるし，また拡張するときには再度同じ，あるいはそれ以上の費用をかけなければならないからである。たとえばある種の技能をもった人間を雇用する場合には，同じ資質の人間がそういなければまた新しく探す必要があって雇いにくくなる。

　能力拡張量を K とし，そのときにかかる費用（建設費用，機械，コンピュータ・システムなどの設備導入費用，人間を新規に雇う費用，雇った人間の教育訓練費用など）を C とする。C を以下のように書くとする。

■図8.7 供給能力の供給すべき量に対する適応パターン

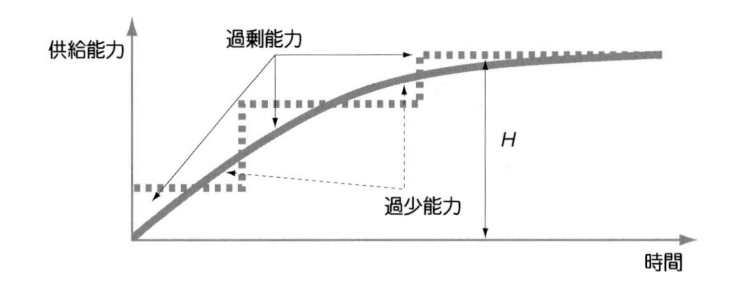

$$C = aK^b \qquad ①$$

a, b はある定数とする。もしここで b が1より小さい場合には，能力を拡張するときに，たとえば，100よりも200の拡張の方が単位能力当たりの費用が安くつく意味になる。例えば，$a = 2, b = 0.5$ とすると，100の能力拡張の費用は20（$= 2 \times 100^{0.5}$）である。また200の拡張の場合には28.3（$= 2 \times 200^{0.5}$）である。そこで1個当たりの拡張費用は，100の拡張の場合には0.2（$= 20/100$）となる。200の場合には，それは0.14（28.3/200）である。結果として200拡張する場合の方が低い費用になってどうしても拡張するならば200を選択したい。

このように b の大きさが1より小さくなると拡張するときにはまとめて大きくすることになる。b が1より小さいときには，供給すべき量にいつも等しくなるようには拡張できない。現実的にもある範囲の能力拡張では b が1未満ということが多い（能力拡張の準備の費用や建設費用などはそのような特徴をもつ）。

他方で，一気に最終的な能力 H まで最初から能力を拡張しておくという考え方もある。そのときに能力は最も安い単価になる。しかしながら，その場合には過剰能力を長い間放置するわけであるし，固定費負担がとてつもなく大きくなる。また将来の需要が不確かであるのにそのような能力拡張は危険過ぎる。したがって，能力は階段状に拡大していくことになる。適切な階段形状は過剰能力の費用と過少能力の費用（シェアを失うリスク，品切れや納期遅れによる顧客の信用失墜，残業費用など）の和を最も小さくする形状である。

以上のような過剰能力と過少能力にともなう費用はいずれにしても費用であることは違いなく，供給能力と供給すべき量をできる限り一致させ，しかも費用が

かからないという方が望ましい。この場合によく検討対象になるのが外部の供給者を利用するアウトソーシングである。これは外部業者の力を借りて供給能力を高める方法で，需要が落ち込んできたら契約を打ち切る，あるいはそこからの購入量を減らすという都合の良い考え方である。これを利用するには2つの条件がある。

第1は，利用する供給者がいつも存在することである。第2に，前節で述べたように，外部の供給者とつながったサプライチェーンで競争的な，あるいはリーンなサプライチェーンを不安定な取引関係の中で構築できるのかということである。第1に関しては，現在ではインターネットを通じた電子商取引の1つであるe-調達の仕組みができてきたのでグローバルに供給者を募ることはできるようになりつつある。

第2の条件は簡単には満たせない。例えば，e-調達で外国に良い供給者を探し当てたとしてもその供給者と地理的距離が遠ければリードタイムが長くなる。また言葉や経営の仕方が異なる供給者とリーンなサプライチェーンを協力しながら構築するのはそう簡単なことではない。外国の供給者でなくても同じである。

2つの条件を満たす供給者を必要なときにいつも確保できると期待するのは楽観的過ぎる。それゆえ，供給能力として外部の既存の力を利する場合でも，どのような部品や材料を購入するのかということが問題になる。品質も費用も納期も誰もが満たせるものであれば問題は少ない。しかしながら，現在のそれらの水準は満たせても，将来それらの要請水準がさらに上がっていくとき，それに追従できるかどうかの不安は残る。それを外部の供給者にもできるように指導し，協力し合う能力が別途重要になる。そのような指導あるいは協力のための能力は少なくとも自社内のサプライチェーンにおいて競争力を高めるサプライチェーンを構築できる能力をもっていることが前提になろう。それがないので外部能力に依存するというのは将来を考えるときには脆弱な基盤に乗った経営にならざるをえない。

参考文献・資料

[1] http://www.fedex.com/，および
Henderson, W., Winners: *The Successful Strategies Entrepreneurs Use to Build New Businesses*, Holt, Rinehart Winston, 1985.（望月和彦訳『ウィナーズ』TBSブリタニカ，1986年）
[2] http://www1.us.dell.com/より。
[3] http://www.amazon.com/より。
[4] Kotha, S., "Competing on the Internet: The Case of Amazon.com", *European Management Journal*, Vol. 16, No. 2, 1998, pp. 212-222.
[5] http://www.company.ferrari.com/より。
[6] Fram, E. H., "E-commerce Survivors: Finding Value amid Broken Dreams", *Business Horizons*, July-August, 2002, pp. 15-20.
[7] 「インタビュー：ジェイ・ウォーカー氏（プライスライン創始者）」ストラテジー＋ビジネス（日本語版），ブーツ・アレン・ハミルトン，第2号，2000年，pp. 34-41。
[8] Garvin, D. A., *Managing Quality: The Strategic and Competitive Edge*, New York, The Free Press, 1988, p. 49.
[9] Porter, M. E., "What Is Strategy", *Harvard Business Review*, Nov.-Dec., 1996, pp. 61-78.
[10] Porter, M. E., *Competitive Advantage: Creating and Sustaining Superior Performance*, New York, The Free Press, 1985.（土岐坤・中辻萬治・小野寺武夫訳『競争優位の戦略』ダイヤモンド社，1985年）
[11] 例は以下の資料に基づいている。
①http://www.inditex.com/
②Harlé, N., Pich, M., and Van der Heyden, L., "Marks & Spencer and Zara: Process Competition in the Textile Apparel Industry, *The Euroepan Case Clearning House*, England and USA, 602-010-1, 2002.
③Ferdows, K., Machuca, J. A. D. and Lewis, M., "Zara", *The European Case Clearing House*, England and USA, 603-002-1, 2003.
[12] この例は下記の資料と筆者の吉田社長とのインタビューに基づいている。
①http://www.ibiza.co.jp/
②吉田茂「優しさは心の創造―物づくりの心が伝わるIBIZAの顧客満足」生産管理，第10巻，第1号，2003, pp. 27-36。
③Michiya, M. and Kodama, M., "Sources of Strategic Advantage for Business and Operational Excellence," in Spina, G., et al (eds.), *One World? One View of OM?: Challenges of Integrating Research & Pracrices*, Vol. 1, Padova, SGE Editoriali, 2003, pp. 229-238.
[13] Amasaka, K., "New JIT: A New Management Technology Principle at Toyota," *International Journal of Production Economics*, 80, 2002, pp.135-144.
[14] http://www.world.co.jp/
[15] http://www.shimamura.gr.jp/および筆者のインタビュー調査による。

[16] ゲームの理論については詳しくは他の文献を参照のこと。たとえば，鈴木光男『ゲーム理論入門』共立出版，2003年など。
[17] Womack, J. P., Jones, D. T. and Roos, D., *That Machine That Changed the World*, New York, McMillan, 1990.（沢田博訳『リーン生産方式が，世界の自動車産業をこう変える』経済界，1990年）

9

生産計画：供給量の計画

　前章では供給能力に関する供給計画について考えた。供給計画は原則的にはその後にさらに実際に供給する量に関してそれら能力の制約に基づきながら計画することまで含む。供給計画は一般的には**生産計画**（Production plan）と呼ばれている。生産活動の計画が大きな部分をしめてきたからである。本章ではこの生産計画について考える。

　実際の供給量は実際の需要量に応じて決めるべきであるが，供給のために時間がかかる，すなわち供給のリードタイムがあるために，必ずしも実際の需要量に対して供給計画を立案できるわけではない。

　受注生産（個別生産）では注文を受け取ってから生産するので実需ということができるが，その生産のために必要な原材料の調達に時間がかかる場合には，受注する前からその原材料の調達計画を立てることもある。そのような場合には完成品の供給量については実需に基づいた計画を立てることができても，原材料の調達計画（これも供給計画の一部）は実需を使うことが難しい。顧客に対する供給リードタイムが競争上の基準になるときには，受注してできるだけ早い時期に納入できることは重要であるため，調達は受注前にしておいた方が優位になるからである。

　生産のための原材料調達を含めて供給活動を考えるとき，いくつかの計画が立案される。それは供給リードタイムの長さに応じてその必要性が規定される。

9.1 生産計画の体系

生産計画は供給能力によって規定される供給リードタイムに応じていろいろな種類がある。例で考える。

〈例9.1　自転車メーカー〉

　自転車を製造，販売しているA社では，3種類のモデルを製品として抱えている。そのうちX型は受注生産品である。すなわち注文に応じて作る。残りのY型，Z型は通常の店舗を通じて販売される。店舗は大手の量販店および専門小売店を通じて販売されている。1台の自転車は通常，モデルによって若干異なるが必要な原材料が揃ってから完成するまでに3日かかる。

　自転車はいくつかの部品（フレーム，サドル，ハンドル，ブレーキ，チェーン，ライト，発電機，車輪，タイヤなど）を組み立てて作るライン，それら部品を加工して作るラインの2種類がある。ライト，発電機，タイヤなどは内製せず，外部の供給者から購入する。また受注品でないモデルではサドル，チェーンもやはり外注する。

　外注する部品は注文してから納入されるまでの注文リードタイムが最も長いもので2週間（14日）かかる。最短は4日である。また加工するときの材料（アルミ材，鋼材，タイヤ，ブレーキ用ワイヤ，サドルのシート材などその他の材料）については長いもので2カ月（60日），最短で1週間（7日）かかる。

　納期は注文品については2週間（14日），店舗からの注文に対しては1週間である。そのうち輸送などに2日かかる。店舗で売る場合には，店が店頭に何台か置き，週1回注文してくる。店舗では他のメーカー製品も同時に売っていて品切れは大きな影響を与える。生産能力としては，残業なしで1日300台平均的に作ることができる。

　以上のような状況では，購入部品や材料の注文リードタイムが最もかかるもので2カ月かかっている。自転車を作るにはすべての必要な材料や部品が揃っていなければならないので最も長いリードタイムがかかるものによって，生産計画をいつ立案しなければならないかが決まってしまう。生産時間プラス納期を考えると，注文を受けてからすべてを開始するわけにはいかない。

また生産は計画的にしなければならない。リーンなサプライチェーンにするには設備や人員が効率的に働いてもらう必要がある。供給すべき量が非常に多くなってそれら設備や人員が不足することもある。しかしそれら足らない資源をすぐに調達できるわけではない。原材料を購入し，生産し，販売するには資金が必要になる。原材料購入費がかかるし，人件費や光熱費も支払う。販売促進活動費もいる。販売して代金を回収するには時間がかかる。その間どのように資金を確保していくべきだろうか。これらの問題は計画的に対応していくしかない。その場合に，煩雑ではあるが，目的や性格の異なる何種類もの計画で対応するのが一般的である。それはいろいろな活動を実施するにあたってそれに必要なリードタイムが異なるからである。

例えば，特定の機械を動かすのに必要な準備時間は短いが，アルミ材や鋼材は注文して届くまでに相当期間がかかる場合には，アルミ材や鋼材の手当ては早めにしなければならない。また外部の供給者に生産委託するときでも，すぐにできない。その供給者のいろいろな能力をチェックしなければならないし，技術的な打ち合わせも必要である。場合によっては新たに設備を購入してもらうなどがある。供給者の選定と特定機械の操業ではそれを行うのに要する時間がまったく違う。どうしても供給者の選定は早めにしなければならない。

設備のある場所，台数，正規に働く人間の数など，基本的な供給能力を規定する要因がすでに確定している段階ではまず通年の予算計画・利益計画が必要になる。支出と収入がバランスし，期待された利益が出るような資金計画である。これによって1年の操業の大まかな枠組みが決まる。その計画のベースにはどれだけ生産し，売るのかという供給量に関する想定が必要になる。これが最も長いレンジ（計画する対象期間の長さ）で考える生産計画になる。需要の予測値に基づいて供給活動の大よその資源手当てを考える。働いてもらう人の数，シフト体制，残業水準，在庫水準（作り溜め），外部に原材料，部品を注文する量がいつどれくらい必要かを考える。これらは製品種などの細かさを無視して括った供給活動計画（**集計計画**，Aggregate plan）である。この計画は，必要な手当ては事業年度の当初に行っていないと手当てがつけられない，あるいはそのくらいに立案しないと泥縄式な操業体制になってしまい，合理的な供給活動ができないという場合に不確かさがあるけれども1年先まで考えて立案する。

自転車の例では，本年度の生産台数および販売台数の総計，おおよその期間ごと（四半期とか月）のそれら（結果として在庫量の予想量が含まれる），それに

対する設備や人員の対応，外注する量などを計画する。モデルごとに考慮することはこの段階では難しい。それに応じておおまかな資金の手当てや人員数などを計画できる。これらは前述したように，この段階で計画しておかないと手当てはつけ難い項目である。

上の段階の供給計画では年間を通して予想する供給活動内容であって実際に実行する生産計画にはなっていない。その後に製品種ごとに期間単位（週や月）ごとに生産する量の計画（**基準生産計画**, Master production plan or schedule）を計画し，保有する機械や人員の能力との整合性を確認し（**ラフカット能力計画**, Rough-cut capacity planning），それに基づいて完成品の生産計画実施に必要な資材，部品など調達の手当てについて計画立案（**資材**または**資源所要計画立案**, Material requirements planning，あるいは Resource requirements planning）する。その後に実際の，日々実施する**日程生産計画**（Scheduling）へと展開する。最後の日程計画（小日程計画とも言う）が実際の供給量を決める計画になる。

9.2 集計計画

集計計画は車種（モデル）などの差異は捨象して純粋に供給能力と需要の大まかな想定の間で供給の仕方を調整し，期間としてより合理的な資源配分を検討するためのものである[1]。期間は1年程度である。先の自転車の例で考える。

この自転車メーカーでは事業年度の開始に先立ち，来期の需要について営業を含めた推定を行った。**表9.1**が月を単位とした12カ月の需要想定である。**図9.1**

■表9.1　1年間の総需要台数の推定

月	月間需要台数	累積台数	月	月間需要台数	累積台数
1(21)	8,000	8,000	7(24)	7,000	50,000
2(21)	4,500	12,500	8(18)	3,000	53,000
3(23)	9,000	21,500	9(22)	9,000	62,000
4(23)	12,000	33,500	10(23)	11,000	73,000
5(23)	5,500	39,000	11(21)	5,000	78,000
6(23)	4,000	43,000	12(20)	12,000	90,000

（注）　月の括弧内の数字は月間の操業日数

9.2 集計計画

■図9.1　需要と供給能力の累積

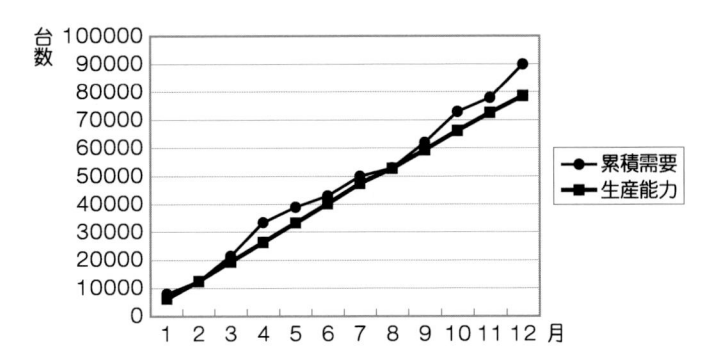

はそれを横軸に月，縦軸に累積台数をとって1年間で供給すべき量の月次経過パターンを累積として表し，さらに日産能力300台を月の操業日数に乗じた供給能力を累積として示した図である。これら2つの累積の差が能力過少ないし過剰量を意味する。

この図からすぐにわかることは，供給能力が需要に応じきれないということである。したがって，欠品を出さないようにするには，累積需要と生産能力の乖離をいかにして埋めるのかという問題に対処しなければならない。生産能力を高めるには，在庫を抱えて対応するか，外注に出して能力を増強するか，あるいは残業などの追加シフト体制を取るかなどの方法がある。それらをミックスさせることもありうる。慢性的に能力不足の状態なので，在庫を積み増す政策は残業なしの正規時間内では難しい。結局，残業と外注の2つの選択肢が現実的である。

図9.2は残業をしながら，しかもその水準をできるだけ月間で平滑化するようにして在庫をもって対応する場合の供給量を確保するときのパターン例を示している。都合よく外部調達できる場合にもこのようなパターンは可能である。その他のパターンとして推定需要の水準に各月が合うように供給し，在庫を極力回避するようなパターンも考えられる。ただし，そのような場合には毎月の操業パターンが需要と同じように変動する。

パターンを選ぶ場合，供給者が応じてくれるか，そのときの追加費用，残業するときの費用，在庫費用などの費用と実現可能性を検討するプロセスが必要になる。その検討の結果，最も安くしかも実現可能なパターンを選択する。

このような計算をする場合には，モデルの差を考慮していないので，3つのモ

■図9.2　残業で在庫積み増した場合の供給量パターン

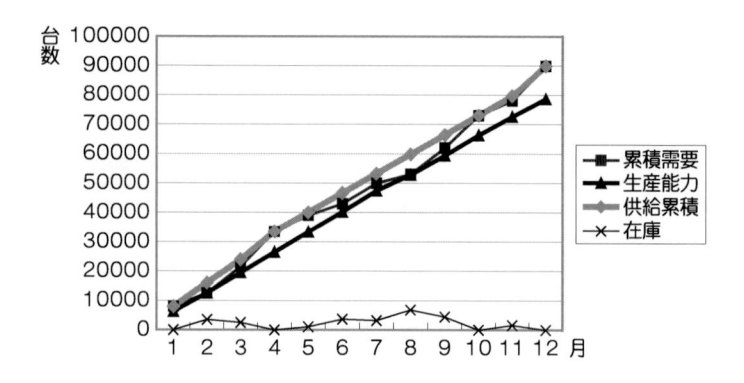

デルをどれか1つのモデルとして換算するような工夫が必要になる。例えば，すべてY型として計算する。

9.3　基準生産計画

9.3.1　基準生産計画の概要

　基準生産計画は大日程計画などとも言われる。その「大日程」とは生産計画で最も長い期間（例えば半年とか1年）を対象にするもので，見込み生産の場合には購買（調達）から製品の納入，受注生産（個別生産）の場合には受注から設計を経て生産し，納入までのリードタイム以上の計画期間をこの基準生産計画はカバーすることになる[2]。それらのリードタイムはサプライチェーンの全プロセスにおけるさまざまな活動が製品を顧客の手元まで送り届けるために稼働する時間に相当し，その長さよりも計画期間は短いわけにはいかない。短くすると，計画期間中のすべての製品を作るプロセスの途中まで，すなわち完成中途までしか計画しないことになるからである。

　基準生産計画は完成品について製品種類あるいは製品モデルごとに月あるいは週単位の生産量を計画したもので，これから実際の供給のベースになる計画がスタートする。計画された内容に沿って人員配置を作成し，供給者におおよその納入必要量を早めに知らせ，工程の稼働を準備する。計画策定においては顧客への

タイムリーな納入ができること，供給のための資源（人員，設備，施設など）を無駄なく利用すること，在庫を必要以上にもたないことなどが作成時の留意事項になる。例9.1の自転車メーカーの場合で考える。

〈例9.2　自転車メーカーの基準生産計画〉
　この会社は3つのモデルを製造していた。受注型のX型，見込み型のYおよびZ型である。この会社では原材料や部品の購入において最長で60日かかっているので，それら原材料や部品を注文して完成品出荷まで63日最低かかっている。そこで基準生産計画の期間をまず半年として考える。集計計画で想定した需要量は年間累積で9万台である。前半の6月までは43,000台，後半の6カ月では47,000台であった。ほぼ半分ずつで，そう大きな違いはないので1年通して計画しなくても処理できそうである。また基準計画は月々ずらしていくことで修正や調整はできる。
　基準計画のベースになるモデル別の需要推定はこの先6週について表9.2のようなものとなっている。第2行目，第5行目，第8行目がモデルごとの需要量である。また同じ表の第3，6行，9行目にはモデルごとの週の生産台数，第4，7，10行目には現在計画作成段階で完成品在庫として保有している在庫を始めとして各週末の在庫台数を示している。同表では週当たりで単位期間を考えている。できるだけ在庫をもたないという目的で作成している。括弧内の数字はもう少し生産台数を平滑化した場合の計画を示している。このように，各モデルの期間ごとの生産量を決めたものが基準生産計画になる。

9.3.2　基準生産計画のチェック：ラフカット能力計画

　立案された基準生産計画がそのまま有効かどうかは実行可能性の問題および費用的にも妥当性があるかという視点から判断される。特に問題なのは実行可能性である。上の計画では一応，正規時間内の能力との整合性は確保しているけれども，実際に作る段階になって特定の設備や働く人間の数，さらには特定の加工に余人をもってなしえない技能が必要な場合にその技能者などの利用可能性が問題になることがある。それは表9.2における最終行の集計的な能力の範囲内であっても問題となりえるのである。
　基準生産計画の実行可能性をチェックする計画のことをラフカット（生産）能力計画という。これはあらゆる能力についてチェックすべきものであるが，多く

■表9.2　基準生産計画の一部（6週間分）

	初期値	1週	2週	3週	4週	5週	6週
X型需要		100	140	150	110	60	40
X型生産		100	140	150	110	60	40
X型在庫		0	0	0	0	0	0
Y型需要		600	800	1,200	400	200	300
Y型生産		600	600 (900)	1,200 (900)	600 (600)	0 (0)	300 (300)
Y型在庫	200	200	0 (300)	0 (0)	200 (200)	0 (0)	0 (0)
Z型需要		1,000	1,100	1,400	1,000	600	800
Z型生産		900	900 (1,200)	1,500 (1,200)	900 (900)	600 (600)	900 (900)
Z型在庫	400	300	100 (400)	100 (100)	0 (0)	0 (0)	0 (100)
需要総計		1,700	2,040	2,750	1,510	860	1,140
生産総計		1,600	1,640 (2,240)	2,850 (2,250)	1,610 (1,610)	660 (660)	1,240 (1,240)
在庫総計	600	500	100 (700)	100 (100)	400 (200)	0 (0)	0 (100)
所定時間外生産		100	0 (440)	1,350 (750)	0 (0)	0 (0)	0 (0)
正規生産能力		1,500	1,800	1,500	1,800	1,500	1,800

（注）　各モデルを生産するとき，X型を除いて，ロットが300台であるとする。最終行の正規生産能力は週操業日数に300を乗じた能力。括弧内は外注能力を考慮して修正したときの計画値。

の場合にどれか特定の活動ないし工程がいわゆるボトルネックとして問題になることが多く，その特定の活動ないし工程について基準計画値が実行可能かどうか特に丹念にチェックする。それらチェックの結果，修正の必要性が出てきたら修正し，その修正したものが最終的な基準生産計画になる。もちろんその最終的計画であっても，実需と上の表で想定した需要の乖離，機械の故障，供給者の供給遅れなどによって再度修正することはある。

9.3 基準生産計画　　　　　　　　　337

　例えば，外注する量は正規生産能力の1.5倍以上は不可能という場合には，**表9.2**の3週の生産2,850台は達成困難になる。その週の正規生産能力は1,500台で，その1.5倍は2,250台である。したがって，括弧内の計画値のような2週での生産を増やす方が実施可能である。

　その他，残業時間の制約，特定工程の能力制約などチェックすべき点について上の計画値をさらに検討して最終計画を策定する。このような詳しいチェックにおいては**表9.2**のような週単位の計画として作成しておく方が良い。

9.3.3　納期確定

　基準生産計画を用いて顧客からの受注時に，いつ手渡せるかを決めて顧客に納期を約束するような使い方をすることができる。**表9.2**のような各週の生産台数が決まると，実際に顧客から受注したときに納期を約束できる量（予約可能量，Available to promise, ATP と略称する）を求めることができる。その量は各期に計算できる。それは，各期における生産計画台数と手持ち在庫台数の和からすでに受けている受注量を引けば良い。例えば，**表9.2**で，各週の生産台数があるが，それに前週からもち越してきた在庫台数を加えたものがその週の供給可能台数である。その週の需要は**表9.2**では推定台数であるが，そのうち，実際の受注台数になっていない分が ATP になる。すなわち，

> 今期の予約可能量（ATP）
> ＝ 保有在庫量 ＋ 今期生産確定量 － すでに今期までに予約して未納入の量

　例では期は週となる。例えば，1週のY型モデルは600台生産される。また前週からのもち越し在庫が200台ある。その週に受注して納期を約束できる台数は，その和の800台からすでに今期まで実際に受注してまだ納入していない台数を差し引いた台数になる。実際に受注済みで未納入（実際に買う顧客が決まっていてまだ納入していない）の台数が300台であれば，500台が ATP である。この計算では1週目に生産する計画値600台は間違いなく生産終了するという仮定で計算する。狂った場合には改めて調整し直す。また注文キャンセルがあればその分だけ ATP へ戻される。

　例の自転車メーカーは政策として受注品が2週間後，一般品は受注後翌週には届けることを掲げているが，製品がよく売れて，生産が追いつかないような場合には，納期を約束できる量は今週0などということも起こりうる。今週の生

産量が今週の実需と等しい状態が維持できる場合に上の政策は遵守できる。

9.4 資材（資源）所要計画

　基準生産計画は完成品単位に立案した生産計画で，実際に生産するにはそれら完成品を作るのに要する資材や外部購入部品の手当てをしなければならない。そのための計画が資材（資源）所要計画である。完成品を独立需要品目（Independent demand item），それを構成する部品を従属需要品目（Dependent demand item）と区別することがある。完成品はそれ自体が求められている需要である。部品はその部品を使う完成品に対する需要に従属して決まるので従属という名称をつけて区別されるわけである。ただし，一般の市場で補修用などのために直接売られる部品は独立需要品目である。

　自転車を作るにはいくつかの部品を組み立てる。したがって，それらの部品をまず揃えないといけない。基準生産計画で決まったモデルの生産台数と生産する期に応じてそれら部品を明確にし，必要量を計画として作成するのが資材所要計画である。これを立案するときには，必要資材や部品の量を明確にする段階といつ何をどれだけ揃えておくべきかを指示する部分に分けることができる。これらは膨大な作業を必要とするのでコンピュータ処理することが当たり前になってきている。それらの処理ツールを資材所要計画の頭文字をとってMRP（近年ではその発展形のMRP II）と呼んでいる。

9.4.1　必要資材・部品の明確化：部品表（Bill of materials）

　自転車の構成資材・部品を明確にするにはその自転車の設計者がそれらを明示する必要がある。その結果の構成表を部品表という。図9.3はそのような部品構成表の例である。

　自転車はいろいろな部品の組み立ての結果生産できるが，その構成部品としては車輪，フレーム，サドル，ハンドル，ブレーキ，チェーンホイール，チェーン，泥よけ（マッドガード），その他多数がある。また次に，車輪と言っても，それはタイヤ，スポーク，リム，ハブなどから成り立っているので車輪自体がまた複数の部品を含むことになる。ハンドルもハンドルレバー，グリップ，ステムなどから構成されている。ブレーキでもブレーキパッド，ブレーキワイア，ブレーキ

■図9.3　樹木構造として描いた部品構成表

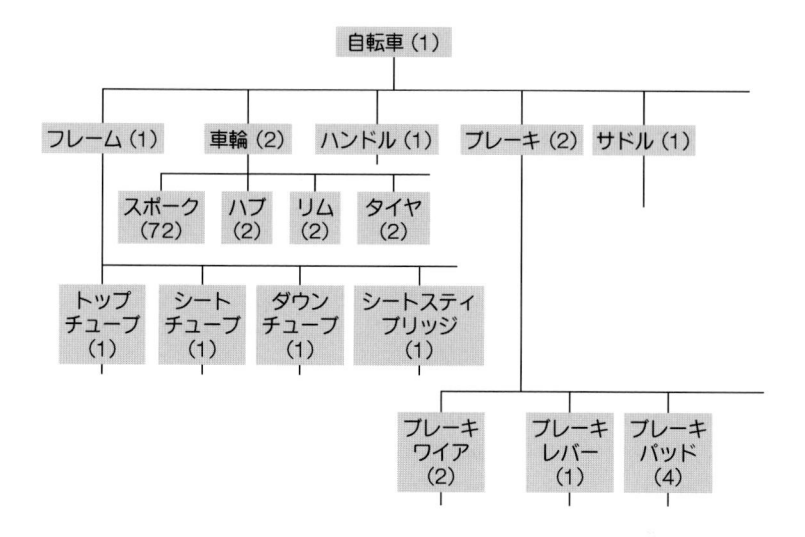

```
                          自転車(1)
        ┌─────────┬──────┬──────┬──────┬──────┐
     フレーム(1)  車輪(2) ハンドル(1) ブレーキ(2) サドル(1)
        │       ┌──┼──┐                │
        │    スポーク ハブ リム タイヤ          │
        │    (72) (2) (2) (2)              │
   ┌──┬──┼──┐                          │
 トップ シート ダウン シートスティ                      │
 チューブ チューブ チューブ ブリッジ                     │
  (1)  (1)  (1)  (1)                      │
                              ┌────┼────┐
                           ブレーキ ブレーキ ブレーキ
                            ワイア   レバー   パッド
                             (2)    (1)     (4)
```

レバーなどから構成される。それらの構成を樹木状に書いたものが**図9.3**である[4]。

　このような表はすべての部品を網羅するように描く。図では2段階しか展開していないが，実際には3段階，4段階と展開して完成する。全体として非常に大きな構造になる。自転車などは部品点数が100，オートバイで1,000，自動車で万，飛行機では10万のオーダーになると言われている。このような数ではコンピュータで処理しないと処理しきれない。最終的に**図9.3**のような樹木構造として描いたときに，一番下の層に出てくる品目が完成品を作るための自社でスタートの部品あるいは資材になる。それは購入する対象のものである。これを**最終品目（End item）**という。このメーカーではタイヤはそのままタイヤメーカーから購入すると，それよりも下（例えば原材料のゴムなど）は自社でタイヤ加工はしていないので生産計画としては必要ない。タイヤは購入先にどんなタイヤをいくつ，いつ配送してもらうべきかを伝えることが計画内容になる。

　図9.3のような表は**製品樹木表（Product tree）**と言うが，自転車は何からできあがっているかを知るのには都合が良い。表において括弧内の数字は必要個数である。通常の自転車1台を作るには，車輪は2個，ハンドルは1個，サドルは1個（タンデム車は除く）といったように部品によって必要個数は異なる。

生産する完成車の台数にこれら部品個数がかかることで特定の完成車の生産台数に応じてすべての部品の必要個数が計算できる。これが部品資材の所要計算手順になる。部品表は生産するモデルに応じて異なることがある。例えば，スポーティタイプでは荷台はなしで，変速段数が多段階（例えば10段）になるという場合である。したがって，製品モデルに応じた部品表が用意される。それはモデル間の異なる程度にも依存する。

部品表は主に生産のために使われるが，その他には，原価計算，技術ないし製品仕様変更への対応（設計変更がある場合にどの部品が変わるかを知ってその関わりで生産上の対応に活かすなど），補修用部品の整備・在庫管理などにも適用できる。

9.4.2 所要資材の確保時期

所要資材と部品の計算後は，何がいついくつ必要かを計画する。「いつ」ということは実際には完成品の生産に入る時点から遡って計算する。「いくつ」は完成品の生産台数に依存するが，それ以外に現在在庫としてそれぞれの資材や部品をどれだけもっているかが問題になる。その在庫品が差し引かれて最終的な量が判明する。もちろん，在庫を常にある数量もつことを政策的に決めてあれば，その分をカバーするように計算する。すなわち，以下の計算式で求める。

> 所要量＝（完成品の生産台数）×（完成品1台当たり所要資材・部品量）
> 　　　＋（在庫必要量）－（現有在庫量）

ただし，完成品1台当たり所要資材・部品量は図9.3から知ることはできる。

「いつ」という場合に問題は，完成品の組み立ての時期が決まれば，組み立てに直接用いる部品，その直接部品のまた構成部品というように最終部品まで遡ることで各資材・部品の必要時期を計算できる。その場合に最終部品から完成品までの生産時間が必要になる。

例えば，フレームを考える。図9.3では4つのフレームの部品が描かれているが，それらは，素材の例えばアルミないしスチールを加工して作られ，さらにそれを塗装して組み立てる場所に置かれなければならない。そこで，今，モデルYにはスチールのフレームが使われるとする。スチールフレームの加工からモデルYの組み立てまでの生産工程は図9.4のようになっているとする。点線内の各工程はフレーム専用とする。

9.4 資材（資源）所要計画

■図9.4　フレーム加工の工程

```
┌─────────────────────────────────────┐
│ スチール管切断 → 加工 → 溶接 → 塗装 │ → 組み立て → 完成車
└─────────────────────────────────────┘
```

　点線部はフレームを完成する工程である。組み立ては1時間かかるとする。スチール管の切断から塗装まで平均的なリードタイムが7時間であるとすると，1台のY型自転車を組み立てるのが本日朝一番の9時からという場合には遅くとも前日の終業時にはフレームがなければならない。5時に終業ということであれば，そのフレームは遅くても前日の午前10時には生産を開始しなければならない。そうすると，そのスチール管は前日の10時までには外部から配送され，検品を終了してすぐに加工に入れる状態になっていなければならない。スチール管は注文して2週間（14日）たって納入される場合には，2週間前には発注されていなければならない。結局，フレームの場合に，組み立て時期よりも15日前には発注がされている必要がある。このように完成車の組み立て開始時間からさまざまな活動のリードタイムを遡って最終品目の発注必要時期，そして加工時期が求められる。

　図9.5では完成車組み立て工程を組み立てに使われる直接部品についてのいくつかの加工工程と一緒に描いている。図9.4はフレーム工程のみであったが，実際の完成車の生産ではそれ以外の部品工程も包括している。各部品の加工工程はさらに点線でその工程における部分工程を区分けしている。

　完成車が組み立てを開始する時間を T とする。また，それぞれの部品工程が組み立てに用いられる部品を完成する時間とそれに用いる資材・部品を購入する注文リードタイムの総和が LT とする。購入品の発注時点は $T-LT$ である。例えば，フレームについては，$T-LT_F$ となる。

　また各部品の加工工程にあるサブ工程（フレームについては図9.4に示している）が開始すべき時点も T からそのサブ工程に要するリードタイムを差し引いて求めることもできる（図9.5のフレーム加工工程における上からの矢印の時点）。例えば，フレーム工程の塗装工程は塗装に要するリードタイム LT_P を T から引けば開始すべき時点がわかる（塗装工程が終了して組み立て工程に動かす時間は0と仮定。その時間があるときにはその時間も引く）。加工工程の開始時点はさらにそれから溶接工程リードタイムを引いて計算する。

■図9.5　全生産工程

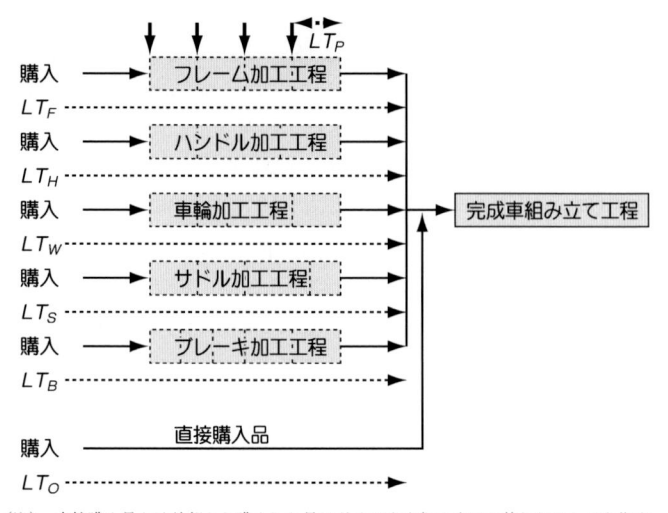

```
購入     ─→ ┌─ フレーム加工工程 ─┐
LT_F   ----------------------→ │
購入     ─→ ┌─ ハンドル加工工程 ─┐ │
LT_H   ----------------------→ │
購入     ─→ ┌─ 車輪加工工程 ───┐ │→ ┌完成車組み立て工程┐
LT_W   ----------------------→ │
購入     ─→ ┌─ サドル加工工程 ─┐ │
LT_S   ----------------------→ │
購入     ─→ ┌─ ブレーキ加工工程 ┐ │
LT_B   ----------------------→ │
                直接購入品
購入     ──────────────────→
LT_O   ----------------------→
```
（図中上部に LT_P）

（注）直接購入品とは外部から購入した品目がそのまま組み立てに使われるものを指す。

図9.5においてリードタイムが最も長い部品で基準生産計画の最短計画期間が規定される。それは購入部品で60日のものがあったので，それが該当する（含まれる）組み立て部品工程のリードタイムが基準生産計画期間の長さの最短期間を律する。それが車輪工程であると仮定すると，基準生産計画の長さは，LT_W＋組み立て時間以上でなければならない。

以上の生産着手時期の計算では生産するべき量を想定せずに議論してきた。実際には所要生産量に応じてそれは変わってくる。100個生産する場合と1個生産する場合には当然リードタイムは異なる。それゆえ着手時点も異なる。生産数量を考慮した着手時期の計画は加工リードタイムについて検討した後で考える。

9.4.3　加工リードタイム

話は前後するが，所要資材・部品の生産開始を計算するときには，それら生産の生産数量に応じたリードタイムをあらかじめ求めておかなければならない。実際のリードタイムは実際の操業が始まってからの工程の稼働状況によって変わってくる。所要資材の確保時期を決める段階ではそれらの推定値を使わざるを得ない。それら推定上のリードタイムを**基準日程**（Standard time cycle）という。こ

れに対して**標準時間**（Standard time）という概念もあるが，それは「その仕事に適性をもち，習熟した作業者が，所定の作業条件のもとで，必要な余裕をもち，正常な作業ペースによって仕事を遂行するために必要とされる時間」と定義されている[4]。標準時間は特定工程における特定加工におけるリードタイムであるが，基準日程は一連の仕事の流れに関するリードタイムになる。所要資材・部品の確保時期の計画では基準日程を用いる。基準日程はその中に当然標準時間を要素として含んで計算される。

基準日程はその内容として加工，検査，運搬，停滞（待ち）などにかかる時間を含んでいる。基準日程は生産実績があればそれから推定する。毎日同一品目あるいは同類品目を繰り返し生産している場合には**流動数曲線法**という計算方法がある[5]。

これは第7章でも使った方法である。すなわち，現在工程内にある在庫（仕掛品）の総量の平均を，単位時間当たり工程から加工し終わって流出していく量（払出量という）の平均で割って求める方法である。残留している量を単位時間で出ていく量でこなすにはどれだけかかるかという考え方をする。それの平均的な値がその工程のリードタイムになる。ある期間にわたっての工程における仕掛在庫総量の累積を，その期間における払出量累積で除して求めることもできる。これは平均値を求めないで済むだけ楽である。

また期ごとの変化を重視して毎期の仕掛在庫を毎期の払出量で除したリードタイムを平均する考え方も可能である。この計算方法は毎期のリードタイムを同じウェイトを与えて平均するのに対し，先の方法は期ごとの流量の大きさをウェイトとして与える考え方である。大きい流量のある期のリードタイムはより大きなウェイトを与えられることになる。どちらにせよ，流動数曲線法は過去の生産指示量とほぼ同じような指示をする場合には有効である。例で示す。

〈例9.3　流動数曲線法〉

表9.3のような実績があるときに基準日程はどのくらいか。

一つの考え方は，仕掛在庫量の平均33.33（＝300/9）を払出量の平均13.88（＝125/9）で除して求める方法である。あるいは最後の仕掛在庫累積300を工程払出累積125で除すという方法もある。結果は，2.4（300/125）で同じである。各期のリードタイムを求めてそれの平均を求める計算では，1期から9期までのリードタイムは，0（＝0/15），0.33（＝5/15），2.5（＝25/10），1.66（25/15），

■表9.3　流動数曲線法の計算のためのデータ

期\項目	1	2	3	4	5	6	7	8	9	合計
工程受入量	15	20	30	15	20	20	30	25	15	190
受入量累積	15	35	65	80	100	120	150	175	190	
工程払出量	15	15	10	15	15	15	15	10	15	125
払出量累積	15	30	40	55	70	85	100	110	125	
仕掛在庫量	0	5	25	25	30	35	50	65	65	300

(注)　工程受入量とは工程に入ってきた量。仕掛在庫量は現在工程内にある在庫なので，今まで受入した量の累積（第3行）から今まで払出した量の累積（第5行）を引いた量になる。

2（30/15），2.33（= 35/15），3.33（= 50/15），6.5（= 65/10），4.33（= 65/15）なので，それらの平均は，2.5となる。この場合には若干長くなる。

　生産指示量が過去とは異なるパターンの場合には理論あるいは経験的に推定するしかない。

　今，生産すべきある品目の量（ロット）Q がある。ある加工工程でその品目を1個加工するのに a 時間かかる。そうすると，そのロット Q をすべて加工するのに要する標準時間 T_f は，以下のようになる。

$$T_f = (a) \times (Q) \qquad ①$$

　ここで，a は単位当たり加工するための標準時間である。a は実地の試行や経験で求めておく。段取りを要する場合には段取り時間をこの加工の標準時間 T_f に加えるとその工程で Q だけ加工する総時間が計算できる。さらに実際の所要時間は，その時々の加工する機械や作業者の調子にも依存する。少なくとも T_f だけの時間は機械が稼働しなければならない。稼働できないときには機械が止まっている時間は所要時間に上乗せされる。基準日程が過去のデータから推定される場合には，それら機械の稼働状態が含まれた時間になる。

　工程内に複数の作業機械があって，それらを順に経由しながらその工程全体を終えるような場合（例えば，先のフレーム加工を構成する5つの下位加工工程など）には，T_f は第3章で述べたように，ある工程が加工し終わって次の工程に渡すロットサイズ（搬送ロットサイズという。生産のロットサイズとは異なる）によって変わってくる。その搬送ロットサイズを L とすると，T_f は以下のよう

になる（$Q \geq L$ を想定し，そうでない場合には $Q = L$）。3番目の溶接工程が一番時間を要するとすると，

$$T_f = (a_3) \times (Q) + (L) \times [a_1 + a_2 + a_4] \quad ②$$

ただし，a_1 は最初の切断工程，a_2 は加工工程，a_3 は溶接工程，a_4 は塗装工程で1個当たりの加工に要する標準時間である（図9.5の LT_P が a_4 と等しくなる）。ここでは Q は各工程を順に加工されていくことを仮定している。途中で別の製品を加工することはない。最終的なリードタイムはさらにこれに工程間移動時間，段取り時間，待ち時間などが加算される。

上では a は1個当たりの所要時間であって，機械が複数台数体制にある場合については考慮していない。例えば2台の機械で加工するときには，同じ所要加工量では総加工延べ時間は変わらないが，工程を終了する所要時間は減少するが半分とは限らない。1個と2個の終了時間は同じであるが，4個を加工するということになると半分になる。その対応関係を考慮した a にしなければならない。また，その場合には a はいわゆる1個当たりの1人の作業者が加工するときの標準時間ではないし，T_f は総加工延べ時間ではなく，終えるまでのリードタイムになる。

9.4.4　計画生産量の各工程負荷量と工程能力の比較

各工程で着手すべき生産量と時期についてそれらのリードタイムを考慮して割当（計画）しても，その工程においてそのリードタイムで遂行するだけの能力があるかどうかは確認しておく必要がある。能力は加工する時間，すなわち，工数（マンアワー）で測る。

その確認では，特定時期における割当量をこなすのにどれだけの加工時間を必要とするかという情報と，その時期にその当該工程で加工できる時間（利用可能加工時間）がどれだけあるかという情報を照合することになる。その照合の結果，必要加工時間が利用可能加工時間を上回っていれば，待ち時間などが増えて当初考えていたリードタイムは実現できなくなる。その結果，計画を前倒しする（着手時期をもっと前にする）必要性が起こるかも知れない。顧客への納期はできるだけ遵守すべきだからである。

必要加工時間は，1個を加工するのにかかる時間，すなわち標準時間に必要加工量を乗じて求めることができる。すなわち，

> 必要加工時間 ＝ (標準時間) × (必要加工量)

　また利用可能加工時間は，その工程における機械などの稼働可能時間，稼働率（故障などしないで動ける時間），そしてその工程の効率によって決まる。効率とは，1標準時間分の仕事をその通りできるかどうかである。効率が1の場合には，標準時間通り行えることになる。すなわち，

> 実質利用可能加工時間 ＝ (稼働可能時間) × (稼働率) × (効率)

　その工程は経験上で1時間の内で50分しか動けない場合には稼働率は83％（＝ 50/60）となる。またその加工では担当者がちょっと技能水準で劣ってむらがあるため，1標準時間分の加工を25％余計に時間をかけてやる可能性が高いという場合には，効率は0.8（＝ 1/1.25）になる。そこで，稼働可能時間が100時間であったとすると，実質利用可能加工時間は，66.4時間（＝ 100 × 0.83 × 0.8）になる。必要加工時間として100時間必要な生産割当がなされる場合，その100時間を確保できない。もしそのままやってもらったらその加工は期待したリードタイムよりも1.5（＝ 100/66.4）倍かかる可能性がある。

〈例9.4　フレーム工程の負荷量と能力の比較〉

　フレームは4種類のものがあるとする。すなわち，トップチューブ，シートチューブ，ダウンチューブ，シートステイ・ブリッジであるとする（実際にはチェーンステイ・ブリッジ，ボトムブラケットシェル，チェーンステイ，さらにフロント・フォークなどいろいろ他にもある）。表9.2の最終計画が括弧内の平滑案であるとすると，完成車の生産所要台数は表9.4のようになる。各週の生産量は組み立てラインを終了して出てくる台数である。

　4つのフレームは組み立てラインの前に前週に加工を終了して用意しておく。それゆえ1週前にずれる。また簡単化のため，4つのフレームはすべて同じ工程を同じ順序で経由するとする。必要数は最終行の数の4倍になる（括弧内の数字）。表9.4では，1週というのは来週のことで，現在（0週）はその1週間の時点であるとする。

　表9.5は各工程における標準時間と所要加工数にそれがかかった所要工数，そして各工程における利用可能工数などを計算したものであるとする。

　表9.5では，例えば，第0週に6,400個のフレーム数を加工しなければならない。

9.4 資材（資源）所要計画

■表9.4　最終基準生産計画

	0週	1週	2週	3週	4週	5週	6週
X型生産		100	140	150	110	60	40
Y型生産		600	900	900	600	0	300
Z型生産		900	1,200	1,200	900	600	900
生産総計		1,600	2,240	2,250	1,610	660	1,240
フレーム所要数	1,600 (6,400)	2,240 (8,960)	2,250 (9,000)	1,610 (6,440)	660 (2,640)	1,240 (4,960)	

（注）フレーム所要数は完成車1台1つ必要なので4つの各フレームについての所要量である。最終行の括弧内数字は4つのフレームを合計した総数。

そのときにかかる各工程における所要工数は，各工程で1個当たり加工に要する時間（標準時間）と生産数の積で計算できる。利用可能時間は1日の実質操業時間を7時間とし，週当たり稼働日数は5日としている。1日の稼働時間を分単位にし，週当たり時間をさらに計算する。それに稼働可能機械数（機械を人間が操作して加工することを想定）を掛けて利用可能時間となる。残業は正規時間の50%を限度とする。

表9.5で各加工の所要時間と利用可能時間が計算されている。残業を含めた利用可能時間で所要時間を除して（**負荷率**），その工程における実施可能性がわかる。1を越えると，実施不能である。1を越える負荷率で一番大きいものは溶接工程である。この工程は生産量が増えていくとボトルネックになる可能性が一番高い。そこで溶接工程だけについて各期の所要時間，（正規）利用可能時間，残業込み利用可能時間をグラフとして表すと，各期の稼働状態がわかりやすくなる。図9.6では，1,2期において能力不足に陥ることがわかる。

各期の需要推定量が実現すると，今のままでは2,3期に受注したもので翌週配送できなくなるものが出てくる。2,3期に組み立てようとしても所要量の部品が届いていないからである。そこで，**図9.6**の1期と2期の過剰分（斜線の棒と白い棒の差）は0期およびその前の期において生産して在庫でもち，それを1,2期の生産不足分としてあてがうことが必要になる。しかしながら，現在時点が0時点とすると，それよりも早く生産するということはできない。先週に戻ることはできない。それゆえ，現時点では内製を前提にすると，高々0期にできるだけ多く加工することしかできない。また溶接工程の前の工程，すなわち，加工と切断工程も生産を早めにすることになる。納期を遅らさないとすると，そのとき

■表9.5　工程別所要加工時間と利用可能時間

	0週	1週	2週	3週	4週	5週
所要加工数	6,400	8,960	9,000	6,440	2,640	4,960
切断標準時間（分）	2	2	2	2	2	2
加工標準時間（分）	12	12	12	12	12	12
溶接標準時間（分）	15	15	15	15	15	15
塗装標準時間（分）	8	8	8	8	8	8
切断所要時間（分）	12,800	17,920	18,000	12,880	5,280	9,920
加工所要時間（分）	76,800	107,520	108,000	77,280	31,680	59,520
溶接所要時間（分）	96,000	134,400	135,000	96,600	39,600	74,400
塗装所要時間（分）	51,200	71,680	72,000	51,520	21,120	39,680
切断利用可能時間（分）	12,600 (18,900) 〈0.67〉	12,600 (18,900) 〈0.94〉	12,600 (18,900) 〈0.95〉	12,600 (18,900) 〈0.68〉	12,600 (18,900) 〈0.27〉	12,600 (18,900) 〈0.52〉
加工利用可能時間（分）	63,000 (94,500) 〈0.81〉	63,000 (94,500) 〈1.13〉	63,000 (94,500) 〈1.14〉	63,000 (94,500) 〈0.81〉	63,000 (94,500) 〈0.33〉	63,000 (94,500) 〈0.62〉
溶接利用可能時間（分）	73,500 (110,250) 〈0.87〉	73,500 (110,250) 〈1.21〉	73,500 (110,250) 〈1.22〉	73,500 (110,250) 〈0.87〉	73,500 (110,250) 〈0.35〉	73,500 (110,250) 〈0.67〉
塗装利用可能時間（分）	52,500 (78,750) 〈0.65〉	52,500 (78,750) 〈0.91〉	52,500 (78,750) 〈0.91〉	52,500 (78,750) 〈0.65〉	52,500 (78,750) 〈0.26〉	52,500 (78,750) 〈0.50〉

（注）　週操業日数を5日とし，1台の機械で1日7時間加工可能とする。したがって，週当たりの加工機械1台の利用可能時間は2,100分である。それに稼働可能機械台数が掛かって利用可能時間が求まる。ただし，上の計算では段取り時間，移動時間は標準ロット300個を前提にして1個当たりの標準時間に含まれているとする。機械の稼働率および加工効率はすべて1としている。また，各工程では事前に確定している作業はないものとする。利用可能時間で括弧内数字は残業まで入れたときの最大利用可能時間。正規時間操業の50%増が最大とする。〈　〉内は所要時間を残業込みの利用可能時間で除した負荷率。1以上は時間内処理不能を意味する。

だけ外部に委託することも検討してみる，あるいは他の類似工程で加工できないかなどの緊急措置を考える。

　このような計画の前倒しで処理できない場合には，3，4週の比較的空いた期間に持ち越すことになる。その場合には，納期は遅れる事態になる。これによって

9.4 資材（資源）所要計画

■図9.6　週別溶接工程の所要加工時間と利用可能時間

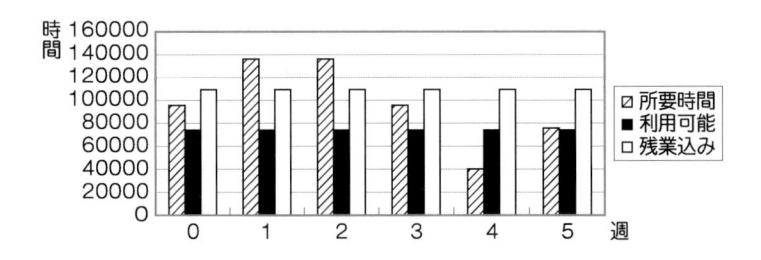

■表9.6　修正された計画

	0週	1週	2週	3週	4週	5週
所要加工数	7,300	7,300	7,300	7,300	4,240	4,960
切断標準時間（分）	2	2	2	2	2	2
加工標準時間（分）	12	12	12	12	12	12
溶接標準時間（分）	15	15	15	15	15	15
塗装標準時間（分）	8	8	8	8	8	8
切断所要時間（分）	14,600	14,600	14,600	14,600	8,480	9,920
加工所要時間（分）	87,600	87,600	87,600	87,600	50,880	59,520
溶接所要時間（分）	109,500	109,500	109,500	109,500	63,600	74,400
塗装所要時間（分）	58,400	58,400	58,400	58,400	33,920	39,680
切断利用可能時間（分）	12,600 (18,900) 〈0.77〉	12,600 (18,900) 〈0.77〉	12,600 (18,900) 〈0.77〉	12,600 (18,900) 〈0.77〉	12,600 (18,900) 〈0.44〉	12,600 (18,900) 〈0.52〉
加工利用可能時間（分）	63,000 (94,500) 〈0.92〉	63,000 (94,500) 〈0.92〉	63,000 (94,500) 〈0.92〉	63,000 (94,500) 〈0.92〉	63,000 (94,500) 〈0.53〉	63,000 (94,500) 〈0.62〉
溶接利用可能時間（分）	73,500 (110,250) 〈0.99〉	73,500 (110,250) 〈0.99〉	73,500 (110,250) 〈0.99〉	73,500 (110,250) 〈0.99〉	73,500 (110,250) 〈0.57〉	73,500 (110,250) 〈0.67〉
塗装利用可能時間（分）	52,500 (78,750) 〈0.74〉	52,500 (78,750) 〈0.74〉	52,500 (78,750) 〈0.74〉	52,500 (78,750) 〈0.74〉	52,500 (78,750) 〈0.43〉	52,500 (78,750) 〈0.50〉

■表9.7　修正された完成車組み立て計画（初期在庫は除いている）

	0週	1週	2週	3週	4週	5週	6週
X型生産		100	140	150	110	60	40
Y型生産		825	785	775	815	400	300
Z型生産		900	900	900	900	600	900
生産総計		1,825	1,825	1,825	1,825	1,060	1,240
フレーム所要数	1,825 (7,300)	1,825 (7,300)	1,825 (7,300)	1,825 (7,300)	1,060 (4,240)	1,240 (4,960)	

基準生産計画がまた若干修正される。基準生産計画立案段階では工程別のこの種のチェックはしていないための修正である。

　最終的には**表9.5**は**表9.6**のように修正された。溶接工程の能力内に適合させ，納期遅れも仕方がないということになる。**表9.7**はそれに応じた完成車の修正組み立て計画である。

9.5　小日程計画（スケジューリング）

9.5.1　小日程計画とは

　小日程計画はスケジューリングともいう。**図9.7**は今までの基準生産計画から小日程計画のつながりを示している。基準生産計画である期間（四半期，半年，年など）について単位期間（週ないし月）ごとのおおよその生産数量や納期を計画する。これは実際の受注およびこれからの需要の推定値に基づいて立案する。

　基準生産計画をベースにその実施にあたって必要な資材や部品の手当てを行うのが次の資材所要計画であった。納期に間に合うような資材や部品の手当てを計画する。

　その次の段階が日々の生産計画を立案する日程計画立案である。ある期間（例えば週）の生産所要量を達成するための生産現場の活動計画である。どの日に何をどれだけ生産するかを工程別に計画する（スケジューリング）。実際に加工すべき資材や部品を目の前にして具体的にどの機械で何を何時から何時まで加工するという計画であるが，実際の操業は差立という指示で行われる。これは実際の活動状況を見ながら，どの機械でどの製品をいつ加工し始めるかを指示する最

■図9.7　生産計画と生産活動の流れ

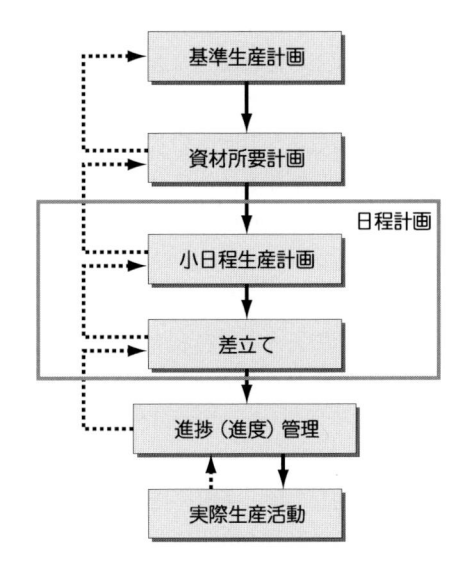

```
基準生産計画
    ↓
資材所要計画
    ↓
    ┌─────────────────┐ 日程計画
    │ 小日程生産計画  │
    │      ↓          │
    │    差立て       │
    └─────────────────┘
    ↓
進捗（進度）管理
    ↓
実際生産活動
```

終段階の計画になる．その時と度で生産現場の状況は変化するため，臨機応変にその状況に基づいて次に生産すべきものを決めていく活動である．

　小日程計画は与えられた生産目標を達成するわけであるが，できるだけ効率的な生産の仕方をすることが望まれる．その場合に計画期間は短く，極端に言えば毎日あるいは毎時の計画ということができる．例えば，あるものを生産しようとするときに，突然機械が故障した，あるいは緊急の生産要請が来たなどという場合には，その時点で計画し直すことになるので，計画期間は実質的に非常に短い．

　スケジューリングは計画である．したがって，実際の操業では計画とのずれは日常的に起こる．そのために活動の進捗を常にチェックし，生産活動の進み具合を把握する．遅れているときにはその修正を行う活動も必要である．このような現状の進み具合を確認し，計画に近い生産活動が行われるようにすることを**進捗管理**という．ここでは現場の刻々の状況を把握することがポイントになる．

　生産計画の体系は，**図9.7**で上から下への情報の流れと実際の結果を上の計画立案へとフィードバックすることで計画体系の適切性を維持する．それが下から上への点線で示した情報の流れである．このようなフィードバックは上位の計画が実践可能なものとなるために必要な情報を送る．

例えば、生産活動から進捗管理へのフィードバックは現場の進捗度のデータである。また、進捗管理から差立へのフィードバックは特定の加工センターの利用度（空き具合）や遅れている加工の情報などを含む。差立から小日程計画へのフィードバックはスケジュールの実施度や所要時間実績、小日程計画から資材所要計画に対するフィードバックは生産システムの基準日程（生産活動のリードタイム）や各工程における能力などの情報を送ることである。最後の所要資材計画から基準生産計画へはリードタイムと工程能力に関する情報などがフィードバックされる。

小日程計画立案は上で最終的な計画に対応するが、ここでうまく計画し、実施する能力が上位の計画の立案能力を大きく左右する。適切にスケジューリングされていない場合には、上位に送られるフィードバック情報は非効率的な生産活動を前提にしたもので、それに基づく上位の計画は無駄な活動を多く含んだものとなるからである。

スケジューリングの方法に関しては、実際の操業ではさまざまな要因が入り込んでくるため、非常に複雑かつ計算量が膨大になる。スケジューリングの問題はいろいろな計画手法が考案されてきたが、非常に複雑なために決定的な手法というのはまだ確立されていない。高度に厳密な、数学的な方法論もある[6]。

そのような方法論は近年ではAPS（Advanced planning & scheduling）という名称で呼ばれ、コンピュータ支援計画システムとして注目をあびてきた[7]。しかしながら、それらを実際に使用するときには、刻々状況が変化するときにはせっかく求めた解も適切でなくなることがある。その意味でこのような方法ないしシステムを適用する場合には、実際のシステムがその通りに動いていることが前提になる。例えば、コンピュータによって計算するわけであるが、インプットされるデータが現実のシステムの状態を正確に反映していること、計画を少々のことでは変更しないことなどの要件が整っている必要がある。柔軟性が欠けるという問題が常にこの種の方法論にはつきまとう。需要においても、品質不良や機械故障などの不都合のない操業安定的な操業環境と、計画や政策を重視する姿勢が企業として備わっていることが必要である。したがって、高度にシステム化された、数学的な方法にも課題が残っている。

以下では小日程計画における基本的な事柄だけに留める。

9.5.2 小日程計画における要素
(1) 効率性の基準

スケジューリングを行う場合に「効率性」ということが要求されるが、それを判断する基準が必要になる。その基準の基本的尺度は通常、以下のように定義される。

$$効率性 = \frac{時間当たり生産量}{時間当たり資源投入量}$$

上の効率性をよく考えると、いろいろな基準を状況に応じて演繹することができる。

① **時間当たり資源投入量が固定化されている状況**： スループットを高める、生産時間の短縮

機械や設備の数および規模、働く人間の数などはすでに決まっているときである。そこで問題は分子をできるだけ大きくすることが望ましい。同じ人数である時間生産するとき、できるだけ多く生産できる方が良い。

時間当たり生産量（スループット、throughput）が多いのであれば、ある量を生産するときには生産時間が少なくて済む。時間当たり生産量を大きくすることと、生産時間を短縮することとは同じことになる。リードタイム短縮である。それは納期短縮につながる。

② **時間当たり生産量が定まっている状況**： 無駄な時間、無駄な資源をなくす

生産すべき量が所与のときには、投入する資源量ができるだけ少ない方が良い。投入する資源としては原材料の量、人間や機械の稼動時間がある。それらが少ない方が良い。これは生産コストの削減や、無駄な時間がなくなるので、納期を遵守することにも貢献する。

資源としては、在庫や無駄も含まれる。時間当たり生産すべき量が決まっているのに、それを充たすためにより多くの量を生産しなければならないのは効率的でない。例えば、生産（加工）する時間は短くても、加工を待つ時間や動く距離が長くなって滞留時間や移動時間がかかる、大きなロットで生産しなければならない、あるいは品質が悪くて歩留まり率が低いなどである。

スケジューリングの課題は、上記の基準を高い水準で満たすことである。いくら立派な戦略をもっていても、あるいは基準生産計画を立てていても、最後の実際の生産活動において効率的な操業ができないならば実際の収益性が大きく損な

■図9.8　ライン・フロー型の生産システム例

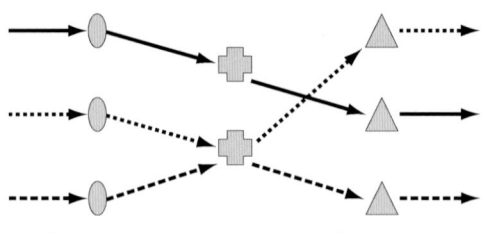

(注）楕円，十字，三角は加工センターを意味する。

われる。この段階で実際の資源投入や費用の水準が決まる。

　確かに，機械設備や人間の数は，このスケジューリングの段階ではすでに投入した後なのでそれを大きく変化させることはできないけれども，効率性が低いスケジューリングをしていると，それは次の設備投資や人員計画において，効率性の高いスケジューリングをしている企業と比べて過大な見積もりをしてしまうことになる。市場で競合する他社と同じ販売量を達成していても，最終的な収益性には大きな差異が出る。その意味でスケジューリングは重要である。

(2) 生産方式

　スケジューリングを立案する方法は，どんな生産方式を用いているかによって違いが出てくる。第3章（3.2）において生産方式については3つの類型があることはすでに述べた。それらは，完成品を構成部品から組み立てる流れ作業に代表されるライン・フロー（Line flow）または流れ作業型生産方式，異なる加工を異なる順序で行う場合に採用されるバッチ・フロー（Batch flow）またはジョブ・ショップ（Job shop）型生産方式，一回切りの生産に適用されるプロジェクト型生産方式（Project）である。

　ライン・フロー型の生産方式は，製品の加工あるいは組み立て作業がいくつかの加工センターあるいは機械を経由して行われ，しかもそれぞれの加工する対象がそれらのセンターや機械を同じ順序で経由していく場合に採用される。組み立てはそのような条件を満たす典型的な例である。図9.8がその例である。例では加工センターは3つある。それらのセンターごとに機械が設置されている。同一センター内では機械は同じであるが，センター間では異なる。加工される製品の順路はすべての製品について同じである。ただし，特定のセンターをスキップ

9.5 小日程計画（スケジューリング）

■図9.9　バッチ・フロー型生産システム例

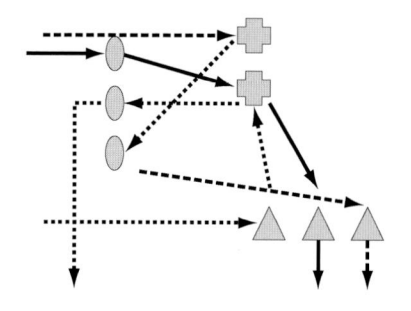

することは許される。

バッチ・フロー型の生産方式は，加工する対象製品が異なる加工を異なる順序で経る場合に採用される。したがって，この生産方式はより一般的な生産方式である。ライン・フロー型は加工対象に同じ加工を同じ順序で施す場合で，バッチ・フロー型の特殊型と言うことができる。図9.9がその例である。

プロジェクト生産方式は，1個の製品を生産するときに，それに必要な作業がすべて時間的にある種の順序関係を維持しながら行われる場合に採用される。別のプロジェクトになれば，必要な作業が同じでなく，またそれらの時間的順序関係が異なるわけで生産の仕組みも変わってくる。同じ物あるいは作り方が同じものを生産する場合には，繰り返し生産になるので，その場合には上述のライン・フロー型あるいはバッチ・フロー型生産方式で行うことになる。

以下ではライン・フロー型生産方式とバッチ・フロー型生産方式について考える。

9.5.3　ライン・フロー型生産システムのスケジューリング

完成品や車輪の組み付けを行う流れ作業型の仕組みでは，組み立てのための活動が縦列的に並んでいて，それぞれの活動が同じタイミングで所与の組み立て作業を行う。製品はその流れに沿って組み立てられ，完成する。もう一度その図を次に描いておく（図9.10）。これは，図9.8の特殊型である。各センターには1台の機械しかない。

このような仕組みでは，完成品がある時間間隔で右側から出てくる。その時間間隔のことをタクト・タイムと言った（第3章）。この型の生産システムでは，

■図9.10　ライン・フロー型生産

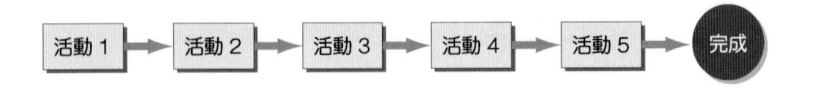

活動1 → 活動2 → 活動3 → 活動4 → 活動5 → 完成

各活動が均一の作業時間となるようにすることが必要である。このことをラインバランシングと言った。また均一性を確保できた状態のことをシンクロナイゼーションという概念で表すこともできる。ラインバランスがとれた状態を表すバランスの遅れ（Balance delay）と言う評価基準で表す。それを d とすると，d は以下のように定義できる。

$$d = \frac{nc - T}{nc} \qquad ③$$

ただし，n は作業センターの数，c は各作業センターにおける作業時間（タクト・タイムあるいはピッチ・タイム），T は1個の製品を組み立てるのに要する理論的な総時間である。1個の製品を組み立てるのに必要な作業 i の所要時間を t_i とすると，必要な作業1から m までの所要時間は t_i の総和である。すなわち，$T = t_1 + t_2 + t_3 + \cdots + t_m$ となる。

③式はライン全体における1個の組み立てに使った時間（nc）が，実際に組み立てるのに要する理論的作業時間 T をどれだけ上回っているかを示す割合となる。$d = 0$ が最も良い状態になる。

以下では，例の自転車メーカーの完成車組み立て工程においてすでにおおよそのバランスがとられたラインにおける組み立てスケジュール立案を考える。

〈例9.5　完成車組み立てのスケジュール〉

第1週では完成品が1,825台（= 7300/4）生産されねばならない（**表9.7**の基準計画通りに実行すると仮定する）。操業日数を5日とすると，1日当たりの生産台数は365台である。ラインが正規時間（7時間）でそれを達成するには，1.15（= 7 × 60/365）分に1台のタクト・タイムで仕上げなければならない。完成車については，組み立て時間は1時間である。そのときの作業数は52.1（= 60/1.15）である。

組み立て作業の中身を検討し，各作業が等しい時間にするには1.4分のタク

ト・タイムが望ましいということがわかっていたとすると，作業数は42.85（＝60/1.4）である．それらの数字をベースに，現在のラインは作業数が43で，タクト・タイムがおおよそ1.4分として理想値が設定されている．それによって1日当たりの組み立て台数はおおよそ300台と設計されている．モデルごとに段取りすることは必要であるが，それは無視できるとする．

365台では65台残業で組み立てなければならない．残業時間は正規時間の50％増ししか利用できない．フルに残業すると1日450台組み立てることが可能である．そこで，タクト・タイムを1.3分で組み立てることを検討した．その場合には1日当たりで正規時間では323台組み立てることができる．タクト・タイムを1.3分にすることはまあ可能であろうという見通しはある．しかしながら組み立ての不都合が発生する可能性も否定できない．

結果的には，毎日1.4分のタクト・タイムで毎日1時間半の残業で1,825台を組み立てる案と，毎日の残業は止めて，3日程度フル残業の体制でいく案が最終候補に残った．

組み立てラインでは，結局，所与の生産台数を達成する場合に，タクト・タイムという概念で生産量を調整する．それがどれだけ柔軟に変えることができるかによって，タクト・タイムによる調整の可能性は決まる．

また，このメーカーは3つのモデルを生産している．そこでそれぞれのモデルを組み立てる場合に上で述べたようにラインの速度を決めるが，あるモデルから別のモデルを組み立てるときに段取り時間がかかる場合にはその時間をさらに考慮しなければならない．

3つのモデルを組み立てる場合に，モデルごとにラインを切りかえることをしないで，3つのモデルを組み立てる場合がある．これを混流生産という[8]．例えば，組み立て台数は1,825台であるが，最初にX型を100台組み立て，次にY型を825台，最後にZ型を900台組み立てることはしないで，おおよそ9台のY, Z型を組み立てるごとに1台のX型を組み立てるわけである．すなわち，(X, Y, Y, Y, Y, Y, Y, Y, Z, Z, Z, Z, Z, Z, Z, Z, Z) という順序を反復して組み立てる（最後にYをさらに1台加えた順序のものを25回続ける）．

このような混流生産によって，各モデルの完成品在庫数が平滑化される可能性が出てくる．その順序は各モデルの需要の時間当たり発生数と対応していると考えられるので，その順序で組み立てていくと納期に応じた出荷ができて，完成品

■図9.11　バッチ・フロー型生産

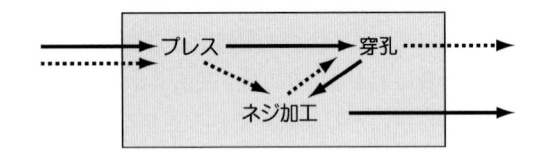

在庫は滞留しないからである。ただし，このような組み立ては，各モデルの所要作業時間の違いに対して所要タクト・タイム内で調整対応できることが前提である。

また上記ではライン上の各ステーションで行う作業が何かということについては触れていない。多くの作業をうまくステーションに分割すること自体がタクト・タイム決定後大きな課題である。現在では多くの作業が含まれている場合には，コンピュータによる支援が不可欠になっている。

9.5.4　バッチ・フロー型生産システムのスケジューリング

バッチ・フロー型は加工するときにいくつかの異なる種類の加工が必要なときに，それら異なる加工を行う機械をグループ化して配置し，それぞれの加工が必要なときにそれを行うセンターに持っていって加工する。図9.11はフレーム製造における加工工程の例示である。

バッチ・フロー型のスケジューリングでは，ある生産指示があったときに，その指示された生産量を加工終了するまでの時間（Make span）を短くする（加工されるものが加工を待つ時間を短くする）こと，さらに保有している機械などの設備の利用度を上げる（遊んでいる時間をなくす）ことがポイントになる。

伝統的な方法として，どれから生産していくかについてある種のルールを決め，それによってスケジューリングするというものがある。これは，それぞれの作業ステーションにある機械が空いたら，加工を待っているものの中から，あるものを選んで加工するときに用いる基準を問題にするものである。その基準として以下のようなものがある[9]。

①ランダム選択（RまたはSIROルール，Random selection, Service in random order）：　これは最も単純で，加工を待っているものから無作為に選ぶという基準である。このルールでは先の生産完了時間を短くするとか，機械の稼働率を上げるなどの目標は一切考慮されていない。

9.5 小日程計画（スケジューリング）

②**先入先着手基準**（FCFS または ERD ルール，First come/first served, Earliest release date first）： 来た順に加工していく．この基準では，加工されるものが加工を待つ時間を公平にする（ばらつきをなくす）ということになる．

③**最近納期基準**（EDD または MINDD ルール，Earliest due date, Minimum due date）： 待っているものの中で，納期が最も近いものから加工する．最大遅れをできるだけ短くしようとする考え方である．

④**最短残余納期基準**（ST または MS ルール，Slack time, Minimum slack first）： 待っているものの中で，納期までの時間からそれらを加工する時間を引いた時間（納期を満たすうえでの残余時間）が最も短いものを選ぶ．納期遵守を目指す考え方．

⑤**修正最短残余納期基準**（ST/O または MINSOP ルール，Slack time per operation, Minimum slack time per operation）： 納期までの残余時間を残りの作業（加工）の数で除したものを選ぶ．

⑥**緊急度基準**（CR ルール，Critical ratio）： ④の基準と類似しているが，違いは納期までの時間を加工所要時間で除したものが最小になるものを選ぶことである．この比率になると，1 以上はまだ余裕があることを意味し，1 未満は加工時間をもっと短くしないと納期に間に合わないことを意味する．それゆえ，④が時間で出てくるのに対し，直観的に緊急度を理解できる．

⑦**最短加工時間基準**（SPT または MINPRT ルール，Shortest processing time, Minimum processing time）： 待っているものの中で，最も短い時間でやれるものを選ぶ．もし，それら加工対象間に優先度がある場合には単位加工時間当たりの優先度が大きいものから行う．この基準では，次の加工センターがすぐに引き継いで稼働できるという稼働率最大化あるいは生産終了時間最短化を狙っている．

⑧**修正最短加工時間基準**（MINPRT with truncation ルール，Minimum processing time with truncation）： ⑦の基準だけでは加工時間の長いものはいつも後回しにされるという問題が起こりうるので，ある時間以上待っているものがないときだけ最短加工基準を採用し，ある時間以上待っているものがあるときには最も待っている時間の長いものから選ぶという修正を行ったルールである．効率性は犠牲になる可能性はある．

⑨**最短残余加工時間基準**（LWR ルール，Least work remaining）： ⑦のルールで，残っている加工時間が最も短いものを選ぶ．

⑩**最長加工時間基準**（LPTルール，Longest processing time first）： ⑤とは逆の考え方をする。これは同じ加工センターに複数の加工機械が設置されている場合に，最初に長くかかる加工をやることで後になって機械間の加工負荷をバランスしやすくなるということを意図している。それによって機械の利用度を均一にし，最終的な機械稼働率を高める。

⑪**最短段取り時間基準**（SSTまたはLSUルール，Shortest setup time first, Least setup）： 段取り時間が最短のものから選ぶ。時間当たりの加工量を高めることを狙う。

⑫**加工柔軟性基準**（LFJルール，Least flexible job first）： ある機械でしか加工できないという加工における柔軟性の少ないものから選ぶ。このような仕事を後回しにしていると，最終的にその加工遅れが長くなる可能性を回避する。

　これらルールはこれですべてではない。以上は代表的なものである。この中では，現実的には④や⑤が頻度多く使われている。これは納期を重視する場合に適切な基準である。シミュレーションでテストすると，機械および人間の稼働率，生産終了個数，平均待ち時間などいろいろな基準で総合的に見ると，⑤および⑦が最も良いという報告もある[10]。他の実験でも総じて⑦，あるいは⑦に付随する問題，すなわち長い加工時間のものが後回しにされるという問題を克服するように他のルールと⑦を組み合わせたものが優れた結果をもたらすことが報告されている[11]。

　これらのルールは**図9.7**の差立において用いられるルールでもある。生産活動を開始してその時々の状況に応じて生産の順序を変更することが出てくる場合には，これらのルールで生産指示を下す。小日程計画と差立とは密接に関わっている。日々の操業の下では小日程計画をきちんと立て直す余裕もない場合には，差立そのものが計画活動の一部にならざるを得なくなる。したがって，現実にはこのようなルールを理解し，適切に用いることが日々の生産活動をこなすうえでは重要になる。

〈例9.6　フレーム加工工程のスケジューリング〉

　フレーム加工はプレス，穿孔，ネジ加工という工程を通るとする。4種類のフレームと3つのモデルに応じた加工差異があるとする。12種類の加工品がある

9.5 小日程計画（スケジューリング）

■図9.12　GT 型配置の生産システム

```
━━━━▶ プレス ━━▶ 穿孔 ━━▶ ネジ加工 ━━━━▶
┈┈┈▶ プレス ┈▶ ネジ加工 ┈▶ 穿孔 ┈┈┈▶
```

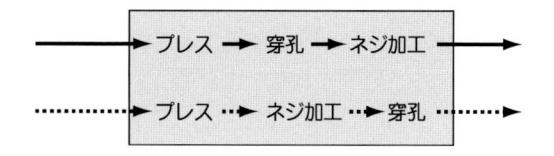

■表9.8　加工対象

モデル＼フレーム	→ 1	┈▶ 2	→ 3	→ 4
X 型	100(X1)	100(X2)	100(X3)	100(X4)
Y 型	825(Y1)	825(Y2)	825(Y3)	825(Y4)
Z 型	900(Z1)	900(Z2)	900(Z3)	900(Z4)

（注）括弧内の記号は加工作業の種類を表す。またフレーム番号の上の矢印は図9.10における加工順序を意味する。

ということになる。それら12種類の加工品は同じ作業センターを同じ順序，すなわち，すべての加工対象が図9.11の実線あるいは点線の矢印のどちらかの順序で加工される場合には，基本的にはライン・フロー型生産になる。図9.8の生産システムになる。実線と点線の両方が同じ生産ロットにおいて要請される場合にはバッチ・フロー型生産システムになる。

次に2つの種類に加工順序が分かれるとする。それらは実線矢印の加工順序，点線矢印の順序であるとする。この場合でも，それぞれの加工の順序（図9.11の実線と点線の2つの順序）で加工されるものが等しく多いような場合には，図9.12のような配置として変えることもできる。この配置はGT（Group technology）型配置という。こうなると，ライン・フロー型生産システムと同じ考え方ができる。

表9.8は，先に述べた12種類の加工対象について所要加工数をまとめている。第0週における生産計画では，X型が100台分，Y型が825台分，Z型が900台分である。それらのフレームをすべてこの5日間の操業で加工するような計画を立てることになる。ここで，2のフレームだけが図9.11の点線の順序で加工を要し，あとの1, 3, 4のフレームが実線の順序で加工するものと仮定する。加工セ

ンターの配置は図9.11のようになっている。

　加工の標準時間はすべて等しく，各加工で1個当たり3分とする。基準生産計画において想定していた1個当たり全加工工程における加工時間の12分は，段取り時間30分と平均的待ち時間を加味して計算されていたものである。それぞれの加工品を加工するときには機械の調整などで段取り時間がかかる。それら段取り時間もすべての加工センターおよび加工対象で同じとする。3つの各センターには10台の機械がそれぞれあって，それら機械の総稼働可能時間は正規操業時間を前提にすると，63,000分（＝5×7×60×10×3）である。週5日操業，1日7時間稼働を想定する。

　問題はフレーム製造工程が4つの工程（加工工程の前に切断工程があるし，後に溶接および塗装工程が控えている）の1つで他の工程との調整を考えながらスケジューリングを立てなければならないということである。完成品組み立ては翌週（第1週）から始めるので，その前（第0週中）にすべての組み立て部品の加工工程は完了している必要がある。最後の工程は塗装工程で，その前は溶接工程である。そこで切断，加工，溶接，塗装の各工程が1日ごとに処理し終わったものを次工程へと手渡していく流れになっているとみなすと，第0週の最終日には塗装工程が最後の1日分を処理し終えて第1週からの完成品組み立て工程が開始できることになる。したがって，この加工工程は第0週の3日目には終了していなければならない。その意味は，この加工工程は第0週のその前週の最後の2日目から開始されていなければならないということである。加工工程の前には切断工程があるが，それはさらに1日前から開始されなくてはならない。基準生産計画は完成車全体まで生産する時間をカバーできるように十分な計画期間をもたねばならないという意味がそこにある。ここでは，切断工程から計画できるようになっていると仮定する。

　図9.13はフレーム2から加工を開始し，12種類の各作業をその所要加工数をロットとして開始時点からできるだけ急いで加工していく場合のスケジューリングを示している。計画期間の開始時点からすぐに作業を開始していくようなスケジューリングをフォーワード・スケジューリング（Forward scheduling）という。加工順序はまずフレーム2をX, Y, Z型の順で加工し，次に1, 3, 4というフレームを同じX, Y, Z型の順で加工する。上で述べたルールで言うと，来た順序とする。

　X型の加工ロットは100個で，Y型は825個，Z型は900個である。なお，各加

9.5 小日程計画（スケジューリング）　　363

■図9.13　5日間のフォワード・スケジューリングの例

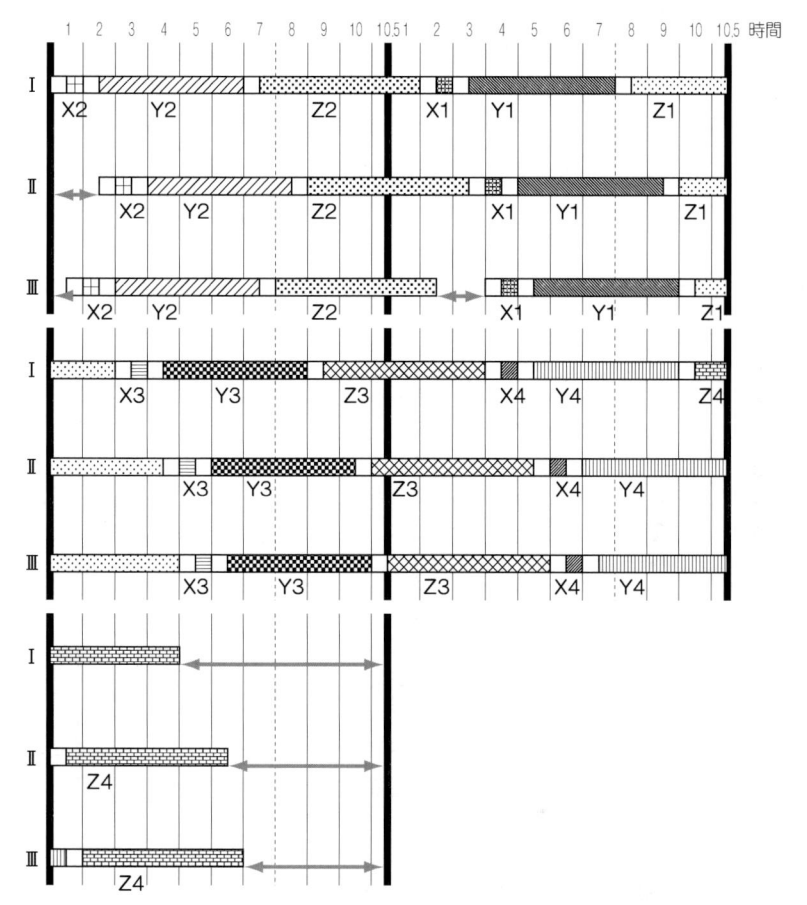

（注）空白の小さな□は段取り時間を意味する。Ⅰはプレス加工センター，Ⅱは穿孔加工センター，Ⅲはネジ加工センターである。各センターには10台の機械がある。縦の線は1時間を意味し，縦点線は正規操業終了時点である。

工センターでは，30分程度の加工済み量を順次，次の工程に送ることを仮定している。

所要時間は加工数に標準加工時間3分を乗じ，それに30分の段取り時間を想定している。100個ロットの場合には1つの加工センターで10台の機械が利用可能として1つのセンターで1（= 3 × 100/600 + 0.5）時間かかる。825個のロ

ット（Y型用フレーム）では段取り時間を入れて約4.5（= 3 × 825/600 + 0.5）時間，900個のロット（Z型用フレーム）の場合には約5（= 3 × 900/600 + 0.5）時間かかる。ただし，1時間当たりの各センターの加工可能時間は10時間（= 10 × 60 = 600分）である。

図9.14は，図9.13とは逆に，計画期間の終わりから作業を詰めていくスケジューリングで，これをバックワード・スケジューリング（Backward scheduling）という。バックワード・スケジューリングでは，計画期間中に終了することを前

■図9.14　バックワード・スケジューリングの例

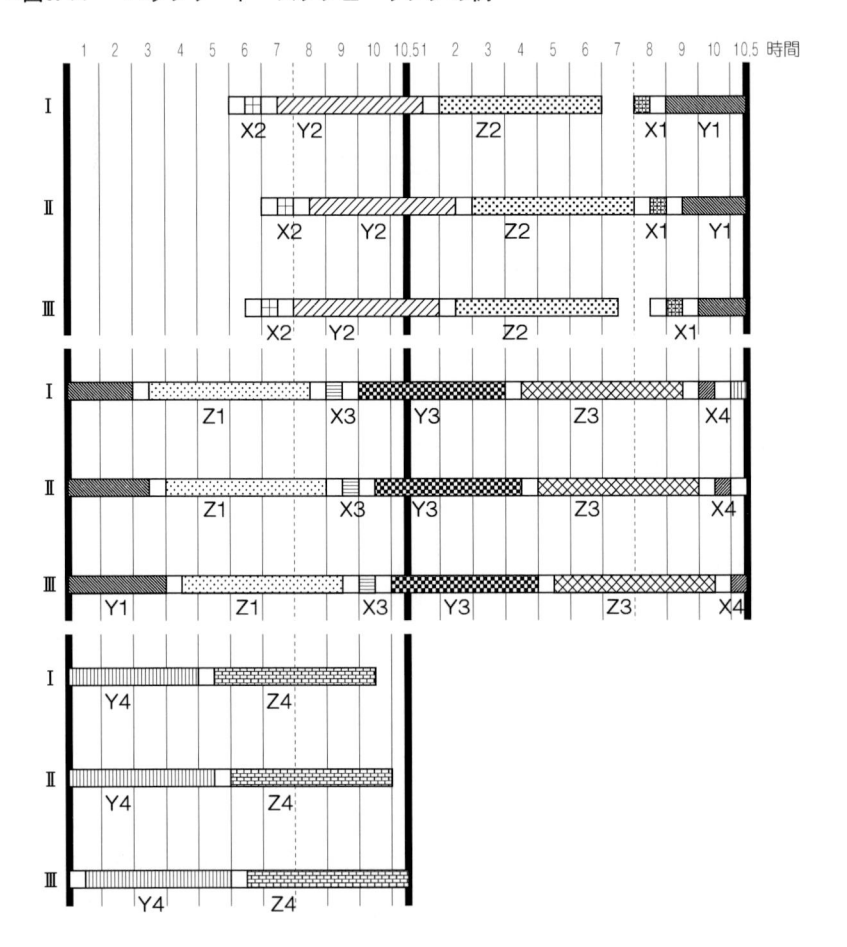

提にした場合に，いつまでに各加工が終了できていれば良いかを逆算していく。すなわち，終了すべき時間ぎりぎりに間に合いさえすれば良いと考える場合である。フォーワード・スケジューリングによる計画はいつ加工を開始できるか，さらには納期をどれだけ早められるかを示唆するのに対して，バックワード・スケジューリングによる計画は，後の工程が計画通りに終了するにはいつまでに各センターで各加工を着手しなければならないかを示す。両方のスケジュールで規定された各加工の開始時点は着手の最早時点と最遅時点の幅を示す。言い換えれば着手時期の幅（余裕度）を示す。例えば，Y1というロットは最早で2日目の始業後2.5時間目に開始でき，最も遅くて同じ日の残業時間帯の1時間目に開始しなければならない。幅は，休み時間を除くと5.5時間である。それらの時間内に着手しなければならない。

　上の例では残業時間をすべて利用することを前提にスケジュールを立案しているが，正規時間だけを使うようなスケジューリングも考えられる。例の数字では正規時間操業だけで加工を終えるのは難しいが，最初のうちは正規時間内で加工し，後の日では残業を使うようなスケジュールは可能である。最終的なスケジュールはそのような試行錯誤をしながら立案する。

　どのスケジュールが良いかは，前述のように設備の稼働率や全加工の終了時間などによって判断する。残業などの利用では費用の側面も検討すべきである。例えば，図9.13においては，加工作業をしていない時間（太い両方向矢印で例示している）を合計したものが全稼働時間（例では残業を入れた全稼働時間は10.5×5時間である）においてどれだけの割合になっているかなどを稼働率の評価として用いる。フォーワード・スケジューリング例（図9.13のスケジュール）では稼働していない時間は段取り時間を除くと19.5時間である。全稼働時間は157.5（＝10.5×5×3）時間なので，実質稼働率は87.62（＝100 − 100×19.5/157.5）％である。ただし，各センターに1台の設置を前提に考えている。さらにそのスケジュールは次工程への納期を遵守している。

9.6 生産計画とサプライチェーン

　生産計画はサプライチェーンの実質リードタイム（総リードタイムから顧客が待つ時間を引いたリードタイム。第2章で述べた）がプラスである限り必ず必要である。単に生産するだけでなく，原材料を確保するなどの供給活動を考慮すると，プラスであることが常態である。需要がわかる前に少なくともそのプラスの時間だけは先行的に供給活動を開始しなければならない。そのときには需要は推定値でしかない。

　第7章までの議論は所与の需要のパターンに対して供給するためのサプライチェーンの制御について考えてきた。その需要パターンは実際には推定値である。それに基づいて立てられた生産計画がサプライチェーンを通じた供給の仕方を基本的に規定する。生産計画は需要の推定値あるいは後の段階からの注文量（このほとんどはやはり後の主体が作る需要推定値）に基づいて立案し，実行する。需要が実際に顕在化したときに，その供給の仕方とうまく適合するならばサプライチェーンは良い結果をもたらす。逆にうまく適合できないと品切れや過剰在庫（売れない在庫が多くなるという意味だけではなくて単位時間当たりの需要量と比べたときに多過ぎる在庫）となって経営を圧迫する。その意味で生産計画は重要である。

　生産計画は資源をできるだけ有効に利用することが目的である。過剰な生産設備や人間，あるいは在庫を抱え込むことはそれだけ経営を圧迫する。それら資源をできるだけ少なく投入して要求される量を供給するのが生産計画の目的である。しかしながら，生産はサプライチェーンにおける活動要素の一つである。そこだけの効率性だけを追求してもチェーンにおける効率性を達成できるとは限らない。例えば，ロットサイズを大きくして規模の経済を達成しようとするとリードタイムを長くし，その結果としてチェーン内の在庫所要量まで多くする。第7章までに考えてきたサプライチェーンのリードタイムは生産計画によって左右される部分が多いからである。

　生産計画を立てる場合，生産すべき量，機械の性能や台数さらには生産に使える工数などの物理的生産能力，事前に見積もられた生産などの活動に要する標準時間，段取りに要する時間，製品品目数，既存の在庫量，さらに輸送や荷役など

9.6 生産計画とサプライチェーン

■図9.15　生産計画とサプライチェーン

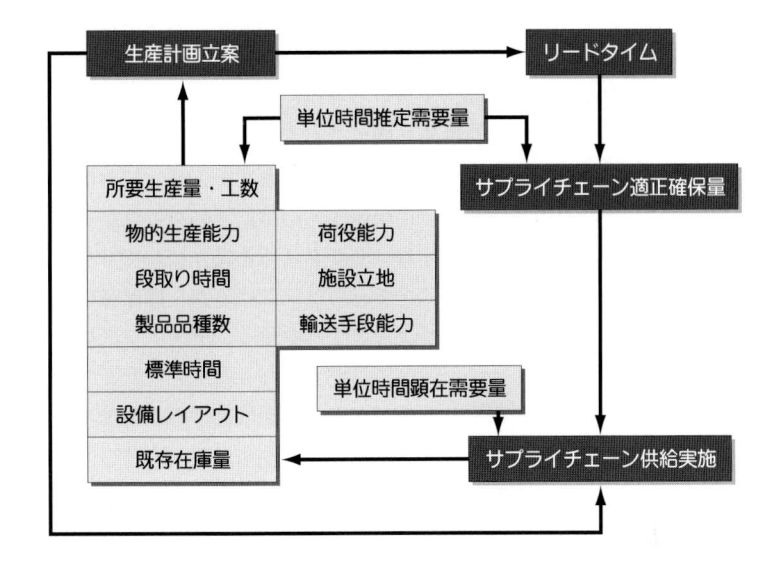

生産以外の活動などを勘案する。その結果としてロットサイズを含んだ単位時間当たりの生産量が決まる。それがサプライチェーンにおけるリードタイムを規定する。そのリードタイムは単位時間当たりの需要量とあいまってサプライチェーンの各段階で確保すべき量を規定する。その確保すべき量と生産計画に基づいて供給される量がまず一致しなければならない。確保すべき量が実際の需要に対して適正であると，生産計画を実施して実際に供給される量がそれよりも少なければ品切れとなる。また逆に，実際に供給される量が確保すべき量よりも多いときには過剰供給（在庫）になる。

さらにまた，確保すべき量が同じ需要量に対して他社と比較して多過ぎると競争上あるいは業績的に他社よりも不利になる。確保すべき量と実際の需要が一致するだけでは優れたサプライチェーンとは言えないのである。確保すべき量が需要に比して少ないのが競争上でも，経営的にも有利である。サプライチェーンの視点から考慮しないで，生産計画の視点だけで考えると合理的生産は経営にとっても合理的であるとは限らなくなる可能性が大いにある。

サプライチェーンと生産計画の関わりは図9.15のように要約できる。

生産計画がサプライチェーンにおけるリードタイムを最終的に規定し，それと

単位時間当たりの推定需要量に基づいてサプライチェーンにおける適正確保量が決まる。実際のサプライチェーンにおける供給を実施する段階では実際の需要量が判明し始めるとそれに応じてチェーンにおける各段階で発注活動が第6章で述べたような制御方式で行われる。実需を見ながら生産計画に修正を加えつつ，実際の生産を行う。チェーンにおける在庫もそれらに応じて決まる。

　サプライチェーンの操業をうまく行うためには，まずチェーンにおける確保すべき量を理解し，それを遵守するように生産などの供給活動を行うことが必要になる。生産計画はそれによって規定するリードタイムを媒介にしてサプライチェーンと関わる。その関わりを無視するとチェーンにおける適正確保量の概念が希薄になり，チェーンの供給活動自体がよりどころを失う。チェーンの操業は混乱しやすくなる。

　サプライチェーンで過剰在庫や品切れが発生するのは以下のような事象が起こる場合である。

①需要の推定と実際需要の乖離が予想よりも大きくなる：　これは推定された標準偏差ではカバーしきれない乖離が出ることである。

②チェーンにおける実際の供給活動が不適切に行われる：　例えば第6章で述べたブルウィップ効果を誘発するなどを意味する。

③生産や輸送活動が予定通り行えない：　機械の故障，原材料の供給遅れ，輸送における遅れなどが起こる。

　上で，生産計画とサプライチェーンの関係では，①と②の要因が特に重要である。③は比較的理解しやすいが，①と②はなかなかやっかいな要因である。これらを制御するためには生産計画とチェーン操業の関わり，さらにはそれから演繹されるチェーンにおける適正確保量の意味合いを明確に理解し，それをチェーン制御に活かす必要がある。

　①ではサプライチェーン全体のリードタイムを第2章で述べたように顧客が待ってくれる時間と供給にかかる時間に分けることで需要に対する対応を考えることが望ましい。すなわち，図9.16のようなリードタイムの構造を想定したとする。

　点線の部分が顧客が待ってくれる時間で，一点鎖線が待ってくれない時間である。一点鎖線の部分を第2章では実質供給リードタイムと言った。実質供給リードタイムについては見込みで生産ないし供給計画を立案し，供給する。他方で顧客が待ってくれる時間，すなわち第2章の顧客の許容注文リードタイムにつ

9.6 生産計画とサプライチェーン

■図9.16　リードタイムと生産計画

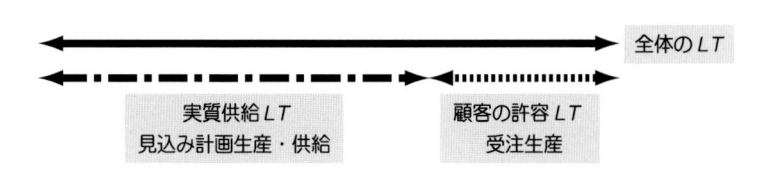

```
←――――――――――――――――→  全体のLT
←―――――――→←‥‥‥‥‥→
  実質供給LT      顧客の許容LT
 見込み計画生産・供給   受注生産
```

いては実際の受注量に基づいて生産計画ないし供給計画を立案する。そこの部分は実需（ここではキャンセルは考えない）であって，計画のベースになる所要量は実際需要と違わない。実質供給リードタイム中の計画のベースになる所要量は推定値になる。実質供給リードタイムを短くしていかないと，その需要推定をより遠くの将来まで行う必要が出てくるので推定も狂いやすくなる。基本的には，顧客の許容リードタイムを長くできて，しかも全体のリードタイムを短くすることが①の問題に対応するためには王道である。したがって，顧客の本当の信頼を勝ち得ることと，サプライチェーンの短縮の両方を追求する経営姿勢がポイントになる。

　②の問題は，サプライチェーンの構造が経営にいかなるインパクトを与えるかに関する全社的な理解がベースになければ難しい。適正確保量という概念自体が会社全体に理解されていなければ，それに基づくサプライチェーンの計画や制御を行う情報的基盤を構築することは難しい。他の部門や会社との情報的連携が経営に与える効果を見極め，その成果をシェアし合う姿勢も不可欠である。

　それにはサプライチェーンに関する理論的理解を会社に浸透させることがまずは必要になる。それが経営の姿勢を左右する基礎的な枠組み作りを醸成するのである。その意味でも，生産計画はチェーンの制御だけでなく企業の業績に大きな影響を及ぼす。生産計画が第2章で述べたように，サプライチェーンに関する基本的な条件作りをしてしまう実際のリードタイムを規定するからである。

参考文献・資料

［1］ Buffa, E. S., *Production, Inventory Systems: Planning and Control*, Irwin, 1968, pp. 111-199.
［2］ 解説している文献は多数あるが，例えば受注型の生産システムに関しては，
　①塹江清志・澤田善次郎編『生産管理総論』日刊工業新聞社，1995年。
　また見込み型生産システムに関しては，
　②Arnold, J. R. T., *Introduction to Materials Management*, Prentice-Hall, 1991.（中根甚一郎監訳『生産管理入門』日刊工業新聞社，2001年）
［3］ 自転車の部品構成については http://homepage1.nifty.com/kadooka/terms/index.html を参考。
［4］ 社団法人日本経営工学会編『生産管理用語辞典』日本規格協会，2002年，p. 364。
［5］ 木村博光『正しい生産管理の実行手順』中経出版，2002年，pp. 200-201。
［6］ 例えば，Pinedo, M. and Chao, X., *Operations Scheduling: Manufacturing and Services*, Irwin/McGraw-Hill, 1999.
［7］ 例えば，SCM研究会『図解：サプライチェーンマネジメント』日本実業出版社，2000年。
［8］ 例えば，門田安弘『新トヨタシステム』講談社，1991年，pp. 419-434。
［9］ 以下の文献を参考にしている。
　①Pinedo, M. and Chao, X.（前掲書）
　②Schroeder, R. G., *Operations Management: Contemporary Concepts and Cases*, Irwin/McGraw-Hill, 2000.
［10］ LeGrande, E., "The Development of a Factory Simulation System Using Actual Operating Data", *Management Technology*, Vol. 3, No. 1, 1963, pp. 1-18.
［11］ Vollman, T. E., Berry, W. L. and Whybark, D. C., *Manufacturing Planning and Control Systems*, Irwin/McGraw-Hill, 1997 (Fourth edition), pp. 535-537.

10

サプライチェーン・マネジメントの実践に向けて

　今までの章ではサプライチェーン・マネジメントにおいて重要な概念およびそこにおける論理について考えてきた。サプライチェーンの経営に対する貢献は明らかである。しかしながら，それを実現するのは簡単なことではない。本章では最後にサプライチェーン・マネジメントの真の実現に向けた経営課題を考えることにする。

10.1　人間の協働的つながり

　サプライチェーンは供給に関わるさまざまな活動が物やサービスの供給を競争的に行えるように組み合わさったシステムになる。したがって，それら活動が適切につながって目的を最大限達成するように協働的に稼働できることが重要になる。

　協働的つながりを言うのであれば，企業経営そのものが製品開発，購買・調達，生産，販売，その他のスタッフ機能などさまざまな機能や活動を担う人々の協働的つながりを前提にする。それがうまくいかない場合には経営もうまくいかない[1]。そもそも企業などの経営組織は一人一人が市場メカニズムに基づいて独自の判断と裁量で行動するのではなく，集合的（Collective）に行動する方が効率的であるということのために作られる[2]。そこで言う集合的行動の背後には協働的つながりがある。それら異なる機能や活動を担う人々の活動が一体となって初めて需要者にとって満足な供給ができる。そのようなつながりは1つの企業内だけでなく，その企業に資材や部品など必要な原材料を供給する企業，市場で販売する企業などと結びついて付加価値を創造する価値連鎖とも呼ばれるつながりを形成する[3]。

　サプライチェーンはこのような価値連鎖の重要な部分である。その意味で，経営そのものがうまくいかない企業はサプライチェーンを適切に管理することは難しい。協働的つながりを設計し，運営できないからである。しかもそのつながりは自分の会社内だけでなく企業間のつながりをも含む。そこで，協働的つながりというものがどのようなものかを事業所（工場）経営という場でまず考えてみる。

10.1.1　事業所経営における協働的つながり

　活動の協働的つながりが競争力の高い経営をもたらすことを，事業所の主要な実践活動の実践水準（よく実践している程度）の調査から見てみる[4]。調査対象の実践活動の内容は今まで本書で触れていないものも多い（本章末尾の調査についての補論を参照のこと）が，事業所経営では重視されているものの一部である[5]。表10.1では主要な事業所における実践活動として33個を挙げていて，それら33の実践活動の平均値を基に，平均値が高い方から上位3分の1，同じく中

■表10.1　実践活動のグループ間比較

実践カテゴリー	33の実践活動	上位G	中位G	下位G
1) 戦略関連実践	公式的戦略策定	4.09	3.63	2.96
	製造戦略と事業戦略の整合性確保	4.15	3.86	3.37
	新技術に対する予知的適応	3.98	3.59	3.02
2) 情報掌握実践	成果尺度の適時的修正	4.01	3.56	3.11
	内部品質情報の確保	3.89	3.59	3.13
	外部（供給者）品質情報の確保	4.01	3.80	3.22
3) 組織的な品質管理実践	統計的品質管理の励行	3.81	3.43	2.95
	供給者の品質改善への取り込み	3.96	3.70	3.41
	職能間の製品開発上での協力確保	3.74	3.35	2.98
	品質向上でのトップのリーダーシップ度	4.23	3.80	3.34
	製品設計における製造上の考慮度	3.76	3.56	3.30
	品質成果の従業員へのフィードバック	3.82	3.19	2.65
4) 生産システムのリーン度（JIT度）向上実践	日程生産計画の遵守性	3.89	3.62	3.23
	設備レイアウトの工夫度	3.93	3.57	3.30
	JITへのMRPの適合性努力	3.40	3.04	2.73
	供給者からのJIT供給確保	3.44	3.11	2.77
5) 顧客指向実践	品質改善や製品設計への顧客の関与推進	3.84	3.79	3.44
	顧客指向の組織的浸透努力	3.84	3.76	3.53
6) 現場における管理努力実践	製造システムとそこで働く人材の適合性確保	3.57	3.36	2.95
	現場従業員の会社の仕事に対する専心度	3.66	3.40	3.14
	意思決定上の対立の調整度	3.75	3.49	3.08
	現場における手順書の利用可能性向上	3.81	3.55	3.18
	現場における管理者と要員間の接触度	3.70	3.43	3.21
7) 現場業務の質的向上努力実践	品質向上に対する報酬度	3.28	2.68	2.21
	予防保全の励行	3.26	2.84	2.44
	段取り時間の短縮努力	3.63	3.13	2.86
	製造戦略の浸透理解促進	3.96	3.42	2.97
	監督者による従業員間相互作用推進	3.98	3.46	3.15
	提案制度の機能化推進	3.94	3.56	3.15
	小集団活動の活性化	3.96	3.61	3.21
	雇用・選抜におけるチームワーク力重視度	3.61	3.25	3.06
	訓練の業務への関連度	3.84	3.32	3.02
	多能工制度の推進	3.93	3.59	3.34
	全実践活動平均値	3.81	3.46	3.07
	実践活動水準変動係数	.102	.131	.163

(注)　数字は5が最高、1が最低。実践活動水準変動係数とは、実践活動水準の標準偏差を全実践活動平均値で除したもの。上位（中位、下位）Gとは上位（中位、下位）グループのこと。

■表10.2　実践活動間の相関度

	1	2	3	4	5	6	7
1		0.590	0.630	0.519	0.168	0.525	0.593
2			0.682	0.539	0.294	0.532	0.607
3				0.611	0.466	0.646	0.784
4					0.299	0.592	0.573
5						0.291	0.237
6							0.734

(注)　1：戦略関連実践，2：情報掌握実践，3：組織的な品質管理実践，4：生産システムのリーン度（JIT度）向上実践，5：顧客指向実践，6：現場における管理努力実践，7：現場業務の質的向上努力実践。上記カテゴリーに含まれる個々の実践活動の信頼性と妥当性の検定は，クロンバック α が0.75，因子負荷量が0.65という基準でパスしている。顧客指向実践では2つの実践活動しかなく，検定はできないのでそれら2つの実践活動の相関係数が0.632で十分な相関があると判断した。上のセル内の数字は相関係数で，1に近い方が関わり度合いが強いことを意味する。すべて5%で有意。

位3分の1，下位3分の1のグループに分けてそれら33の実践活動の，グループの平均水準を比較して示している。網掛け部分を除いて，1から5までの段階で評価している（1は実践程度が最低，5が最高）。表は5カ国の全企業が含まれている。

　表から明確に読み取れることは，平均水準が高いグループほど，すべての個別実践活動においても高い水準を示しているということである。これは平行格差と呼べる差である（顧客指向カテゴリーの2つの実践活動は上位グループと中位グループの差は統計的に有意な差ではないが，それ以外はすべて有意な差である）。もし個々の実践活動水準が相互に影響し合わないで独立にその水準が決まる場合には，個々の実践活動でこのような差がつく保証はない。平行格差は個々の実践活動が相互にプラスの相関があるときに発生する。すなわち，ある実践活動が高い（低い）と，他の実践活動の水準も高い（低い）という関係である。

　表10.2では33の実践活動を7つのカテゴリー（**表10.1**の第1列のカテゴリー）の間の相関度を示している。強弱はあるがすべて有意な相関を示している。同じグループ内での個々の実践活動水準の違いはその活動の一般的な難易度ということができる。難易度の違いはあるにせよ，活動間の実践程度は相互に関わり合いがある。

　組織では分業体制を採っている。それはそれぞれの活動は組み合わさって企業

全体の成果につながるという性質で結びつきがある。そのような特徴がそれぞれの活動の質が相互に関わり合いをもつ可能性があることを意味する。その関わり合いは2種類ありえる。隣の活動がいい加減なので（優れているので），こちらもそれに合っていい加減（優れたもの）になるというプラス（正）の関わり合いである。これを正のフィードバック（Feedback）が効くという。他方で，隣がいい加減なので（優れているので）こちらはしっかりしなくては（怠けてもいい）というマイナス（負）の関わり合いも考えられる。これは負のフィードバックが効くという。会社のつながりはどちらになるかと言えば，表10.2の結果は前者，すなわち正のフィードバックが支配的であることを示唆する。好循環あるいは悪循環は正のフィードバックが効いているときに起こる。駄目になっていくと雪崩をうったように駄目になるという表現や「乗っている」という表現は正のフィードバックのことである。経営は好循環をいかに持続させるかという大きなテーマを抱えていると言えるのである。

　実践活動カテゴリーでは顧客指向性(5)が他の実践活動カテゴリーと関わり合いが弱いことは注目できる。顧客指向性はどちらかと言えば他の活動と比較してまずさがすぐに現象となって現れるものではない。これは実際には個別活動をするうえで下支えになる姿勢として重要であるが，行動的には客観的に評価しづらい要因である。顧客優先とか顧客が企業を支えているという認識を真にもって活動にあたらせることはそれほど簡単ではないことも示唆される。サプライチェーンによる価値創造において紹介した2つの会社，Zaraとイビサを特徴づける目標になっていたことを考慮すると，顧客指向性を真に企業の人々に浸透させるということは表10.2の関わりとは別に戦略的には非常に重要である。それが行動に真に融合されるようにすることが優れた経営あるいはサプライチェーンの構築において戦略的な課題である。

　個々の実践活動水準およびそれら全体の平均水準と競争力の関わりを示しているのが表10.3である。そこでは広義の意味も含めてサプライチェーンに関わるいくつかの競争力指標を実践水準で違いがある3つのグループで比較している。明らかに競争力指標においても実践活動水準が高いことが寄与していることがわかる。

　このようなデータから，競争力に結びつく協働的つながりとは，必要なさまざまな活動が全体成果に結びつくように高い水準で遂行されている状態を示唆している。それはスポーツにおけるチーム・プレーに似ている。各メンバーが各々の

■表10.3　グループ間の競争力指標比較

競争力指標	上位 G	中位 G	下位 G
原材料入荷から顧客への配送までのサイクルタイム①	.309	.028	−.405
受注から出荷までのリードタイム②	.107	.094	−.307
新製品開発導入までの時間③	.742	−.138	−.604
配送の遵守率④	.340	.043	−.433
主要製品の生産時間⑤	.122	.102	−.272
主要製品の不良率・返品率⑥	.328	.189	−.566
高品質・ブランド性⑦	.362	.064	−.468
在庫回転率⑧	.291	−.040	−.063
固定化される生産計画の長さ（柔軟性）⑨	.157	.092	−.309

(注)　各指標の数字は以下の通り。①日数を業種ごとに正規化，②同じく日数を業種ごとに正規化，③工場長・副工場長・生産技術者の主観的評価平均（評価は 4 つの質問に対する答えで計測。5 が最速，1 が最遅）を正規化，④納期遵守率（％）を業種別に正規化，⑤主要製品系列について日数を業種別に正規化，⑥主要製品系列について不良率と返品率の和の平均値を業種別に正規化，⑦工場長・副工場長・生産技術者の 5 段階による主観的評価平均（評価は高品質性，製品イメージ，製品性能に対する評価値の平均）を正規化，⑧製造原価に占める在庫額の比率を正規化，⑨修正がきかない，固定化される生産計画の長さ。タイムバケットになる。それが短いほど柔軟な生産体制を意味する。業種ごとに正規化。
　またすべての指標は数字が大きい方が良いように正規化されている。

役割でより高い技量を養い，それらが連携的に結びついて優勝するようなチームになる。

　ここで協働的つながりには 2 つの要素が含まれていることがわかる。第 1 は高い技量（高度な実践），第 2 はそれらが全体成果につながるように結びつくということである。経営においては構成員がばらばらに動くという状態が問題になる。そこには個人目標と組織目標の乖離が存在し，組織として動くことに対する障害が生まれる。組織行動へと誘引する仕掛けが問題になる[6]。乖離が生じないような組織にするには，日本企業のように，頭の中が真っ白なうちに（未経験者，あるいは新卒のまま）企業に引き入れ，企業活動に全人的に専心させて組織行動と個人行動を一体化させるという考え方もある[7]。

　しかしながら，例えば日本企業がすべて優れているわけではない。優れた企業もそうでない企業も同じような慣行あるいは環境において経営が行われている。制度的要因だけでは説明がつかない。

　協働的つながりを特徴づける 2 つの要素，すなわち，高度な技量とそれらの目的達成に向けた適切な連携は相互に関わる。それらは仕事に従事する人間の行動に内在している。その人間の（行動）能力向上は学習で可能になる。

10.1 人間の協働的つながり

　有力な組織の**学習理論**によれば，学習効果は2つの条件のもとで起こる[8]。第1の条件は，組織がやり遂げようとしたことが実際に起こる，すなわち，行動の設計と帰結が一致することである。第2の条件は，行動の設計と帰結が一致しないときに，その不一致が解消されることである。それらの条件は，結果を知り，結果と狙いの不一致が解消されて組織の学習が起こるということを示唆している。したがって，行動がともなってある種の結果を生むということが組織学習の基本的条件である。

　先述の学習理論によると，学習には1次ループ学習（Single-loop learning）と2次ループ学習（Double-loop learning）があるという。1次ループ学習は，行動が期待した結果を生むときと，期待しない結果を生んだときに用意された修正メカニズムによってその結果を改善できるときに起こるものを言う。それに対して2次ループ学習は，期待した結果を生み出すために，自分達の行動に影響していると考えられる（個人的には支持しているわけではない）様式を変えて行動するときに起こる。

　部屋の温度が低くなって（高くなって）きたときに，例えば，摂氏20度が望ましい温度であるとプログラム化されたエアコンがその温度になるように機能するような場合にはエアコンは1次ループ学習をしている。2次ループ学習をするエアコンは，その20度そのものについてその理由を問いかけ，変化させて部屋の条件を適正に維持しようとする。

　企業の組織学習では2次ループ学習は困難であるという。組織に埋め込まれた人々の思考方法や行動様式を変えることは難しいからである。しかしながら大きな変化が生まれると，2次ループ学習も必要になる。例えば，エアコンの例では，エネルギー不足が社会的に深刻になると，あるいは健康上，身体には本当は何度が適温なのかを問題にするようになると，2次ループ学習を行えるエアコンが必要になる。企業経営にとっては，すべて1次ループ学習で処理できる体制や環境が望ましい。しかしながらそのような体制や環境を事前に設計することは容易でない。したがって，2次ループ学習ができる土壌を備えることが望ましい。

　優れた協働的つながりも優れた学習能力があることで生まれる。優れた協働的つながりは，個人の技量向上と優れた連携を必要とする。優れた連携と個人の技量向上を等しくもたらす学習が組織で可能となるように埋め込まれることが望ましい。すなわち，技量向上のための学習と連携を学ぶ学習である。前者は組織の成果を高めるのに寄与する技量を高めることである。後者は技量を他の人間の技

量に結びつけて組織成果を上げる能力を高めることである。

　協働的つながりは，個人の技量と企業目標達成をもたらすようなそれらの結びつきでできあがるが，技量と結びつきに関する学習は相互関係がある。すなわち，優れた連携によって組織の成果が確認されてそのことが個人の技量向上に資する学習契機をもたらし，次に技量向上が次のより優れた連携関係を生み出すという相互関係である。

　優れた連携は個人に対してある種の刺激をもたらす。それがその個人の力不足を示唆することもあれば，向上の方向を示唆する場合もある。それに基づく学習は組織行動の成果につながる技量向上に寄与する。その方向での向上は次にはより優れた成果をもたらす連携を可能にする。そのような相互関係が働くことで優れた協働的つながりを可能にする学習が進展する。その結果として企業成果も高まる。高度な技量とそれをフルに使う高度な連携がスポーツでは優勝チームを特性づけるように，企業経営でもそのような特徴が見出されるのである。

10.1.2　優れた協働的つながりの構築

　上記の調査過程では，各事業所においてデータに基づいてデータの背後にある事象および優れた協働的つながりに関する討議を行う機会をもつことができた。優れた協働的つながりに関してはすべての企業がもの作りにおけるその重要性については肯定的である。その構築に関しては，ほとんどの管理者がそれぞれの個人にまかせ放してできあがるものではないことを指摘している。企業成果を生み出すような合理的な，目的的行動に基づく人々の動きをリーダーが喚起し，それによる状況の改善を確認しながら従業員の間に次第にできあがっていくものである。

　人々が日常的に接する問題において意思決定を行い，行動するにあたってそれらを律する行動様式を企業成果につながるようなものにしていく契機作りとその徹底を図ることがリーダーの役割と指摘する事業所経営に携わる，優れたトップ管理者は多い。さらに，行動様式の確立ではP-D-S-A（Plan-Do-See-Act）というマネジメント・サイクルは不可欠であると指摘する。ランダムな思いつきを行動に移しているだけでは努力は長続きしない。

　サプライチェーンは優れた協働的つながりによってそのマネジメント効果が上がる典型的な場である。つながりが悪ければ製品を送り出しても，在庫があっという間に積み上がるか，品切れ続出という状態になる。市場も掴めないまま同じ

ことを繰り返す．したがって，企業経営の質はそこに端的に現れる．

〈例10.1　行動様式の変化を喚起する〉

　先ほどの調査過程で討議したさまざまな事業所の経営トップから知り得た行動様式の変化を喚起するためのやり方として一つの事例を紹介する．

　A氏はある大手の自動車メーカーから子会社にトップとして就任した．その子会社は赤字経営で悩んでいた．K氏はその子会社の立て直しに着手するために中間管理職の一人一人を呼び寄せ，会社の実情に関してどう考えるかについて意見を聞いていった．それが一巡して気づいたことが一つあった．それは，誰一人として会社で何が起こっているか知っていないということである．それら中間管理職の人々はすべて自分の職場を越えたことに関して無関心かつ無知である．したがって，会社がなぜおかしいかなどについてもわかるはずがない．

　A氏は毎朝，始業前に中間管理職すべてが参加しなければいけない会議を開催することにした．そこでは，順繰りに各部署で先週何が起こったかを報告してもらった．他の部署の報告でも参加者はすべて聞かなければならない．そのような会議の結果，各管理者は他の部署で起こっていることについて知るようになる．次に，起こっている問題と自部署の問題の関わり合いについても考えざるを得ないようになる．

　A氏は各部署に課題を与え，その実施経過についてこの会議で報告してもらうことにした．その結果，部署で解決できることと，部署間で検討しないとできないことが次第に皆にわかってくる．会議は連携行動を契機づける仕組みとしても働く．

　A氏は問題解決においても望ましい行動を要求した．例えば，就任してすぐに気づいたことは工場内に在庫が多いということであった．経験的にも多過ぎると感じた．そこで適正在庫あるいは在庫削減ということになるが，その前に工程に対して現在の在庫の半分で操業することを指示した．当然，そこで起こるかも知れない問題に対する責任はA氏が負うという状況にする．その結果，品切れを起こすことなく操業できることがわかる．次にまた在庫をさらに半分にしてやることを指示する．それができるとまた同じ指示をする．当然操業に支障をきたす限界にぶつかるわけであるが，その限界を知るということが非常に重要である．その限界点で同社の実際の実力がわかり，リードタイムも推定できる．それから有効な改善活動を行うこともできる．

最初からリードタイムがどれだけかを担当者に訊いて返ってくる答えで行動するわけにはいかない。確かにリードタイムが在庫を規定する。リードタイムを短くすれば在庫も減る。しかしながら、リードタイムがどれだけかが理解できていない状態や、あるいはいい加減な推定値で行動するわけにはいかない。事実からすべての問題解決は始まるのである。事実を把握し、合理的な解決のアプローチをしなければ成果は上がらない。成果をともなわない方向での改善活動は長続きしないし、従業員の行動様式を変えることはできない。トヨタ自動車では問題に対して「なぜ」という問いを5回繰り返すことで真因に辿りつくという行動様式を従業員に要求するという[9]。これも事実に行き当たるプロセスを要求することと等しい。それから改善活動は始まる。問題解決者の集団というトヨタ自動車の形容も説得力がある[10]。

　正しい問題解決のアプローチ、会社の成果に結びつくプロセス上での適切な連携行動について従業員に体得してもらうことがそれらの人々の、学習による真の資質向上をもたらす。サプライチェーンの実践でもまったく同じことが言える。サプライチェーンはさまざまな活動が結びついてその成果が現れるプロセスである。そこにおける適切な行動の背後にはチェーンが全体として成果を生み出すということに関する科学的な論理知識と人間の適切な判断が必要である。

　活動がどうあるべきか、それらがどのように連携的に動かねばならないかを律する行動様式を企業の人々に埋め込むリーダーの役割は大きい。サプライチェーン・マネジメントにおいてもそのことは同じである。リードタイムはどのようにして規定されていくのか、それがチェーン全体にどんな影響を与え、チェーンにおけるさまざまな活動の各々がチェーン全体の活動成果にいかなる関わりをもつかなどについての知識をそれぞれの活動主体がもち、それに基づいて望ましい行動様式を組織に定着させることが重要になる。あるべき活動のプロセスを追求し、実践する行動様式が優れた連携的つながりの状態をもたらす。JITはそのあるべきプロセスを指し示す根底の思想の一つである[11]。

10.2 サプライチェーンの展開

　市場にとって望ましい供給プロセスを構築していくことは現在の競争において最も重要な課題である。競争的な供給プロセスはそこにより多くの活動および活動主体を包含し，統合的にそのプロセスの全体としての働きを向上させることで構築されていく。その発展は統合化の2つの軸によって特徴づけることができる。第1の軸は，統合化するプロセスの長さを規定する軸である。これをプロセス軸と呼ぶことにする。第2の軸は統合化における管理上の調整範囲を測る軸で，管理軸ということにする。

　プロセス軸は，サプライチェーンにおける統合化を行う場合に，どこまでの活動を含み込むかの程度を示す軸である。サプライチェーンは第5章で述べたように最初の原材料を作り出す活動から最終市場の顧客に渡すまでの非常に長い供給活動を含む。特定の企業は多くの場合にその全体プロセスの内で特定の活動を担当し，それをビジネスとしている。特定の企業から見ると，企業が営む活動はその企業の内部で管理し，それ以外は他の企業が管理する。企業内では開発，原材料の調達および調達物流，製造，販売および顧客までの流通というプロセスから成り立っている。そのような活動のつながりでどの活動まで一体化してその成果を高めようとするのかがプロセス軸である。統合化の対象として含めようとする活動の広がりと言うことができる。

　管理軸は，直接的な管理対象として，あるいは調整を行う対象としてどの活動までを含めるのかを規定する。例えば，販売と製造の調整を両者にまかせるのではなく，全社として適切な視点（例えば両者の総費用の和あるいは会社の営業利益などの視点）から調整する場合には調整範囲は広いということになる。この管理の調整範囲が広くなるほど，例えば費用削減や利益増加などの達成した成果を活動間でどのように帰属させる（配分する）かという決定問題，さらには実施のための投資や負担の分担配分の決定問題についても同時に管理課題として含まれるようになる。

　これら2つの軸からサプライチェーン・マネジメントの展開の図式を描くと図10.1のようになる。縦軸にはサプライチェーンとして統合的に考える構成活動の広がりを示すプロセス軸，横軸には管理上の統合化対象の広がりを示す管理軸

■図10.1　サプライチェーン・マネジメントの展開のタイプ

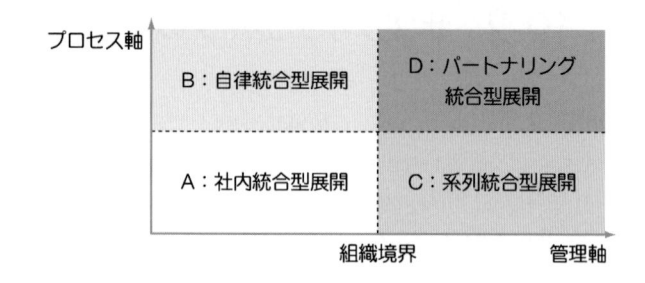

```
                プロセス軸
                   │
      B：自律統合型展開  │  D：パートナリング
                   │     統合型展開
      ─────────────┼─────────────
                   │
      A：社内統合型展開  │  C：系列統合型展開
                   │
                  組織境界      管理軸
```

をとる。中間的に点線を引いて企業の境界を表す。大雑把ではあるが，それによって4つのサプライチェーン・マネジメントのタイプを抽出する。

まずAの社内統合型展開は，対象は社内のサプライチェーン・プロセスで，管理的にも自社内における利益や費用の負担，配分しか考えない。通常の社内のプロセスにおけるサプライチェーン・マネジメントである。

Bの自律統合型展開は，サプライチェーンとして認識するプロセスが社外にも及ぶが，管理的にはそれぞれの会社が自律的判断によってそのプロセスの統合化のメリットを追求する展開である。預託在庫方式，企業間の共同輸送方式，物流を自らは営まない第三者の企業が荷主の輸送業務を専門の物流業者を使って荷役・輸送業務の計画と実施を受託する3PL（Third-party logistics），無検品制度，あるいは石油業界における原油や工場の相互利用などが例として挙げられる[12]。関わる各主体はあるルールのもとで自律的な行動をとる。

Cの系列統合型展開は，組織間での費用や利益の負担や配分までも扱うが，基本的には自社内のサプライチェーンにおける効果を高めることが狙いである。社外の主体は自社のプロセスの有効性や効率性を高めるように協力的に行動する。いわゆる資本参加や人的資源の送り込みなどを通じて取引関係を通常の価格システムに基づく関係以上に強める。従来，日本の大手メーカーが採用してきたとされる下請け系列がこれに該当する[13]。

最後のDのパートナリング統合型展開は，自社外のプロセスを統合的に考えてその有効性と効率性を高めるようにすると同時に，どちらか一方のみでなく相互が独自に発展できるプロセスを維持しつつ，そのための費用負担，利益配分についても管理の範囲とする。この場合には開発などのプロセスも共同的に行うとか，両者にとって有用な問題の解決を共同で行うなども含まれる。このような共

同問題解決は両者に共通する問題の解決で，それによって両者が各々メリットを得るところに特徴がある。両者の戦略的な狙いを調整することも出てくる。

このようなサプライチェーンに関わる展開のパターンは，結局は企業の存続と発展に基盤の強化を図るために，自分が位置するチェーンにおけるさまざまな活動の技術的結合とそれを統合化する管理論理の両方を拡大する努力の結果生まれる。効果の視点からはAからDに至る過程が拡大方向である。その拡大方向では2つの視野の拡大をともなう。チェーンにおける活動の編集による潜在的可能性をより広い視野で洞察することと，それら活動を管理するときに活動主体の潜在的能力を引き出すために，活動主体の行動についてより広い視野をもつことである。前者では活動そのものの技術的あるいは物理的な側面が重視され，後者においては活動主体の行動科学的な側面が重要になる。

Aにおける社内統合型展開では，例えば，生産プロセスにおける統合化，次に開発と生産の統合化，さらにはそれら3つの活動の統合化という順に進んでいく。そこでは生産プロセスと開発プロセスの調整，販売との調整などが行われ，さらにそれら調整を行う，より適切な管理原理を考えなければならない。それぞれの職能や部署の成果だけを考えるのではなく，会社としての成果を高めるという狙いが背後にある。サプライチェーンではまずは，大きな，しかも最初の課題である。この段階でまだ多くの企業が努力中である。**職能横断的**（Cross-functional）**体制**などの概念の下でこの努力が続いている。今では経営書では必ず出てくる概念になっている。

BおよびCは社内を超えた展開で，**組織間**（Cross-organizationalあるいはInter-organizational）の体制構築に踏み込む。社内外を通してチェーンにおけるプロセスを考えることでより企業としての成果が高まることを企図する。実際にその方が成果も高いという事実認識が背後にある[14]。BおよびCは，社外のプロセスと社内のそれとをより効果的かつ効率的に結びつけることを狙うが，その場合に問題になる協働を確保するメカニズムとして，管理的に軽減させて行うか，資本参加などの管理的負担をかけて行うかによってBかCに分かれる。Bは管理負担は最小限で，特定のルールの下で各々の主体（組織）が分業する。相互の経営には介入しないで，各々が自律的に経営する。Cは人材を送り込む，あるいは相互のプロセスが適合するように設備などへの投資をともなう。協力を要請する側でも協働を確保するための負担が必要になる。

自律統合型展開では各組織の自律性をベースにした組織間統合になるだけに統

合化するプロセスが限られる。例えば，チェーンにおける輸送や在庫管理などの局面である。背後の戦略的企図に関しては相互に相違する。同床異夢の状況である。特定のプロセスに限定された協働メリットを生み出すうえでは実現しやすい。

系列統合型は経営的にはチェーンにおける特定の1つの会社がその戦略的な意図に基づいてその会社のチェーンにおける利点を中心に追求するという点では自律統合型展開よりも戦略的な足並みは揃う。しかしながら，系列的なつながりの関係は同じ船に乗っているという信頼性と相互依存性が高くなるが[15]，その反面で関係の切替えができにくくなってより分業が進み，その結果，相手企業の行動の適切性を判断する専門的知識の欠如などによる管理限界がもたらす非効率性を内包するようになる。固定的な関係は系列だけでなく，一般的な関係であってもその問題は抱え込む[16]。

自律型も，系列型もどちらももっと競争が激化するとさらに競争上のメリットを高めるような統合化を指向するようになる。それが**戦略的提携**（Strategic alliance），または**コラボレーション**（Collaboration）とか，旧来の系列の手直しによる新たな関係の創出という形となって発現する[17]。それは端的に言えば協働をもっと成果高いものにするということのためである。Dはそのような方向が目指すチェーン統合の姿として示されている。ここではより大きな戦略的優位を協働で創り出す統合を目指すが，その根底には親会社に言われたことをやるだけの関係を超え，各主体がつながりをもっと効果的にするような業務遂行の新たな枠組み，あるいは創造性をもち込むことで協働による戦略的優位性を各主体が享受し，相互の共存共栄が図れることがパートナリング統合型の狙いである。統合と言ってもいろいろなレベルがある。近年登場してきた小売業者とその供給者間のパートナリングを考える。

〈例10.2　小売業者と供給者のコラボレーション：CPFR〉

サプライチェーンではパートナリングないしコラボレーションとして，例えば供給者と小売業者の間では売上や予測値などの詳細なデータまで共有することで初めて実現できるという考え方もある[18]。今まで述べてきたように，サプライチェーンでは同期化が重要な管理焦点になるが，さまざまな主体が介在し，それらの間で情報などの遮断と，その環境で各主体が裁量的に自分のプロセスだけを考えた行動による問題をなくすということが重要なコラボレーションの狙いになる。そのような要請に応えるように出てきたのが共同計画立案・予測・補充とい

う概念であった（Collaborative planning, forecasting and replenishment, 略して CPFR）。CPFRは1995年にウォルマート，ワーナー・ランバート（Warner Lambert），ベンチマーキング・パートナー（Benchmarking Partners），SAP，マニュジスティックス（Manugestics）が共同で行ったパイロット・プロジェクトから生まれた概念である[19]。

CPFRは，従来広く使われてきた組織間データ交換のEDI（Electronic data interchange）がデータ交換スピードが遅く，しかも高価なシステムであるという欠点を補うサプライチェーンにおける情報統合を目指す概念である。この概念はインターネットの登場による電子的情報交換システムの登場によって可能になっている。CPFRの狙いは，それら新たな通信技術やインフラを利してサプライチェーンにおける複数の異なる主体が共同で販促，需要予測を行い，そのうえで生産および供給補充を計画，実践することで在庫や経費を劇的に減少させ，同時に顧客満足を高めることである。また預託在庫方式や連続補充方式（Continuous replenishment）などよりももっと広範囲な情報や計画業務の統合化を含む。

CPFRの実施では，5つくらいの手順を踏む[20]。第1段階では，コラボレーションする会社間でコラボレーションの目標（在庫削減，売上機会損失の回避，商品陳腐化回避など），コラボレーションに必要な資源（情報システムやソフトウェアなど），守秘義務などに関する協定が交わされる。第2段階においては，パートナーシップに関する戦略を構築し，それに各々の自社戦略を整合化させる。同時に，共同のカレンダーを作成して行うべき計画活動の順序を明確化する。これによって商品の流れが決まり，各主体の需要予測の差異に対処する例外基準などが規定される。第3段階は需要予測で，これは各主体がそれぞれの手順で行う。ただし，ここで小売業者の売上データが共有されることで予測精度を高めるようにする。第4段階では，需要予測値を相互に共有する。サーバーを通じて各主体の予測値（小売は注文量，供給者は売上予測値）が共有されるが，それらの予測値が相互にある％以上食い違っていると例外的にその差をなくして同一の予測値を得るために電子的なコミュニケーションを通じて協働作業が行われる。第5段階で実際の供給が行われる。通常は，協定は年に一度，共同事業計画は四半期，予測は1週間から1月，補充供給は毎日という時間間隔で運営される。

CPFRはその趣旨から言えばサプライチェーン・マネジメントの効果を高めるための効果的な連携を示唆している。しかしながら，実際の実践と企業の成果に関しては期待したほどでもないことが指摘されている[21]。その研究ではコラ

ボレーションに参画する人々が販売とマーケティングの人間だけであるところに問題があると言う。真の意味のより高度なコラボレーションには至っていないのである。特定の職能の人しか関わっていないというのは企業全体としてのコラボレーション体制にはないということである。それぞれの会社がその独自性を失わないで、そのプロセスを他社と統合的に考えるということは、やはり戦略的に大きな決定であるし、その前に社内における連携行動の意義も理解できている必要がある。一気にその連携体制に行くには無理がある。

　最もやりやすいコラボレーションが製品開発であるという調査があるが、これは開発が比較的組織内で孤立していて、最少のプロセス協働化で済むという判断が働いているからと考えることもできる[22]。しかしながら実際には効果的な開発はそのようなものではない。

　例えば、コンピュータ技術を積極的に利用するコンピュータ支援設計（Computer aided design、略称 CAD）、コンピュータ支援製造（Computer aided manufacturing、略称 CAM）、フレキシブル・マニュファクチャリング（Flexible manufacturing systems、略称 FMS）、ロボット技術およびその他のソフトウェア技術などの先端的製造技術（Advanced manufacturing technologies、略して AMT）の開発と導入の成功は協働できる良好な供給者関係を築くことに依存するという[23]。これらは本質的にプロセスに関する技術であるためにさまざまな専門知識や職能知識をもった人々の、有効な協働関係を前提とするグループあるいはチームでの取り組みが重要になる。しかも製造はサプライチェーンのつながった活動の重要な部分であるために組織間を超えたそのような連携がポイントになる。特定の企業だけが AMT を導入しても、チェーンの流れ全体が滑らかにならない限りボトルネック現象によって成果は上がらない。その意味で、図 10.1 に示したように、A から B あるいは C を経ながら統合化の意味合いを理解し、D へと発展していくのが現実的であろう。

　企業が D のような統合形態を指向する理由には 3 つある[24]。第 1 は、企業は自社内に存続と成長に必要なすべての資源とそれを内部的で競争的に創造する管理能力をもつことが難しいということである。第 2 は、市場取引では一般化あるいは客観化された資源や能力は購入できても、そうでない資源や能力を入手し難いこと、第 3 は欲しい資源だけを買い入れることは難しいということである。例えば、会社を買収して欲しい資源や能力を入手しようとしても、それらは往々

にしてその会社に特有のものでその会社から切り離すとその価値が失われたりするし，余計な資源まで買い入れることになる。

Dはより発展したサプライチェーン・マネジメントの形態であるが，その実現は難しい。その背後には信頼の問題がある[25]。前述のCPFRなどの組織間協働において重要な要因が何かに関する調査でも信頼性と戦略的目標の一致性が最も重要であるという結果がある[26]。

特定の企業とのパートナーシップ構築にはそのための投資，費用や他の取引機会の犠牲などがともなう。負担や犠牲をできるだけ低くして協働体制を構築しやすくするということも考えることはできるが[27]，これら負担や犠牲を上回るメリットがなければならない。費用削減，在庫削減，迅速なる製品の市場への導入による戦略的優位性の確立，納期遅れや品切れなどの回避，市場情報の真の把握などがパートナーシップを強化することで期待されている成果である[28]。

他方で，協働によって本当にそれらを実現できるのか，その成果をどのように分け合うのかに関する不確実性がある。それら不確実性の克服においては最終的には協働による成果をどこまで上げられるかに関する当該者の判断が重要になる。協働の失敗に対する保険がない限り不確実さは解消できず，パートナーシップに加わる主体がその可能性の大きさとそれを実現できることを洞察できるかどうかに協働の可能性は依存する。期待した，大きな成果を上げることができればそれらパートナーシップが相互に不可欠とみなし，それを高め，維持する動機が働く[29]。

サプライチェーン・マネジメントの発展は通常は社内統合型から始まり，パートナリング統合型まで至る可能性がある。いかなる形態を経るかについては一意的には決まらない。企業によって異なる。しかしながら，社内統合型がうまく展開できなければその後の展開で大きな成果を上げるのは難しい。まず社内のチェーンにおけるプロセスが統合化できない状況で外部とつなげても効果は期待できないからである。社内のプロセスが制約になる。さらに，統合化することの意味と意義の理解に支援された，パートナーシップを構築する駆動力が組織として働かない可能性がある。その意味では前出の内部の連携的つながりがこれらサプライチェーン・マネジメントの発展的展開にも重要な関わりがある。社内の連携的つながりを実現し，さらにそれを社外へと広げるマネジメントの能力がポイントである。

10.3 優れた連携的つながり構築のドライバー

　サプライチェーンを企業にとってより大きな戦略的梃子とするには，図10.1のようなチェーンに沿ったプロセスのつながりの強化を図っていくことが重要になる。その背後には優れた連携的つながりを構築していく努力がある。そのつながりは成果の確認を基礎にした人々の学習による資質の向上をともなう。
　事業の成果は事業に関わるさまざまなプロセスをより適切に設計し，実施することで上がる。適切に設計し，実施するそのプロセスの範囲が広がるほど成果も大きく，しかも運だけではない持続性がある。成果が企業のような組織では人々の行動を左右する大きな要因である。トップなどのリーダーシップが成果達成の契機を与えるうえで時として重要であることはすでに述べた。成果を今までのそれより飛躍的に上げ，優れた経営体制や人々の行動を構築する企業にはこのようなリーダーがいることが多い。彼らには成果を上げるアイデアと人々をして実行させる力が備わっている[30]。
　ここではリーダーの役割に深く立ち入ることはしないで，成果につながる経営プロセスを創り出すのに必要な要因を考える。

10.3.1　成果源泉の拡大に関する洞察力

　成果を上げることが止んだときに人々の学習も，彼等が働く企業の成長も止まる。問題は成果の源泉をいかに洞察し，見つけ出すかである。前述のようにそこにおいてリーダーが果たす役割は大きい。しかしながら，組織としてその能力をもつことが組織存続のうえで必要になる。すなわち，働く人々がそれを確認し，達成するための優れた行動様式を考案し，実践し，組織として体得していくことはさらに大きな要素である。
　成果を上げるには，成果がどこから来るかを理解することが前提になる。それによって何をすれば良いか，どんな成果が上がるかについても追求できる。例えば，在庫を減らすという成果を上げるのに，安全在庫係数を下げることよりも，リードタイムを短縮し，需要の変動をなくすことが効果的である。確かに安全在庫係数を下げることは担当者だけで決めることができるけれども，その結果は悲惨になる可能性はある。リードタイムを短縮し，需要変動を減らすというために

10.3 優れた連携的つながり構築のドライバー

は在庫管理者だけではまず達成不可能である。供給者や製造，販売，そして製品開発者まで含めたプロセスの再点検と再設計が不可避になる。ともかく，このような異なる活動を超えた連携によるプロセスの刷新が成果の源泉になることを事前に洞察できる力が必要である。

成果の源泉は，**図10.1**で言うと縦軸のプロセス軸に一つの鍵がある。すなわち，さまざまな活動のつながりについての可能性を洞察することである。つながりと成果の関わりを知ることである。トヨタ自動車のJITはつながりと無駄という関係で追求されてきた。顧客が評価しない無駄をなくすというところにつながりの在り方を関係づけた[31]。

それは工場の1つの工程から実験が始まり，段取り時間短縮，多能工制度，アンドン，混流生産方式，U字型工程，プル方式などという無数の，さまざまな実践活動や技術的開発に支援されながら次第にそのつながりは拡大していく[32]。さらに供給者を巻き込みながらのその拡大に応じて成果は上がり，またグローバル市場という視野で次の有効なつながりによる成果を追求する。それはサプライチェーンの成果源泉としての大きさを物語っている。

それぞれの時点の活動が独立せず，首尾一貫してプロセスの成果を高める方向で進むことが，成果の源泉の枯渇状態あるいはまばらな成果を避けるうえで重要である。このような成果源泉についての適切な洞察が組織として埋め込まれることが望ましい。サプライチェーンは企業活動の基本プロセスを構成している。そこでのプロセスのあるべき姿は今まで本書で述べてきたように理想としてはそれほど複雑ではない。

まずは遅れができるだけ少なく，情報の歪みも行動の不適切さもないプロセスを構築することである。無駄の多くはそれらから生まれる。そのような理想プロセスに近づくにつれて成果も上がる。確かに現実的にはさまざまな活動や主体，技術的限界さらには不確実性が介在することでその理想のプロセスを構築するのは容易ではないが，それらを一歩一歩克服していく過程が経営努力である。しかし方向が明確に理解されているならば，その実践は可能である。

多くの企業がサプライチェーンに対する意識を変え，それに取り組む特別プロジェクトなどを編成する機運が高まっている。それを会社として組織的かつ連携的に推進する体制になっていることが，成功の要件である。それは，プロセスに関する洞察に裏づけられた，サプライチェーンに沿っての経営努力が良い結果をもたらすという確信が組織として備えられていることの証である。その意味で，

サプライチェーンの特性に関する知識は組織として理解されていなければならない。

　既存の組織構造を見ると，原則的には職能組織を柱として組み立てられている。サプライチェーンとして活動がうまくつながる必要があるにもかかわらず，それらを分断するかのように職能知識を壁とした組織化を行う。それらを通した視野に責任をもつ者はトップしかいない。したがって，現状では少なくともサプライチェーンのあるべき姿と動きを描き，それを実現させるのはトップしかいないのである。それを実現できるトップがいるかいないかで，経営の基本プロセスにおいて経営格差が生まれる。この基本プロセスは，いかなる製品やサービスを事業にしようが，競争ではその優劣が決定的に効いてくる。トップの基本プロセスにおける洞察とサプライチェーン構築における役割の重要性は，強調して強調し過ぎることはない。その役割は企業に資質の発展にとって重要な成果の源泉をもち込む役割と言うこともできるのである。

10.3.2　情報技術の利用

　情報技術が現代の経営で飛躍をもたらす一つの大きな要因であることは確かである。特に，サプライチェーンでは情報の処理，伝達が大きな意味をもつので，情報技術がそのプロセスにおいて成果を引き上げる鍵の一つになる。

　現在ではさまざまなサプライチェーン・マネジメントのためのコンピュータ・ソフトウェアが開発されている。多くはアメリカから輸入されたものが多い[33]。しかしながらその適用において必ずしもすべてうまく行っているわけでもなく，また需要予測の部分だけ使うなどチェーンの全体操業を計画し，管理するまでの利用に至っていないケースも多い。その原因は本来的にそれらソフトウェアはチェーン稼働に関する計画策定ツールであるという基本的な性質や，ソフトウェアそのものの未熟さ，あるいは柔軟性のなさということもあり得るが，導入する企業の供給プロセスの計画と管理および物的なプロセスの稼働の仕方そのものがそれらソフトの想定するものと食い違っているということにある[34]。

　前出の国際的な製造企業事業所調査でも事業所経営における情報技術の効果があると評価している場合に，いかなる条件が満たされているのかを考えると興味あるデータが得られている。情報技術は基本的には人間の情報処理と伝達において効果をもたらすが，それは人間の経営活動におけるコミュニケーションの一部として考えることができる。そこで事業所経営におけるさまざまなコミュニケー

10.3 優れた連携的つながり構築のドライバー 391

■表10.4　コミュニケーション局面の比較

コミュニケーションの局面	平均以上G	平均未満G
現場活動における従業員間のコミュニケーション	3.69	3.21
現場作業支援のコミュニケーション	3.76	3.32
現場への成果情報のフィードバック・コミュニケーション	3.52	2.73
信頼という形のコミュニケーション	3.69	3.31
日常的な職能間のコミュニケーション	3.54	3.05
開発における職能間のコミュニケーション	3.64	3.15
短期計画という形のコミュニケーション	3.74	3.18
長期計画という形のコミュニケーション	3.94	3.17
事業戦略についてのコミュニケーション	4.12	3.52
顧客とのコミュニケーション	3.89	3.60
供給者との生産・ロジスティック上のコミュニケーション	3.50	3.01
供給者との開発上のコミュニケーション	3.86	3.48

(注)　コミュニケーション度を測る質問項目は付表Bを参照のこと。それら質問項目が各局面を測るうえでの信頼性と妥当性はクロンバック（Cronbach）αテストと因子分析による因子負荷量によって確認している。それらの切り捨て基準は前者が0.75，後者が0.65である。また両グループの格差の有意性は0.1％の基準ですべての局面で認められる。

ションの側面を考える。それが**表10.4**である。事業所経営における12の側面を考え，それらの活性化水準を測る。12の側面は今回の調査で得られたデータから把握可能な側面で，実際にはそれ以上の側面がありうる。

　表10.4では12のコミュニケーション側面を1から5の数字で評価した（1が最低，5が最高）平均値を基準に上と下のグループに分けている。そのときにそれら12の側面におけるコミュニケーションの取れ具合（活性化の度合い）が両グループでどれだけ異なるかを示している。その差は顕著で，**表10.1**と同じようにすべてのコミュニケーション側面で有意な格差となって現れる平行格差を明確に認めることができる。

　これから言えることは，コミュニケーション度合いもいろいろな側面が相互にプラスの関わりがあって，例えば，現場で従業員同士の意思疎通が取れていない場合には，職能間もコミュニケーション度合いが低く，さらに短期計画も長期計画も，事業戦略も従業員にコミュニケーションされずそれを踏まえた行動はされていないということである。またそれは外部の主体とのコミュニケーションや会社に対する信頼という無言のコミュニケーションが欠けることを意味する。端的には会社のコミュニケーション風土が欠如していることを示唆している。これは

■表10.5　情報技術利用からの効果の評価比較

情報技術による効果の種類	コミュニケーションが平均以上 G	コミュニケーションが平均未満 G	情報技術関連総経費が平均以上 G	情報技術関連総経費が平均未満 G
製造原価の削減	3.65	3.51	3.64	3.53
在庫の削減	4.07	3.97	4.04	4.00
顧客へのリードタイム短縮	4.03***	3.68***	3.84	3.89
納期遵守率向上	3.99***	3.72***	3.89	3.85
製品ミックス変化への柔軟性向上	3.61*	3.42*	3.46	3.58
製品数量変動への柔軟性向上	3.67***	3.29***	3.36*	3.57*
新製品導入までの時間短縮	3.48***	3.00***	3.32	3.14
顧客サービスの向上	3.83*	3.66*	3.84	3.71
顧客との協力強化	3.65***	3.39***	3.60	3.47
供給者との協力強化	3.77***	3.49***	3.62	3.63
製品差別化の改善	3.17	3.02	3.08	3.09
製品品質の改善	3.69***	3.28***	3.57	3.44

(注)　数字が大きい方が効果をよく評価していることを意味する。***は差が1％で有意，*が10％で有意であることを意味する。無印は差がないと言っても否定できないことを意味する。

5カ国を合わせたときの結果である。日本企業だけについての結果も同じ平行格差となって現れている[35]。

　これらのコミュニケーションには一切，情報技術の利用については含まれていない。そこで次の情報技術の利用から得られる効果をどれだけ評価しているかを同じように1から5の段階で測ってみる。1が効果なし，5は非常に効果があるという評価である。**表10.4**の2つのグループでの評価の違いと，参照として情報技術に要する総経費（ハード，ソフト，人件費など）が売上高に占める割合が平均以上と未満というグループに分けたときに，それらのグループが評価する違いを一緒に示したものが**表10.5**である。後者は情報技術の利用のために積極的にお金を使うグループと消極的なグループと言うこともできる。

　表10.5からは，先のコミュニケーションにおいても，より活性化している企業が情報技術の利用からの効果をより大きく認める程度が高いことが明らかである。情報技術導入に積極的企業とそうでない企業ではほとんど差がなく，唯一差が有意な場合は逆にお金の面で消極的な企業の方である。お金をかけるほど期待度も高くなるので評価が厳しくなるという行動科学的解釈も否定できないが，それよりも通常の企業内におけるいろいろなコミュニケーション局面で活性化している

■表10.6　コミュニケーションと実践活動水準

実践活動カテゴリー	コミュニケーションが平均以上 G	コミュニケーションが平均未満 G
戦略関連実践	3.83***	3.44***
情報掌握実践	3.67**	3.53**
組織的な品質管理実践	3.60***	3.40***
生産システムのリーン度（JIT度）向上実践	3.43***	3.24***
顧客指向実践	3.73	3.69
現場における管理努力実践	3.51***	3.33***
現場業務の質的向上努力実践	3.44***	3.20***

（注）　***は1%で格差が有意，**は5%で有意を意味する。

　企業が情報技術の効果を高く認めるという事実は注目できる。前の皮革バッグメーカー，イビサの事例で述べたように，常日頃からどのようなプロセスでなければならないかについて明確な考え方をもっている企業はその基礎にあるべきコミュニケーションの活性化に努力し，さらに情報技術の潜在的効果に誰よりも早く気づき，それを利用するように使えるのである。

　表10.6はコミュニケーションの活性化度が平均以上グループと未満グループの先の実践活動カテゴリー水準比較である。顧客指向以外ですべてコミュニケーションが平均以上のグループの方が実践水準も高い。

　情報技術は，企業のサプライチェーンを含んだビジネス・プロセスの変貌をもたらす機会になって企業成果の源泉はその変貌と共に拡大するという[36]。ベンカトラマン（Venkatraman, N.）は，その変貌を統合的に考えるビジネス・プロセスの拡大として捉え，次のような5つの段階で識別する。

　第1段階　局所的利用段階（Localized exploitation）：　特定職能における局所的利用による効果を上げる段階で，コンピュータ支援設計（CAD），在庫管理やクレジットの認証システムなどの業務効率に資する段階である。

　第2段階　内部統合化段階（Internal integration）：　ほとんどの内部的なプロセスが共通の情報ネットワーク基盤あるいはプラットフォーム（Platform）によって動く段階である。例えば，販売情報と生産情報システムの統合化などが該当する。いわゆる基幹業務システム（Enterprise resource planning，略してERP）などがこれに該当する狙いをもっている。業務的つながりを情報技術によ

って構築して経営成果を高めようとする思想である．この段階の特徴は，既存のプロセスを情報技術でつなぎ，さらにうまく稼働させるということである．

第3段階 ビジネス・プロセス再設計段階（Business process redesign）：この段階では情報技術の真の効果を引き出すように企業内の業務と組織管理のプロセスを再設計することで，仕事の仕方や組織体制などが既存のそれらと一線を画するような別物として再設計される対象になる．この段階では，例えば，PCメーカーのデルが電子商取引の仕組みを利用して顧客と直接取引する効率的なサプライチェーンの仕組みを導入し，後発でありながら一躍市場のリーダーに踊り出るというようなことが起こる．既存のPCメーカーとは異なるビジネス・プロセスを情報技術によって創り出し，それが顧客にとって良ければ一気に優位性をもつ．またヤフー（Yahoo!）やアマゾン・ドット・コムのような新たな仕組みのビジネスが興る．ビジネスモデル（単純に言えばビジネスの仕組み）という概念で事業を語るようになる．ビジネスモデルという概念は情報技術の進歩なくしては現れなかったと言えるくらいに情報技術の利用と切り離せない．

第4段階 ビジネス・ネットワーク再設計段階（Business network redesign）： この段階では1つの企業を超えた企業間の関わり合いにおいて情報技術がさらに成果源泉をもたらす．伝統的な垂直的統合や合併などの所有権の一体化を経ずして各企業が戦略的優位性を企業間の情報交換を通じて実現する．情報技術によるネットワーク化は取引情報の共通化，在庫情報の共有，製造や開発などのさまざまなプロセスの企業間共有ないし利用，そして知識の共有という形で行われ，費用削減やリードタイム短縮などの業務上の効率を一層上げ，市場における優位性(例えば標準化や差別化)創造に寄与する．いわゆるバーチャル・ビジネス・ネットワーク組織の構築である．

第5段階 事業範囲の再定義（Business scope redefinition）： 新規のビジネス機会を創造する段階で，情報技術の進歩で変化する事業価値を適切に再定義し直す．例えば従来の活字を組む出版事業はウェブによるオン・デマーンド型の出版事業に置き換わっていく可能性がある．最初から本というハードに変換するというプロセスが，買い手が決まってから本になるプロセスへと変わる方が合理的で，しかも売れる部数に依存しない企画も可能になる．また消費者が直接触れることができる物理的な店舗による販売（既存のもの）とウェブを通じた販売を合体させることで店舗の意義を高め，販売する効率も高められることで販売事業の価値をさらに強化する機会もある．

このような段階が実際にその通り実現するかどうかはまだわからないが，少なくとも情報技術は企業の価値とそれを実現する望ましいプロセスを変化させる重要な要因である。そこに新たな成果機会も生まれてくる。しかしながら，情報技術からの成果の実現を左右するものはマネジメントのそれに関する洞察とそれを利用する組織の人々の行動様式である。そこで最も重要なことは，いかなる製品やサービスであろうと，それを作り，供給するプロセスがどうあるべきかを常に追求し，実現に向けて努力していくことである。それがなければいつも後追いで終始し，真のあるべきプロセスの姿は理解できないために成果も上がらない。サプライチェーンへの取り組みはその努力をしているかどうかを判断する重要な基準の一つである。

調査についての補論

　本調査は筆者を含めた5カ国の大学研究者によるグループで1992年より97年にかけて5カ国（日本，アメリカ，ドイツ，イタリア，イギリス）の一般機械，電気機器，自動車の3業種の事業所を対象にして行われている。調査事業所数は，日本が3業種で46社，アメリカが30社，ドイツが33社，イタリアが34社，そしてイギリスが20社である。業種内訳はほぼ1/3ずつである。調査対象企業は2つのカテゴリーから成り立っている。第1は，特定の製品系列においてトップないしそれに近い競争的地位にある（主に市場占有率）企業のグループ，第2のグループは無作為に選んだ企業グループである。日本に関しては前者が33社，後者が13社であるが，他国はほぼ半々である。

　調査は事業所（工場）活動において望ましいとされているさまざまな実践活動について，1事業所当たり工場長から現場の直接要員まで26名の人々に対する記入式の調査で，実践活動の実施程度について個人的偏りを排除するために複数の人に回答してもらうように行われた。**付表A**は調査対象の実践活動の解説である。

　各実践活動は各々が3つ以上の質問に対する1から5段階による回答を基に測られている。それらの質問が当該実践活動を測るのに適しているかの検定は因子分析とクロンバックαテストによって行っている。αの切り捨て水準は0.65である。

■付表 A　実践活動の内容

33の実践活動の説明

公式的戦略策定： 戦略策定を公式的手順に基づいて行う程度
製造戦略と事業戦略の整合性確保： 製造に関わる戦略と事業戦略が整合的になっている程度
新技術に対する予知的適応： 新技術を予知しながらそれを利用したり，適応する程度
成果尺度の適時的修正： 成果を測る尺度を時間経過において適時的に修正していく程度
内部品質情報の確保： 内部で品質について掌握している程度
外部（供給者）品質情報の確保： 供給者に関する品質情報を把握している程度
統計的品質管理の励行： 工程管理において統計的手法を用いている程度
供給者の品質改善への取り込み： 品質改善において供給者と連携している程度
職能間の製品開発上での協力確保： 製品開発において各職能が連携する程度
品質向上でのトップのリーダーシップ度： 品質向上でトップがリーダーシップを発揮している程度
製品設計における製造上の考慮度： 製品設計で作りやすさなど製造に関する配慮をする程度
品質成果の従業員へのフィードバック： 従業員に品質業績を知らせている程度
日程生産計画の遵守性： 日程計画を遵守して実行している程度
設備レイアウトの工夫度： 機械などのレイアウトを工夫してラインが効率的に流れるようにしている程度
JIT への MRP の適合性努力： MRP を JIT 操業ができるように調整している程度
供給者からの JIT 供給確保： 供給者から JIT 配送してもらうようにしている程度
品質改善や製品設計への顧客の関与推進： 顧客と連携して品質向上や製品設計する程度
顧客指向の組織的浸透努力： 現場に顧客満足を徹底している程度
製造システムとそこで働く人材の適合性確保： 生産システムで働く従業員の資質がそれに適しているような人材配置をしている程度
現場従業員の会社の仕事に対する専心度： 現場従業員が会社の仕事にコミットメントをしている程度
意思決定上の対立の調整度： 職能あるいは部門間の対立を管理者が調整している程度
現場における手順書の利用可能性向上： 現場で常に参照できるように手順書などを改編し，現状に合うようにしている程度
現場における管理者と要員間の接触度： 現場で管理者と従業員が常に接触している程度
品質向上に対する報酬度： 品質向上に対して報酬を与える程度
予防保全の励行： 現場における予防保全活動を推進している程度
段取り時間の短縮努力： 段取り時間を短縮する努力の実践度
製造戦略の浸透理解促進： 製造戦略が従業員全体に知らしめ，理解してもらうようにしている程度
監督者による従業員間相互作用推進： 現場監督者が従業員同士で相互作用を喚起できるように仕向けている程度
提案制度の機能化推進： 提案制度が実質的に機能するようにしている程度
小集団活動の活性化： 小集団活動が活発に行われるようにしている程度
雇用・選抜におけるチームワーク力重視度： 採用したり，選抜するときにチームワークが取れる能力を基準にしている程度
訓練の業務への関連度： 訓練や教育が実際の業務に役立つように関連性をもたせている程度
多能工制度の推進： 複数の業務ができるようにしている程度

■付表B　コミュニケーションの内容

コミュニケーション局面	構成質問
現場活動における従業員間のコミュニケーション	・現場監督者はチームとして働くように現場の人々を動機づけている。 ・現場監督者は意見やアイデアを交換するよう現場の人々を奨励する。 ・現場監督者はしばしばグループ会議を行い，物事を現場の人々が真に討議するようにしている。 ・管理者は対面での意思疎通の重要性を信じている。 ・問題解決のための会合ではすべてのメンバーが意思決定をする前に意見とアイデアを交わすように努力している。 ・小集団で共に働ける従業員を選抜するようにしている。
現場作業支援のコミュニケーション	・成文化した現場の作業手順書は誰でも簡単に利用できる。 ・成文化した現場における製造の手順書は工程改善ごとに改訂される。 ・成文化した製造手順書は工程改善があっても書き換えるのは困難である。（反） ・成文化された製造手順書は明快で使いやすい。 ・実際の作業手順は成文化されたものと相当違いがある。（反）
現場への成果情報のフィードバック・コミュニケーション	・現場には不良率を示す図が掲示されている。 ・生産日程の遵守度についての図が現場に掲示されている。 ・機械故障率についての実績図が現場に掲示されている。 ・生産性に関するデータは従業員が利用できる。
信頼という形のコミュニケーション	・私の価値とこの組織のそれとは非常に似ている。 ・私はこの組織の一部であることを誇りにしていると他の人に語れる。 ・この組織は仕事をベストに遂行するようにさせてくれる。 ・仕事に就くときに他社でなくこの会社を選んで最高だった。 ・私にとって，働く場所としてはこの会社は最高だ。
日常的な職能間のコミュニケーション	・この会社の職能は良く統合されている。 ・この会社の各職能はうまく協働している。 ・マーケティングや財務の人々は製造のことを良く知っている。
開発における職能間のコミュニケーション	・直接要員は新製品を導入することや製品変更を行うときには相当程度事前に関与している。 ・生産技術者は新製品の導入の前に深く関与している。 ・上流における新製品の初期設計段階で製造や品質の担当者が関わることはほとんどない。（反） ・新製品を導入するときに，マーケティングや製造などのさまざまな職能から選ばれたメンバーがチームとして働く。 ・新製品設計では製造のしやすさを考慮している。
短期計画という形のコミュニケーション	・基準生産計画は毎日の負荷平準を図って立案されている。 ・我々は毎日の生産計画をこなしている。 ・我々の日程計画は時間通り終えるうえで妥当である。 ・計画どおり日程計画をこなしている。
長期計画という形のコミュニケーション	・この工場にはうまく立案された製造戦略がある。 ・我々の工場には公式的な戦略立案プロセスがあってそれによって成文化されたミッション，長期目標そして実施戦略ができてくる。 ・この工場には成文化された製造戦略がある。 ・工場のトップは長期的戦略計画をレビューし，現在状況に適応させている。 ・この工場には戦略があるにはあるがそれは非公式的であって明確でない。（反） ・この工場の目的，目標，戦略は我々に明示されている。
事業戦略についてのコミュニケーション	・我々の事業戦略は製造の立場でわかるように翻訳されている。 ・可能性のある製造投資は事業戦略との整合性という基準で取捨選択される。 ・この工場における生産は事業戦略と歩調を合わせるようになっている。 ・製造の管理者は事業戦略を知らない。（反）
顧客とのコミュニケーション	・顧客からの要請は新製品設計プロセスで徹底的に分析されている。 ・我々は頻繁に顧客と接触を保っている。 ・我々の顧客は我々に品質と配送の実績についてフィードバックしてくれる。 ・我々の顧客は製品設計プロセスに積極的に関与してくる。 ・我々は顧客のニーズによく応ずるように努力している。 ・我々の顧客は彼らの品質改善努力に我々を巻き込む。
供給者との生産・ロジスティック上のコミュニケーション	・我々の供給者はジャストインタイムに配送してくれる。 ・我々は供給者と長期的な取り決めを結んでいる。 ・我々の供給者は注文するとすぐに納入してくれる。 ・我々は供給者の納期遵守性を信頼できる。
供給者との開発上のコミュニケーション	・供給者と長期的関係を確立するよう努力している。 ・我々の供給者は我々の新製品開発に積極的に関与してくる。 ・我々は供給者と，品質と製品設計変更に関して密接な意思疎通をもっている。

参考文献・資料

[1] Barnard, C. I., *The Functions of the Executive*, Harvard University Press, 1938.（山本安次郎他訳『新訳経営者の役割』ダイヤモンド社, 1968年）
[2] これについてはさまざまな研究がある。例えば, その先駆的研究は,
Coarse, R. H., "The Nature of the Firm", *Economica*, Vol. 4 (New Series), 1937, pp. 386-405. その他には,
Williamson, O. E., *Markets and Hierarchies: Analysis and Antitrust Implications*, The Free Press, 1975.（浅沼萬里・岩崎晃訳『市場と企業組織』日本評論社, 1980年）
[3] Porter, M. E., *Competitive Advantage*, The Free Press, 1985.（土岐坤・中辻萬治・小野寺武夫訳『競争優位の戦略』ダイヤモンド社, 1985年）
[4] 以下の文献に基づく。
①Morita, M. and Flynn, E. J., "The Linkage among Management Systems, Practices, And Behavior in Successful Manufacturing Strategy", *International Journal of Operations and Production Management*, Vol. 17, No. 10, 1997, pp. 967-993.
②Morita, M., Flynn, E. J. and Milling, P., "Linking Practice to Plant Performance", Schroeder, R. G. and Flynn, B. B. (eds.), *High Performance Manufacturing: Global Perspective*, Wiley, 2001, pp. 41-56.
[5] 実践活動の種類などについてはさまざまな文献がとりあげている。例えば,
①Schonberger, R. J., *World Class Manufacturing: The Lessons of Simplicity Applied*, The Free Press, 1986.
②Gunn, T. G., *21st Century Manufacturing: Creating Winning Business Performance*, Harper Business, 1992.
[6] Barnard, C. I., 前掲書。
[7] Ouchi, W. G., "A Framework for Understanding Organizational Failure", Kimberly, J. R., Miles, R. K. and Associates (eds.), *The Organizational Life Cycle: Issues in the Creation, Transformation, and Decline of Organizations*, Jossey-Bass Publishers, 1980, pp. 395-429.
[8] Argyris, C., *On Organizational Learning*, Blackwell, 1992.
[9] 大野耐一『トヨタ生産方式』ダイヤモンド社, 1992年。
[10] Bowen, H. K. and Spear, S., "Decoding the DNA of the Toyota Production System", *Harvard Business Review*, Sept.-Oct., 1999, pp. 96-107.（坂本義実訳「トヨタ生産方式の"遺伝子"を探る」ダイヤモンド・ハーバード・ビジネス, 2月-3月号, pp. 11-25）
[11] Johnson, H. T. and Bröms, A., *Profit beyond Measure*, The Spieler Agency, 2000.（河田信他訳『トヨタはなぜ強いのか』日本経済新聞社, 2002年）
[12] 井上春樹『実践サプライチェーン経営革命』日立エンジニアリング, 1999年, pp. 143-160。
[13] 例えば,
①Womack, J. P., Jones, D. T. and Roos, D., *That Machine That Changed the World*, New York,

McMillan, 1990. (沢田博訳『リーン生産方式が，世界の自動車産業をこう変える』経済界，1990年)
②中央大学経済研究所編『自動車産業の国際化と生産システム』中央大学出版部，1990年。
[14] Frolich, M. T. and Westbrook, R., "Arcs of Integration: An International Study of Supply Chain Strategies", *Journal of Operations Management*, Vol. 19, 2001, pp. 185-200.
[15] Ouchi, W. G., 前掲論文。
[16] Womack, J. P., Jones, D. T. and Roos, D., 前掲書。
[17] 近年では例えば，ゴーン社長の下での日産自動車の再建策に見られる。資料としては以下を参照のこと。http://nissan-global.com/JP/IR/0,1294,S19-LO4MC78-IFN-CH86,00.html/
[18] Walker, M., "Supplier-Retailer Collaboration in European Grocery Distribution", *Logistics Information Management*, Vol. 7, No. 6, 1994, pp. 23-27.
[19] Cooke, J. A., "Into the Great Wide Open", *Logistics Management and Distribution*, Vol. 37, No. 10, 1998, pp. 84-87.
[20] Fliedner, G., "CPFR: An Emerging Supply Chain Tool", *Industrial Management & Data Systems*, 103/1, 2003, pp. 14-21.
[21] Stank, T. P., Daugherty, P. J. and Autry, C. W., "Collaborative Planning: Supporting Automatic Replenishment Programs", *Supply Chain Management*, Vol. 4, No. 4, 1999, pp. 75-85.
[22] Skjoett-Larsen, T., Thernoe and Andersen, C., "Supply Chain Collaboration: Theoretical Perspectives and Empirical Evidence", *International Journal of Physical Distribution & Logistics Management*, Vol. 33, No. 6, 2003, pp. 531-549.
[23] 例えば，
①Bessant, J., "Towards Total Integrated Manufacturing", *International Journal of Production Economics*, Vol. 34, No. 3, pp. 237-251.
②Burgess, T. F., Gules, H. K. and Tekin, M., "Supply-Chain Collaboration and Success in Technology Implementation", *Integrated Manufacturing Systems*, Vol. 8, No. 5, 1997, pp. 323-332.
[24] Madhok, A. and Tallman, S. B., "Resources, Transactions and Rents: Managing Value through Interfirm Collaborative Relationships", *Organizational Science*, Vol. 9, No. 3, 1998, pp. 326-339.
[25] さまざまな研究がある。例えば，
Ring, P. and Van de Ven, A., "Developmental Processes of Cooperative Inter-Organizational Relationships", *Academy of Management Review*, Vol. 19, No. 1, 1994, pp. 90-118.
[26] Skjoett-Larsen, T., Thernoe and Andersen, C., 前掲論文。
[27] McLaren, T., Head, M. and Yuan, Y., "Supply Chain Collaboration Alternatives: Understanding The Expected Costs and Benefits", *Internet Research: Electronic Networking and Applications and Policy*, Vol. 12, No. 4, 2002, pp. 348-364.
[28] 例えば，
Mentzer, J. T., Foggin, J. H. and Golicic, S. L., "Collaboration: Enablers, Impediments, and Benefits", *Supply Chain Management Review*, Vol. 43, No. 4, 2000, pp. 52-58.
[29] Madhok, A. and Tallman, S. B., 前掲論文。
[30] 森田道也『ビジネス・リーダーの資質』日経BP社，1997年。

[31] 大野耐一,前掲書。
[32] 例えば,
　①門田安弘『新トヨタシステム』講談社,1991年。
　②トヨタ生産方式を考える会編『トヨタ生産方式を徹底的に理解するためのキーワード集』日刊工業新聞社,2003年。
　③トヨタ生産方式を考える会編『トヨタ生産方式で原価低減を推進するためのキーワード集』工場管理臨時増刊号,2004年1月。
[33] SCM研究会『サプライチェーン・マネジメントがわかる本』日本能率協会マネジメント・センター,1999年。
[34] 田中一成『生産管理は日本流で行け』日本実業出版社,2002年。
[35] 森田道也『情報技術と経営構造』組織科学,第29巻,第1号,1995年,pp. 4-17。
[36] Venkatraman, N., "IT-Induced Business Reconfiguration", Morton, M. S. S. (ed.), *The Corporation of the 1990s*, Oxford University Press, 1991, pp. 122-154.(宮川公男・上田泰他監訳『情報技術と企業変革』富士ブックス,1992年)

索引

あ行

アウトソーシング　92, 192
アマゾン・ドット・コム　4, 9, 303, 394
安全係数　136, 276
安全在庫　41, 100, 185, 209, 277
アンドン　389

イケア　23
1次ループ学習　377
イビサ　312
インターネット　4, 303
インダストリアル・エンジニアリング　26
インダストリアル・ロジスティックス　10
インディテックス　308

ウェンディーズ　18
ウォルマート　237
売上機会の消失　33
売上機会ロス　18

エンロン　3

遅れ　176, 192
オペレーションズ・マネジメント　26
オン・オーダー量　37, 137, 185, 197, 278

か行

外作　92
外製　92
外注　92
ガオナ　308
価格　305
学習曲線効果　318
学習理論　377
確定的状況　116
確保すべき量　37, 41, 219, 240, 367
加工　59
　――柔軟性基準　360
過剰在庫　149, 187, 200, 242, 282, 323, 366
価値設計プロセス　6, 12
価値とニーズのマッチング・プロセス　6, 15
価値の創造　2
価値連鎖　1
活動時間　57
ガント図　78
カンバン　250
　――枚数　251
管理水準　154

基幹産業システム　393
危険状況　116
基準生産計画　332, 335
基準日程　342

季節在庫　99
期待実現時間　85
期待利益　118
キャッシュ・サイクル　49
ギャップ　308
供給計画　299
供給時間　30
供給スピード　262
供給能力　34, 317, 324
供給プロセス　1
共同計画・予測・補充システム　241
協働的つながり　372
共同輸送方式　382
許容最遅実現時間　85
許容品切れ率　114, 277
緊急度基準　359

組み立て　59
クリティカル・パス　85, 264
グループ・テクノロジー型生産方式　62

経済的発注量　124
系列統合型展開　382
ゲーム理論　320
現時点の単位時間当たり供給量　34

構成部品点数　66
顧客満足　114, 173, 385
固定費　318
個別作業の効率　58
個別作業のつなげ方　58
個別作業の編集の仕方　58
個別生産　61, 329
コミュニケーション　390
コラボレーション　384
コンビニエンス・ストア　33, 45, 100
コンピュータ支援製造　386

コンピュータ支援設計　386
混流生産　357
　──方式　389

さ　行

サービス業　2
サービス体制　39
差異化　5, 304
最近納期基準　359
サイクル・タイム　60
在庫　95
　──維持費用　109, 165
　──維持費用比率　111
　──管理方式　127
　──水準の把握　159
最終品目　339
最短加工時間基準　359
最短残余加工時間基準　359
最短残余納期基準　359
最短段取り時間基準　360
最長加工時間基準　360
最適発注量　124
再発注点　129
最頻値　130
サイン関数　50
先入先着手基準　359
差立て　77, 351
サプライチェーン　10, 195, 260, 300, 366
　──の管理　181
　──の制御　195
　──・システム　165
　──・マネジメント　10, 18, 23, 161, 192, 371
差別化戦略　304
ザラ　308
算術平均値　131

索　引

ジェイ・ウォーカー（Jay Walker）　305
仕掛在庫　99, 196, 343
仕掛品　96
時間当たり生産量　353
事業の価値　2, 5
資金不足　49
資源所要計画立案　332
資源投入量　44
事後発注費用　158
市場占有率　320
システム・ダイナミックス　226
システム費用　113
実質的供給リードタイム　33
品切れ　114
品切れ費用　106, 113
品切れ率　135, 184, 202, 281
しまむら　316
社内統合型展開　382
集計計画　331
修正最短加工時間基準　359
修正最短残余納期基準　359
従属需要品目　338
集中制御方式　247
周辺的特性　305
需要弾力性　124
需要の変動　45, 292
俊敏なる経営　28
小日程計画　332, 350
情報技術　5, 163, 390
情報システム部門　16
職能横断的体制　383
職能間統合　167
職能内統合　167
ジャスト・イン・タイム　104, 113, 242
ジョブ・ショップ型生産　61, 354
所要活動量　58
所要仕事量　58

自立統合型展開　382
シンクロナイズ　168
シンクロナイゼーション　67, 356
新製品開発　48, 303
進捗管理　351
審美性　305
信頼性　305

数量取引　156
数量割引制度　157
ステーション　60
スピードに基づく競争　28
スラック　85
スループット　353

制御　195
生産　5
　——管理　11
　——計画　11, 329, 366
　——時間　30
　——指示受け取りポスト　254
　——指示カンバン　252
　——統制　11
静態的状況　115
正のフィードバック　375
製品開発　16, 48, 80, 168, 372
製品樹木表　339
制約　264
セル生産方式　62
潜在価格　269
先端的製造技術　386
戦略的提携　384

総生産時間　72
総費用　123
組織間統合　167, 383
損益分岐点　318

た 行

タイムバケット　247
耐用性　305
滞留在庫　224, 262, 276
ダイレクト・オペレーション　18
タクト・タイム　60
たたみこみ　134
多能工制度　389
段取り　75, 221, 247, 255, 344, 366, 389

中心極限定理　139
注文生産型　24
　　顧客の許容する——　33
調達　5

ツー・ビン発注方式　145
作り過ぎ　242
作り溜め　99, 331

定期発注方式　142
定量発注方式　128, 147, 250
適正確保量　211
適正在庫水準　187, 227, 282
手配番数　77
デル　4, 303, 394

同期化　67, 168, 253
動態的状況　115
独立需要品目　338
独立方式　205, 282
ドラム・バッファー・ロープ　297
トレイド・オフ　305

な 行

内外製　14
流れ作業型生産　60, 354

2次ループ学習　377
日程生産計画　332
ニュー・エコノミー　304
入手の容易さ　305

納期　305

は 行

バーガー・キング　18
バーゲンセール　238
パートナリング統合型展開　382
廃棄ロス　18
バック・オフィス　304
バックワード・スケジューリング　364
バッチ・フロー型生産　61, 354, 358
発注回数　143
発注間隔　143
発注済み未入荷量　37
発注点方式　128
発注費用　112
発注目安　142
ハブ・アンド・スポーク　4, 303
バランスの遅れ　356
パレート図　153
パレートの法則　154
販売　5

ビールゲーム　226
引き取りカンバン　252
　　——ポスト　253
ビジネス・プロセス再設計　394
ビジネス・モデル　3, 304, 394
ピッチ・タイム　60
引っ張り方式　178
ヒューレット・パッカード　226
費用　305
標準時間　343
標準正規分布　141

索　引　　**405**

標準偏差　130, 201, 275, 368
品質　305
　　——管理　26, 306, 373

フェデラル・エキスプレス　4, 303
フェラーリ　5
フォーワード・スケジューリング　362
フォレスター（J. W. Forrester）　226
　　——効果　226
不確実状況　116
プッシュ方式　198, 212, 247, 276
物的供給　11
物的流通　11
物理的な能力　58
負のフィードバック　375
部品組み立て型　60
部品表　338
プラットフォーム　393
ブルウィップ効果　226, 240
プル方式　178, 201, 216, 249, 288, 389
フレキシブル・マニュファクチャリング　386
プロクター・アンド・ギャンブル　226, 238
プロジェクト　62
　　——型生産　64, 354
　　——・ネットワーク図　81
　　——・マネジメント　80
プロセス　2, 248, 271, 334, 380
　　——型　60
　　——在庫　97
プロダクト　2

平均在庫量　111
平均品切れ率　200, 277
ベンチマーキング・パートナー　385
変動費　318
返品制度　38

ポーター（Michael E. Porter）　306
保守　64
保全　64
ボトルネック　68, 259, 295, 307, 336
　　——現象　259
保有スペース　44

ま　行

マーケット・プル方式　178
マクドナルド　18
マス・カスタマイゼーション　76
マテリアル・ハンドリング　64
まとめ作り　69
マニュジスティックス　385
マネジメント・サイクル　378

見込み生産　62
魅力度　305

無検品制度　382

名声　305
メンテナンス　64

モスバーガー　18

や　行

ヤフー　394

輸送時間　57

容器の容量　251
吉田オリジナル　312
預託在庫　238, 382
予約可能量　337
余裕　85

ら行

ライン・フロー型生産　60, 354
楽天　4
ラフカット能力計画　332, 335
ランダム選択　358

リードタイム　27, 30, 154, 162, 176, 198, 270, 342
　供給――　30, 55, 111, 173, 220, 330
　結果としての――　34
　注文――　30, 125, 239, 311, 341
　引き取り――　253
　平均――　277
リーン・システム　242
リサイクル　25
リスク　33, 174, 193
　――状況　116
リユース　25
流通　11
流動数曲線法　343
利用可能性　305, 305

累積確率　119

レイアウト　26
連続補充方式　385

ロジスティック・プロセス　6, 15
ロット　69
　――在庫　103
　――発注　69, 239

わ行

ワーナー・ランバート　385
ワールド　316

欧字

ABC管理　152
AMT　386
APS　352
ATP　337
CAD　311, 386
CAM　386
CPFR　241, 384
CS　114
DFR　297
eBay　4
e-調達　326
ECR　238
ECQ　124
EDI　385
ERP　393
e-コマース　3, 167
e-調達　326
e-マーケット　4
FMS　386
GT型配置　361
JIT　242, 255, 316, 380, 389
MFY　18
MRP　338
PERT　81
POS　19
QR　52, 238
SAP　385
SCM　162
(s, q)方式　128
(s, S)方式　145
(s, t)方式　142
SPARCS　316
TC　123
U字型配置　66
VMI方式　238, 249

例題のシミュレーションについて

　本書中の主要な例題にはシステム・ダイナミックスを基盤としたシミュレーション・ツール Powersim Studio 2003 を用いているが，本ソフトウェアの評価版を Powersim 社と日本の代理店 POSY 社の御厚意により無償でダウンロードできるようになっている。

　Powersim 上では，例題モデルの各パラメータを任意に変更して，モデルの挙動を様々にシミュレーションすることができる。またシミュレーション結果が変化する様子はビジュアルなチャートによって表現される。読者はシミュレーションによって，サプライチェーンの原理とそれらの現実の意味合いについて一層の理解が得られるだろう。同時に，実際のサプライチェーン設計と運用における本ソフトウェアの有用性も実感できるかと思う。

　ダウンロードの要領や詳しい内容については，下記の小社ホームページのサイトに記載されている。

■　『サプライチェーンの原理と経営』についてのサポートサイト
　　http://www.saiensu.co.jp の「サポートページ」欄を参照下さい。

■　ダウンロード・コンテンツ
　　1. シミュレーションモデル解説（PDF 形式）
　　2. シミュレーションモデルダウンロード（23パターン　約 1.5 Mb）
　　3. 「Powersim Studio」の概説（PDF 形式）
　　4. 「Powersim Studio Express」ダウンロード（約 37 Mb）

著者紹介

森田　道也（もりた　みちや）
1946年　和歌山県に生まれる
1969年　一橋大学商学部卒業
1975年　一橋大学大学院商学研究科博士課程修了
現　在　学習院大学経済学部教授

主要著書

オペレーションズ・リサーチ（共著，培風館）
企業戦略論（新世社）
経営システムのモデリング学習（編著，牧野書店）
ビジネスリーダーの資質（日経 BP センター）
High Performance Manufacturing（共著，Wiley）他

新経営学ライブラリ＝別巻1
サプライチェーンの原理と経営

2004年6月25日© 　　　初　版　発　行
2016年2月25日 　　　初版第2刷発行

著　者　森　田　道　也　　　発行者　森　平　敏　孝
　　　　　　　　　　　　　　印刷者　小宮山恒敏
　　　　　　　　　　　　　　製本者　米　良　孝　司

【発行】　　　　　　　　株式会社　新世社
〒151-0051　東京都渋谷区千駄ヶ谷1丁目3番25号
☎(03)5474-8818(代)　　　　サイエンスビル

【発売】　　　　　　　　株式会社　サイエンス社
〒151-0051　東京都渋谷区千駄ヶ谷1丁目3番25号
☎(03)5474-8500(代)　　　　振替00170-7-2387

印刷　小宮山印刷工業　　　製本　ブックアート
《検印省略》

本書の内容を無断で複写複製することは，著作者および出版者の権利を侵害することがありますので，その場合にはあらかじめ小社あて許諾をお求めください。

ISBN4-88384-071-9
PRINTED IN JAPAN

サイエンス社・新世社のホームページのご案内
http://www.saiensu.co.jp
ご意見・ご要望は
shin@saiensu.co.jp まで

新経営学ライブラリ

企業戦略論

森田道也 著
A5判／320頁／本体2,800円（税抜き）

基本的概念と共にさまざまな戦略論の定義を統合的に紹介し，実際的な例を織り込みながら平易に説く．企業と環境の関係に留意しつつ経営戦略の可能性と実効を探る力作．

【主要目次】
経営戦略の概念と枠組み／戦略形成プロセス／企業目標の設定／環境分析：戦略的問題の認識／自社能力分析／事業成長および事業ドメイン／企業成長と戦略／ポートフォリオ戦略／事業戦略／戦略と組織

発行 新世社　　発売 サイエンス社

ライブラリ 経営学コア・テキスト

コア・テキスト
生産管理

富田純一・糸久正人 著
A5判／256頁／本体2,400円（税抜き）

専門用語の多用や数理モデル中心の説明を避け，平易な記述により初学者でも生産管理の基本的な考え方を理解できるよう解説した入門テキスト．とくに全体最適の視点を重視して各領域の手法を説き明かした．企業の生産活動の一連の過程を「流れ」と表現して，「よい流れづくり」というコンセプトのもと生産システムを一つのフレームワークで捉えた視点は，実務家にとっても有用な内容となっている．2色刷．

【主要目次】
はじめに／流れの分析手法／流れをつくる／正確に流す／安く流す：コストの管理／流れを計画する／フレキシブルに流す／企業を超えた流れづくり／グローバルな流れづくり／良い流れを継続する／生産管理の歴史

発行　新世社　　　発売　サイエンス社

Powersim Studio

　パワーシム社のモデリングとシミュレーションツール"Ps Studio"は、システム・ダイナミクス理論に基づいて開発されています。

　シンボリックなモデル表現とビジュアルなグラフ表示、オブジェクト指向のモデリング機能を備えて、経営問題、政策決定問題、環境問題などに適用できます。

　例えば、経営問題では、自社の業務プロセス、競合社、市場などをモデリングして、仮想の経営条件を与えながらシミュレーションを実施することで、経営者も社員も政策分析演習、競争戦略分析、仮説シナリオ分析などを実リスクなしに体験できます。

　その結果、"Ps Studio"は、日々の意思決定において、自席でも会議室でも、大きな支援ツールになります。

〈Powersim Studio 販売元〉 **POSY Corp.**
　　URL　http://www.posy.co.jp
　　e-mail　falcon1999@posy.co.jp
　　〒226-0021
　　神奈川県横浜市緑区北八朔町2031-12